POTESTAD REGLAMENTARIA Y REGLAMENTO

JOSÉ ANTONIO MUCI BORJAS

Profesor de Derecho Administrativo
Universidad Católica Andrés Bello

POTESTAD REGLAMENTARIA Y REGLAMENTO

(Anotaciones sobre la potestad reglamentaria de las Administraciones Públicas y el reglamento como fuente de Derecho Administrativo)

2a Edición

editorial jurídica venezolana

VERDAD HUMANIDAD LEYES SOCIALES

ACADEMIA DE CIENCIAS POLITICAS Y SOCIALES

Editorial Jurídica
Venezolana International,
2024

1a. edición 2017; 2a edición 2024

E-mail: jamuci@muci-abraham.com
josemuci@yahoo.com
Web-site: http://www.muci-abraham.com

ISBN: 978-8-89342-867-4

Corrección de texto: María Amparo Pocoví
Diseño Gráfico: Williams Paredes e Isis Pernía

Impreso por: Lightning Source, an INGRAM Content company para: Editorial Jurídica Venezolana International Inc. Panamá, República de Panamá.
Email: ejvinternational@gmail.com

A mi muy querido hijo José Antonio,
por su grado de abogado.

La Administración en todas partes se ha apoderado de los poderes normativos, no sólo en virtud de su potestad reglamentaria, en los países que reconocen que la Administración tiene poder reglamentario general, sino incluso, fuera de este supuesto, por las varias formas de delegaciones legislativas, cada vez más intensas y generalizadas, que se conocen en todos los países (y, por supuesto, en el nuestro). La Administración, sin embargo, y este es un hecho de elemental constatación, es un pésimo legislador. La Administración es una organización constituida para el tratamiento de lo inmediato, implicada además en mil gestiones concretas. Le falta esa serenidad de juicio, esa superioridad de posición que se requieren para acometer la definición abstracta de un orden justo. «Le domaine de la vie administrative –decía Hauriou– est le domaine du provisoire, du révocable et du viager», por diferencia de lo que ocurre con «le domaine de la vie civile, qu'est, au contraire, le domaine du perpétuel et du définitif».

...

De ahí que sea fundamental para la sociedad organizar técnicas eficaces de control respecto de estos poderes normativos de la Administración.

García De Enterría, Eduardo, *La lucha contra las inmunidades del poder.*

Índice

Capítulo I

La Potestad Reglamentaria de la Administración Pública y los Reglamentos: Antecedentes Normativos y Regulación Actual

Sección I. Antecedentes constitucionales de la potestad reglamentaria de la Administración Pública y los reglamentos

§1. La Constitución de 1811

La Constitución venezolana de 1811 pertenece a un primer grupo de Constituciones que no contenían una norma que reconociese al Poder Ejecutivo potestad para reglamentar las leyes, de manera clara e inequívoca. En adición a la Constitución de 1811, a este primer conjunto de Constituciones pertenecen también las de 1819, 1858, 1864 y 1874.

No obstante la ausencia de una norma que atribuyese al Ejecutivo potestad reglamentaria en términos, digámoslo así, indiscutibles o incuestionables, el artículo 105 de la Constitución de 1811 imponía al Poder Ejecutivo el deber de «...velar sobre la exacta, fiel e inviolable *ejecución* de las leyes...»[1]. Nos hemos permitido citar dicho artículo porque corresponde al intérprete inferir qué significaba o en qué se traducía ese deber, impuesto al Ejecutivo, de velar sobre la exacta, fiel e inviolable ejecución de las leyes.

Para dar respuesta a la interrogante formulada en el párrafo que antecede debe tenerse presente, primero que nada, que la doctrina ha dejado sentado que el reglamento representa el *primer acto de eje-*

---

[1] La norma constitucional formaba parte del Capítulo III, Del Poder Ejecutivo; Sección Cuarta, Deberes del Poder Ejecutivo (Brewer-Carías, Allan Randolph, *Las Constituciones de Venezuela*, coedición de la Universidad Católica del Táchira (San Cristóbal, Venezuela) y del Centro de Estudios de Administración Local y del Centro de Estudios Constitucionales (Madrid, España), 2005, p. 192.

cución de la Ley[2]. En efecto, si bien los reglamentos ejecutivos sirven para precisar, con mayor nivel de detalle, el contenido de una Ley, no hay duda de que tales reglamentos representan una etapa intermedia, aunque general todavía, de la ejecución o realización de la ley[3].

---

[2] Haciendo suya la tesis defendida por Waline, Lares Martínez afirmaba que «el ejercicio del poder reglamentario es, en suma, el primer *acto de ejecución de la ley*» (Lares Martínez, Eloy, *Manual de Derecho Administrativo*, 5ª edición, Universidad Central de Venezuela, Caracas, 1978, pp. 76-77). Consúltese también Pérez Luciani, Gonzalo, "La Actividad Normativa de la Administración", *Escritos del Doctor Gonzalo Pérez Luciani*, Fundación Bancaribe para la Ciencia y la Cultura, Caracas, 2013, p. 286.
En sentido coincidente cabe citar a Carlassare (*vid.* Lucarelli, Alberto, *Potere Regolamentare* (Il regolamento indipendente tra modelli istituzionali e sistema delle fonti nell'evoluzione della dottrina pubblicistica), Casa Editrice Dott. Antonio Milani (Cedam), Padova, 1995, p. 16). Según ella, «la idea de que la *función reglamentaria* era en sustancia *función ejecutiva*... se halla a la base de las concepciones de los autores de la segunda mitad del siglo pasado...». La función ejecutiva (*genus*) a la que la alude Carlassare pareciera comprender tanto los actos administrativos individuales dictados en ejercicio de función administrativa, como los actos administrativos aprobados en ejercicio de función normativa, pues unos y otros son dictados para *ejecutar* –para hacer cumplir– las leyes y demás resoluciones públicas (Montesquieu, Charles Louis, *El Espíritu de las Leyes*, Edicomunicación, S.A., Barcelona, España, 2003, pp. 17-19 y 187-188). Sobre el reglamento como acto de ejecución de la Ley puede consultarse Carré de Malberg, Raymond, *La ley, expresión de la voluntad popular* (Estudio sobre el concepto de ley en la Constitución de 1875), Marcial Pons, Ediciones Jurídicas y Sociales, S.A., Madrid, 2011, p. 28; Maurer, Harmut, *Derecho Administrativo* (Parte General), Marcial Pons Ediciones Jurídicas y Sociales, S.A., Madrid, 2011, p. 111; y, González Rivas, Juan José, *La Interpretación de la Constitución por el Tribunal Constitucional* (Comentario sistemático de la Constitución), coedición Civitas-Thomson Reuters, Pamplona, 2011, p. 499.
La postura indicada en los párrafos que anteceden ha sido recogida en Italia por el artículo 17 de la Legge 23 agosto 1988, n. 400, de Disciplina dell'attività di Governo e ordinamento della Presidenza del Consiglio dei ministri, según la cual se pueden aprobar reglamentos para disciplinar «*la ejecución de las leyes...*» (artículo 17, literal a).

[3] Merkl, Adolf, *Teoría General del Derecho Administrativo*, Editorial Revista de Derecho Privado, Madrid, p. 160.

La tesis doctrinal citada anteriormente coincide con el criterio sostenido por la justicia venezolana, para la cual la facultad reglamentaria del Poder Ejecutivo, consistente en «...la elaboración de disposiciones de aplicación que complementan y precisan una ley formal» previa, «...es una *consecuencia* de su atribución de hacer ejecutar las leyes...»[4].

Sumado a lo dicho hasta ahora, deben tenerse presentes dos datos normativos complementarios, a saber:

a. Si bien es cierto que la norma constitucional no hace alusión expresa a los reglamentos o a la potestad reglamentaria, no es menos cierto que Constituciones venezolanas posteriores reconocieron, en términos por lo demás claros, que la expresión "ejecución de las leyes", empleada por el Constituyente de 1811, *englobaba la potestad reglamentaria* (*ut infra*, Capítulo I, §3, §4 y §8). El ejercicio de la potestad reglamentaria se inscribe dentro de la tarea de ejecución de las Leyes, propia del Poder Ejecutivo, y el reglamento forma parte de la serie o conjunto de actos que el Ejecutivo debe dictar para asegurar el cabal cumplimiento de las leyes. Es precisamente esto lo que Carré de Malberg reconocía al afirmar que el reglamento tiene *naturaleza ejecutiva*[5], porque es legislación secundaria, subordinada a la Ley[6], legislación dictada en ejecución de la Ley.

b. Con fundamento en una *norma equivalente* a la contenida en la Constitución venezolana de 1811, decimos equivalente

---

4 Corte Suprema de Justicia en Pleno, Sentencia N° 6, del 26 de febrero de 1985, asunto *Álvaro Gene Sojo*, en *Revista de Derecho Público* N° 22, abril-junio 1985, Editorial Jurídica Venezolana, Caracas, 1985, pp. 152-153.

5 En propósito, Carré de Malberg, Raymond, *La teoria gradualistica del diritto* (Confronto con le idee e le istituzioni del diritto positivo francese), Giuffrè Editore, Milano, 2003, pp. 26-27.

6 Maurer, Harmut, *Derecho Administrativo* (Parte General), *op. cit.*, p. 111. En palabras de Maurer, el reglamento está, en cierto modo, en la *encrucijada* entre el Legislativo y el Ejecutivo, pues es ejecución de la ley al tiempo que legislación.

porque solo contemplaba que el Poder Ejecutivo debía «mandar a ejecutar y cuidar de la ejecución de las leyes y decretos de la Legislatura Nacional», el Ejecutivo Nacional dictó múltiples decretos *reglamentarios* de leyes previamente sancionadas por el Poder Legislativo, afirmando que tales decretos eran dictados para asegurar la «... *ejecución*...» de tales leyes (*ut infra*, Capítulo I, §6). La declaración hecha por el Poder Ejecutivo en tales decretos, interpretada a la luz de la Constitución vigente *ratione temporis*, confirma que para el Poder Ejecutivo la expresión "ejecución de las leyes"constituía título o habilitación suficiente para reglamentar las leyes previamente aprobadas por el Parlamento.

En síntesis, la inexistencia de una disposición constitucional que aludiese, de manera clara e inequívoca, a la potestad reglamentaria o a los reglamentos, no permite afirmar que la Constitución de 1811 no le reconociese al Ejecutivo poder para expedir normas reglamentarias, porque la potestad para ejecutar las Leyes englobaba el poder reglamentario.

El deber de "ejecutar" las leyes, *propio* y *consustancial* del Poder Ejecutivo, constituía título suficiente para expedir reglamentos. Dicho en otras palabras, a esta conclusión, y no a otra, conduce la recta interpretación del artículo 105 de la Constitución de 1811.

§2. La Constitución de 1819

De la Constitución de 1819 resulta necesario destacar el texto del artículo 13 de las disposiciones que se encargaban de disciplinar las Funciones del Presidente. A tenor de dicha norma, cuya interpretación ha de adelantarse, *mutatis mutandis*, conforme a los criterios expuestos con anterioridad, correspondía al Presidente «promulga[r], *manda[r] ejecutar* y cumplir las leyes, decretos, estatutos y actas del Congreso...»[7].

---

[7] El artículo constitucional formaba parte del Título 7.°, Del Poder Ejecutivo; Sección Tercera, Funciones del presidente (Brewer-Carías, Allan Randolph, *Las Constituciones de Venezuela*, *op. cit.*, p. 257).

§3. La Constitución de 1821

El artículo 114 de la Constitución de 1821 establecía que era atribución del Presidente de la República «promulga[r], *manda[r] ejecutar* y cumplir las leyes, decretos, estatutos y actos del Congreso...», agregando a renglón seguido que es el Presidente quien «... expide los decretos, *reglamentos* e instrucciones que sean convenientes para su *ejecución*»[8].

Como se ve, esta es la primera de nuestras Constituciones en la que (i) se afirma que es deber del Presidente mandar a ejecutar las Leyes, e inmediatamente después (ii) se reconoce a dicho funcionario la potestad reglamentaria de forma tajante y, por consiguiente,

---

[8] La norma constitucional formaba parte del Título V, Del Poder Ejecutivo; Sección Segunda, De las funciones, deberes y prerrogativas del Presidente de la República (Brewer-Carías, Allan Randolph, *Las Constituciones de Venezuela, op. cit.*, p. 284).
La Sala Constitucional del Tribunal Supremo de Justicia ha sostenido que al Poder Ejecutivo Nacional no le habría sido reconocida potestad reglamentaria, en norma de rango o jerarquía constitucional, durante el período 1830-1893 (Sentencia N° 1.447, del 3 de junio de 2003, asunto *Rafael Badell Madrid et al.*, en *Revista de Derecho Público* número 93-94/95-96, Editorial Jurídica Venezolana, Caracas, 2003, pp. 379-390). En el Fallo, nuestro más alto Tribunal afirmó textualmente: «...si bien hoy en Venezuela se consagra constitucionalmente la potestad reglamentaria, ésta no estuvo establecida durante casi todo el siglo XIX (Constituciones de 1830, 1857, 1864, 1881, 1884 y 1891)...»; «su incorporación se hizo en la Constitución de 1893, previéndose, sin embargo, que la misma solo procedería si la propia Ley lo establecía, con lo que queda claro que en el resto de los casos existía absoluta prohibición de reglamentación». Empero, esa afirmación no se corresponde con la realidad. Así lo acreditan (i) los artículos 117 (regla 2.ª), y 136 de la Constitución de 1830, por una parte, y por la otra, los Decretos reglamentarios que se invocan de seguida (*ut infra*, Capítulo I, Sección I, §4); (ii) las normas, de idéntico tenor, de la Constitución de 1857 el artículo 114 de la Constitución de 1821, amén de (iiii) las razones expuestas por nosotros al discurrir en torno a la Constitución de 1811 (*ut supra*, Capítulo I, Sección I, §1). Y no se corresponde con la realidad, además, porque en el año 1884 Venezuela no aprobó ninguna Constitución.

incontrovertible, admitiéndose por tanto que la reglamentación de las leyes no era sino una consecuencia del deber (general) de ejecutar las Leyes.

§4. La Constitución de 1830

El artículo 117 (atribución 2.ª) de la Constitución venezolana de 1830 reconocía que el Presidente de la República era el Jefe de la administración general de la República y que en dicha condición le correspondía «mandar ejecutar y cuidar de que se promulguen y ejecuten las leyes, decretos y actos del Congreso»[9]. La regla 2.ª del artículo 117 de la Constitución de 1830 era luego complementada por el artículo 136 *eiusdem*, a tenor del cual los Secretarios del Despacho del Poder Ejecutivo se hallaban en el deber de «...autorizar todos los decretos, *reglamentos*, órdenes y providencias que expidiere» el Gobierno[10].

Dicho cuanto antecede, interesa destacar aquí que durante la vigencia de la Constitución del año 1830:

a. El Presidente de la República, en ejercicio de la potestad consagrada en las disposiciones constitucionales citadas anteriormente, reglamentó la Ley número 794, de 25 de febrero de 1852, sobre salinas y comercio de sal, para asegurar su

---

[9] El artículo constitucional formaba parte del Título XVI, Del Poder Ejecutivo (Brewer-Carías, Allan Randolph, *Las Constituciones de Venezuela, op. cit.*, p. 345). Pocos meses antes el Reglamento Provisorio para el Gobierno de 1830 había dispuesto que incumbía al Presidente del Estado promulgar, mandar ejecutar y cumplir los actos del Congreso, y, en consecuencia, expedir los decretos, *reglamentos* o instrucciones *convenientes* para su ejecución (artículo 11, Del Poder Ejecutivo, Funciones, deberes y prerrogativas del Presidente del Estado), (Brewer-Carías, Allan Randolph, *Las Constituciones de Venezuela, op. cit.*, p. 324).

[10] La norma constitucional formaba parte del Título XVIII, De los Secretarios del Despacho (Brewer-Carías, Allan Randolph, *Las Constituciones de Venezuela, op. cit.*, p. 348).

«...más cumplida ejecución...»[11]. La letra del Decreto de marras confirma que el Poder Ejecutivo venezolano entendía que la potestad reglamentaria se ejerce con el objeto de ejecutar las Leyes.

b. El Poder Ejecutivo también expidió (i) el Decreto de 30 de marzo de 1854, reglamentario de la Ley número 869, que derogó parcialmente la Ley de 1848 número 686, de reforma de la Ley de manumisión de esclavos, número 36, y del Decreto de 1852 número 811, que abolió la esclavitud en Venezuela[12]; y, (ii) el Decreto de 6 de julio de 1854, que reglamenta la Ley número 884, de 28 de abril de 1854, derogando la de 1811, número 462, sobre régimen de las Aduanas para la importación[13]. Los Decretos Ejecutivos mencionados con anterioridad fueron dictados con base en dos leyes que contenían sendas exhortaciones dirigidas al Poder Ejecutivo para que procediese a reglamentarlas[14]. Tales exhortaciones son dignas de mención

---

[11] La Ley número 794, de 25 de febrero de 1852, derogando la de 1843, Número 506, sobre salinas y comercio de sal, y el Decreto de 22 de octubre, que reglamenta la ley número 794, pueden ser consultados en *Leyes y Decretos de Venezuela 1851-1860*, Tomo 3, Serie República de Venezuela, Biblioteca de la Academia de Ciencias Políticas y Sociales, Caracas, 1982, pp. 38-42 y 42-44, respectivamente.

[12] *Leyes y Decretos de Venezuela 1851-1860*, Tomo 3, *op. cit.*, pp. 149-158.

[13] *Leyes y Decretos de Venezuela 1851-1860*, Tomo 3, *op. cit.*, pp. 183-194.

[14] La exhortación legislativa del artículo 15 de la Ley número 869 –*exhortación* porque los artículos 117 (numeral 2°) y 136 de la Constitución ya contemplaban el deber de reglamentar las Leyes– rezaba textualmente así: «El Poder Ejecutivo *reglamentará* esta ley y dispondrá lo conveniente, a fin de que sea ejecutada y que no haya fraude o abuso alguno, llenando los vacíos que en la práctica se observen; y dará cuenta anualmente al Congreso de las cantidades recaudadas, su inversión, nombre de los acreedores, cuales han sido satisfechos y lo que se adeude por virtud de la abolición de la esclavitud en Venezuela». La exhortación legislativa del artículo 40 de la Ley número 884 establecía, por su parte, que «el Poder Ejecutivo expedirá los reglamentos y dará las instrucciones que juzgue convenientes para uniformar el procedimiento en las Aduanas y hacer que tengan su *puntual cumplimiento* la presente ley y la de arancel».

porque reafirman, esta vez con base en las declaraciones del Poder Legislativo, que la potestad reglamentaria se ejercía con el objeto de ejecutar las leyes.

La Constitución de 1857 contenía sendas normas de idéntico tenor a las de los artículos 117 (regla 2.ª) y 136 de la Constitución de 1830[15].

§5. La Constitución de 1858

El artículo 94 (regla 2.ª) de la Constitución de 1858 establecía que al Presidente de la República, en su condición de Jefe de la Administración general de la República, correspondía «mandar ejecutar y cuidar de que se promulguen y ejecuten las leyes, decretos y actos del Congreso»[16].

Al propio tiempo la Constitución de 1858 derogó la norma de la Constitución de 1857, reguladora de los Secretarios del Despacho, que contenía el elenco o listado de los actos –inclusivo de los reglamentos –que debían ser previamente autorizados por tales funcionarios, y la sustituyó con otra, de distinta redacción. Conforme al artículo 102 de la Constitución de 1858, «*todos los actos* del Presidente de la República, con excepción del nombramiento y remoción de los Secretarios, deberán ir autorizados por el Secretario del ramo respectivo, sin cuyo requisito no serán obedecidos»[17]. Dicho esto, queda pendiente subrayar que la sola sustitución del elenco de actos ejecutivos sometidos a autorización previa («...decretos,

---

[15] Artículos 53, numeral 2° (Título XI, Del Poder Ejecutivo) y 67 (Título XIII, De los Secretarios del Despacho), (Brewer-Carías, Allan Randolph, *Las Constituciones de Venezuela*, *op. cit.*, pp. 368 y 369-370).

[16] El artículo constitucional formaba parte del Título XI, Del Poder Ejecutivo (Brewer-Carías, Allan Randolph, *Las Constituciones de Venezuela*, *op. cit.*, p. 390).

[17] La norma constitucional formaba parte del Título XII, De los Secretarios del Despacho (Brewer-Carías, Allan Randolph, *Las Constituciones de Venezuela*, *op. cit.*, p. 391).

reglamentos e instrucciones...» y «...decretos, reglamentos, órdenes y providencias...») de las Constituciones de 1821 y 1830 (*ut supra*, Capítulo I, Sección I, §3 y §4), por una referencia, omnicomprensiva por definición, a «todos los actos del Presidente de la República...», no niega *per se* la existencia, la pervivencia, de la potestad reglamentaria del Ejecutivo.

Hallándose vigente la Constitución de 1858, el Poder Legislativo exhortó nuevamente al Poder Ejecutivo para que reglamentase la Ley de 18 de mayo de 1854, organizando la Academia de Matemáticas[18].

§6. La Constitución de 1864

De acuerdo al artículo 72 (regla 2.ª) de la Constitución de 1864, eran atribuciones del Presidente de la Unión «mandar a ejecutar y cuidar de la ejecución de las leyes y decretos de la Legislatura Nacional»[19].

En ejercicio de la potestad consagrada en la precitada disposición constitucional, el Presidente de la República dictó el Decreto de 4 de julio de 1865, que reglamenta la Ley de 13 de junio de 1865, sobre el cumplimiento de los Estados de la Constitución Federal[20].

---

18 La *exhortación legislativa* establecía: «El Poder Ejecutivo reglamentará los estudios de manera que los alumnos que concluyan el primer bienio obtengan la instrucción suficiente para desempeñar la profesión de Agrimensores públicos; los que hagan el estudio de todas las ciencias con sus aplicaciones civiles tengan los conocimientos de un Ingeniero civil y los que al mismo tiempo hubieren estudiado las materias militares adquieran los del Ingeniero militar» (*Leyes y Decretos de Venezuela 1851-1860*, Tomo 3, *op. cit.*, pp. 214-215). Con base en dicha exhortación el Poder Ejecutivo expidió el Decreto de 24 de octubre de 1860, reglamentario de la Ley organizando la Academia de Matemáticas (*Leyes y Decretos de Venezuela 1851-1860*, Tomo 3, *op. cit.*, pp. 215-222).

19 El artículo constitucional formaba parte del Título V, Del Ejecutivo Nacional; Sección Segunda, De las atribuciones del Presidente de los Estados Unidos de Venezuela (BREWER-CARÍAS, ALLAN RANDOLPH, *Las Constituciones de Venezuela, op. cit.*, p. 420).

20 Tanto la Ley de 13 de junio de 1865, sobre el cumplimiento de los Estados de la Constitución Federal, como su Decreto reglamentario, pueden ser consultados en *Leyes y Decretos de Venezuela 1861-1870*, Tomo 4,

De igual manera, dictó el Decreto Ejecutivo de 22 de junio de 1869, que reglamenta (i) la Ley X del Código de Hacienda de 25 de mayo de 1867, derogando el decreto de 1865, N° 1514, sobre resguardo terrestre,y (ii) la Ley XI del Código de Hacienda de 25 de mayo de 1867, derogando el decreto de 1865, N° 1513a sobre resguardo marítimo. De acuerdo a los motivos invocados por el Presidente de la República en el texto de los dos Decretos citados con anterioridad, estos fueron dictados para asegurar, una vez más, «...la más cumplida ejecución...» de tales leyes[21].

A ese dato se suma la expedición del Decreto Ejecutivo de 19 de junio de 1865, que reglamenta la Ley de 16 de junio de 1865 sobre crédito público[22], y del Decreto Ejecutivo de 6 de agosto de 1869, que reglamenta la Ley de 19 de mayo de 1869 sobre vías de comunicación[23]. Ambos Decretos fueron aprobados con base en sendas normas legales contentivas de exhortaciones dirigidas al Poder Ejecutivo para que reglamentase tales Leyes.

El artículo 72 (regla 2.ª) de la Constitución de 1874 reprodujo, sin cambios, la norma de la Constitución de 1864 que autorizaba al Presidente de la Unión para mandar ejecutar y cuidar de la ejecución

---

Serie República de Venezuela, Biblioteca de la Academia de Ciencias Políticas y Sociales, Caracas, 1982, pp. 456-457 y 455-456, respectivamente.

21 *Leyes y Decretos de Venezuela 1861-1870*, Tomo 4, *op. cit.*, p. 782. La aprobación y ulterior promulgación de los reglamentos de 1865 y 1869 con base en la regla 2.ª del artículo 72 de la Constitución de 1864 única y exclusivamente, y la afirmación, contenida en tales reglamentos, conforme a la cual el ejercicio de la potestad reglamentaria encontraba su razón de ser en la necesidad de asegurar «...la más cumplida ejecución...» de las leyes, confirma que el ejercicio de dicha potestad estatal se inscribía, como luego reconoció la Constitución de 1893, dentro de la *función de ejecución*, propia del Poder Ejecutivo.

22 *Leyes y Decretos de Venezuela 1861-1870*, Tomo 4, *op. cit.*, pp. 467-473 y 473-482.

23 *Leyes y Decretos de Venezuela 1861-1870*, Tomo 4, *op. cit.*, pp. 924-926.

de las leyes y decretos de la Legislatura Nacional[24]. Estando vigente la Constitución de 1874, el Ejecutivo dictó el Decreto de 30 de julio de 1874, que reglamenta la Ley de 30 de mayo de 1874, en la cual se establecen Tribunales Nacionales de Hacienda en la República[25].

§7. La Constitución de 1881

Según el artículo 65 (regla 5.ª) de la Constitución de 1881, era atribución propia del Presidente de los Estados Unidos de Venezuela «mandar ejecutar y cuidar de que se cumplan y ejecuten las leyes y decretos de la Legislatura Nacional»[26].

La norma citada con anterioridad fue luego reproducida por Artículo 65 (regla 5ª) la Constitución del año 1891[27].

§8. La Constitución de 1893

De acuerdo al artículo 76 (regla 1.ª) de la Constitución de 1893, correspondía al Presidente de la Unión «mandar ejecutar las leyes y decretos del Congreso Nacional, dentro de los quince primeros días de haberlos recibido, y cuidar de que se cumplan y ejecuten»[28].

---

24 Título V, Del Ejecutivo Nacional; Sección Segunda, De las atribuciones del Presidente de los Estados Unidos de Venezuela (Brewer-Carías, Allan Randolph, *Las Constituciones de Venezuela, op. cit.*, p. 454.

25 *Leyes y Decretos de Venezuela 1873-1878*, Tomo 7, Serie República de Venezuela, Biblioteca de la Academia de Ciencias Políticas y Sociales, Caracas, 1984, pp. 54-55. La escueta exhortación legislativa en la que se fundó el Decreto así: «Queda encargado el Poder Ejecutivo Federal de reglamentar esta ley».

26 La norma constitucional formaba parte del Título V, Del Poder General de la Federación; Sección Primera (Brewer-Carías, Allan Randolph, *Las Constituciones de Venezuela, op. cit.*, p. 493).

27 Título V, Del Poder General de la Federación; Sección Primera (Brewer-Carías, Allan Randolph, *Las Constituciones de Venezuela, op. cit.*, pp. 511-512).

28 El artículo constitucional formaba parte del Título VI, De la Administración General de la Unión; Sección Tercera, De las atribuciones del Presidente de los Estados Unidos de Venezuela (Brewer-Carías, Allan Randolph, *Las Constituciones de Venezuela, op. cit.*, p. 536).

El artículo 76 (numeral 18) de la Constitución de 1893 agregaba, he aquí la novedad, que el Presidente se hallaba facultado para «expedir los decretos o reglamentos para la mejor ejecución de las leyes, siempre que la ley lo exija o establezca en su texto, cuidando de no alterar el espíritu y la razón de la Ley»[29]. Una detenida lectura de la norma constitucional transcrita con anterioridad permite constatar:

a. Primero, que el ejercicio de la potestad reglamentaria se inscribía dentro de la *función de ejecución*[30], propia del Poder Ejecutivo, pues de acuerdo con la Constitución, los reglamentos se expedían «...para la mejor ejecución de las leyes...».

b. Segundo, que la potestad solo podía ser ejercida –*conditio iuris*– «...siempre que la ley lo exija o establezca en su texto...».

   En fallo judicial dictado hace ya algunos años, el Tribunal Supremo de Justicia afirmó que en virtud de ese condicionamiento, incluido por vez primera en la Constitución de 1893, únicamente podía ejercerse la potestad reglamentaria «...si la propia Ley lo establecía...»[31]. Sin embargo, la condición prevista en la Constitución admitía otra interpretación más cónsona –esto es, más acorde– con el texto de la regla 1.ª del artículo 76 *eiusdem*.

   A nuestro entender, para precisar cuál era el verdadero alcance o sentido de esa condición, de rango constitucional, resulta necesario tener presentes las circunstancias que a continuación se mencionan:

---

29 La norma constitucional formaba parte del Título VI, De la Administración General de la Unión; Sección Tercera, De las atribuciones del Presidente de los Estados Unidos de Venezuela (Brewer-Carías, Allan Randolph, *Las Constituciones de Venezuela*, *op. cit.*, pp. 536-537).

30 *Ut supra*, Capítulo I, nota a pie de página N° 2.

31 Sala Constitucional del Tribunal Supremo de Justicia, Sentencia N° 1.447, del 3 de junio de 2003, asunto *Rafael Badell Madrid et al*, en *Revista de Derecho Público* número 93-94/95-96, Editorial Jurídica Venezolana, Caracas, 2003, pp. 379-390. En sentido coincidente también se había pronunciado antes el Profesor Pérez Luciani, Gonzalo, "La Actividad Normativa de la Administración", en *Escritos del Doctor Gonzalo Pérez Luciani*, *op. cit.*, p. 286.

i. Primero, la claridad de la norma en lo que concernía a la necesidad de reglamentar las leyes cuyo texto ordenase su reglamentación.

Si la regla 1.ª del artículo 76, como afirmó el Tribunal Supremo de Justicia, regulaba un único supuesto, porque supeditaba el ejercicio de la potestad reglamentaria a la existencia de Ley previa que autorizase su ejercicio, la frase «...siempre que la ley lo exija o establezca en su texto...» bien hubiera podido decir «...siempre que la ley lo establezca en su texto...». Si el ejercicio de la potestad reglamentaria dependía invariablemente de la existencia de ley contentiva de autorización legislativa previa y expresa, entonces resultaba innecesario puntualizar que el Poder Ejecutivo también podía reglamentar una ley si dicha ley lo exigía. Al asumirse, sin más, que la palabra "exija" sobraba, es decir, que ese vocablo, por redundante, nada agregaba, se desatendió la letra de la regla 1.ª del artículo 76 de la Constitución de 1893 porque no se prestó la debida consideración a ese vocablo ("exija"), ni tampoco a la frase de acuerdo con la cual correspondía al Presidente de la Unión «mandar ejecutar las leyes...» (las leyes, en general). Se desatendió, asimismo, la tradición constitucional en esta materia. En síntesis, la palabra "exija" desempeñaba una función que toca al intérprete desentrañar.

ii. Segundo, el empleo por el Constituyente de la voz "exija" y de la conjunción disyuntiva "o", que sirve para denotar diferencia, separación o alternativa entre dos o más cosas («...siempre que la ley lo exija o establezca en su texto...»).

El uso del vocablo "exija" y de la conjunción disyuntiva denotaba que la norma regulaba dos supuestos distintos, y no uno solo, como erróneamente afirmó el Tribunal Supremo de Justicia. Las leyes cuyo texto estableciese el deber de reglamentarlas era el primero de ellos; el segundo, las leyes que exigían o ameritaban reglamentación por su naturaleza o contenido, no obstante la inexistencia de una regla legal expresa que ordenase su reglamentación. El empleo de esa voz ("exija") y de la conjunción disyuntiva denotaba, consecuentemente, que el Poder Ejecutivo conservaba su poder para reglamentar las leyes –las leyes, en general–, independientemente de que el texto de estas lo estableciese expresamente, si ellas, *ex rerum natura*, demandaban o ameritaban reglamentación. Por lo demás, la interpretación propuesta se corresponde con la letra de la regla 1.ª del artículo 76 *eiusdem*, a tenor del cual correspondía al Presidente de la Unión «mandar ejecutar las leyes…», porque, como ha quedado anotado, el reglamento es acto dictado en ejecución de la Ley[32]. Por su pertinencia, hacemos nuestra la afirmación de la Corte Federal según la cual «…ha de rechazarse el análisis parcial de los textos…» legales, esto es, la interpretación aislada de una norma, pues al momento de desentrañar su sentido se han de «…enfocar éstos con visión de conjunto»[33].

iii. Tercero, cuál es el verdadero sentido de la frase «…siempre que la ley lo exija…».

Con el empleo de dicha frase el Constituyente quería subrayar que el Poder Ejecutivo podía decidir reglamentar una ley cuando concluía que su reglamentación resultaba necesaria para asegurar la ejecución de la Ley; y con la expresión «…siempre que la ley lo… establezca en su texto…» el Constituyente quería destacar que también el Poder Legislativo podía concluir –y decidir– que la ulterior reglamentación de una determinada ley resultaba necesaria, caso en el cual

---

32 *Ut supra*, Capítulo I, nota a pie de página N° 2.

33 Corte Federal, Sentencia s/n, del 9 de octubre de 1953, en *Código Civil de Venezuela. Artículo 1o. al 18* (Antecedentes, Comisiones Codificadoras, Debates Parlamentarios, Jurisprudencia, Doctrina, Concordancias), coedición del Instituto de Derecho Privado de la Facultad de Derecho de la Universidad Central de Venezuela y el Colegio de Abogados del Distrito Federal, Caracas, 1969, p. 240.

el Poder Ejecutivo se hallaba en el deber de acatar la norma legal expresa sancionada por el Legislador.

c. Tercero, que el ejercicio del poder reglamentario se encontraba sometido a límites sustantivos, pues el reglamento, se daba por descontado, no podía contradecir la letra de la ley, no podía tampoco alterar el espíritu y la razón de la misma.

§9. La Constitución de 1901

El artículo 89 (regla 1.ª) de la Constitución de 1901 facultaba al Ejecutivo Federal para «mandar cumplir las leyes y decretos del Congreso Nacional y hacerlos publicar en la Gaceta Oficial dentro de los quince primeros días de haberlos recibido…», así como para «expedir los decretos o *reglamentos* para la mejor ejecución de las leyes, siempre que la ley lo exija o establezca en su texto, cuidando de no alterar el espíritu y la razón de la Ley» (numeral 10)[34].

Complementariamente, el numeral 13 del artículo 89 *eiusdem* disponía que también correspondía al Ejecutivo Federal «*reglamentar* el servicio de Correos, Telégrafos y Teléfonos Federales conforme a la ley, pudiendo crear o suprimir estaciones u oficinas que reclamen urgentemente estas medidas, dando cuenta a la Legislatura Nacional en su próxima reunión»[35].

§10. La Constitución de 1904

En esencia, el artículo 80 (reglas 1.ª y 2.ª) de la Constitución de 1904 reproducía el artículo 89 (regla 1.ª y numeral 10) de la Constitución anterior[36].

---

[34] El artículo constitucional formaba parte del Título VI, Poder Ejecutivo Federal; Sección Cuarta, Atribuciones del Ejecutivo Federal (Brewer-Carías, Allan Randolph, *Las Constituciones de Venezuela*, *op. cit.*, p. 576).

[35] *Ibid.*

[36] El artículo 80 de la Constitución de 1904 formaba parte del Título VI, Del Poder Ejecutivo Federal; Sección Cuarta, De las atribuciones del Ejecutivo

La razón que justifica una especial referencia a la Constitución de 1904 la encontramos en el numeral 17 de su artículo 80, porque la Constitución le introdujo un cambio a la regla del numeral 13 del artículo 89 de la Constitución de 1901 que autorizaba al Ejecutivo Federal para reglamentar los servicios de Correos, Telégrafos y Teléfonos Federales «...conforme a la Ley...». Según la nueva redacción dada a la norma constitucional, el Ejecutivo se hallaba facultado para «*reglamentar* el servicio de Correos, Telégrafos y Teléfonos Federales, pudiendo crear o suprimir estaciones u oficinas que reclamen urgentemente estas medidas, dando cuenta a la Legislatura Nacional en su próxima reunión»[37]. Habida consideración de esta novel redacción, Moles Caubet entendía que la disposición autorizaba al Ejecutivo Nacional para expedir reglamentos independientes o autónomos, es decir, reglamentos que carecían de ley previa que les sirviese de antecedente y fundamento[38].

La Constitución de 1909 reprodujo las reglas de la Constitución de 1904 sin cambios dignos de consideración[39].

§11. La Constitución de 1914

La Constitución de 1914 le introduce modificaciones de trascendencia a dos de las normas constitucionales hasta ese entonces en vigor.

Federal (Brewer-Carías, Allan Randolph, *Las Constituciones de Venezuela, op. cit.*, p. 597).

37 Brewer-Carías, Allan Randolph, *Las Constituciones de Venezuela, op. cit.*, pp. 597-598.

38 Moles Caubet, Antonio, "La Potestad Reglamentaria y sus Modalidades", en *Estudios sobre la Constitución* (Libro-Homenaje a Rafael Caldera), Tomo IV, Universidad Central de Venezuela, Facultad de Ciencias Jurídicas y Políticas, Caracas, 1979, p. 2.092.

39 Artículo 80, reglas 8.ª, 9.ª y 14 (Título VI, Del Poder Ejecutivo Federal; Sección Tercera, Del Presidente de los Estados Unidos de Venezuela), (Brewer-Carías, Allan Randolph, *Las Constituciones de Venezuela, op. cit.*, pp. 618-619).

A tenor del artículo 79 (regla 8.ª) correspondía al Presidente de la República «expedir los decretos y reglamentos para la mejor ejecución de las leyes, cuidando de no alterar su espíritu, *propósito* o razón»[40]. Una detenida lectura de la norma constitucional citada permite constatar:

a. Primero, la supresión de la frase «...siempre que la ley lo exija o establezca en su texto...», que había sido empleada en las Constituciones de 1893, 1901, 1904 y 1909.

b. Por causa de la reforma constitucional, los reglamentos, que antes solo tenían prohibido alterar el espíritu y la razón de la Ley, debían en lo adelante respetar también el «...*propósito*...» de la Ley.

Adicionalmente, el artículo 78 (numeral 10) agregaba que al Presidente de la República también le correspondía «*reglamentar* el servicio de Correos, Telégrafos y Teléfonos, públicos o particulares, con facultades para crear y suprimir estaciones u oficinas federales que reclamen urgentemente estas medidas»[41]. En esta última norma desapareció el deber, impuesto al Presidente de la República, de rendirle cuentas al Poder Legislativo del ejercicio de su poder en esta materia, como lo preveía el Artículo 80 (numeral 2.º), de la Constitución de 1904.

La regla 8.ª del artículo 79 de la Constitución de 1922 es una reproducción –casi textual– de la regla 8.ª del artículo 79 de la Constitución de 1914[42].

---

[40] La norma constitucional formaba parte del Título VI, Del Poder Ejecutivo Federal; Sección Tercera, Del Presidente de los Estados Unidos de Venezuela (Brewer-Carías, Allan Randolph, *Las Constituciones de Venezuela, op. cit.*, p. 654).

[41] *Ibid.* El artículo constitucional también formaba parte del Título VI, Del Poder Ejecutivo Federal; Sección Tercera, Del Presidente de los Estados Unidos de Venezuela.

[42] La norma constitucional formaba parte del Título VI, Del Poder Ejecutivo Federal; Sección Tercera, De las atribuciones del Presidente de los Estados

§12. La Constitución de 1925

La Constitución de 1925 introduce un cambio de consideración. Según el artículo 100 (regla 8.ª), era atribución del Presidente de los Estados Unidos de Venezuela «expedir, en *Consejo de Ministros*, los decretos y reglamentos para la mejor ejecución de las leyes, cuidando de no alterar su espíritu, propósito o razón»[43].

Ese novel requisito, aludimos a la expedición del reglamento en Consejo de Ministros, también debía ser satisfecho al reglamentar «...los Servicios de Sanidad, Correos, Telégrafos y el de Teléfonos, públicos o particulares» (artículo 100, numeral 10)[44].

Ambas previsiones fueron luego reproducidas en las Constituciones de 1928, 1929 y 1931[45].

§13. La Constitución de 1936

El artículo 100 (numeral 11) de la Constitución de 1936 facultaba al Presidente de los Estados Unidos de Venezuela para «ejercer en Consejos de Ministros la facultad de reglamentar las leyes sin alterar su espíritu, propósito y razón, y de *enmendar y reformar total o parcialmente los reglamentos de las mismas, debiendo en*

Unidos de Venezuela (Brewer-Carías, Allan Randolph, *Las Constituciones de Venezuela, op. cit.*, p. 684).

43 El artículo constitucional formaba parte del Título VI, Del Poder Ejecutivo; Sección Tercera, De las atribuciones del Presidente de los Estados Unidos de Venezuela (Brewer-Carías, Allan Randolph, *Las Constituciones de Venezuela, op. cit.*, p. 712).

44 *Ibid.*

45 Artículos 100, reglas 8.ª y 10 (Título VI, Del Poder Ejecutivo; Sección Tercera, De las atribuciones del Presidente de los Estados Unidos de Venezuela); 100, reglas 8.ª y 10 (Título VI, Del Poder Ejecutivo; Sección Tercera, De las atribuciones del Presidente de los Estados Unidos de Venezuela); y, 100, numerales 10 y 12 (Título VI, Del Poder Ejecutivo; Sección Tercera, De las atribuciones del Presidente de los Estados Unidos de Venezuela), respectivamente (Brewer-Carías, Allan Randolph, *Las Constituciones de Venezuela, op. cit.*, pp. 738, 763-764 y 790).

todo caso publicarse íntegramente el nuevo reglamento, con la respectiva derogatoria del anterior»[46], aclarando o precisando así que la potestad reglamentaria no se agotaba con la expedición del (primer) reglamento de la Ley.

Por otra parte, la Constitución suprimió la norma especial que, de manera expresa, habilitaba al Presidente de los Estados Unidos de Venezuela para reglamentar los Servicios de Sanidad, Correos, Telégrafos y el de Teléfonos, públicos o particulares.

Las Constituciones de 1945 y 1947 reprodujeron la norma contenida en la Constitución de 1936[47].

§14. La Constitución de 1953

En su artículo 108 (regla 2.ª), la Constitución de 1953 facultaba al Presidente de la República para «reglamentar las leyes, sin alterar su espíritu, propósito y razón, y reformar parcialmente los reglamentos de las mismas»[48].

§15. La Constitución de 1961

La Constitución de 1961 simplificó aún más la redacción de la norma atributiva de competencia en materia reglamentaria. Según la Constitución, correspondía al Presidente de la República «reglamen-

46 La norma constitucional formaba parte del Título VI, Del Poder Ejecutivo Federal; Sección Tercera, De las atribuciones del Presidente de los Estados Unidos de Venezuela (Brewer-Carías, Allan Randolph, *Las Constituciones de Venezuela, op. cit.*, pp. 819-820).

47 Artículos 104, numeral 11 (Capítulo IV, Del Poder Ejecutivo Federal; Sección Tercera, De las atribuciones del Presidente de los Estados Unidos de Venezuela), y 198, numeral 10 (Título VI, Del Poder Ejecutivo Nacional; Sección Tercera, De las atribuciones del Presidente de la República), respectivamente (Brewer-Carías, Allan Randolph, *Las Constituciones de Venezuela, op. cit.*, pp. 858 y 910-911).

48 El artículo constitucional formaba parte del Título V, De los Poderes Públicos Nacionales; Capítulo III, Del Poder Ejecutivo Nacional; Sección Tercera, De las atribuciones del Presidente de la República (Brewer-Carías, Allan Randolph, *Las Constituciones de Venezuela, op. cit.*, p. 950).

tar total o parcialmente las leyes, sin alterar su espíritu, propósito y razón», agregando en su penúltimo aparte que esa potestad debía ser ejercida en Consejo de Ministros[49].

Sección II. La potestad reglamentaria de la Administración Pública y los reglamentos según la Constitución en vigor

Los reglamentos y la potestad reglamentaria se hallan disciplinados de manera expresa en la Constitución de 1999 en los términos que a continuación detallaremos[50].

§1. La potestad reglamentaria del Presidente de la República

Son dos las normas de la Constitución de 1999 que se ocupan de la potestad reglamentaria del Presidente de la República.

A) La potestad reglamentaria del Presidente de la República

La primera norma que debemos destacar aquí es el artículo 236 (numeral 10) de la Constitución en vigor. A tenor de esta norma, que reproduce textualmente la regulación contenida en la Constitución previa (1961), compete al Presidente de la República «reglamentar total o parcialmente las leyes, sin alterar su espíritu, propósito y razón»[51]. No obstante, el justo alcance de esa potestad, en principio

---

[49] Artículo 190, numeral 10 (Título VI, Del Poder Ejecutivo Nacional; Capítulo II, De las atribuciones del Presidente de la República), (Brewer-Carías, Allan Randolph, *Las Constituciones de Venezuela*, *op. cit.*, p. 984).

[50] *Gaceta Oficial de la República* N° 36.860, del 30 de diciembre de 1999, reimpresa en la *Gaceta Oficial de la República* N° 5.453 Extraordinaria, del 24 de marzo de 2000. La Enmienda N° 1 a la Constitución de 1999 fue publicada en la *Gaceta Oficial de la República* N° 5.908 Extraordinaria, del 19 de febrero de 2009. El artículo 190 precisaba que el Presidente de la República debía ejercer en Consejo de Ministros la atribución señalada en el ordinal 10° «...y las que le atribuya la ley para ser ejercidas en igual forma».

[51] La norma constitucional forma parte del Título V, De La Organización Del Poder Público Nacional; Capítulo II, Del Poder Ejecutivo Nacional; Sección Segunda, De las atribuciones del Presidente de la República.

general, ha de determinarse teniendo presente lo dispuesto por los artículos 109, 293 (numeral 1°), 318 y 324 *eiusdem*, a través de los cuales:

a. Se reconoce potestad reglamentaria limitada, por razón de la materia (*ratione materiae*), a las Universidades, la Administración Electoral, el Banco Central de Venezuela y la Fuerza Armada Nacional (*ut infra*, Capítulo I, Sección II, §2., §3., §4. y §5.);y, consecuentemente,

b. Se *erosiona* la potestad reglamentaria, otrora general, que nuestras distintas Constituciones le habían tradicionalmente reconocido al Presidente de la República. Esa potestad reglamentaria del Presidente de la República, otrora general, se ha visto desgastada ulteriormente en virtud de principios constitucionales reconocidos por nuestra doctrina y tribunales de justicia (*ut infra*, Capítulo IV, Sección II, §2).

B) La reserva reglamentaria en materia de organización administrativa

El artículo 236 dispone en su numeral 20 que es al Presidente de la República a quien corresponde «fijar el número, organización y competencia de los ministerios y otros organismos de la Administración Pública Nacional...», así como regular «...la organización y funcionamiento del Consejo de Ministros...», agregando seguida-

---

Según el artículo 236 *in fine*, «el Presidente de la República ejercerá en Consejo de Ministros las atribuciones señaladas en los numerales 7, 8, 9, 10, 12, 13, 14, 18, 20, 21, 22 y las que le atribuya la ley para ser ejercidas en igual forma». El artículo 242 *eiusdem* precisa que «los Ministros son órganos directos del Presidente de la República, y reunidos conjuntamente con este y con el Vicepresidente Ejecutivo, integran el Consejo de Ministros». Complementariamente, el Reglamento del Consejo de Ministros establece que el Consejo de Ministros «...es *el órgano* superior de dirección política, estratégica y administrativa de la Administración Pública Nacional» (artículo 2°, "Naturaleza jurídica y principios"), (*Gaceta Oficial de la República* N° 40.580, del 14 de enero de 2014).

mente que esa competencia debe ser ejercida en el marco «...de los principios y lineamientos señalados por la correspondiente ley orgánica».

Como tendremos oportunidad de examinar más adelante, la norma crea una novedosa *reserva reglamentaria* en lo que se refiere a la determinación del número, organización y competencia de los ministerios y demás organismos de la Administración Pública Nacional y a la organización y funcionamiento del Consejo de Ministros, reserva que se contrapone a la reserva de Ley, que en esta materia queda circunscrita a la fijación de principios y lineamientos, única y exclusivamente, mediante Ley orgánica.

§2. La potestad reglamentaria de las universidades

Tras reconocer el principio de autonomía universitaria, el artículo 109 de la Constitución habilita a las universidades autónomas para darse sus propias normas de gobierno, funcionamiento y administración[52].

§3. La potestad reglamentaria del Poder Electoral

El artículo 293 (numeral 1°) de la Constitución habilita al Poder Electoral para «*reglamentar* las *leyes electorales* y resolver las dudas y vacíos que éstas susciten o contengan»[53].

§4. La potestad reglamentaria del Banco Central de Venezuela

De conformidad con lo dispuesto por el artículo 318 de la Constitución, corresponde al Banco Central de Venezuela, persona jurídica

---

[52] La norma constitucional forma parte del Título III, De los Derechos Humanos y Garantías y de los Deberes; Capítulo VI, De los Derechos Culturales y Educativos.

[53] La norma forma parte del Título V, De La Organización Del Poder Público Nacional; Capítulo V, Del Poder Electoral, de la Constitución.

de Derecho Público con autonomía para la formulación y el ejercicio de las políticas de su competencia, *regular* la moneda, el crédito y las tasas de interés.

La norma constitucional citada agrega que el Banco Central de Venezuela tiene como misión formular y ejecutar la política monetaria y participar en el diseño de la política cambiaria. La ejecución de esta última, *ex*-artículo 318 de la Constitución, es materia encomendada al Banco Central de Venezuela[54].

§5. La potestad reglamentaria de la Fuerza Armada

De conformidad con lo dispuesto por el artículo 324 de la Constitución de 1999, es a la Fuerza Armada Nacional a quien compete «...*reglamentar* y controlar, de acuerdo con la ley respectiva, la fabricación, importación, exportación, almacenamiento, tránsito, registro, control, inspección, comercio, posesión y uso...» de las armas que no califiquen como armas de guerra, y de las municiones y explosivos[55].

Sección III. La potestad reglamentaria de la Administración Pública y los reglamentos de acuerdo con la Ley Orgánica de la Administración Pública

Las normas constitucionales relativas a la potestad reglamentaria y a su producto, los reglamentos, han sido desarrolladas por la Ley Orgánica de la Administración Pública[56].

---

54 La norma constitucional forma parte del Título VI, Del Sistema Económico; Sección III, Del Sistema Monetario Nacional.

55 La norma forma parte del Título VII, De la Seguridad de la Nación; Capítulo I, Disposiciones Generales, de la Constitución.

56 *Gaceta Oficial de la República* N° 6.147, del 17 de noviembre de 2014. Los artículos 89, 90 y 91 de la Ley Orgánica de la Administración Pública forman parte integrante del Título III, Del Nivel Central de la Administración Pública Nacional; Capítulo VIII, De la Iniciativa Legislativa del Poder Ejecutivo Nacional y su Potestad Reglamentaria.

§1. Los órganos titulares de la potestad reglamentaria

De conformidad con el artículo 89 de la Ley Orgánica de la Administración Pública, el ejercicio de la potestad reglamentaria corresponde al Presidente de la República en Consejo de Ministros, de conformidad con la Constitución y la ley.

Esa norma debe ser leída conjuntamente con los artículos 45 y 44 *eiusdem*, que establecen, respectivamente, que la potestad reglamentaria también puede ser ejercida por «...los órganos superiores de dirección del nivel central de la Administración Pública Central...», y que en su condición de órganos superiores de dirección del nivel central, el Vicepresidente Ejecutivo, los Ministros y los Viceministros, *inter alia*, cuentan con potestad reglamentaria[57].

---

[57] Los artículos de la Ley Orgánica de la Administración Pública citados establecen textualmente lo siguiente: (i) «Corresponde a los *órganos superiores de dirección del nivel central de la Administración Pública Nacional* dirigir la política interior y exterior de la República, ejercer la función ejecutiva y la *potestad reglamentaria* de conformidad con la Constitución de la República Bolivariana de Venezuela y la ley. Asimismo, tendrán a su cargo la conducción estratégica del Estado y, en especial, la formulación, aprobación y evaluación de las políticas públicas, el seguimiento de su ejecución y la evaluación del desempeño institucional y de sus resultados. Los órganos superiores de dirección del nivel central de la Administración Pública Nacional ejercerán la rectoría y el control de la actividad y de las políticas desarrolladas por los órganos inferiores, a los cuales evaluarán en su funcionamiento, desempeño y resultados» (artículo 45); y, (ii) «Son órganos superiores de dirección del nivel central de la Administración Pública Nacional, la Presidenta o Presidente de la República, la Vicepresidenta Ejecutiva o Vicepresidente Ejecutivo, el Consejo de Ministros, las Vicepresidentas o Vicepresidentes Sectoriales, las ministras o ministros, las viceministras o viceministros; y las autoridades regionales. Son órganos superiores de consulta del nivel central de la Administración Pública Nacional, la Procuraduría General de la República, el Consejo de Estado, el Consejo de Defensa de la Nación, las juntas sectoriales y las juntas ministeriales» (artículo 44).

§2. La reserva de Ley y la potestad reglamentaria

Según el artículo 89 de la Ley Orgánica de la Administración Pública, los reglamentos no pueden regular materias objeto de reserva de ley, ni infringir normas con dicho rango, y, consecuentemente,que sin perjuicio de su función de *desarrollo* o *colaboración* con respecto a la Ley, los reglamentos no pueden «...tipificar delitos, faltas o infracciones administrativas, [ni] establecer penas o sanciones...»; tampoco crear «...tributos, cánones u otras cargas o prestaciones personales o patrimoniales de carácter público».

§3. El procedimiento administrativo interno para el ejercicio de la potestad reglamentaria por el Presidente de la República en Consejo de Ministros

El artículo 90 de la Ley Orgánica de la Administración Pública somete la elaboración de los reglamentos ejecutivos a un procedimiento administrativo previo, de naturaleza o carácter normativo, cuyas particularidades cabría resumir así:

a. La iniciación del procedimiento conducente a la aprobación de un reglamento corresponde al ministerio competente según la materia, mediante la elaboración de un anteproyecto, al cual deben acompañarse sendos informes, uno técnico, otro sobre su impacto o incidencia presupuestaria.

b. A lo largo del proceso de elaboración del reglamento la Administración se halla en el deber de recabar los informes, dictámenes y cuantos estudios y consultas se estimen convenientes para asegurar la eficacia y la legalidad del texto.

c. Una vez elaborado el anteproyecto de reglamento, éste debe someterse a consulta pública a los fines de garantizar el derecho de participación en los asuntos públicos que la Constitución reconoce a los particulares.

d. Concluido el procedimiento de consulta pública, el proyecto de reglamento resultante debe ser aprobado por el Presidente de la República en Consejo de Ministros[58].

e. El reglamento, una vez aprobado, entra en vigencia con su publicación en la Gaceta Oficial de la República, salvo que el acto disponga otra cosa. Esta última regla reitera cuanto dispone el artículo 12 *eiusdem*, según el cual los reglamentos, resoluciones y demás actos administrativos de carácter general dictados por los órganos y entes de la Administración Pública, deben ser publicados –sin excepción– en la Gaceta Oficial de la República o, alternativamente, en el medio de publicación oficial que corresponda[59].

---

58 La Ley Orgánica de la Administración Pública contempla un *procedimiento administrativo (normativo) distinto* cuando de lo que se trata es de aprobar un *proyecto de ley*, en ejercicio de la *iniciativa legislativa* que la Constitución le reconoce al Ejecutivo Nacional. Según el artículo 88 (Procedimiento para la elaboración de proyectos de ley) de la prenombrada Ley, (i) el procedimiento para la elaboración de proyectos de ley ha de iniciarse en la Vicepresidencia de la República o en el ministerio o ministerios competentes, mediante la elaboración del correspondiente anteproyecto, al cual ha de adjuntarse un informe jurídico, los estudios o informes técnicos sobre la *necesidad* y oportunidad de la regulación, y un informe económico sobre su impacto o incidencia presupuestaria; (ii) el anteproyecto debe ser sometido a la consideración del Consejo de Ministros para que decida sobre los ulteriores trámites y solicite las consultas, dictámenes e informes que resulten convenientes; y, (iii) cumplidos los trámites indicados con anterioridad, el ministro proponente someterá el anteproyecto nuevamente al Consejo de Ministros para su aprobación como proyecto de ley, y su remisión, por órgano de la Vicepresidencia de la República, a la Asamblea Nacional, junto con una exposición de motivos, los informes técnico y económico, así como los demás antecedentes. Sin perjuicio de lo expuesto, la Ley agrega que cuando razones de urgencia así lo aconsejen, el Consejo de Ministros podrá prescindir de tales trámites y acordar la aprobación de un proyecto de ley y su remisión a la Asamblea Nacional.

59 Con anterioridad a la entrada en vigencia de la Constitución de 1999 y de la primera Ley Orgánica de la Administración Pública (*Gaceta Oficial de la República* N° 37.305, del 17 de octubre de 2001), el ejercicio de la potestad reglamentaria no se hallaba sometido a trámite o procedimiento alguno. Por causa

§4. La consulta pública de las normas reglamentarias

Según el artículo 139, los órganos y entes de la Administración Pública se hallan en el deber de promover la *participación ciudadana* en la gestión pública. La norma establece además que los particulares pueden participar en la elaboración de los instrumentos de contenido normativo que la Administración puede aprobar[60].

El procedimiento (normativo) de consulta pública que debe preceder la expedición de los reglamentos se encuentra regulado por el artículo 140 de la Ley Orgánica de la Administración Pública[61]. Según el artículo 140:

---

de esa circunstancia, en el pasado sostuvimos que el reglamento era el producto del ejercicio de *actividad normativa* y no de *función normativa*, porque la función, a diferencia de la actividad, supone procedimiento previo (MUCI BORJAS, JOSÉ ANTONIO, "La actividad normativa de la Administración Pública", en *Segundas Jornadas Internacionales de Derecho Administrativo Allan Randolph Brewer-Carías* (Las formas de la actividad administrativa), Fundación de Estudios de Derecho Administrativo, Caracas, 1996, pp. 595-596).

60 Los artículos 139, 140 y 141 de la Ley Orgánica de la Administración Pública forman parte integrante del Título VI, De la Participación Social en la Gestión Pública.

61 Por lo que se refiere a la consulta pública de actos administrativos normativos, cabría invocar aquí los *antecedentes legislativos* que de seguida se mencionan: (i) El artículo 10 de la Ley de Aviación Civil establecía que «el Instituto Nacional de Aviación Civil, antes de producir o modificar los actos normativos que puede dictar de conformidad con este Decreto-Ley, realizará *consultas públicas previas* con los sectores interesados. Mediante providencia administrativa se establecerán los mecanismos que permitan asegurar la oportuna información de los interesados y la posibilidad de que aporten sugerencias o recomendaciones, en los términos y condiciones que se determinen, procurando el establecimiento de mecanismos abiertos, electrónicos o audiovisuales, a los fines del presente artículo. El Instituto Nacional de Aviación Civil podrá dictar de inmediato, cuando la naturaleza urgente del caso así lo amerite, *normas técnicas* atinentes a la seguridad operacional sin que medie la consulta previa a la que se refiere el presente artículo. En estos casos, el Instituto Nacional de Aviación Civil someterá dicha normativa a una consulta pública posterior, a los fines de pronunciarse sobre su revocatoria, modifica-

a. Cuando los órganos o entes públicos, en su rol de regulación sectorial, propongan la adopción de *normas reglamentarias* o de otra jerarquía, deben iniciar el correspondiente procedimiento

---

ción o ratificación. Se reconoce a las personas naturales o jurídicas, la iniciativa de proponer al Instituto Nacional de Aviación Civil la regulación de nuevos servicios o situaciones atinentes a la aviación civil» (*Gaceta Oficial de la República* N° 37.293, del 28 de septiembre de 2001). (ii) El artículo 11 de la Orgánica de Telecomunicaciones establecía que «la Comisión Nacional de Telecomunicaciones, antes de producir o modificar los actos normativos que puede dictar de conformidad con esta Ley, realizará *consultas públicas previas* con los sectores interesados. A tales efectos establecerá mediante resolución los mecanismos que permitan asegurar la oportuna información de los interesados y la posibilidad de que aporten sugerencias o recomendaciones, en los términos y condiciones que se determinen, para lo cual procurará el establecimiento de mecanismos abiertos, electrónicos o audiovisuales. Las personas, naturales o jurídicas, podrán proponer a la Comisión Nacional de Telecomunicaciones la regulación de nuevos servicios de telecomunicaciones» (*Gaceta Oficial de la República* N° 36.970, de fecha 12 de junio de 2000). (iii) A esos dos antecedentes cabría añadir el representado por las reglas, de obligatorio cumplimiento, aprobadas por el Ministro de Fomento sobre la base de las normas previamente formuladas por la Comisión Venezolana de Normas Industriales (Decreto N° 501, del 30 de diciembre de 1958, por el cual se crea la Comisión Venezolana de Normas Industriales [COVENI] adscrita al Ministerio de Fomento, en *Gaceta Oficial de la República* N° 25.859, del 10 de enero de 1959, y Ley sobre Normas Técnicas y Control de Calidad, *Gaceta Oficial de la República* N° 2.529 Extraordinario, del 31 de diciembre de 1979), porque dicha Comisión contaba con representantes de los sectores privados y sus normas eran formuladas *conjuntamente con* las empresas, públicas y privadas, a las cuales aquellas iban dirigidas. A propósito de los antecedentes normativos en materia de consulta pública de actos reglamentarios, consúltese CHAVERO GAZDIK, RAFAEL J., "La Participación Ciudadana en la Elaboración de Actos Generales", en *Revista de Derecho Público* número 59-60, julio-diciembre 1994, Editorial Jurídica Venezolana, Caracas, 1994, pp. 5 y ss.; y por lo que se refiere a las normas de la Comisión Venezolana de Normas Industriales, GRAU FORTOUL, GUSTAVO, "Normas Covenin, *Codex Alimentarius* y reglamentaciones técnicas (Reflexiones sobre su obligatoriedad, en el ámbito del régimen jurídico administrativo sanitario en materia de alimentos)", en *Libro Homenaje a la Academia de Ciencias Políticas y Sociales en el Centenario de su Fundación*, Tomo II, Academia de Ciencias Políticas y Sociales, Caracas, 2015, pp. 856-859.

de consulta pública y remitir el anteproyecto a las comunidades organizadas, añadiendo la norma que en el oficio de remisión del anteproyecto debe indicarse el lapso durante el cual se recibirán por escrito las observaciones que las comunidades decidan formular, el cual comenzará a correr a partir del décimo día hábil siguiente a la entrega del anteproyecto correspondiente.

b. Paralelamente a ello, el órgano o ente público correspondiente difundirá el inicio del procedimiento de consulta a través de cualquier medio de comunicación y su página en internet, debiendo exponer en esta última los documentos sobre los cuales verse la consulta.

c. Durante el procedimiento de consulta cualquier persona puede presentar por escrito sus observaciones y comentarios sobre el correspondiente anteproyecto.

d. Una vez concluido el lapso de recepción de las observaciones, el órgano o ente público podrá fijar una fecha para la convocatoria de los funcionarios, especialistas en la materia, y las comunidades organizadas, a los efectos de que estas intercambien con aquellos opiniones, les hagan preguntas, formulen observaciones y propongan adoptar, desechar o modificar el anteproyecto propuesto o considerar un anteproyecto nuevo; y, finalmente,

e. El resultado del procedimiento de consulta no tendrá carácter vinculante.

El artículo 141 establece, finalmente, (i) que ningún órgano o ente público puede aprobar normas para cuya adopción sea competente, ni remitir a otra instancia proyectos normativos que no hayan sido previamente consultados, de conformidad con el artículo 140 *eiusdem*; (ii) que las normas que sean aprobadas por los órganos o entes públicos, o sugeridas por estos a otras instancias, serán nulas de nulidad absoluta, si no han sido consultadas según el procedimiento previsto en el artículo 140 *eiusdem*; y, no obstante, (iii) que, excepcionalmente, en caso de emergencia manifiesta, el Presidente de la República, los gobernadores o los alcaldes, según corresponda, podrán autorizar la aprobación de normas sin la consulta previa, en el entendido, sin embargo, que en estos casos las normas aprobadas deberán ser consultadas seguidamente bajo el mismo procedimiento, y que el resultado de la consulta deberá ser considerado por la instancia que aprobó la norma para su ratificación, modificación o supresión.

§5. La oportunidad para la expedición de los reglamentos

El artículo 91 de la Ley Orgánica de la Administración Pública dispone que el Ejecutivo Nacional tiene el deber de aprobar los reglamentos *necesarios* para la *eficaz aplicación y desarrollo de las leyes*, dentro del año inmediatamente siguiente a su promulgación.

§6. El ámbito subjetivo de aplicación de la Ley

Por lo que se refiere al ámbito de aplicación de la Ley Orgánica de la Administración Pública, vale la pena subrayar que el artículo 2° de dicha Ley establece que sus disposiciones resultan aplicables tanto a la Administración Pública Nacional, como a las Administraciones de los Estados y Municipios del Distrito Capital, de los Distritos Municipales y del Territorio Insular. Por resultarles aplicable, la Ley establece, además, que dichos entes se hallan en el deber de desarrollar su contenido dentro del ámbito de sus respectivas competencias.

Establece, finalmente, que las disposiciones de la Ley se aplicarán supletoriamente a los demás órganos y entes del Poder Público.

Sección IV. Recapitulación

A título de epítome, las Constituciones y leyes venezolanas invocadas a lo largo del presente Capítulo acreditan:

a. Primero, que el Poder Ejecutivo Nacional ha contado con potestad reglamentaria a lo largo de toda nuestra historia republicana.

La existencia de dicha potestad ha sido, pues, *una constante* en nuestro Derecho.

b. Segundo, que en oportunidades la potestad reglamentaria del Poder Ejecutivo ha sido reconocida por nuestras Constituciones de manera virtual o implícita. Más recientemente, la potestad ha venido siendo reconocida de manera explícita.

c. Tercero, la Constitución política en vigor le asigna potestad reglamentaria a una multiplicidad de autoridades.

   El Presidente de la República en Consejo de Ministros cuenta con una potestad que es *general*, porque puede reglamentar «... las leyes...» (las leyes, en general), y al propio tiempo es *residual*, porque el Ejecutivo puede ejercerla en aquellas materias cuya reglamentación no le ha sido encomendada a otra autoridad. En este sentido, debe tenerse presente que la Constitución le asigna potestad reglamentaria *expresa* a las universidades, el Poder Electoral, el Banco Central de Venezuela y la Fuerza Armada.

   A ese listado de autoridades se suman otras a las cuales la Constitución reconoce potestad reglamentaria de manera virtual o implícita (*ut infra*, Capítulo IV, Sección II, §2).

d. Cuarto, de conformidad con lo previsto por el artículo 49 de la Constitución (*debido proceso administrativo*) y la Ley Orgánica de la Administración Pública, la aprobación de reglamentos debe estar precedida de un *procedimiento administrativo normativo*, que ha sido diseñado para asegurar el ejercicio racional de la potestad reglamentaria encomendada a la Administración.

e. Finalmente, la Ley Orgánica de la Administración Pública reconoce que la potestad reglamentaria debe ser ejercida para aprobar los reglamentos necesarios para la eficaz aplicación y desarrollo de las leyes.

Capítulo II

La Ley y el Reglamento

Sección I. La distinción entre ley formal y ley material

Desde un punto de vista estrictamente *formal* se suele afirmar que la Ley es el acto jurídico sancionado por el Poder Legislativo, siguiendo el procedimiento constitucionalmente previsto para la formación de las leyes. Desde un punto de vista *material* el vocablo tiene un significado más amplio, porque la palabra comprende los actos estatales mediante los cuales se establecen reglas de Derecho caracterizadas por su generalidad y abstracción[1].

Una detenida lectura del artículo 202 de la Constitución[2] permite constatar que en nuestro país *no es el contenido* lo que caracteriza a la Ley y la distingue de otros actos estatales[3]. En este orden de

---

1 Waline, Jean, *Droit administratif*, 25e edition, Éditions Dalloz, Paris, 2014, p. 299; y, Fernández Salmerón, Manuel, *El control jurisdiccional de los reglamentos*, Atelier, Barcelona, 2002, p. 38.
La Sala Político-Administrativa de la Corte Suprema de Justicia ha dejado asentado que «...una de las características esenciales de la ley material es la generalidad, pues no se legisla para casos particulares o individuales» (Sentencia N° 201, de 10 de agosto de 1978, del 10 de agosto de 1978, asunto *Luis Fernando Sandoval Ramírez*, en *Jurisprudencia de la Corte Suprema de Justicia*, N° 8-9, Dr. Oscar Pierre Tapia, agosto-septiembre 1978, Caracas, pp. 60-78).

2 El artículo 202 de la Constitución reza textualmente así: «La ley es el acto sancionado por la Asamblea Nacional como cuerpo legislador. Las leyes que reúnan sistemáticamente las normas relativas a determinada materia se podrán denominar códigos».

3 En propósito, *vid.* Sala Político-Administrativa de la Corte Federal y de Casación, Sentencia s/n, del 20 de diciembre de 1940; y, Corte Suprema de Justicia en Pleno, Sentencia s/n, del 15 de marzo de 1962, en Brewer-Carías, Allan Randolph, *Jurisprudencia de la Corte Suprema de Justicia 1930-74 y Estudios de Derecho Administrativo*, Tomo I (Ordenamiento Constitucional y Funcional del Estado), Instituto de Derecho Público de la Universidad

ideas, se suele afirmar que la Ley de Presupuesto no constituye ley en sentido material, habida consideración que no tiene la generalidad que suele distinguir a las leyes; y que dicha Ley tiene un «...carácter especialísimo...», pues es sancionada y promulgada con el objeto de autorizar ciertos y determinados gastos contra la hacienda pública en el respectivo año fiscal[4]. En este mismo orden de ideas, se ha afirmado que las leyes habilitantes se dictaban con el único objeto de autorizar la expedición de Decretos-Leyes[5]. Nuestro más alto Tribunal ha afirmado, finalmente, que las Leyes aprobatorias de Tratados Internacionales tienen un contenido *sui generis*, pues «...en rigor pudiera decirse que en esos casos el Congreso no legisla [en sentido estricto] sino que en ejercicio de función política aprueba o imprueba actos del Jefe de Estado...»[6]. No obstante, de acuerdo con lo previsto por nuestras Constituciones, todos y cada uno de tales actos del Poder Legislativo califica como Ley.

La trascendencia de la definición del artículo 202, en la que nuestra Constitución hace hincapié tanto en el autor de la Ley como en la modalidad de actuación del órgano legislativo, se torna evidente al considerar las circunstancias que de seguida enunciamos:

Central de Venezuela, Caracas, 1975, pp. 204-205 y 210-211). También LARES MARTÍNEZ, ELOY, *Manual de Derecho Administrativo, op. cit.*, p. 52; y, BRICEÑO LEÓN, HUMBERTO, "Régimen Derogatorio entre los Acuerdos del Congreso, los Decretos-Leyes y las Leyes Orgánicas", en *II Jornadas Internacionales de Derecho Administrativo "Allan Randolph Brewer-Carías"*, Fundación de Estudios de Derecho Administrativo, Caracas, 1996, p. 574.

4 HERNÁNDEZ RON, J.M., *Tratado Elemental de Derecho Administrativo*, Tomo I, 2ª edición, Editorial Las Novedades, C.A., Caracas, 1943, p. 70; y, Sala Político-Administrativa de la Corte Suprema de Justicia, Sentencia del 10 de agosto de 1978, en *Jurisprudencia de la Corte Suprema de Justicia*, N° 8-9, Dr. Oscar Pierre Tapia, Caracas, agosto-septiembre 1978, pp. 60-78.

5 BREWER-CARÍAS, ALLAN RANDOLPH, *Instituciones Políticas y Constitucionales*, Tomo III, Universidad Católica del Táchira-Editorial Jurídica Venezolana, 3ª Edición, Caracas-San Cristóbal, 1996, pp. 40-41.

6 Corte Suprema de Justicia en Pleno, Sentencia s/n, del 29 de abril de 1965, asunto *Tito Gutiérrez Alfaro.*

a. El artículo 202 de la Constitución es, primero que nada, *norma atributiva de competencia*. Conforme a él, es a la Asamblea Nacional, únicamente a la Asamblea Nacional, a la que incumbe sancionar las Leyes llamadas a regular las materias que integran el elenco del artículo 156 constitucional[7].

b. Al referirse al autor del acto y asignarle a la Asamblea Nacional la sanción de las Leyes con carácter de exclusividad, porque la Ley –insistimos– es acto privativo de la Asamblea Nacional, la Constitución postula, de manera virtual o implícita, que la Ley únicamente puede ser adoptada por un órgano plural en el que se encuentre representada la sociedad como un todo, y no solo la mayoría política de turno.

   La Ley es, pues, obra de un órgano del Poder Constituido que expresa la voluntad de la colectividad[8]. Su autor es el órgano estatal llamado a (i) deliberar en torno a las materias, de especial trascendencia, que integran la reserva legal, y a(ii) disponer, en nombre de la sociedad, cómo han de ser reguladas tales materias;

---

7 A tenor del artículo 187, numeral 1°, de la Constitución, corresponde a la Asamblea Nacional «*legislar* en las materias de la competencia nacional y sobre el funcionamiento de las distintas ramas del Poder Nacional». Por su parte, el artículo 156 dispone que «es de la competencia del Poder Público Nacional…», *inter alia*: «32. La legislación en materia de derechos, deberes y garantías constitucionales; la civil, mercantil, penal, penitenciaria, de procedimientos y de derecho internacional privado; la de elecciones; la de expropiación por causa de utilidad pública o social; la de crédito público; la de propiedad intelectual, artística e industrial; la del patrimonio cultural y arqueológico; la agraria; la de inmigración y poblamiento; la de pueblos indígenas y territorios ocupados por ellos; la del trabajo, previsión y seguridad sociales; la de sanidad animal y vegetal; la de notarías y registro público; la de bancos y la de seguros; la de loterías, hipódromos y apuestas en general; la de organización y funcionamiento de los órganos del Poder Público Nacional y demás órganos e instituciones nacionales del Estado; y la relativa a todas las materias de la competencia nacional».

8 A tenor del artículo 201 de la Constitución, los diputados que integran la Asamblea «*…son representantes del pueblo* y de los Estados en su conjunto...».

es, por consiguiente, el órgano constitucional al que, por diseño, se le reconoce primacía sobre las restantes autoridades. Las ejecutorias de estas últimas se encuentran subordinadas a la Ley sancionada por el Legislador[9].

La garantía institucional representada por el *origen democrático* directo de todos y cada uno de los integrantes del Parlamento, distingue a la Ley de las demás fuentes del Derecho.

c. El procedimiento que debe seguir la Asamblea Nacional a los efectos de sancionar las leyes es un procedimiento público, que se adelanta a la vista de todos. Es, además, un procedimiento que se halla rodeado de singulares garantías que procuran asegurar que las minorías parlamentarias puedan influir sobre las decisiones normativas, trascendentales para el conjunto de los ciudadanos que en definitiva se sancionen (aludimos, *inter alia*, al derecho de palabra que asiste a los Diputados en los debates y deliberaciones, y a su derecho al voto cuando la Asamblea deba tomar una decisión en el marco de las discusiones que ha de recibir todo proyecto de Ley)[10]. Por diseño constitucional, es en el seno de la Asamblea Nacional donde los representantes de la comunidad

---

9 Carré de Malberg, Raymond, *La ley, expresión de la voluntad popular* (Estudio sobre el concepto de ley en la Constitución de 1875), *op. cit.*, pp. 80-81; y, Carlassare, Lorenza, "Regolamento (Diritto Costituzionale)", en *Enciclopedia del Diritto*, Volumen XXXIX, Dott. A. Giuffrè Editore, Milano, 1988, p. 610.

10 Quadra-Salcedo, Tomás, "La delegación legislativa en la Constitución", *Estudios sobre la Constitución Española* (Homenaje al Profesor Eduardo García de Enterría), Tomo I, Editorial Civitas, S.A., Madrid, 1991, p. 355; y, Muci Borjas, José Antonio, "Las leyes habilitantes y los decretos-leyes dictados con base en aquéllas", en *Revista de Derecho Público*, N° 140, octubre-diciembre 2014, Editorial Jurídica Venezolana, Caracas, 2014, p. 63.
Consúltense los artículos 70, 89, 104 y 106 del Reglamento de Interior y Debates de la Asamblea Nacional (*Gaceta Oficial de la República* N° 6.014 Extraordinario, del 23 de diciembre de 2010).

deben alcanzar los acuerdos que permitan aprobarlas normas que tengan por objeto las cuestiones políticas esenciales[11].

Las garantías propias del procedimiento legislativo diferencian a la Ley, una vez más, de las restantes fuentes del Derecho.

c. A las circunstancias mencionadas con anterioridad debe agregarse un dato adicional, complementario: en el marco del procedimiento constitucional para la formación de las leyes está contemplada la intervención del Poder Ejecutivo, pues es a éste a quien incumbe promulgar las leyes previamente sancionadas por la Asamblea Nacional[12]. La intervención del Ejecutivo en el procedimiento de formación de las leyes, producto del principio constitucional de colaboración, contribuye a que se le reconozca a la Ley un valor superior.

Consideradas en su conjunto, las circunstancias mencionadas con anterioridad acreditan que a la Ley la caracterizan o distinguen circunstancias que van más allá de las *meras formas* y de *su contenido*.

Aunque la teoría que define a la Ley como norma general y abstracta no tiene sustento en el Derecho constitucional venezolano, luce pertinente destacar aquí que dicha definición encontró su justificación en *consideraciones de orden racional* que sirvieron de base al Estado de Derecho (en concreto, a la idea de que el Derecho aplicable a los ciudadanos debe constar en normas preestablecidas, comunes a todos los integrantes de la sociedad)[13]. Adicionalmente,

---

11 Maurer, Harmut, *Derecho Administrativo* (Parte General), *op. cit.*, p. 110.

12 Sin perjuicio de su poder para (i) solicitarle a la Asamblea Nacional, mediante exposición razonada, que modifique alguna de las disposiciones de una Ley previamente sancionada o que levante la sanción a toda la ley o parte de ella, y (ii) solicitarle al Tribunal Supremo de Justicia que se pronuncie sobre la constitucionalidad de una Ley, el artículo 214 de la Constitución establece (iii) que el Presidente de la República debe promulgar las Leyes dentro de los diez días siguientes a aquel en que las hubiere recibido de la Asamblea Nacional.

13 Carré de Malberg, Raymond, *La ley, expresión de la voluntad popular, op. cit.*, p. 28.

merece la pena subrayar que la definición de ley material, no obstante su falta de correspondencia con las normas del texto constitucional que se ocupa de la Ley, termina revelando su verdadera utilidad –*lato et improprio sensu*– cuando de lo que se trata es de definir o de identificar a los reglamentos, porque estos, a diferencia de otros actos administrativos, son dictados por la Administración en ejercicio de *función normativa* (*función legislativa*, en palabras de nuestra Corte Suprema de Justicia)[14]. Por tanto, han de ser empleados invariablemente, porque este es el propósito para el cual pueden ser aprobados, con el objeto de establecer reglas generales y abstractas.

Sección II. La eficacia superior de la Ley

Es cierto que las Leyes materiales sancionadas por el Poder Legislativo y los reglamentos aprobados por la Administración tienen en común que ambos son dictados para crear u organizar una

---

[14] Sala Político-Administrativa de la Corte Suprema de Justicia, Sentencia s/n, del 18 de julio de 1963, asunto *José L. Negrón et al.*, en Brewer-Carías, Allan Randolph, *Jurisprudencia de la Corte Suprema de Justicia 1930-74* y *Estudios de Derecho Administrativo*, Tomo I, *op. cit.*, p. 151; y, Sala Político-Administrativa de la Corte Suprema de Justicia, Sentencia N° 785, del 2 de julio de 1996, en *Revista de Derecho Público* N° 67-68, Editorial Jurídica Venezolana, Caracas, 1996, pp. 211-212. Sobre el particular puede también consultarse Lares Martínez, Eloy, *Manual de Derecho Administrativo, op. cit.*, p. 72; Pérez Luciani, Gonzalo, "La Actividad Normativa de la Administración", en *Escritos del Doctor Gonzalo Pérez Luciani, op. cit.*, p. 306; y, Brewer-Carías, Allan Randolph, *Principios Fundamentales del Derecho Público;* Editorial Jurídica Venezolana; Caracas, 2005; pp. 80-81.
En el Derecho comparado puede consultarse a Sandulli, Aldo, *Manuale di Diritto Amministrativo*, Volume I, XIV edizione, Casa Editrice Dott. Eugenio Jovene, Napoli, 1984, p. 53; Bulow, Erico, "La legislación", en *Manual de Derecho Constitucional*, obra coordinada por Benda, Maihofer, Vogel, Hesse, Heyde, Instituto Vasco de Administración Pública y Marcial Pons, Ediciones Jurídicas y Sociales, S.A., Madrid, 1996, p. 753; y, De Otto, Ignacio, *Derecho Constitucional* (Sistema de Fuentes), Editorial Ariel, S.A., Barcelona, 2001, p. 215.

situación jurídica general, impersonal, objetiva[15], y que, por ello, no existen diferencias entre el contenido –siempre preceptos de general aplicación– de las Leyes sancionadas por el Poder Legislativo con el objeto de establecer reglas de Derecho generales e impersonales,y los reglamentos aprobados por la Administración[16].

Empero, no hay duda alguna que entre las Leyes del Poder Legislativo y los reglamentos de la Administración existe una diferencia cualitativa –de sustancia– derivada del principio de separación de poderes (hoy en día, principio de división del Poder Público)[17]. Al afirmar que la Ley es *la razón humana*, Montesquieu reconocía implícitamente la superioridad de la función estatal encomendada al Poder Legislativo[18]. Mientras la fuerza irresistible de la Ley deriva de la voluntad de *la comunidad*, expresada por órgano de sus legítimos representantes, reunidos en el Parlamento, la fuerza o valor del reglamento es otro muy distinto, porque el autor de este último, la Administración, es una organización técnica que no representa a la comunidad, pero que está a su servicio[19].

La *primacía constitucional* de la Ley y, en virtud del principio de soberanía popular, de su autor, el Poder Legislativo[20], comporta

[15] Jèze, Gaston, *Principios Generales del Derecho Administrativo*, Tomo I (La Técnica Jurídica del Derecho Público Francés), Editorial Depalma, Buenos Aires,'1948, p. 32.

[16] Jèze, Gaston, *Principios Generales del Derecho Administrativo*, Tomo I, *op. cit.*, p. 33.

[17] Lucarelli, Alberto, *Potere Regolamentare* (Il regolamento indipendente tra modelli istituzionali e sistema delle fonti nell'evoluzione della dottrina publicistica), *op. cit.*, p. 9.

[18] Montesquieu, Charles Louis, *El Espíritu de las Leyes*, *op. cit.*, pp. 17-19 y 118-119.

[19] Sala Constitucional del Tribunal Supremo de Justicia, Sentencia N° 271, del 25 de abril de 2000, asunto *José Gregorio Rossi García*.

[20] Zanobini, Guido, *Corso di Diritto Amministrativo*, Volume Primo (Principî Generali), Dott. A. Giuffrè Editore, Milano, 1958, p. 62; y, García de Enterría, Eduardo, *Legislación delegada, potestad reglamentaria y control judicial*, Editorial Tecnos, S.A., Madrid, 1981, p. 9.

la subordinación del reglamento y del Poder Ejecutivo a las reglas impuestas por el Parlamento en virtud de Ley[21]. Así, el reglamento, no podía ser de otra forma, es un acto subordinado a la Ley; un acto llamado a desempeñar un rol subalterno, un papel secundario y subsidiario, porque se dicta para asegurar la ejecución de las leyes[22], o, dicho de otra manera, para "ejecutar" las grandes decisiones políticas que solo cabe decretar mediante Ley[23]. En palabras de la Sala Constitucional del Tribunal Supremo de Justicia, lo que separa y distingue al reglamento de la Ley es la inferioridad de aquel respecto de ésta, pues el reglamento no puede dejar sin efecto las normas legales, ni contradecirlas, ni innovar donde la ley es necesaria para producir un determinado efecto o regular una materia específica[24].

---

21 Waline, Jean, *Droit administratif, op. cit.*, p. 300.
En sentido coincidente, Sala Político-Administrativa del Tribunal Supremo de Justicia, Sentencia N° 394, del 12 de mayo de 2010, asunto *Valores Unión, C.A.* Según el Fallo, la primacía de la Ley comporta «...la eficacia derogatoria que poseen los actos del Estado, investidos de la forma de Ley, frente a todos los que están situados en un grado más bajo de la jerarquía normativa».

22 Waline, Jean, *Droit administratif, op. cit.*, p. 300. En palabras de Hernández González, «...se puede decir que entre la ley y el reglamento rige una relación de principal-accesorio: corresponde a la ley regular lo sustancial o principal y al reglamento lo instrumental o complementario» (Hernández González, Francisco, «La evolución de la potestad reglamentaria en el constitucionalismo francés. Mitos y realidades», en *Revista de la Administración Pública*, N° 163, enero-abril 2004, Centro de Estudios Políticos y Constitucionales, p. 491).
Sala Político-Administrativa de la Corte Suprema de Justicia, Sentencia N° 24, del 10 de mayo de 1965, asunto *Juan J. Gabaldón*, en Brewer-Carías, Allan Randolph, *Jurisprudencia de la Corte Suprema de Justicia 1930-74 y Estudios de Derecho Administrativo*, Tomo III (Actividad Administrativa), Volumen I (Reglamentos, Procedimiento y Actos Administrativos), Instituto de Derecho Público, Universidad Central de Venezuela, 1976, pp. 119-120).

23 Waline, Jean, *Droit administratif, op. cit.*, p. 303.

24 Sala Constitucional del Tribunal Supremo de Justicia, Sentencia N° 271, del 25 abril de 2000, asunto *José Gregorio Rossi García*.
La dispar *naturaleza* de los órganos estatales llamado a sancionar la Ley, por una parte, y aprobar el reglamento, por la otra, impide que la relación que media entre uno y otro acto, entre una y otra fuente del Derecho, se reduzca o

Y no obstante la inferioridad jerárquica del reglamento, no hay duda de que la potestad reglamentaria acordada a la Administración le permite a esta participar en la conformación del ordenamiento jurídico[25].

Como acto administrativo que es, el reglamento sirve para ejecutar la Ley *de manera directa e inmediata*, y para ejecutar la Constitución solo *de manera indirecta y mediata*. Por causa de la relación que media entre la Ley y el reglamento (“*rapport d'execution*”)[26], la legalidad –*lato et improprio sensu*– de los reglamentos dictados por la Administración va a depender de su conformidad con las leyes en vigor. En su condición de actos de ejecución de la Ley:

a. El reglamento debe invocar la Ley que le sirve de fundamento; el texto legal del cual dicho reglamento deriva su legitimidad. De acuerdo con lo dispuesto por el artículo 18, numeral 5°, de la Ley Orgánica de Procedimientos Administrativos, todo acto administrativo, y en nuestro sistema el reglamento no es una excepción, debe contener expresión sucinta de las normas legales que sirven de fundamento al acto[27]; y,

---

circunscriba a una relación entre normas ordenadas jerárquicamente única y exclusivamente, haciendo total abstracción del fundamento u origen –y de la consecuente legitimidad política– de los órganos con competencia para expedir uno y otro acto estatal (*vid.* Silvestri, Gaetano, “Poteri dello Stato”, *Enciclopedia del Diritto*, Volume XXXIV, Giuffré Editore, Milano, 1985, pp. 683-684).

25 García de Enterría, Eduardo y Fernández, Tomás Ramón, *Curso de Derecho Administrativo*, Tomo I, 13ª edición, Editorial Aranzadi, S.A., Cizur Menor (Navarra), 2006, p. 182.

26 *Ut supra*, Capítulo I, Sección I, §1.

27 *Gaceta Oficial* número 2.818 Extraordinario, del 1° de julio de 1981.
Según la doctrina, los reglamentos ejecutivos siempre se vinculan con *una ley en particular*, con *una ley en específico* (Zanobini, Guido, *Corso di Diritto Amministrativo*, Volume Primo [Principî Generali], *op. cit.*, p. 72).
En idéntico sentido se ha pronunciado la Sala Político Administrativa de la Corte Suprema de Justicia, al afirmar que para determinar «...si las disposiciones reglamentarias que se impugnan son o no contrarias al espíritu, propósito o razón de la Ley primaria que les dio nacimiento», debe contrastarse

b. El reglamento debe mantenerse siempre dentro del ámbito de la Ley previamente sancionada por el Parlamento. Los preceptos del reglamento deben encontrar fundamento o sostén suficiente en la Ley de la cual aquellos derivan su legitimidad[28].

En síntesis, en el plano normativo lo que diferencia a la Ley y a los actos administrativos normativos dictados por la Administración, es el vigor o la fuerza, dispar por definición, que el ordenamiento le reconoce a cada uno de ellos, habida cuenta del dispar rango político de la autoridad –y de la función estatal– que produce uno y otro[29].

Sección III. Las normas con rango de Ley dictadas por el Ejecutivo Nacional

Cuando median *circunstancias de excepción* el Poder Ejecutivo puede aprobar normas con rango de Ley[30]. Es esto cuanto prevén

«...cada norma del Reglamento...» con «...las correspondientes [normas] de la Ley...» que fue objeto de reglamentación (Sala Político-Administrativa de la Corte Suprema de Justicia, Sentencia N° 24, del 10 de mayo de 1965, asunto *Juan J. Gabaldón*, en Brewer-Carías, Allan Randolph, *Jurisprudencia de la Corte Suprema de Justicia 1930-74 y Estudios de Derecho Administrativo*, Tomo III, *op. cit.*, *pp.* 119-120). Más recientemente, la Corte Segunda de lo Contencioso-Administrativo concluyó que habida consideración del texto del artículo 236, numeral 10, de la Constitución actualmente en vigor, «... la potestad reglamentaria puede ser ejercida respecto de una Ley, por lo que, entonces, esos Reglamentos están dirigidos a desarrollar los preceptos de dicha Ley, lo que conlleva a atribuirles a los mismos el necesario carácter de Reglamentos Ejecutivos» (Corte Segunda de lo Contencioso-Administrativo, Sentencia N° 1.473, del 13 de agosto de 2009, asunto *Multinacional de Seguros, C.A. et al.*).

28 Carré de Malberg, Raymond, *La teoria gradualistica del diritto* (Confronto con le idee e le istituzioni del diritto positivo francese), *op. cit.*, p. 30.

29 García de Enterría, Eduardo, *Legislación delegada, potestad reglamentaria y control judicial, op. cit.*, p. XVII; y, De Béchillon, Denys, *Hiérarchie des Normes et Hiérarchie des Fonctions Normatives de l'Etat*, Economica, Paris, 1996, p. 198.

30 En palabras de Santamaría Pastor, habida consideración del «...carácter singular y excepcional...» del Decreto-Ley, este solo puede utilizarse en los

los numerales 7° y 8° del artículo 236 de la Constitución en vigor, que habilitan al Presidente de la República en Consejo de Ministros, para restringir los derechos y garantías ciudadanos, así como para disciplinar otras materias que también formen parte integrante de la reserva de Ley.

Según el numeral 7° del artículo 236 de la Constitución, compete al Presidente de la República en Consejo de Ministros declarar los estados de excepción y decretar la restricción temporal de garantías en los casos previstos en la Constitución. Conforme al texto constitucional, el Decreto que declare el estado de excepción deberá regular el ejercicio del derecho fundamental cuya garantía se restringe (artículo 339 *eiusdem*). No obstante, por expreso mandato constitucional no pueden ser objeto de restricción alguna el derecho a la vida, la prohibición de incomunicación o tortura, el derecho al debido proceso, el derecho a la información ni los demás derechos humanos intangibles.

De conformidad con el numeral 8° del artículo 236 de la Constitución, corresponde al Presidente de la República en Consejo de Ministros dictar decretos con fuerza de ley con base en Ley habilitante previa. La regla de Derecho citada debe ser leída conjuntamente con el artículo 203 *eiusdem*, a tenor del cual son leyes habilitantes (i) las sancionadas por la Asamblea Nacional por las tres quintas partes de sus miembros, (ii) a fin de establecer las directrices, propósitos y el marco de las materias que se le *delegan* al Presidente de la República para su regulación mediante Decreto con rango y valor de Ley, agregando la precitada norma que (iii) las leyes habilitantes deben fijar en el plazo de su ejercicio[31].

---

supuestos taxativos previstos en la Constitución (Santamaría Pastor, Juan Alfonso, *Principios de Derecho Administrativo*, Volumen I, Editorial Centro de Estudios Ramón Areces, S.A., Madrid, 1998, p. 255).

31 Muci Borjas, José Antonio, "Las leyes habilitantes y los decretos-leyes dictados con base en aquéllas", en *Revista de Derecho Público*, N° 140, *op. cit.*, p. 63. Luce pertinente destacar aquí, finalmente, que ni la declaratoria del estado de excepción, ni la sanción de una Ley habilitante, interrumpen el funciona-

Sentadas esas premisas, resta por destacar que los reglamentos aprobados por la Administración para desarrollar las normas de Decretos-Leyes también deben respetar la letra y el espíritu, propósito y razón de estos últimos, pues tales reglamentos se encuentran *subordinados* a las previsiones del Decreto-Ley que ejecutan. Tanto en el plano sustantivo como en el adjetivo, a estos reglamentos se les debe dispensar *el mismo trato* que se concede a los reglamentos de las Leyes.

Sección IV. La función del reglamento

Los reglamentos se aprueban con el objeto de ejecutar las leyes; son, en palabras de Lares Martínez, el primer acto de ejecución de la Ley[32]. ¿Pero, qué ha de entenderse por ejecución?

La palabra ejecutar proviene del vocablo *executare*, empleado en el latín del medioevo, y este último del lat. *exsecūtus*, participio pasivo de *exsequi*, que significaba consumar, cumplir. Los reglamentos se dictan, por tanto, para *cumplir* las Leyes, para llevar a efecto sus mandatos.

Más allá de ese dato, el Legislador venezolano ha precisado que de cara a la Ley los reglamentos desempeñan una «...función de desarrollo y colaboración...» (artículo 89 de la Ley Orgánica de la Administración Pública)[33]. Si al Poder Legislativo, como legítimo representante del cuerpo electoral, corresponde adoptar mediante Ley las grandes decisiones políticas de la sociedad, a la Adminis-

miento de los órganos del Poder Público, razón por la cual estos siguen siendo competentes para ejercer las atribuciones que la Constitución les asigna.

32 Lares Martínez, Eloy, *Manual de Derecho Administrativo*, *op. cit.*, pp. 76-77.

33 En sentido coincidente, la Sala Político-Administrativa de la Corte Suprema de Justicia ha afirmado que los reglamentos son aprobados en virtud del deber de «...colaboración que se deben los poderes (*sic*) en pro del cumplimiento de los fines del Estado» (Sala Político-Administrativa de la Corte Suprema de Justicia, Sentencia N° 24, del 10 de mayo de 1965, asunto *Juan J. Gabaldón*, en Brewer-Carías, Allan Randolph, *Jurisprudencia de la Corte Suprema de Justicia 1930-74 y Estudios de Derecho Administrativo*, Tomo III, *op. cit.*, p. 130).

tración –entendida como organización que se encuentra al servicio de los ciudadanos y que debe obrar de conformidad con la Ley y el Derecho, *ex*-artículo 141 de la Constitución venezolana de 1999– le corresponde implementar, mediante reglamento, las medidas normativas que la ejecución de la Ley pudiera *exigir* o *demandar*.

Se afirma que el reglamento es imprescindible en el Estado moderno, porque sirve para aligerar la carga de un Poder Legislativo que, por razones temporales y objetivas, no puede regular todos los pormenores de las materias que integran la reserva legal[34]. Se afirma, además, que el reglamento ejecutivo compensa su déficit democrático –porque, después de todo, no emana del Parlamento y no es el resultado del procedimiento para la formación de las leyes– con su dependencia de la Ley, pues en esta el Legislador ha adoptado todas las decisiones esenciales y, además, ha enunciado el marco y la dirección que ha de seguir la Administración al momento de reglamentar[35]. Desde esta perspectiva deben destacarse dos circunstancias:

a. El principio de completitud

   El principio de la reserva legal se traduce en un deber impuesto al Legislador para que regule, «...en el texto de la Ley de que se trate, toda la materia relacionada con...» la reserva. A causa de ello, el Poder Legislativo solo puede habilitar a la Administración para que regule, mediante reglamento, los *detalles de ejecución* de la ley aprobada por aquel, en especial los de índole o naturaleza más técnica.

b. La primacía de la Ley

   Cabe afirmar, con razón, que el contenido de la Ley sancionada de conformidad con lo previsto por la Constitución no puede ser cuestionado.

---

34 Maurer, Harmut, *Derecho Administrativo* (Parte General), *op. cit.*, p. 111.

35 *Ibid.* También, Estepa Moreno, Manuel, *Los Reglamentos del Gobierno*, Tomo I (Régimen Jurídico de los Reales Decretos Reglamentarios), Universidad Complutense de Madrid, 2007, p. 103.

A la Administración le está vedado ejercer su potestad reglamentaria con el objeto de (i) aprobar reglas que contradigan o priven de efectos las normas legales, o (ii) introducir innovaciones normativas en aquellas materias en las que la Ley es necesaria para producir un determinado efecto o regular una materia específica[36]. En palabras de nuestro más alto Tribunal,

> «el *carácter superior* de la ley significa que nada fuera de la Constitución puede limitarla, y que tiene, en consecuencia, primacía sobre los actos emanados de los demás poderes, pues toda la construcción técnica de la misma está encaminada a garantizarle una superioridad en la creación del derecho.
>
> Esta concepción de la ley como acto vinculante para los factores formalizados de poder en un Estado determinado, en razón del principio de mantenimiento de la regularidad de la actuación de los órganos públicos, *se extiende a todo acto normativo* que emane de órganos distintos al propio cuerpo legislador nacional, por lo que la subordinación al derecho de los actos del poder público debe entenderse frente a todo el ordenamiento jurídico, del cual, qué duda cabe, forman parte los *reglamentos*... y demás actos normativos»[37].

Sección V. La interacción entre el principio de primacía material de la Ley y la reserva reglamentaria

Salvo que la Constitución contemple materias que sólo puedan ser disciplinadas mediante reglamento, lo cual supondría reconocer, por una parte, ámbitos reservados a la Ley (*reserva legal*), y por la otra, ámbitos reservados al Reglamento (*reserva reglamentaria*), en nuestro ordenamiento rige el principio de "omnipotencia" legislativa[38],

---

[36] Sala Constitucional del Tribunal Supremo de Justicia, Sentencia N° 271, del 25 abril de 2000, asunto *José Gregorio Rossi García*.

[37] *Ibid.*

[38] Romano, Santi, "Osservazioni preliminari per una teoria sui limiti della funzione legislativa nel diritto italiano", en *Scritti Minori*, Volume Primo, Dirit-

porque amén de las materias propias de la reserva legal de acuerdo con el texto constitucional, la Ley puede en principio entrar a regular cualquier otro asunto.

Ahora bien, el principio de primacía de la Ley debe ser objeto de graduación o matización en aquellos ordenamientos jurídicos en los que, amén de preverse una *reserva legal*, se contempla también una *reserva reglamentaria* (*ut infra*, Capítulo VIII). En las materias que la Constitución le asigna al reglamento de manera exclusiva, la relación que se establece entre la Ley y el reglamento no solo está gobernada por el principio de superioridad de la Ley, sino por el principio de competencia, porque la Ley, a pesar de su superioridad formal y material, no puede invadir y regular las materias que la Constitución reservó a la Administración y a sus reglamentos[39]. En estos casos, *la primacía de la Ley cede frente al principio constitucional de división del Poder Público*[40], pues la reserva reglamentaria se presenta como una limitación –*ratione materiae*– a la potestad legislativa que la Constitución le encomienda a la Asamblea Nacional y a su producto normativo típico: la Ley.

En conclusión, en las materias que integran la reserva reglamentaria es la conjunción de los principios de primacía y competencia la que explica las relaciones que median entre la Ley y el reglamento, y, consecuentemente, cualquier eventual antinomia entre normas legales y reglamentarias ha de ser resuelta tomando en cuenta ambos factores.

---

to Costituzionale, Giuffrè Editore, Milano, 1990, p. 221. En sentido coincidente, García de Enterría, Eduardo y Fernández, Tomás Ramón, *Curso de Derecho Administrativo*, Tomo I, *op. cit.*, p. 116.

39 Venezia, Jean-Claude, "Les mesures d'application", en *Mélanges René Chapus* (Droit administratif), Montchrestien, Paris, 1992, p. 675.

40 Nuestra justicia ha calificado la *división del Poder Público* como *principio cardinal* del Derecho constitucional venezolano (Sala Político-Administrativa de la Corte Federal y de Casación, Sentencia s/n, del 3 de diciembre de 1940, en Brewer-Carías, Allan Randolph, *Jurisprudencia de la Corte Suprema de Justicia 1930-74 y Estudios de Derecho Administrativo*, Tomo I, *op. cit.*, p. 147).

Capítulo III

La potestad reglamentaria: fundamento, naturaleza y presupuestos para su ejercicio

Sección I. El principio de legalidad y la potestad para expedir reglamentos ejecutivos

Según el artículo 2° de la Constitución política de 1999, Venezuela es un Estado Democrático y Social de Derecho y de Justicia[1]. De esa declaración inicial interesa subrayar aquí la expresión *Estado de Derecho*, que se traduce en un tipo de Estado en el cual la Administración Pública se encuentra sometida al *principio de legalidad*, porque sus actuaciones están sometidas a la ley y al Derecho.

En ese Estado de Derecho también tienen vigor otras reglas o preceptos fundamentales, como son la supremacía de la Constitución, la división de Poderes, la primacía de la Ley, la reserva de ciertas materias para su regulación por Ley, la protección de los derechos e intereses de los ciudadanos mediante tribunales independientes y la responsabilidad del Estado por sus ilícitos[2].

En lo que se refiere a la expresión *Estado de Derecho*, el artículo 2° debe ser adminiculado con otras normas, también constitucionales:

---

[1] El artículo 2° de la Constitución en vigor reza textualmente así: «Venezuela se constituye en un Estado democrático y social de Derecho y de Justicia, que propugna como valores superiores de su ordenamiento jurídico y de su actuación, la vida, la libertad, la justicia, la igualdad, la solidaridad, la democracia, la responsabilidad social y, en general, la preeminencia de los derechos humanos, la ética y el pluralismo político».

[2] Santamaría Pastor, Juan Alfonso, *Principios de Derecho Administrativo*, Volumen I, *op. cit.*, p. 87.
Sala Político-Administrativa de la Corte Federal y de Casación, Sentencia s/n, del 3 de diciembre de 1940, en Brewer-Carías, Allan Randolph, *Jurisprudencia de la Corte Suprema de Justicia 1930-74 y Estudios de Derecho Administrativo*, Tomo I, *op. cit.*, p. 147.

a. Debe enlazarse, primero que nada, con los artículos 7°, 137 y 141 *eiusdem*, que establecen, respectivamente, que la Constitución es la norma suprema y el fundamento del ordenamiento jurídico, y que todas las personas y los órganos que ejercen el Poder Público –sin excepción– están sujetos al Texto Fundamental; que la Constitución y las leyes definen las atribuciones de los órganos que ejercen el Poder Público, y que, por ello, estos deben siempre sujetar sus actividades a las disposiciones legales que disciplinen o regulen su actuación; y, finalmente, que la Administración Pública debe obrar con sometimiento pleno a la ley y al Derecho.

b. Debe concatenarse, además, con el artículo 26 de la Constitución, que establece que todos tienen derecho a la tutela judicial efectiva de sus derechos e intereses, y que el Estado, no podía ser de otra forma, debe garantizar que los órganos llamados a administrar justicia impartan –valga la redundancia– una justicia idónea. Pero el artículo 26 debe ser leído conjuntamente con el artículo 259 *eiusdem*, mediante el cual se crea la jurisdicción contencioso-administrativa, a la cual se le reconoce competencia para (i) anular los *actos administrativos generales* o individuales *contrarios a Derecho, incluso por desviación de poder*; (ii) condenar al pago de sumas de dinero y a la reparación de daños y perjuicios originados en responsabilidad de la Administración; (iii) conocer de reclamos por la prestación de servicios públicos; y (iv) disponer lo necesario para el restablecimiento de las situaciones jurídicas subjetivas lesionadas por la actividad administrativa[3]. La primera

---

[3] El artículo 259 de la Constitución establece textualmente: «La jurisdicción contencioso administrativa corresponde al Tribunal Supremo de Justicia y a los demás tribunales que determine la ley. Los órganos de la jurisdicción contencioso administrativa son competentes para anular los actos administrativos generales o individuales contrarios a derecho, incluso por desviación de poder; condenar al pago de sumas de dinero y a la reparación de daños y perjuicios originados en responsabilidad de la Administración; conocer de reclamos por la prestación de servicios públicos y disponer lo necesario para el restablecimiento de las situaciones jurídicas subjetivas lesionadas por la actividad administrativa».

de las competencias enumeradas por el artículo 259 se encuentra desarrollada, entre otros, por el artículo 266 (ordinal 5°) de la Constitución, según el cual corresponde a la Sala Político-Administrativa del Tribunal Supremo de Justicia declarar la nulidad (total o parcial) de los reglamentos y demás actos administrativos generales o individuales dictados por el Ejecutivo Nacional.

Por causa del principio de legalidad administrativa la Administración solo puede obrar con base en norma previa atributiva de competencia[4]. Los reglamentos no constituyen excepción a esa regla, pues el fundamento último o definitivo de la potestad para expedir reglamentos se halla –siempre– en una norma, canon o precepto jurídico (*inter alia*, el artículo 236, numeral 10, de la Constitución)[5]. Así lo ha reconocido la Corte Primera de lo Contencioso-Administrativo al asentar que

---

4 Rubio Llorente, Francisco, *Derechos fundamentales y principios constitucionales (Doctrina jurisprudencial)*, Editorial Ariel, S.A., Barcelona, 1995, p. 3. El principio de legalidad, otrora entendido como regla de Derecho que se limitaba a prohibir la contrariedad con la ley, exige hoy por hoy la existencia de cobertura jurídica para el ejercicio del poder (Quadra-Salcedo, Tomás, "La delegación legislativa en la Constitución", *Estudios sobre la Constitución Española* (Homenaje al Profesor Eduardo García de Enterría), Tomo I, *op. cit.*, p. 352). Consecuentemente, el principio de legalidad exige norma jurídica válida que consagre la potestad y habilite a la autoridad para su ejercicio, ya que el principio de legalidad no es un sistema de límites contrapuesto por el Derecho a una libertad inicial de la Administración; es, por el contrario, un sistema de acuerdo con el cual son las normas las que apoderan o atribuyen potestades a la Administración. Ausentes tales normas, la Administración tiene vedado obrar (García de Enterría, Eduardo, *Legislación delegada, potestad reglamentaria y control judicial*, *op. cit.*, p. 111).
En Venezuela, Sentencia s/n, del 10 de junio de 1981, en *Revista de Derecho Público*, N° 7, Editorial Jurídica Venezolana, Caracas, 1981, pp. 147-148. También Muci Borjas, José Antonio, "Los Poderes del Juez Administrativo. Tutela judicial efectiva y control integral de la actividad administrativa", en *El Derecho Público a comienzos del Siglo XXI* (Estudios Homenaje al Profesor Allan R. Brewer-Carías), Tomo II, Civitas Ediciones, S.L., Madrid, 2003, pp. 2.219 y ss.; y, Muci Borjas, José Antonio, *La "excepción de ilegalidad" en el Derecho Administrativo*, Editorial Jurídica Venezolana, Caracas, 2013, pp. 29-32.

5 Carlassare, Lorenza, "Regolamento (Diritto Costituzionale)", *op. cit.*, pp. 611-612.

«el principio de legalidad es el marco de actuación de la administración pública nacional, y a él están sujetos los reglamentos por ser actos administrativos»[6].

A lo ya dicho cabe agregar una precisión complementaria: Las normas que le reconocen a la Administración *potestad reglamentaria* y sientan los principios que condicionan el ejercicio de dicha potestad, se hallan en la Constitución venezolana (*ut infra*, Capítulo IV)[7].

---

6 La Corte Federal dejó asentado que «el Estado de Derecho de los regímenes democráticos no puede funcionar cabalmente con mengua del principio de la legalidad, según el cual todos los actos de la administración pública han de ser cumplidos o realizados dentro de las normas preestablecidas por la autoridad competente» (Sentencia s/n, del 9 de agosto de 1957, *Gaceta Forense*, 2ª Etapa, N° 17, p. 132; y, ARCAYA, MARIANO, *Constitución de la República de Venezuela* [Constitución de 1961], Tomo II, El Cojo, C.A., Caracas, 1971, p. 436); y, que «todas las actividades de la autoridad administrativa deben ceñirse a reglas o normas preestablecidas. De ahí el principio de legalidad de los actos administrativos, según el cual estos carecen de vida jurídica, no sólo cuando les falta como fuente primaria un texto legal, sino también cuando no son ejecutados en los límites y dentro del marco señalado de antemano por la ley» (Corte Federal, Sentencia s/n, del 17 de julio de 1953, *Gaceta Forense*, 2ª Etapa, N° 1, p. 151, invocada por Sala Constitucional del Tribunal Supremo de Justicia, Sentencia 271, del 25 abril de 2000, asunto *José Gregorio Rossi García*). Por su parte, la Corte Primera de lo Contencioso-Administrativo ha dejado asentado que «...los reglamentos, considerados como actos administrativos de efectos generales en nuestro sistema legal, no escapan del principio de legalidad como eje fundamental del control jurisdiccional de los actos de la Administración Pública...» (Sentencia s/n, del 20 de marzo de 1980, en *Revista de Derecho Público*, N° 2, Editorial Jurídica Venezolana, Caracas, 1980, pp. 109-110). También que «...el principio de legalidad es el marco de actuación de la Administración Pública, y a él están sujetos los reglamentos por ser actos administrativos (Corte Primera de lo Contencioso-Administrativo, Sentencia s/n, del 25 de marzo de 1980, en *Revista de Derecho Público* número 2, Editorial Jurídica Venezolana, Caracas, 1980, p. 110).

7 Sobre el concepto de *potestad* la Corte Primera de lo Contencioso-Administrativo ha dejado asentado (i) que «...la potestad no se origina de una relación jurídica determinada, sino que deriva del ordenamiento jurídico mismo, no recae sobre un objeto específico sino que tiene carácter genérico pues se refiere a situaciones definidas de manera general, no consiste en una pretensión

SECCIÓN II. LA POTESTAD REGLAMENTARIA "EN AUSENCIA DE" NORMA ATRIBUTIVA DE COMPETENCIA. ESPECIAL REFERENCIA A LOS REGLAMENTOS AUTÓNOMOS

Habiendo precisado ya que la potestad para expedir reglamentos ejecutivos solo puede derivar de norma jurídica atributiva de ese poder (*principio de legalidad*), resulta necesario determinar cuál es el fundamento último o definitivo de los reglamentos autónomos.

§1. La discrecionalidad administrativa típica como fundamento de la potestad empleada para aprobar reglamentos autónomos

A falta de una norma atributiva de potestad normativa, un sector de la doctrina ha pretendido justificar la potestad de la Administración para expedir reglamentos autónomos afirmando que lo que la autoridad puede ordenar o prohibir en un caso concreto, puede también ordenarlo o prohibirlo para todos los casos similares que puedan llegar a ocurrir en el futuro[8]. Según la fórmula acuñada

---

particular sino en la posibilidad general de actuar, de cuyo ejercicio podrán surgir determinadas relaciones jurídicas singulares, y no se corresponde con ninguna obligación, sino con la sujeción de otros sujetos que deben soportar los efectos derivados del ejercicio de la potestad»; y, (ii) que «...las potestades administrativas son atribuidas a cada órgano administrativo en atención al interés general, y en función de éste deben ser ejercidas. No se ejercen las potestades ni en función del interés de la propia organización administrativa..., ni mucho menos en función del interés personal del titular del órgano. Por ello, la Administración está obligada al ejercicio de sus potestades cuando el interés general así lo exige, aun cuando se trate de potestades discrecionales» (Sentencia s/n, del 9 de agosto de 1995, asunto *Socorro Peraza Tirado*, en BREWER-CARÍAS, ALLAN RANDOLPH Y ORTÍZ ÁLVAREZ, LUIS A., *Las grandes decisiones de la Jurisprudencia Contencioso-Administrativa [1961-1996]*, Editorial Jurídica Venezolana, Caracas, 1996, p. 34).
Sobre el particular también puede consultarse DE LA CUÉTARA, JUAN MIGUEL, *Las potestades administrativas*, Editorial Tecnos, S.A., 1986, Madrid, p. 13.

8 CODACCI PISANELLI, citado por CARLASSARE, LORENZA, "Regolamento (Diritto Costituzionale)", *op. cit.*, pp. 614-615.

por Gneist, la Administración puede determinar por vía general todo aquello sobre lo que puede disponer por vía particular[9]. Para el Profesor Lares Martínez esto significa que «...siempre que la ley deje un margen de libertad a la administración, ésta puede limitar la libertad propia y la de los particulares mediante reglamento»[10]. Desde esta singular perspectiva, los reglamentos vendrían a representar una forma de autolimitación al ejercicio de potestades discrecionales[11], que la Administración se impone a sí misma *ex ante*, esto es, antes de que acaezca el supuesto de hecho previsto por la norma. Con esta

---

[9] FERNÁNDEZ SALMERÓN, MANUEL, *El control jurisdiccional de los reglamentos, op. cit.*, p. 34.; y, LARES MARTÍNEZ, ELOY, *op. cit.*, pp. 80-81.

[10] LARES MARTÍNEZ, ELOY, *Manual de Derecho Administrativo, op. cit.*, pp. 76-77. *Vid.* Corte Segunda de lo Contencioso-Administrativo, Sentencia N° 1.473, del 13 de agosto de 2009, asunto *Multinacional de Seguros, C.A. et al.* En el Fallo judicial citado la Corte concluyó –erradamente– que comoquiera que el artículo 66 de la Ley de la Empresas de Seguros y Reaseguros (*Gaceta Oficial de la República* N° 4.822 Extraordinario, del 23 de diciembre de 1994) habilitaba a la Administración para aprobar, caso por caso, «las pólizas, anexos, recibos, solicitudes y demás documentos complementarios relacionados con aquellos y las tarifas y arancel de comisiones que usen las empresas de seguros en sus operaciones...», la Administración podía emplear el Reglamento General de la Ley de Empresas de Seguros y Reaseguros (*Gaceta Oficial de la República* N° 5.339 Extraordinario, del 27 de abril de 1999) para autoconferirse potestad reglamentaria, a los efectos de imponer a las empresas, «...con carácter general y uniforme...», modelos de «...pólizas, anexos, documentos complementarios o tarifas», y exigirles el empleo de los mismos. En contra se pronuncia Levi, para quien la reglamentación de la potestad discrecional por la Administración llamada a ejercerla supone la existencia de norma atributiva de esa facultad reglamentaria (*vid.*, VIPIANA, PIERA MARIA, *L'Autolimite della Pubblica Amministrazione* [L'attività amministrativa fra coerenza e flessibilità], Dott. A. Giuffrè Editore, Milano, 1990, p. 291).

[11] De la *discrecionalidad administrativa típica* se ocupa el artículo 12 de la Ley Orgánica de Procedimientos Administrativos, que reza textualmente así: «Aun cuando una disposición legal o reglamentaria deje alguna medida o providencia a juicio de la autoridad competente, dicha medida o providencia deberá mantener la debida proporcionalidad y adecuación con el supuesto de hecho y con los fines de la norma, y cumplir los trámites, requisitos y formalidades necesarios para su validez y eficacia».

argumentación se pretenden salvar los obstáculos representados por el principio de legalidad y la ausencia de una habilitación legal que sirva de título suficiente para expedir reglamentos autónomos[12].

La tesis expuesta por este sector de la doctrina condicionó la naturaleza del reglamento. Lo acredita la postura de acuerdo con la cual la potestad de la Administración para dictar actos contentivos de normas generales era inherente a la función administrativa[13]. Más específicamente, nuestros tribunales aseveraron que la aprobación de un reglamento en ejercicio de potestad reglamentaria es inherente a la función administrativa[14]. Con base en esas premisas se afirmó que el reglamento *no* tenía *carácter normativo*[15]; se afirmó, además, que

---

[12] LARES MARTÍNEZ, ELOY, *Manual de Derecho Administrativo, op. cit.*, pp. 80-81.

[13] Sala Político-Administrativa de la Corte Suprema de Justicia, Sentencia N° 24, del 10 de mayo de 1965, asunto *Juan J. Gabaldón*, en BREWER-CARÍAS, ALLAN RANDOLPH, *Jurisprudencia de la Corte Suprema de Justicia 1930-74 y Estudios de Derecho Administrativo*, Tomo III, *op. cit.*, pp. 119-120; y, BREWER-CARÍAS, ALLAN RANDOLPH, *Las Instituciones Fundamentales del Derecho Administrativo y la Jurisprudencia Venezolana*, Publicaciones de la Facultad de Derecho, Universidad Central de Venezuela, Caracas, 1964, p. 37.

[14] En palabras de la Magistrada Josefina Calcaño de Temeltas, «...independientemente de la naturaleza intrínseca del acto reglamentario (carácter normativo) cuando una autoridad ejerce la potestad o competencia de emitir un reglamento –constitucional o legalmente otorgada– está actuando en *función administrativa* y no legislativa ni de ningún otro tipo» (Sala Político-Administrativa de la Corte Suprema de Justicia, Voto Salvado de la Magistrada Josefina Calcaño de Temeltas a la Sentencia N° 101, del 28 de marzo de 1985, asunto *Francisco Ruiz Becerra*, en *Revista de Derecho Público*, N° 22, abril-junio 1985, Editorial Jurídica Venezolana, Caracas, 1985, pp. 118-143). También, Sala Político-Administrativa de la Corte Suprema de Justicia, Sentencia N° 148, del 17 de julio de 1980, asunto *Lilia Zabala*, en *Jurisprudencia de la Corte Suprema de Justicia*, N° 7, Dr. Oscar Pierre Tapia, Caracas, julio 1980, pp. 56-67. La tesis citada se hacía eco de las ideas sostenidas por un sector de la doctrina comparada (consúltense, *inter alia*, DROMI, JOSÉ ROBERTO, *Manual de Derecho Administrativo*, Tomo I, Editorial Astrea, Buenos Aires, 1987, p. 214).

[15] BENVENUTI, F., citado por FERNÁNDEZ SALMERÓN, MANUEL, *El control jurisdiccional de los reglamentos, op. cit.*, p. 34.

la Administración podía aprobar reglamentos inclusive en ausencia de norma atributiva de competencia. En palabras de Lares Martínez,

> «cuando la Constitución o la ley autorizan al ejecutivo para dictar reglamentos, la referida potestad no ofrece dudas... pero aún fuera de tales casos, pensamos que está *implícita* en la *función administrativa* la potestad de dictar normas para completar el ordenamiento legislativo o llenar las lagunas de la ley»[16].

Sin embargo, al momento de aprobar reglamentos, sean estos ejecutivos o autónomos, la Administración no ejerce función administrativa; tampoco ejerce poderes propios (Garrido Falla), esto es, poderes que dimanen de su propia naturaleza[17]. Veamos.

---

16 Lares Martínez, Eloy, *Manual de Derecho Administrativo, op. cit.*, p. 77. Lares Martínez invoca el criterio de Sayagués Lazo, para quien «la potestad reglamentaria es inherente a la función administrativa y por consiguiente propia de la administración. Esta tiene a su cargo múltiples cometidos, para cumplir los cuales eficientemente necesita no sólo realizar actos subjetivos y operaciones materiales, sino también dictar normas generales, especialmente para regular la actuación de sus propios órganos. El poder reglamentario radica, pues, en la naturaleza misma de la función administrativa» (Sayagués Lazo, Enrique, *Tratado de Derecho Administrativo*, Tomo I, Montevideo, 1953, p. 134). Por cierto, el criterio defendido por el Profesor Sayagués Laso fue invocado expresamente por la Procuraduría General de la República en Dictamen del 9 de noviembre de 1965 (*Doctrina de la Procuraduría General de la República*, Caracas, 1965, pp. 243-245).
Aunque un sector de la doctrina comparada ha afirmado que la potestad reglamentaria constituye «...un residuo del antiguo poder regio de ordenanza...» (*vid.*, García de Enterría, Eduardo, *Legislación delegada, potestad reglamentaria y control judicial, op. cit.*, p. 293), entendemos que la supuesta existencia de un poder "residual" –de un poder, esto es, carente de un fundamento normativo objetivo– choca con la idea del Estado de Derecho y con el principio constitucional de legalidad, y no sirve, por tanto, para anclar la potestad para expedir reglamentos autónomos (en sentido coincidente, Chiappetti, Achile, "Polizia [Diritto Pubblico]", *Enciclopedia del Diritto*, Volume XXXIV, Dott. A. Giuffrè Editore Editore, Milano, 1985, p. 129).

17 Garrido Falla, Fernando, *Tratado de Derecho Administrativo*, Volumen I (Parte General), Centro de Estudios Constitucionales, Madrid, 1982, p. 292.

a. La potestad reglamentaria como poder inherente a la función administrativa

La Administración ejerce la *función administrativa* a los efectos de tutelar los intereses generales que el ordenamiento jurídico le encomienda a aquella. Comoquiera que esos intereses generales son –valga la redundancia– *intereses* que la Administración está llamada por ley a asumir como propios, ésta adquiere la condición de *parte interesada* en las relaciones jurídicas que se derivan del ejercicio de la función administrativa[18]. No solo eso, la función administrativa encomendada a la Administración se caracteriza por producir *actos concretos*; actos que, por diseño, no se incorporan al ordenamiento jurídico.

La creación de normas generales y abstractas, por el contrario, es el resultado del ejercicio de una función estatal –la *función normativa*– esencialmente distinta a la función administrativa[19]. Por la naturaleza de las cosas, al ejercer la función normativa la Administración actúa en términos abstractos, porque sus actuaciones –*super partes*, en palabras de Sandulli[20]– tienen por objeto crear Derecho, y no tomar parte en una relación jurídica concreta con particulares u otros entes u órganos estatales.

Teniendo presente las diferencias esenciales que median entre una y otra función estatal, resulta difícil afirmar, sin más, que la potestad reglamentaria, creadora como es de normas generales y abstractas, sea una potestad inherente a la función administrativa.

---

18 Sandulli, Aldo, *Manuale di Diritto Amministrativo*, Volume I, *op. cit.*, pp. 6-22; y, Brewer-Carías, Allan Randolph, *Principios Fundamentales del Derecho Público*; *op. cit.*, pp. 90-91.

19 *Vid.* Chiovenda, Giuseppe, *Lezioni di Diritto Amministrativo*, Giuffrè Editore, Milano, 1991, p. 17; y, Virga, Pietro, *Diritto Amministrativo* I (I principi), Dott. A. Giuffrè Editore, Milano, 1983, p. 3.

20 Sandulli, Aldo, *Manuale di Diritto Amministrativo*, Volume I, *op. cit.*, pp. 6-22.

En apoyo de cuanto ha sido dicho cabe destacar aquí que la Sala Político-Administrativa de la Corte Suprema de Justicia ha reconocido que «...al llamar "*acto normativo*" al acto reglamentario, tal denominación responde al aspecto material de la *función [estatal] ejercida* por el conjunto de personas investidas por la ley de la facultad de dictarlo...»[21].

b. La aprobación de reglamentos y la discrecionalidad administrativa

Cuando el Legislador le asigna poderes discrecionales a la Administración para la solución de una caso concreto o específico, la Ley sancionada por aquel le impone a ésta el deber de ejercer tales poderes previa valoración de las circunstancias singulares de cada uno de los casos sometidos a su consideración, individualmente considerado[22]. En palabras del Tribunal Supremo de Justicia, el Legislador concede discrecionalidad administrativa porque

> «...confía a las autoridades administrativas la facultad de encontrar la decisión concreta, mediante la consideración de *las circunstancias del caso* especial, potestad esta que se atribuye para determinados casos, conforme al establecimiento de un fin de regulación definido y de acuerdo a límites generales de discrecionalidad administrativa, los cuales suelen estar fijados en la misma norma que habilita para actuar discrecionalmente»[23].

Por ello, la expedición de normas reglamentarias previas, limitativas de la potestad discrecional que la Administración está llamada a ejercer en función de las circunstancias de un caso

---

21 Sentencia s/n, del 13 de enero de 1976, en *Jurisprudencia Venezolana Ramírez & Garay Tomo LI*, en Ramírez & Garay S.A, Caracas 1976, Primer trimestre, pp. 595-600.

22 Artículo 12 de la Ley Orgánica de Procedimientos Administrativos (*ut supra*, Capítulo III, nota a pie de página N° 11).

23 Sala Constitucional del Tribunal Supremo de Justicia, Sentencia N° 825, del 6 de mayo de 2004, asunto *Banco del Caribe*, C. A.

determinado, frustraría el propósito que el Legislador tuvo en mente al conceder facultades de este tipo[24].

No solo eso, el ejercicio de tales potestades con el objeto de expedir reglamentos se traduciría en una *desviación de poder*, prohibida por la Constitución, porque los poderes administrativos son poderes funcionales, es decir, poderes que siempre son otorgados por el ordenamiento en vista de un fin específico, y, como bien ha dejado sentado nuestra justicia, un acto administrativo se encuentra viciado de nulidad, por desviación de poder, cuando la Administración, al obrar, persigue fines distintos a aquellos que el Legislador tuvo en mente al momento de conferir la potestad[25].

En este sentido, la Carta Iberoamericana de los Derechos y Deberes del Ciudadano en Relación con la Administración Pública establece, por una parte, que en virtud del principio de proporcionalidad, las decisiones administrativas deben adecuarse al fin previsto en el ordenamiento jurídico[26] y dictarse previa ponderación de los diferentes intereses en juego, para evitar limitar los derechos de los ciudadanos a través de la imposición de cargas o gravámenes irracionales o incoherentes con el objetivo establecido (artículo 16); y, que por causa del principio de ejercicio normativo del Poder Público, las potestades deben ejercerse,

---

[24] Carlassare, Lorenza, "Regolamento (Diritto Costituzionale)", *op. cit.*, pp. 614-615.

[25] Sala Político-Administrativa de la Corte Suprema de Justicia, Sentencia s/n, del 17 de junio de 1980, asunto *Lilia Zabala*, en Balasso Tejera, Caterina, *Jurisprudencia sobre los Actos Administrativos (1980-1993)*, Editorial Jurídica Venezolana, Caracas, 1998, pp. 709-710; y, Sala Político-Administrativa del Tribunal Supremo de Justicia, Sentencia N° 1722, del 20 de julio de 2000, asunto *José Macario Sánchez*.
Asimismo, consúltese Chinchilla Marín, Carmen, *La desviación de poder*, 2ª edición, Civitas Ediciones S.L., Madrid, 2004, p. 119.

[26] Consúltese, *mutatis mutandis*, Ortino, Federico, From 'non-discrimination' to 'reasonableness': a paradigm shift in international economic law?, Jean Monnet Working Paper 01/05, en www.jeanmonnetprogram.org, pp. 33 y ss.

única y exclusivamente, para la finalidad prevista en las normas de otorgamiento, quedando terminantemente prohibido el abuso o exceso de poder para objetivos distintos de los establecidos en las disposiciones generales (artículo 17), por más loables que puedan ser tales objetivos[27].

c. Los reglamentos autónomos y la ejecución indirecta y mediata de la Constitución

Toda la actividad estatal constituye a un mismo tiempo *creación* y *aplicación* del Derecho (Kelsen). Para ser válida, toda norma debe fundarse necesariamente en otro precepto o canon previo[28], porque estos últimos constituyen el fundamento de validez de aquella. Esa relación internormativa puede representarse,

[27] El texto completo de la Carta Iberoamericana de los Derechos y Deberes del Ciudadano en Relación con la Administración Pública, adoptada por la XXIII Cumbre Iberoamericana de Jefes de Estado y de Gobierno celebrada en Ciudad de Panamá, Panamá, los días 18 y 19 de octubre de 2013, puede ser consultado en *Revista del CLAD Reforma y Democracia*, N° 60, octubre 2014, Centro Latinoamericano de Administración para el Desarrollo (CLAD), Caracas, 2014, pp. 193 y ss., y en el portal del CLAD: *www.clad.org*. El Centro Latinoamericano de Administración para el Desarrollo (CLAD) fue creado en 1972 por iniciativa de los gobiernos de México, Perú y Venezuela, y su sede se encuentra en Caracas, según la Ley aprobatoria del Acuerdo de sede entre el Gobierno de la República de Venezuela y el Centro Latinoamericano de Administración para el Desarrollo (*Gaceta Oficial de la República* N° 2.718 Extraordinario, del 30 de diciembre de 1980).

[28] Como veremos de seguida (*ut infra*, Capítulo III, Sección II, §2), en virtud de su *función integradora* del ordenamiento, *ex*-artículo 4° del Código Civil venezolano, los principios generales del Derecho Administrativo han de ser incluidos en la noción de norma o canon –*lato et improprio sensu*– a que aludimos aquí (*mutatis mutandis*, González Pérez, Jesús, *El principio general de la buena fe en el Derecho Administrativo*, Editorial Civitas, S.A., 2ª edición, Madrid, 1989, pp. 65-66). Copiado a la letra, el artículo 4° del Código Civil establece: «A la Ley debe atribuírsele el sentido que aparece evidente del significado propio de las palabras, según la conexión de ellas entre sí y la intención del legislador. Cuando no hubiere disposición precisa de la Ley, se tendrán en consideración las disposiciones que regulan casos semejantes o materias análogas; y, si hubiere todavía dudas, se aplicarán los principios generales del derecho».

valiéndonos de referencias espaciales, como una relación de supraordenación y, al mismo tiempo, de subordinación. Así como la norma supraordenada legitima la aprobación de la norma subordinada, porque la primera sirve de título habilitador de la segunda, la norma subordinada constituye requisito de eficacia de la supraordenada[29]. La "unidad" de todas las normas que integran un sistema obedece al hecho de que el contenido de una norma –la inferior– se halla siempre determinado por una norma superior, en el entendido que este *regressus* finaliza con la norma fundamental (*Grundnorm*), que constituye el fundamento supremo de validez de todo el ordenamiento[30].

Pero más allá del contenido de la norma inferior (más allá, *i.e.*, del objeto del acto subordinado), la norma supraordenada también determina la forma, esto es, los trámites previos –en definitiva, las vías o cauces– y las formalidades que han de ser observados por la autoridad para la válida o regular creación de la norma inferior[31]. Entre todas y cada una de las normas jurídicas que integran el ordenamiento existe, afirmaba Carré de Malberg, una auténtica relación de causalidad, por cuanto la regla de Derecho creada en uno cualquiera de los grados de la escala normativa se halla condicionada por la norma legal que la precedió y sirve de título o "cobertura legal"[32].

---

[29] En palabras del Magistrado Sarmiento Núñez, «en los sistemas de Derecho moderno se admite… que toda norma o regla jurídica encuentra su fundamento en una norma superior, a la cual, para ser válida, debe estar conforme tanto formal como materialmente» (Corte Suprema de Justicia en Pleno, Voto Salvado del Magistrado José Gabriel Sarmiento Núñez a la Sentencia s/n, del 29 de abril de 1965, asunto *Tito Gutiérrez Alfaro*).

[30] Kelsen, Hans, *Teoria Generale del Diritto e dello Stato*, Etas Libri, Milano, 1984, pp. 125-126.

[31] Carré de Malberg, Raymond, *La teoria gradualistica del diritto. Confronto con le idee e le istituzioni del diritto francese*, Dott. A. Giuffrè Editore, Milano, 2003, p. 7.

[32] *Ibid.*

En definitivas cuentas, este es el dato que resulta pertinente subrayar aquí, el ordenamiento jurídico está integrado por una estructura escalonada de manifestaciones jurídicas condicionantes y condicionadas (está integrado, *i.e.*, por una estructura escalonada y preordenada de actos legislativos, administrativos y judiciales), para cuya regular emanación debe seguirse u observarse una serie o secuencia, también escalonada, de vías procedimentales que en cada caso relacionan una norma jurídica superior con la correspondiente norma jurídica inferior, y que, en última instancia, enlazan una norma jurídica con un acto de ejecución del Derecho que ya no admite una aplicación ulterior.

A falta de una norma de Ley que sirva de fundamento al reglamento, en el plano de la lógica resulta imposible afirmar que el reglamento autónomo sea en realidad un acto dictado en ejecución indirecta y mediata de la Constitución, porque entre el reglamento autónomo y la Constitución no existiría un estrato normativo intermedio que habilite la aprobación de dicho reglamento. Expresado en otros términos, resultaría imposible sostener que el reglamento autónomo sea un acto subordinado «...a la Constitución, *de la que [siempre] está separado por la ley*»[33]. Desde la perspectiva que brinda la teoría del Derecho por

---

[33] Ortíz Ortíz, Eduardo, "La Administración Pública y las Funciones del Estado", en Vidal Perdomo, Jaime, Ortíz Ortíz, Eduardo, Gordillo, Agustín y Brewer Carías, Allan Randolph, *La Función Administrativa y las Funciones del Estado*, Editorial Jurídica Venezolana, Caracas, 2014, p. 84.
En idéntico sentido, la Sala Político-Administrativa de la Corte Suprema de Justicia ha afirmado que «...sea cual fuere el concepto de acto administrativo que tengamos, este último surgirá siempre de la ejecución directa e inmediata de la ley, incluso así lo reconoce el artículo 7 de la Ley Orgánica de Procedimientos Administrativos cuando lo define como declaración de carácter general o particular emitida de acuerdo a la ley» (Sentencia N° 120, del 2 de abril de 1987, asunto *Burgos Romero*, en Brewer-Carías, Allan Randolph y Ortíz Álvarez, Luis A., *Las grandes decisiones de la Jurisprudencia Contencioso-Administrativa [1961-1996]*, Editorial Jurídica Venezolana, Caracas, 1996, p. 40).

capas, grados o estratos normativos, constituiría una *contradictio in terminis* afirmar, como lo ha hecho nuestra justicia, que los reglamentos –sean estos ejecutivos o autónomos– «...ocupan en la jerarquía de las fuentes directas del Derecho, un grado inferior a las Leyes y la Constitución», pues si entre los reglamentos autónomos y la Constitución no media una capa o estrato normativo intermedio[34], tales reglamentos vendrían a ser actos que en resumidas cuentas no ejecutan la legislación de manera directa e inmediata. También constituiría *contradictio in terminis* afirmar que no hace falta que la Constitución o la Ley habiliten al Ejecutivo para expedir reglamentos, so pretexto de que «...está implícita en la función administrativa la potestad de dictar normas...», pues la aprobación de reglamentos sin norma previa atributiva de competencia, violenta el principio de legalidad.

Cuando no existe Ley previa, el reglamento carece del fundamento jurídico exigido por el artículo 18, numeral 5°, de la Ley Orgánica de Procedimientos Administrativos, y, por ende, del antecedente normativo sin el cual resulta imposible enjuiciar su legalidad[35]. Moles Caubet resumía nuestras observaciones a través de la siguiente pregunta: ¿Cómo puede afirmarse que un reglamento observa o respeta el principio de legalidad si ese reglamento, por ser autónomo, no ejecuta una norma legal explícita?

La tesis según la cual la Administración cuenta con un poder reglamentario propio –propio, porque resulta inherente a la función

---

34 Corte Primera de lo Contencioso-Administrativo, Sentencia N° 1.979, del 26 de junio de 2003, asunto *Jorge Jesús Varela Lobo*. La afirmación, realizada por la Corte, de conformidad con la cual los reglamentos, sean estos ejecutivos o autónomos, ocupan, en la jerarquía de las fuentes directas del Derecho, un grado inferior a las Leyes y la Constitución, le sirvió de premisa a la Corte para concluir, a renglón seguido, que «...ningún tipo de reglamento, cualquiera que fuera su vinculación con la Ley, puede modificar a esta última...».

35 Moles Caubet, Antonio, *El Principio de Legalidad y sus Implicaciones*, N° 3, Universidad Central de Venezuela, Facultad de Ciencias Jurídicas y Políticas, Caracas, 1974, p. 54.

administrativa– que puede ser ejercido siempre que las leyes no lo impidan, no tiene fundamento alguno en nuestro ordenamiento jurídico actual[36]. En un Estado de Derecho resultan inadmisibles los reglamentos expedidos por la Administración para llenar o colmar –allí, donde existan– los espacios vacíos que *por mandato constitucional* deben ser regulados por la Ley. Para excluirlos basta el principio de legalidad, de rango constitucional, en virtud del cual la Administración, obrando como autoridad, solo puede obrar cuando medie habilitación legal (principio de vinculación positiva a la ley)[37].

§2. Los principios generales del Derecho como fundamento de la potestad que habilita a la Administración para expedir reglamentos autónomos

Para la jurisprudencia venezolana, en determinadas circunstancias la Administración puede aprobar reglamentos sin necesidad de norma constitucional expresa atributiva de competencia. La juris-

---

[36] Baño León, José María, "Los ámbitos del reglamento independiente", *Estudios sobre la Constitución Española (Homenaje al Profesor Eduardo García de Enterría)*, Tomo I, Editorial Civitas, S.A., Madrid, 1991, p. 424. Como bien expresaba Carré de Malberg, la Administración no puede dictar un acto sino a condición de comenzar invocando un texto que le haya conferido formalmente competencia a dicho efecto (Carré de Malberg, Raymond, *La ley, expresión de la voluntad popular* [Estudio sobre el concepto de ley en la Constitución de 1875], *op. cit.*, p. 50). En el caso de los reglamentos, el texto al cual alude Carré de Malberg está integrado por (i) la regla constitucional atributiva de competencia y (ii) la Ley Primaria *(condictio iuris)* que el reglamento está llamado a desarrollar.

Para Moles Caubet, por el contrario, «si falta una norma legal expresa, el Ordenamiento Jurídico debe o puede integrarse con un acto reglamentario que no lo contradiga» (Moles Caubet, Antonio, *El Principio de Legalidad y sus Implicaciones*, *op. cit.*, p. 54).

[37] Carlassare, Lorenza, "Regolamento (Diritto Costituzionale)", *op. cit.*, p. 626; y, Sánchez Morón, Miguel, "Legalidad y sometimiento a la ley y al derecho", en *Los Principios Jurídicos del Derecho Administrativo*, obra coordinada por Santamaría Pastor, Juan Alfonso, La Ley, Madrid, 2010, p. 62.

prudencia venezolana también ha sostenido que en determinadas circunstancias la Administración puede aprobar reglamentos que tienen por objeto regular materias acerca de las cuales no existe una Ley previa. Analicemos por separado ambos supuestos.

a. Los reglamentos y los principios constitucionales de distribución y división del Poder Público

En virtud del principio de legalidad, en nuestro Derecho la potestad reglamentaria ha de derivar de una norma constitucional expresa[38]. Esa es la regla general. Lo acreditan, *e.g.*, la letra del ordinal 10 del artículo 236 de la Constitución de 1999, a tenor del cual incumbe al Presidente de la República en Consejo de Ministros reglamentar total o parcialmente las leyes, sin alterar su espíritu, propósito y razón, así como la letra del artículo 293 *eiusdem*, según el cual es al Poder Electoral a quien corresponde reglamentar las leyes electorales. Por mandato constitucional, el ejercicio de la facultad reglamentaria supone, en uno y otro caso, la existencia de una ley previa.

Ahora bien, la justicia venezolana ha dejado sentado que la potestad reglamentaria de órganos como la Contraloría General de la República o la Defensoría del Pueblo encuentra su raíz en la *autonomía funcional* que la Constitución reconoce a esas dos

---

38 La justicia venezolana ha dejado asentado que si bien es cierto que para algunos la potestad reglamentaria «...es una expresión única y exclusiva del poder discrecional de la Administración (posición ésta defendida, entre otros, por Sayagues [*sic*] Laso al señalar que la potestad reglamentaria es inherente a la Administración Pública, a los fines de cumplir con las obligaciones encomendadas)», en nuestro país dicha potestad, entendida «...como la facultad del Ejecutivo de dictar Reglamentos», solo puede detentarla «...la Administración cuando la misma aparezca consagrada en una norma de rango constitucional o legal...», pues la misma, dicho de otro modo, se fundamenta en el ordenamiento jurídico positivo...» (Corte Primera de lo Contencioso-Administrativo, Sentencia N° 2.158, del 7 de agosto de 2002, asunto *Seguros Orinoco, C.A. et al.*).

Administraciones[39]. Dicho en otros términos, nuestros tribunales de justicia han reconocido que en el ámbito organizativo, la potestad reglamentaria de la Administración puede encontrar su basamento en un principio general de raíz constitucional: el principio cardinal de división del Poder Público. En este mismo orden de ideas cabría citar aquí, *mutatis mutandis*, la decisión judicial en la que nuestra Corte Suprema de Justicia se pronunció sobre la potestad reglamentaria del Gobernador del Distrito Federal para organizar las oficinas que están bajo su dependencia y los servicios a su cargo, para lograr su más eficaz funcionamiento, y asignar facultades a los funcionarios que considere más idóneos, porque en tal decisión se reconoció que, «...tradicionalmente...», la legislación venezolana le ha reconocido «...potestad reglamentaria... a los órganos ejecutivos en los

---

[39] Sala Constitucional del Tribunal Supremo de Justicia, Sentencia N° 797, del 11 de abril de 2002, asunto *Contralor General de la República*. Según el Fallo, la Constitución le reconoce una potestad reglamentaria especial a los órganos con autonomía funcional, a los efectos de dictar sus propios reglamentos en materia de previsión y seguridad social. También, Sala Político-Administrativa del Tribunal Supremo de Justicia, Sentencia N° 950, del 13 de junio de 2007, asunto *Ana María Dupuy Villanueva*. Según este otro Fallo, la *potestad reglamentaria implícita* de la Defensoría del Pueblo, órgano integrante del Poder Ciudadano, sería el producto o consecuencia de la autonomía funcional, financiera y administrativa que el artículo 273 de la Constitución le reconoce a dicha Defensoría. Luce pertinente destacar que la doctrina venezolana, hallándose vigente la Constitución de 1961, ya le había reconocido potestad reglamentaria a (i) la Contraloría General de la República, (ii) la Fiscalía General de la República, (iii) el Consejo Supremo Electoral y (iv) el Consejo de Judicatura, con base en la autonomía funcional que la Constitución reconocía a esos órganos (Brewer-Carías, Allan Randolph, *Fundamentos de la Administración Pública*, Tomo I, Editorial Jurídica Venezolana, Caracas, 1980, p. 195).

En sentido coincidente, Giannini afirmaba que en principio los órganos constitucionales que integran las distintas ramas del Poder Público cuentan con potestad reglamentaria por lo que se refiere a su propia regulación (Giannini, Massimo Severo, "Regolamento [Problematica Generale]", *Enciclopedia del Diritto*, Volume XXXIX, Dott. A. Giuffrè Editore, Milano, 1988, p. 602).

diferentes niveles [político-territoriales] de la Administración Pública...»[40].

En suma, nuestros tribunales han sostenido que el poder para expedir reglamentos puede encontrar su fundamento último en la *autonomía* que se deriva de los *principios constitucionales* de (i) distribución y (ii) división del Poder Público enunciados en el artículo 136 de la Constitución en vigor[41]. Conforme al primero, el Poder Público se distribuye verticalmente entre el Poder Nacional, el Poder Estadal y el Poder Municipal, y en cada uno de esos niveles de gobierno existen autoridades administrativas con *potestad reglamentaria*. Conforme al segundo, el Poder Público Nacional se divide en Legislativo, Ejecutivo, Judicial, Ciudadano y Electoral, y a los aparatos de cada una de estas cinco ramas se les reconoce *potestad* –dispar– para aprobar reglamentos.

b. La expedición de reglamentos autónomos con base en principios generales del Derecho que informan la organización administrativa

Siguiendo una inveterada tradición, la Constitución en vigor reconoce al Presidente de la República en Consejo de Ministros potestad para reglamentar las leyes, es decir, para aprobar regla-

---

[40] Por lo que respecta a los Estados de la Federación, *vid.* Sala Político-Administrativa de la Corte Suprema de Justicia, Sentencia N° 109, del 13 de junio de 1967, asunto *Compañía Anónima de Seguros la Previsora*, en Brewer-Carías, Allan Randolph, *Jurisprudencia de la Corte Suprema de Justicia 1930-74 y Estudios de Derecho Administrativo*, Tomo III, *op. cit.*, pp. 120 y ss.

[41] El artículo 136 de la Constitución establece: «El Poder Público se distribuye entre el Poder Municipal, el de los Estados y el Nacional. El Poder Público Nacional se divide en Legislativo, Ejecutivo, Judicial, Ciudadano y Electoral. Cada una de las ramas del Poder Público tiene sus funciones propias, pero los órganos a los que incumbe su ejercicio colaborarán entre sí en la realización de los fines del Estado». Complementariamente, el artículo 137 *eiusdem* dispone: «La Constitución y las leyes definen las atribuciones de los órganos que ejercen el Poder Público, a las cuales deben sujetarse las actividades que realicen».

mentos ejecutivos. De acuerdo a esa misma inveterada tradición, nuestra Constitución no le reconoce a la Administración potestad para aprobar reglamentos autónomos.

No obstante ese silencio, la Corte Suprema de Justicia ha sostenido que «...paralelamente a...» el ejercicio de la potestad reglamentaria prevista en la Constitución, «...el Ejecutivo puede decretar también disposiciones de carácter general que *no serían reglamentos de ninguna ley en particular*, ni siquiera de aquella que en casos dados resultara atributiva de su competencia»[42]. Más recientemente, nuestro Tribunal Supremo de Justicia afirmó que la Administración se halla habilitada para dictar reglamentos autónomos, y que tales reglamentos, «...dictados por la Administración sin sujeción a la existencia previa de una ley...», encuentran su justificación en «...necesidades de organización interna de la propia Administración...»[43].

En doctrina, la existencia de un poder reglamentario que no sea desarrollo o derivación de una ley previa es cuestión muy discutida[44]. Para don Eduardo García de Enterría el reglamento dictado en ausencia de una previa a ejecutar solo resulta posible en el reducido ámbito puramente interno de la Administración[45].

---

[42] Corte Suprema de Justicia en Pleno, Sentencia N° 6, del 26 de febrero de 1985, asunto *Álvaro Gene Sojo*, en *Revista de Derecho Público* número 22, abril-junio 1985, Editorial Jurídica Venezolana, Caracas, pp. 152-153. En el caso *sub iudice* la Corte analizó el Decreto 2.039, del 15 de febrero de 1977 (*Gaceta Oficial de la República* N° 31.175, del 15 de febrero de 1977), a través del cual el Presidente de la República instruyó al Ministerio de Energía y Minas cuáles eran las circunstancias que debía ponderar al momento de conceder concesiones mineras.

[43] Sala Político-Administrativa del Tribunal Supremo de Justicia, Sentencia del 26 de junio de 2001, asunto *Porfirio Ruiz Leandres et al.*

[44] Baño León, José María, "Los ámbitos del reglamento independiente", *op. cit.*, p. 421.

[45] García de Enterría, Eduardo, citado por De Otto, Ignacio, *Derecho Constitucional* (Sistema de Fuentes), *op. cit.*, p. 233. También Comadira, Julio Rodolfo, Escola, Héctor Jorge y Comadira, Julio Pablo, *Curso de Derecho*

A la luz de la tesis defendida por nuestros tribunales de justicia y parte de la doctrina comparada más calificada, estos reglamentos, aprobados con el objeto de regular la disposición, arreglo u orden interno de los órganos con los cuales cuenta la Administración, y los servicios que ella presta, puede encontrar su base o fundamento en (i) el *principio de auto-organización* del Ejecutivo Nacional (*ex*-artículo 236, numeral 20 de la Constitución)[46]; (ii) el *principio de jerarquía administrativa* que informa las relaciones interorgánicas en el seno de una Administración (*ex*-artículo 28 de la Ley Orgánica de la Administración Pública)[47]; y, (iii)

Administrativo, Tomo I, Abeledo Perrot, S.A., Buenos Aires, 2013, p. 43. Según estos últimos, cabe aprobar reglamentos autónomos contentivos solo para regular asuntos domésticos de la Administración.

46 Entendemos que las Administraciones de otras ramas del Poder Público pueden invocar el principio constitucional de autonomía y también el principio de jerarquía, este último *ex*-artículo 2° de la Ley Orgánica de la Administración Pública, a los efectos de adoptar reglamentaciones internas.

47 El artículo 28 de la Ley Orgánica de la Administración Pública (Principio de Jerarquía) establece que «los órganos y entes de la Administración Pública estarán internamente ordenados de manera jerárquica y relacionados de conformidad con la distribución vertical de atribuciones en niveles organizativos. Los órganos de inferior jerarquía estarán sometidos a la dirección, supervisión, evaluación y control de los órganos superiores de la Administración Pública con competencia en la materia respectiva. El incumplimiento por parte de un órgano inferior de las órdenes e instrucciones de su superior jerárquico inmediato obliga a la intervención de éste y acarrea la responsabilidad de las funcionarias o funcionarios a quienes sea imputable dicho incumplimiento, salvo lo dispuesto en el artículo 8° del presente Decreto con Rango, Valor y Fuerza de Ley Orgánica». A nuestro entender, los fundamentos del principio de jerarquía administrativa dimanan del artículo 25 de la Constitución, que al establecer que los funcionarios *inferiores* no pueden excusar la violación de derechos constitucionales en órdenes giradas por sus *superiores*, reconoce, no podía ser de otra manera, la existencia de relaciones de jerarquía en el seno de la organización estatal. *Vid.* Merkl, Adolf, *Teoría General del Derecho Administrativo, op. cit.*, pp. 161-162. También cabría citar aquí, *mutatis mutandis*, el *Arrêt Jamart*, del 7 de febrero de 1936 (Long, M., Weil, P., Braibant, G., Devolvé, P. y Genevois, B., *Les grandes arrêts de la jurisprudence administrative*, 10e edition, Éditions Dalloz, Paris, 1993, pp. 296-299). Según dicha decisión, en ausencia

el *principio de coordinación administrativa* –y la subsecuente potestad de dirección y control– que informa las relaciones intersubjetivas entre la Administración Central y la Administración Descentralizada funcionalmente (*ex*-artículos 23, 119 y 120 *eiusdem*)[48]. Los reglamentos autónomos dictados con base en tales *principios generales*, a los fines de regular la organización y funcionamiento internos de la Administración, quedan sujetos, *inter alia*, a la Ley que dispone la creación de la Administración y contempla los servicios de que se trate, así como a los atributos que se derivan de los referidos principios.

Una nota final luce pertinente: la doctrina comparada agrega que este tipo de reglamentos, cuyo ámbito de regulación, como ha quedado anotado, se encuentra circunscrito al ámbito interno, también podría llegar a regular una parte de las así denominadas relaciones especiales de sujeción[49].

---

de disposición legislativa que otorgue a los ministros un poder reglamentario, a estos, como a cualquier otro jefe de servicio, les corresponde adoptar las medidas que resulten necesarias para asegurar el buen funcionamiento de la administración sometida a su autoridad.

48 Los artículos 23 (Principio de coordinación), 119 (Adscripción) y 120 (Atribuciones de los órganos de adscripción) de la Ley Orgánica de la Administración Pública establecen que «las actividades que desarrollen los órganos y entes de la Administración Pública deberán efectuarse de manera coordinada, y estar orientadas al logro de los fines y objetivos del Estado, con base en los lineamientos dictados conforme a la planificación centralizada»; que «todo ente descentralizado funcionalmente se adscribe a un determinado órgano o ente de la Administración Pública, a los efectos del ejercicio *del control* correspondiente»; y, que la Administración Central se halla habilitada para «definir la política a desarrollar por tales entes, a cuyo efecto formularán las *directivas generales* que sean necesarias», y «ejercer permanentemente funciones de coordinación, supervisión y control....».
Solo recurriendo a los principios generales del Derecho Administrativo y acotando el alcance de los reglamentos autónomos podríamos compartir el criterio fijado por la Sala Política del Tribunal Supremo de Justicia, según el cual la facultad reglamentaria puede derivar de norma implícita (*i.e.*, «...estar autorizada de manera expresa o implícita, por una norma jerárquica superior a ella»), (Sentencia N° 367, del 27 de febrero de 2002, asunto *José León Rodríguez et al.*).

49 Baño León, José María, "Los ámbitos del reglamento independiente", *op. cit.*, p. 423; y, González Pérez, Jesús, *Comentarios a la Ley de Procedimien-*

En virtud de su función integradora, en estos casos los principios generales sirven para *fundamentar* la potestad reglamentaria, y no solo para *limitar* su ejercicio, a diferencia de cuanto ocurre, *e.g.*, con los principios de interdicción de la arbitrariedad, racionalidad o *non venire contra factum proprium*.

Sección III. La potestad reglamentaria como modalidad de potestad discrecional

§1. La potestad reglamentaria como modalidad de ejercicio de la función normativa

La doctrina venezolana contemporánea reconoce que los reglamentos son actos administrativos, aprobados por la Administración en ejercicio de *función normativa*, en ejercicio, más propiamente, de *potestades reglamentarias*[50]. Otro tanto ha afirmado la jurisprudencia venezolana más recientemente[51]. Por consiguiente, hoy en día se reconoce que los reglamentos tienen carácter o *naturaleza normativa*.

---

to Administrativo, Editorial Civitas, S.A., Madrid, 1991, pp. 1.187-1.189. Para la jurisprudencia española, califican como relaciones de sujeción especial, *inter alia*, las existentes entre la Administración y sus funcionarios, así como aquellas que la vinculan con las personas internadas en prisión.

50 Brewer-Carías, Allan Randolph, *Derecho Administrativo*, Tomo I, 2ª edición, Ediciones de la Facultad de Ciencias Jurídicas y Políticas de la Universidad Central de Venezuela, Caracas, 1981, pp. 226, 376 y 387; y, Pérez Luciani, Gonzalo, "La Actividad Normativa de la Administración", en *Escritos del Doctor Gonzalo Pérez Luciani, op. cit.*, p. 215.
En idéntico sentido, Giannini, Massimo Severo, *Diritto Amministrativo*, Volume Primo, Dott. A. Giuffrè Editore, Milano, 1970, p. 75; y, Cassagne, Juan Carlos, *El acto administrativo*, 2ª edición, Abeledo-Perrot, S.A., Buenos Aires, 1981, p. 101.

51 Sala Político-Administrativa de la Corte Suprema de Justicia, Sentencia N° 539, del 5 de noviembre de 1992, asunto *Aníbal Segundo Argüello et al.*, en *Revista de Derecho Público*, N° 52, Editorial Jurídica Venezolana, Caracas, 1992, pp. 111-112, ratificatoria del criterio asentado por esa misma Sala a través de Sentencia N° 3, del 10 de enero de 1980, asunto *Miranda Entidad de Ahorro y Préstamo*; y, Sala Político-Administrativa de la Corte Suprema de

Aunque la función normativa es, valga la redundancia, función propia del Poder Legislativo, lo cierto es que dicha función puede ser ejercida por otras ramas del Poder Público[52]. Por ello suele afirmarse que la función normativa es función estatal propia, pero no función exclusiva ni excluyente, del Poder Legislativo[53]. En palabras de la Sala Político-Administrativa de la Corte Suprema de Justicia

> «...*la división de poderes no coincide con la separación de funciones*, pues corrientemente se asignan al Poder Legislativo potestades típicamente administrativas y aun jurisdiccionales, (...) y a la inversa, se atribuyen al Poder Ejecutivo funciones legislativas, como la reglamentación total o parcial de las leyes, sin alterar su espíritu, propósito y razón, que es considerado como el ejemplo más típico de la actividad legislativa del Poder Ejecutivo toda vez que el Reglamento es *norma jurídica* de

---

Justicia, Sentencia s/n, del 2 de julio de 1996, en *Revista de Derecho Público*, N° 67-68, Editorial Jurídica Venezolana, Caracas, 1996, pp. 211-212. De acuerdo al Fallo del 5 de noviembre de 1992, «...los *reglamentos* son verdaderos actos administrativos según el criterio orgánico del artículo 7 de la Ley Orgánica de Procedimientos Administrativos, por emanar de una autoridad administrativa, no obstante que a través de ellos la Administración ejerza la *función legislativa*, la cual, si bien [es] propia del Poder Legislativo, no es privativa de éste –en el sentido de que no le corresponde monopólicamente en el reparto de las funciones del Estado–, todo lo cual ha sido sentado de manera indubitable por la doctrina y jurisprudencia administrativa...».

52 Brewer-Carías, Allan Randolph, *Derecho Administrativo*, Tomo I (Los Supuestos Fundamentales del Derecho Administrativo), Publicaciones de la Facultad de Derecho, Universidad Central de Venezuela, Caracas, 1975, p. 226. Parafraseando a Giannini, *la función legislativa* vendría a ser una especie (*species*) del género (*genus*) *función normativa* (Giannini, Massimo Severo, *Diritto Amministrativo*, Volume Primo, *op. cit.*, p. 76). De ese género también constituye especie (*species*) la potestad reglamentaria. *Vid.* Sala Constitucional del Tribunal Supremo de Justicia, Sentencia N° 1.586, del 12 de junio de 2003, asunto *Santiago Mercado Díaz et al.*

53 Brewer-Carías, Allan Randolph, *Derecho Administrativo*, Tomo I, *op. cit.*, pp. 211-231; y, Sala Político-Administrativa de la Corte Suprema de Justicia, Sentencia s/n, del 2 de julio de 1996, en *Revista de Derecho Público*, N° 67-68, Editorial Jurídica venezolana, Caracas, 1996, pp. 211-212.

carácter general, dictado por la Administración Pública para su aplicación a todos los sujetos de derecho y en todos los casos que caigan dentro de sus supuestos de hecho»[54].

Como hemos tenido oportunidad de subrayar antes, lo que distingue el ejercicio de la función normativa por parte de la Asamblea Nacional y de la Administración Pública es la dispar fuerza, producto de la dispar esencia, de las normas que uno y otro producen[55]. Mientras el poder ejercido por el Legislativo *en el marco de la Constitución* es supremo, y su supremacía obedece a que es por intermedio del Poder Legislativo que se expresa la voluntad popular, o, dicho de otra manera, que es por intermedio del Poder Legislativo que el pueblo quiere y estatuye, el poder ejercido por la Administración es subalterno, porque a lo que está llamado es a cumplir la voluntad popular. El reglamento es, pues, expresión de un tipo de potestad normativa[56], caracterizada por ser secundaria respecto de la potestad normativa atribuida al Poder Legislativo.

---

[54] Sentencia del 26 de mayo de 1968, ratificada por Sala Político-Administrativa de la Corte Suprema de Justicia, Sentencia N° 3, del 10 de enero de 1980, asunto *Miranda Entidad de Ahorro y Préstamo;* y, Sala Político-Administrativa de la Corte Suprema de Justicia, Sentencia N° 539, del 5 de noviembre de 1992, asunto *Aníbal Segundo Argüello et al.*, en *Revista de Derecho Público*, N° 52, Editorial Jurídica Venezolana, Caracas, 1992, pp. 111-112, en *Revista de Derecho Público* número 52, Editorial Jurídica Venezolana, Caracas, 1992, pp. 111-112.

[55] Carré de Malberg, Raymond, *La ley, expresión de la voluntad popular* (Estudio sobre el concepto de ley en la Constitución de 1875), *op. cit.*, p. 90; y, García De Enterría, Eduardo y Fernández, Tomás Ramón, *Curso de Derecho Administrativo*, Tomo I, *op. cit.*, pp. 115-116.

[56] Sala Constitucional del Tribunal Supremo de Justicia, Sentencia N° 1.586, del 12 de junio de 2003, asunto *Santiago Mercado Díaz et al.*; y, Sala Político-Administrativa del Tribunal Supremo de Justicia, Sentencia N° 919, del 6 de junio de 2007, asunto *Ana María Dupuy Villanueva*.
En sentido coincidente, *vid.* Muci Borjas, José Antonio, "La Actividad Normativa de la Administración", en *II Jornadas Internacionales de Derecho Administrativo "Allan Randolph Brewer-Carías"*, *op. cit.*, pp. 594-595; y, Muci Borjas, José Antonio, "El Ejercicio de Función Normativa por la Adminis-

Se habla de función o potestad normativa porque más allá del autor del acto, de las formas seguidas para su aprobación y del nombre (*nomen*) dado al negocio jurídico unilateral, los reglamentos –y otro tanto cabe decir de la inmensa mayoría de las Leyes aprobadas por el Parlamento– son dictados para crear una situación jurídica general, impersonal, objetiva[57]; o, dicho de otro modo, para establecer normas generales, abstractas e innovadoras. Veamos.

a. La generalidad de las normas.

Los actos normativos contienen reglas de conducta dirigidas a un número indeterminado de personas, a sujetos cuyas identidades no podía ser definida o precisada para el momento en que se aprobó la norma[58]. La generalidad ha de entenderse desde un

tración Pública Venezolana, en *El Derecho Público a los 100 Números de la Revista de Derecho Público 1980-2005*, Editorial Jurídica Venezolana, Caracas, 2006, p. 787. También, MORBIDELLI, GIUSEPPE, "La Dissaplicazione dei Regolamenti nella Giurisdizione Amministrativa", en *Diritto Processuale Amministrativo*, 4/1997, Giuffrè Editore, Milano, p. 683.

57 JÈZE, GASTON, *Los Principios Generales del Derecho Administrativo*, Tomo I, *op. cit.*, pp. 48-50.

58 Nuestros tribunales de justicia han dejado asentado (i) que «...una disposición reglamentaria tiene siempre el atributo de *la generalidad*, porque se aplica, dentro de los supuestos de hecho que contempla y en relación con la materia legal cuya ejecución regula, a un número indeterminado de personas» (Sala Político-Administrativa de la Corte Suprema de Justicia, Sentencia N° 165, del 2 de noviembre de 1967, asunto *Joaquín Mármol Luzardo et al.*, en BREWER-CARÍAS, ALLAN RANDOLPH, *Jurisprudencia de la Corte Suprema de Justicia 1930-74 y Estudios de Derecho Administrativo*, Tomo III, *op. cit.*, p. 138); (ii) que los reglamentos «...no tienen un destinatario determinado por ser [sus normas]... *impersonales*, abstractas y de múltiple aplicación a casos concretos...» (Sala Político-Administrativa de la Corte Suprema de Justicia, Sentencia s/n, del 1° de diciembre de 1977, en *Jurisprudencia Venezolana Ramírez y Garay*, Tomo LVIII, Cuarto Trimestre de 1977, Ramírez y Garay, S.A., Caracas, 1977, pp. 445-449); (iii) que la potestad reglamentaria sirve para «...crear status generales, impersonales y objetivos que van, desde el desarrollo o complemento de normas generales preexistentes, hasta la ordenación de la estructura organizativa de determinado ente público, incluyendo...

punto de vista subjetivo, porque se refiere a los destinatarios de la previsión[59].

b. La abstracción de las normas

Los reglamentos y demás actos normativos regulan conductas[60]. La abstracción, por tanto, ha de entenderse desde un punto de vista objetivo, porque la norma regula comportamientos que pueden llegarse a producir en un número indeterminado de ocasiones[61]. Las normas reglamentarias son diseñadas, por

---

la[s] relativa[s] a las relaciones especiales de supremacía que surgen en razón de un título especial (como lo es el nombramiento de un funcionario [público]...» (Sala Político-Administrativa de la Corte Suprema de Justicia, Sentencia N° 148, del 17 de julio de 1980, asunto *Lilia Zabala*, en *Jurisprudencia de la Corte Suprema de Justicia*, Dr. Oscar Pierre Tapia, N° 7, Caracas, Julio 1980, pp. 56-67); y, (iv) que los actos de carácter normativo se caracterizan por el hecho de que «...sus efectos son generales, esto es, [porque] afectan a toda la ciudadanía» (Sala Político-Administrativa de la Corte Suprema de Justicia, Sentencia N° 76, del 24 de abril de 1980, asunto *Fiscal General de la República*, en Brewer-Carías, Allan Randolph y Ortíz Álvarez, Luis A., *Las grandes decisiones de la Jurisprudencia Contencioso-Administrativa [1961-1996]*, Editorial Jurídica Venezolana, Caracas, 1996, p. 34). En propósito, consúltese también Andueza, José Guillermo, citado por Briceño León, Humberto, "Régimen derogatorio entre los Acuerdos del Congreso, los Decretos-Leyes y las Leyes Orgánicas", *op. cit.*, p. 575.

En palabras Werhan, cuando dicta una regla de conducta (*rule of conduct*), la Administración, igual que el Legislador, determina los derechos y deberes de los particulares en términos generales (Werhan, Keith, *Principles of Administrative Law*, second edition, West Academic Publishing, St. Paul, Minnesota, 121).

59 Santamaría Pastor, Juan Alfonso, *Principios de Derecho Administrativo*, Volumen I, *op. cit.*, p. 294.

60 Según Andueza, se habla de abstracción porque las normas son susceptibles de aplicación a un número indeterminado de casos concretos (Andueza, José Guillermo, citado por Briceño León, Humberto, "Régimen derogatorio entre los Acuerdos del Congreso, los Decretos-Leyes y las Leyes Orgánicas", *op. cit.*, p. 575).

61 Santamaría Pastor, Juan Alfonso, *Principios de Derecho Administrativo*, Volumen I, *op. cit.*, p. 294.

tanto, para ser aplicadas repetidamente, cada vez que se verifique el supuesto de hecho normativamente previsto, y, por ello, en principio suelen ser aprobadas para perdurar en el tiempo de manera indefinida[62]. Por esa circunstancia se afirma que las normas reglamentarias se incorporan al ordenamiento y forman parte integrante del bloque de legalidad[63].

c. La novedad de las normas

Los actos normativos se caracterizan por su innovación, porque sus reglas –con ciertas limitaciones– son aptas para crear situaciones jurídicas que no existían para el momento de su aprobación[64].

---

62 Sala Político-Administrativa de la Corte Suprema de Justicia, Sentencia N° 88, del 5 de mayo de 1976, asunto *Luis Mauri C.*, en *Jurisprudencia de la Corte Suprema de Justicia*, N° 6, Dr. Oscar Pierre Tapia, Caracas, junio 1976, pp. 15-17; y, Corte Suprema de Justicia en Pleno, Sentencia s/n, del 28 de noviembre de 1995, asunto *Blastani José González et al.*, en *Revista de Derecho Público* número 63-64, Editorial Jurídica venezolana, Caracas, 1995, p. 136.
En oportunidades la Administración aprueba *reglamentos* que han sido diseñados para producir efectos por *tiempo determinado*. Es este el caso, *e.g.*, de las normas que han venido siendo dictadas anualmente a los efectos de regular las carteras de crédito obligatorias que la banca venezolana se halla en el deber de concederle a sectores económicos determinados (*vid.*, Muci-Borjas, José Antonio, "Las carteras de crédito obligatorias: *Excursus* sobre la naturaleza jurídica de la obligación impuesta a la banca", en *Temas Actuales de Derecho Bancario* (Libro Homenaje a la Memoria de Oswaldo Padrón Amaré), Fundación de Estudios de Derecho Administrativo, Caracas, 2009, pp. 465-496).

63 Nuestra justicia le ha reconocido expresamente esta virtud a los Reglamentos Ejecutivos (Corte Suprema de Justicia en Pleno, Sentencia N° 4, del 13 de febrero de 1985, asunto *José M. Sanabria Rojas*, en Balasso Tejera, Caterina, *op. cit.*, p. 367).

64 Pérez Luciani, Gonzalo, "La Actividad Normativa de la Administración", en *Escritos del Doctor Gonzalo Pérez Luciani, op. cit.*, p. 306. Para Andueza se trata de normas innovadoras porque crean un Derecho nuevo (Andueza, José Guillermo, citado por Briceño León, Humberto, "Régimen derogatorio entre los Acuerdos del Congreso, los Decretos-Leyes y las Leyes Orgánicas", *op. cit.*, p. 575).
En sentido coincidente consúltese Romano Tassone, A., "La normazione secondaria", en *Diritto Amministrativo*, obra coordinada por Mazzaroli, L.,

En el caso de los reglamentos ese poder para innovar se encuentra acotado por las materias que la Constitución venezolana reserva a la Ley[65].

Al reglamentar, la Administración adopta decisiones de aplicación general y crea, como lo hace el Legislador, reglas de conducta llamadas a disciplinar las conductas futuras de los sujetos que integran la comunidad. Ese modo de obrar se contrapone al que sigue la Administración cuando toma decisiones que carecen de contenido normativo, porque en estos casos su conducta persigue aplicar las normas legales ya existentes a uno o más sujetos, teniendo presentes circunstancias que ya acaecieron y que son particulares a los sujetos destinatarios de la decisión[66].

En síntesis, los reglamentos se ubican justo en la frontera que separa al Legislativo del Ejecutivo, porque son ejecución de la ley y legislación a un mismo tiempo[67].

PERICU, G., ROMANO, A., ROVERSI MONACO, F.A. y SCOCA, F.G., Volume I, Monduzi Editore S.p.a., Bologna, 1993, p. 168.

65 Sala Político-Administrativa de la Corte Suprema de Justicia, Sentencia N° 88, del 5 de mayo de 1976, asunto *Luis Mauri C.*, en *Jurisprudencia de la Corte Suprema de Justicia*, N° 6, Dr. Oscar Pierre Tapia, Caracas, junio 1976, pp. 15-17. Más recientemente, la Sala Electoral del Tribunal Supremo de Justicia ha afirmado que «lo que separa en definitiva al reglamento de la ley, es su subsidiariedad e inferioridad respecto a ésta, pues no puede dejar sin efecto los postulados legales, ni contradecirlos, *ni innovar donde la ley es necesaria para producir un determinado efecto o regular un cierto contenido*», y con base en esa premisa censuró un acto reglamentario dictado para estatuir «...un supuesto de hecho y una consecuencia jurídica...» que no se encontraban previstos en la Ley (Sentencia del 30 de marzo de 2006, asunto *Asociados Caja de Ahorros Sector Empleados Públicos CA-SEP*, en *Revista de Derecho Público* N° 105, enero-marzo 2006, Editorial Jurídica Venezolana, Caracas, pp. 171-174).
Veáse también a DE OTTO, IGNACIO, *Derecho Constitucional* (Sistema de Fuentes), *op. cit.*, p. 216.

66 WERHAN, KEITH, *Principles of Administrative Law*, *op. cit.*, pp. 174-176.

67 MAURER, HARMUT, *Derecho Administrativo* (Parte General), *op. cit.*, p. 111.

La generalidad y abstracción, propia de los reglamentos, permite distinguir este tipo de actos normativos de los *actos administrativos generales*, pues

> «a diferencia de los actos y medidas administrativas generales, que son una expresión de una simple *potestad administrativa* y tienen por objeto la tutela concreta del interés público, con efectos directos sobre una pluralidad de destinatarios no necesariamente determinados en la medida, pero que pueden llegar a ser determinados, los *reglamentos* son la expresión de una *potestad normativa* atribuida a la administración, secundaria respecto de la potestad legislativa, y disciplinan en abstracto tipos de relaciones jurídicas mediante una regulación que implementa o integra la ley, igualmente innovativa respecto al ordenamiento jurídico existente, con preceptos que tienen los caracteres de generalidad y de la abstracción...»[68].

Por causa de su generalidad y abstracción, no cabe concebir un reglamento de efectos particulares[69]; tampoco cabe concebir lo que la doctrina comparada denomina actos *mixtos* o *innominados*, o sea, negocios jurídicos que califiquen en parte como actos administrativos de efectos generales, y en parte también como actos administrativos de efectos particulares[70]. A propósito de lo dicho,

---

68 *Corte di Cassazione*, Sentencia del 28 de noviembre de 1994, N° 10.124, citada por FERNÁNDEZ SALMERÓN, MANUEL, *El control jurisdiccional de los reglamentos*, *op. cit.*, p. 62.

69 Corte Primera de lo Contencioso-Administrativo, Sentencia s/n, del 17 de octubre de 1985, asunto *Melanio Trejo*, en *Revista de Derecho Público* N° 24, octubre-diciembre 1985, Editorial Jurídica Venezolana, Caracas, 1985, p. 120. En propósito, nuestro más alto Tribunal ha dejado asentado que la generalidad y el carácter objetivo que caracteriza al reglamento «...tienen por finalidad... *garantizar la igualdad* ciudadana y evitar el tratamiento desigual y particularizado» (Sala Político-Administrativa de la Corte Suprema de Justicia, Sentencia s/n, del 19 de noviembre de 1983, en BALASSO TEJERA, CATERINA, *op. cit.*, p. 363).

70 CASSESE, SABINO, *Las bases del Derecho Administrativo*, Instituto Nacional de Administración Pública, Madrid, 1994, p. 344. La disparidad de los pro-

los tribunales venezolanos con competencia en materia contencioso-administrativa le han desconocido la condición de normas reglamentarias, *e.g.*, a la orden administrativa de remoción de la publicidad de cigarrillos y licores instalada en vallas publicitarias, murales y azoteas del Municipio Libertador del Distrito Federal, incluida por la Administración en un Decreto reglamentario que prohibía ese tipo de publicidad, y también a la orden de demolición de las edificaciones construidas ilegalmente en un parque nacional, incluida por la Administración en el Reglamento Ejecutivo que gobernaba el Parque Nacional Mochima. No obstante la inclusión de ambas órdenes en el cuerpo de sendos reglamentos, uno municipal, el otro nacional, y de la circunstancia que en ellos coexistieran esas órdenes junto con normas generales y abstractas, los tribunales que conocieron esas causas decretaron medidas cautelares de suspensión de efectos con base en el artículo 136 de la Ley Orgánica de la Corte Suprema de Justicia[71], porque entendieron que las precitadas órdenes de remoción y demolición eran órdenes administrativas de efectos particulares[72].

---

cedimientos administrativos legalmente previstos para la expedición de actos administrativos de efectos generales, por una parte, y por la otra, de actos administrativos de efectos particulares, se opone a la expedición de actos administrativos mixtos o innominados.

71 El artículo 136 de la Ley Orgánica de la Corte Suprema de Justicia (*Gaceta Oficial de la República* N° 1.893 Extraordinario, del 30 de julio de 1976) establecía textualmente lo siguiente: «A instancia de parte, la Corte podrá suspender los efectos de un acto administrativo de efectos particulares, cuya nulidad haya sido solicitada, cuando así lo permita la Ley o la suspensión sea indispensable para evitar perjuicios irreparables o de difícil reparación por la definitiva, teniendo en cuenta las circunstancias del caso. Al tomar su decisión, la Corte podrá exigir que el solicitante preste caución suficiente para garantizar las resultas del juicio. La falta de impulso procesal adecuado, por el solicitante de la suspensión, podrá dar lugar a la revocatoria de ésta, por contrario imperio».

72 Tribunal Superior Primero en lo Civil, Mercantil y Contencioso-Administrativo, Sentencia s/n, del 6 de julio de 1990, asunto *Compañía Anónima Tabacalera Nacional*, en *Revista de Derecho Público* N° 43, julio-septiembre 1990,

A causa de la generalidad y abstracción propia de los reglamentos, tampoco tienen carácter reglamentario, *e.g.*, el acto en virtud del cual se fijan las remuneraciones de los funcionarios públicos nacionales, porque este contiene reglas técnicas y no preceptos jurídicos abstractos[73]; el acto que decreta el aumento del salario míni-

---

Editorial Jurídica Venezolana, Caracas, 1990, pp. 109 y ss.; y, Sala Político-Administrativa de la Corte Suprema de Justicia, Sentencia N° 629, del 22 de noviembre de 1990, asunto *Enrique Fuentes Madriz et al.*, en *Revista de Derecho Público* N° 44, octubre-diciembre 1990, Editorial Jurídica Venezolana, Caracas, 1990, pp. 170 y ss., respectivamente. La Corte Federal y de Casación ha dejado asentado que «...no son los nombres, sino la naturaleza o contenido, lo que da a los actos tanto de los funcionarios como de los particulares su verdadero carácter, su significado o fisonomía jurídica» (Sentencia s/n, del 4 de abril de 1951, en Muci Borjas, José Antonio, "La actividad normativa de la Administración Pública", *Segundas Jornadas Internacionales de Derecho Administrativo Allan Randolph Brewer-Carías, op. cit.*, pp. 599-604).

73 Sala Político-Administrativa de la Corte Suprema de Justicia, Sentencia N° 196, del 9 de mayo de 1991, asunto *Servicios Técnicos Sanitarios*, en Balasso Tejera, Caterina, *op. cit.*, p. 170.
No obstante los términos generales y abstractos en que suelen ser preparados, para Paladin no tienen naturaleza reglamentaria los actos administrativos dictados con el objeto de aprobar, *inter alia*, tablas, instrucciones, modelos de actos, tarifas, alícuotas, tasas o contribuciones (*vid.*, Fernández Salmerón, Manuel, *El control jurisdiccional de los reglamentos, op. cit.*, p. 42). Constituye ejemplo de este tipo de actos el Decreto Ejecutivo N° 3.030, del 22 de agosto de 2017, mediante el cual se fija la *escala especial de sueldos* aplicable a los funcionarios del cuerpo de policía nacional sobre la base (i) del salario mínimo nacional, (ii) el grado del funcionario y (iii) el tiempo de servicio (*Gaceta Oficial de la República* N° 41.219, del 22 de agosto de 2017). Siempre en materia funcionarial, para nuestra justicia, por el contrario, sí califica como Reglamento el Decreto N° 211, dictado con base en la Ley de Carrera Administrativa con el objeto de especificar los cargos públicos –de alto nivel o confianza– excluidos de la carrera administrativa (Sala Político-Administrativa de la Corte Suprema de Justicia, Sentencia N° 201, del 10 de agosto de 1978, asunto *Luis Fernando Sandoval*, en *Jurisprudencia de la Corte Suprema de Justicia*, N° 8-9, agosto-septiembre 1978, Dr. Oscar Pierre Tapia, Caracas, pp. 60-78; y, Sala Político-Administrativa de la Corte Suprema de Justicia, Sentencia N° 51, del 10 de marzo de 1980, asunto *María Germania Astudillo*, en *Jurisprudencia de la Corte Suprema de Justicia*, N° 3, marzo 1980,

mo[74], porque este acto administrativo general, adoptado con base en una norma legal y no con fundamento en una atribución constitucional de competencia a favor de la rama ejecutiva del Poder Público, es producto o resultado del ejercicio de función administrativa; o las bases que regulan la convocatoria de un concurso o los pliegos de cláusulas administrativas de una contratación administrativa singular, habida consideración que se trata de actos administrativos de trámite, preparatorios de un ulterior acto administrativo de efectos particulares[75].

§2. La discrecionalidad administrativa típica y la discrecionalidad reglamentaria

La potestad reglamentaria es una especie (*species*) que pertenece al género (*genus*) de las potestades discrecionales, y como toda potestad pública debe ser asignada o atribuida en virtud de norma o precepto jurídico válido (*ut supra*, Capítulo III, Sección II, §2)[76].

La *discrecionalidad administrativa típica* se caracteriza porque habilita a la Administración para conocer y resolver un asunto concreto sometido a su consideración, con fundamento en unas circunstancias de hecho –tipo o modelo– previstas en, y disciplinadas por, una norma legal preexistente. El ejercicio de este tipo

---

Dr. Oscar Pierre Tapia, Caracas, pp. 67-76). Según la Corte, en el caso de la especie el Legislador había optado por delegarle al Ejecutivo Nacional poder para «...ampliar, mediante decreto, el alcance del concepto de funcionario o empleado de libre nombramiento y remoción».

74 Sala Constitucional del Tribunal Supremo de Justicia, Sentencia N° 1.447, del 3 de junio de 2003, asunto *Rafael Badell Madrid et al.*

75 Fernández Salmerón, Manuel, *El control jurisdiccional de los reglamentos*, *op. cit.*, p. 52.

76 *Vid.* Santamaría Pastor, Juan Alfonso, *Principios de Derecho Administrativo*, Volumen I, *op. cit.*, pp. 87-89; y, Herdegen, citado por Schmidt-Assman, Eberhard, *La Teoría General del Derecho Administrativo como Sistema*, coedición del Instituto Nacional de Administración Pública y de Marcial Pons, Ediciones Jurídicas y Sociales, S.A., Madrid-Barcelona, 2003, p. 224.

de discrecionalidad le impone a la Administración el deber de comprobar y calificar adecuadamente los hechos normativamente previstos[77] que sirven de fundamento a un acto administrativo de efectos particulares. Por mandato de ley, esos actos administrativos de efectos particulares, dictados en ejercicio de función administrativa o, alternativamente, de función jurisdiccional, deben estar precedidos de un procedimiento administrativo que garantice el derecho a la defensa de los particulares cuyos derechos subjetivos o intereses legítimos, personales y directos, pudieran llegar a resultar lesionados por la decisión de la Administración.

La *discrecionalidad reglamentaria* se distingue por otras razones muy distintas. Cuando de lo que se trata es de aprobar un reglamento, el ejercicio de la potestad discrecional tiene por objeto la creación de las normas con base en las cuales habrán de decidirse todos los asuntos futuros que puedan ser enmarcados en el supuesto de hecho abstracto normativamente previsto –que puedan llegar a ser encuadrados, *id est*, en el supuesto de hecho, tipo o modelo, disciplinado por la norma reglamentaria–[78]. La potestad discrecional que conduce a la aprobación de un reglamento no tiene por objeto habilitar a la Administración para conocer y resolver un asunto concreto. Habilita, por el contrario, para regular hechos que aún no se han producido, para la hipótesis de que lleguen a producirse[79]. A la

---

77 Brewer Carías, Allan Randolph, "Los límites del poder discrecional de las autoridades administrativas", en *Revista de la Facultad de Derecho*, N° 2, año lectivo 1965-1966, Universidad Católica Andrés Bello, Caracas, pp. 16-22.

78 Maurer, Harmut, *Derecho Administrativo* (Parte General), *op. cit.*, p. 365. Un sector de la doctrina venezolana ha afirmado que la potestad reglamentaria constituye algo sustancialmente distinto de la discrecionalidad administrativa (Rondón de Sansó, Hildegard, *Teoría General de la Actividad Administrativa*, Ediciones Liber, Caracas, 2000, pp. 58-59).

79 Teniendo presentes tales circunstancias, Zanobini afirmaba, *mutatis mutandis*, que la función legislativa tiene carácter preventivo, porque preveía y regulaba conductas futuras (Zanobini, Guido, *Corso di Diritto Amministrativo*, Volume Primo [Principî Generali], *op. cit.*, p. 13). En sentido coincidente véase Romano Tassone, A., "La normazione secondaria", en *Diritto Ammi-*

luz de tales circunstancias, los reglamentos son actos administrativos dictados previa sustanciación de un procedimiento administrativo (normativo) que asegure el ejercicio del derecho a la participación de todos los interesados[80].

Como sus nombres lo indican, la discrecionalidad administrativa típica y la discrecionalidad reglamentaria son –no hay duda al respecto– potestades de carácter discrecional y, como tales, conceden a la Administración margen para apreciar las circunstancias a las que se enfrenta al momento de decidir. Sin embargo, una y otra potestad son concedidas a la autoridad para el logro de finalidades distintas. Únicamente la discrecionalidad reglamentaria habilita a la Administración, parafraseamos aquí a la Corte Suprema de Justicia, para «...participar en la formación del ordenamiento jurídico...», mediante la aprobación de reglas generales y abstractas[81].

Sección IV: La necesidad de la regulación como condición (*condictio iuris*) para el válido ejercicio de la potestad reglamentaria por la Administración

§1. Introducción

En el pasado la justicia venezolana ha sostenido que los reglamentos ejecutivos, dictados por el Presidente de la República en

---

nistrativo, obra coordinada por Mazzaroli, L., Pericu, G., Romano, A., Roversi Monaco, F.A. y Scoca, F.G., *op. cit.*, p. 169.

80 En sentido coincidente, el artículo 15 de la Carta Iberoamericana de los Derechos y Deberes del Ciudadano en Relación con la Administración Pública dispone que la Administración debe facilitar «...que los ciudadanos interesados participen, individual o colectivamente, también a través de sus legítimos representantes, en el procedimiento de elaboración de las normas administrativas que puedan afectarles».

81 (Sala Político-Administrativa de la Corte Suprema de Justicia, Sentencia N° 171, del 9 de mayo de 1990, asunto *Vengas de Caracas, C.A.*, en *Revista de Derecho Público* N° 42, abril-junio 1990, Editorial Jurídica Venezolana, Caracas, 1990, pp. 78-79).

Consejo de Ministros, se encuentran limitados por los dispositivos de la Ley de cuya reglamentación se trata, agregando a continuación que dentro de esos límites el reglamento podía «...regular la situación en cuestión con entera libertad...»[82]. Empero, lo cierto es que en virtud del principio de vinculación positiva con la Ley[83] al momento de ejercer potestades discrecionales, y la potestad reglamentaria no es una excepción, la Administración no cuenta con esa supuesta libertad de elección. La adopción de medidas con base en potestades discrecionales se encuentra dirigida o encauzada por el Derecho.

El reglamento se dicta para asegurar la ejecución de la Ley. Esa particularidad revela que el reglamento es un acto accesorio, porque depende de la Ley que desarrolla. Es, además, un acto subordinado a la Ley, porque es dictado para desempeñar un rol subalterno, un papel secundario[84]. La calidad del acto reglamentario niega que

---

[82] Sala Político-Administrativa de la Corte Suprema de Justicia, Sentencia N° 109, del 27 de mayo de 1980, asunto *Manuel Talavera*, en *Revista de Derecho Público* número 3, Editorial Jurídica Venezolana, Caracas, 1980, pp. 136 y ss. En sentido coincidente, la Procuraduría General de la República había afirmado antes que quedaba al «...exclusivo y prudente arbitrio [del Presidente de la República] establecer las reglas complementarias para la aplicación y ejecución...» (Dictamen del 9 de noviembre de 1965, en *Doctrina de la Procuraduría General de la República*, Caracas, 1965, p. 245). Nuestros tribunales de justicia habían afirmado antes que la Constitución reconoce a los reglamentos «...un campo de acción relativamente amplio...», particularmente cuando la ley solo consagra normas fundamentales (Sala Político-Administrativa de la Corte Suprema de Justicia, Sentencia N° 24, del 10 de mayo de 1965, asunto *Juan J. Gabaldón*, en Brewer-Carías, Allan Randolph, *Jurisprudencia de la Corte Suprema de Justicia 1930-74 y Estudios de Derecho Administrativo*, Tomo III, *op. cit.*, pp. 119-120).

[83] Santamaría Pastor, Juan Alfonso, *Principios de Derecho Administrativo*, Volumen I, *op. cit.*, pp. 87-89.

[84] En sentido coincidente, en España el Tribunal Supremo de Justicia ha dejado asentado que «el reglamento, en cuanto norma jurídica de carácter general emanada de la Administración, tiene un valor subordinado a la Ley a la que completa. Por ser el reglamento norma jurídica de colaboración, debe distinguirse entre la normación básica de las cuestiones fundamentales que siem-

este sea el resultado de una decisión libre. Por ello coincidimos con Schmidt-Assman, para quien la discrecionalidad administrativa –y, de suyo, la discrecionalidad que habilita para aprobar reglamentos– no se traduce en "libertad de elección"[85].

En sintonía con lo expuesto anteriormente, en fallo judicial más reciente la Corte Suprema de Justicia sostuvo que siendo el reglamento norma formal y materialmente subordinada a la Ley, el ejercicio de la potestad reglamentaria no comporta libertad; al contrario, frente al ejercicio de dicha potestad «...deberá exigirse [a la Administración] una justificación más estricta que cuando la voluntad administrativa se expresa en meros actos de aplicación»[86].

Recapitulando, la potestad reglamentaria no puede ser ejercida por la Administración *ad libitum*[87], porque su ejercicio presupone que la Administración haya determinado que resulta necesario –sí, necesario– reglamentar la Ley de que se trate. Presupone, por consiguiente, que la Administración, tras el cumplido estudio y análisis de la Ley,

---

pre corresponde a la Ley, y aquellas otras normas secundarias pero *necesarias para la puesta en práctica de la Ley,* [propias de] los reglamentos» (Estepa Moreno, Manuel, *Los Reglamentos del Gobierno,* Tomo I, *op. cit.*, p. 63).

85 Schmidt-Assman, Eberhard, *La Teoría General del Derecho Administrativo como Sistema, op. cit.*, p. 221. En idéntico sentido, Sandulli, Aldo, *Manuale di Diritto Amministrativo,* Volume I, *op. cit.*, p. 54; y, García De Enterría, Eduardo y Fernández, Tomás Ramón, *Curso de Derecho Administrativo,* Tomo I, *op. cit.*, pp. 459-460.

86 Corte Suprema de Justicia en Pleno de la, Sentencia s/n, del 17 de noviembre de 1986, asunto *Arturo Luis Torres,* en *Revista de Derecho Público* N° 28, octubre-diciembre 1986, Editorial Jurídica Venezolana, Caracas, 1986, pp. 85-86). En sentido coincidente se pronuncian García de Enterría y Fernández, para quienes «...el Reglamento es una norma necesitada de justificación, caso por caso, condicionada, con posibilidades limitadas y tasadas, y enjuiciable por el Juez...» (García de Enterría, Eduardo y Fernández, Tomás Ramón, *Curso de Derecho Administrativo,* Tomo I, *op. cit.*, p. 182).

87 Romano Tassone, A., "La normazione secondaria", en *Diritto Amministrativo,* obra coordinada por Mazzaroli, L., Pericu, G., Romano, A., Roversi Monaco, F.A. y Scoca, F.G.,*op. cit.*, p. 184.

haya diagnosticado o concluido, con base en razones acreditadas en el expediente administrativo que ha de abrirse y sustanciarse al efecto, que es indispensable –sí, indispensable– desarrollar o complementar las normas de esta última, a los fines de asegurar su cabal ejecución. Presupone, en definitiva, que la Ley realmente exija o demande reglamentación. Veamos.

§2. Los reglamentos ejecutivos, el estándar de la necesidad de la regulación y la jurisprudencia venezolana

Nuestra Corte Federal dejó sentado a mediados del siglo pasado que los reglamentos ejecutivos son dictados con el objeto de determinar las *medidas necesarias* para asegurar la ejecución de la Ley[88].

[88] Corte Suprema de Justicia en Pleno, Sentencia s/n, del 24 de septiembre de 1952, en *Gaceta Forense* N° 1, 1958, p. 151; Corte Federal, Sentencia s/n, del 24 de septiembre de 1958, en Brewer-Carías, Allan Randolph, *Jurisprudencia de la Corte Suprema de Justicia 1930-74 y Estudios de Derecho Administrativo*, Tomo III, *op. cit.*, p. 128. En sentido coincidente, la Procuraduría General de la República había hecho suya la postura del Profesor Sayagués Lazo, para quien los reglamentos ejecutivos son dictados para establecer «...las normas necesarias para hacer posible y asegurar...» la ejecución de la ley (Dictamen del 9 de noviembre de 1965, en *Doctrina de la Procuraduría General de la República*, Caracas, 1965, pp. 243-245).

En sentido coincidente a lo afirmado por nuestro más alto Tribunal y por la Procuraduría General de la República puede consultarse Zanobini, Guido, *Corso di Diritto Amministrativo*, Volume Primo (Principî Generali), *op. cit.*, p. 72; García de Enterría, Eduardo, *Legislación delegada, potestad reglamentaria y control judicial, op. cit.*, p. 164; Fox Jr., William F., *Understanding Administrative Law*, Matthew Bender & Co., Inc., New York, 1986, p. 124; y, Cassese, Sabino, *Derecho Administrativo: Historia y Futuro*, coedición del Instituto Nacional de Administración Pública y de Global Law Press-Editorial Derecho Global, Sevilla, 2014, p. 74. En palabras de Marienhoff, los reglamentos deben llenar «...los detalles necesarios para el mejor cumplimiento de las leyes y de las finalidades que se propuso el legislador» (Marienhoff, Miguel, citado por Comadira, Julio Rodolfo, Escola, Héctor Jorge y Comadira, Julio Pablo, *Curso de Derecho Administrativo*, Tomo I, *op. cit.*, p. 43).

El origen remoto del citado criterio pareciera remontarse a la Constitución bonapartista del Año VIII, aprobada en Francia el 24 de diciembre de 1799,

El criterio jurisprudencial citado anteriormente fue luego ratificado por la Corte Primera de lo Contencioso-Administrativo[89] y, más recientemente, por el Tribunal Supremo de Justicia[90].

En otros fallos nuestra Corte Suprema de Justicia también ha invocado como estándar el *carácter indispensable* de la regulación reglamentaria[91]. En palabras de la Corte, si bien es cierto que el reglamento puede en ciertas y determinadas circunstancias establecer formalidades o requisitos no previstos en la Ley[92], no es menos

según la cual el Gobierno propone las leyes y elabora los reglamentos *necesarios* para asegurar su ejecución («le gouvernement propose les lois, et fait les règlements nécessaires pour assurer leur exécution»), (artículo 44).

89 Corte Primera de lo Contencioso-Administrativo, Sentencia s/n, del 17 de febrero de 1981, en *Revista de Derecho Público*, N° 6, Editorial Jurídica Venezolana, Caracas, 1981, pp. 139 y ss.

90 Sala Político-Administrativa del Tribunal Supremo de Justicia, Sentencia N° 1.131, 29 de julio de 2009, asunto *Hugo Medina et al.*

91 Sala Político-Administrativa de la Corte Suprema de Justicia, Sentencia N° 24, del 10 de mayo de 1965, asunto *Juan J. Gabaldón*, en Brewer-Carías, Allan Randolph, *Jurisprudencia de la Corte Suprema de Justicia 1930-74 y Estudios de Derecho Administrativo*, Tomo III, *op. cit.*, pp. 128 y ss.; y, Corte Suprema de Justicia en Pleno, Sentencia N° 4, del 13 de febrero de 1985, asunto *José M. Sanabria Rojas*, en Balasso Tejera, Caterina, *op. cit.*, p. 368. *Vid.* García de Enterría, Eduardo, *Legislación delegada, potestad reglamentaria y control judicial, op. cit.*, p. 165. Para Barnés, el carácter necesario o imprescindible de una determinada medida representa un mismo y único estándar (ley del mínimo intervencionismo), (Barnés, J., citado Sarmiento Ramírez-Escudero, Daniel, *El principio de la proporcionalidad en el Derecho Administrativo* [Un estudio desde el Derecho español], Universidad Externado de Colombia, Bogotá, 2007, p. 190-191).

92 La Sala Político-Administrativa de la Corte Suprema de Justicia ha dejado asentado, *e.g.*, que mediante un reglamento de carácter gremial, aprobado por un Colegio de Abogados, no podían establecerse requisitos distintos a los exigidos por la Ley de Abogados para el ejercicio profesional de la abogacía, porque la determinación de las condiciones para su ejercicio era materia reservada a la Ley *ex*-artículo 82 de la Constitución de 1961 (Sentencia s/n, del 13 de enero de 1976, ratificada por Sentencia N° 68, del 25 de abril de 1979, asunto *Cristóbal Mendoza*, en *Jurisprudencia Venezolana Ramírez y Garay*,

cierto que la Administración se halla en el deber de acreditar que tales formalidades o requisitos resultan indispensables para asegurar el cumplimiento de la Ley. En sentido coincidente, la doctrina alemana ha afirmado que la regulación reglamentaria dictada en ejecución de la Ley debe reducirse a lo que se denomina o conoce como el *complemento indispensable*, pues es a través de la Ley que debe establecerse la regulación fundamental de las materias que la Constitución reserva a ese instrumento normativo, incluidas las libertades y derechos de los ciudadanos (criterio de la esencialidad de la regulación legislativa)[93].

En otra decisión nuestra Corte Suprema de Justicia también ha afirmado que el objeto de los reglamentos ejecutivos es el de «...establecer los detalles que generalmente *exige* la aplicación de la Ley...»[94]. En esta tercera formulación de la misma regla o principio, la exigencia de la regulación de una materia mediante reglamento confirma que al momento de ejercer la potestad reglamentaria, la Administración debe limitarse a establecer los pormenores, en especial de índole técnica, que el Poder Legislativo no está llamado a fijar o determinar, porque no cuenta con recursos para ello[95], y sin los cuales, empero, no puede darse cabal cumplimiento a la Ley.

En resumidas cuentas, nos permitimos citar una vez más el criterio asentado por nuestro más alto Tribunal,

> «siendo el Reglamento norma no sólo formal, sino materialmente subordinada, la consideración de que la voluntad

---

Tomo LXV, Segundo Trimestre de 1979, Ramírez y Garay, S.A., Caracas, 1979, pp. 475-480).

93 Consúltese, *mutatis mutandis*, SCHMIDT-ASSMAN, EBERHARD, *La Teoría General del Derecho Administrativo como Sistema*, *op. cit.*, pp. 202-205; y, ESTEPA MORENO, MANUEL, *Los Reglamentos del Gobierno*, Tomo I, *op. cit.*, p. 143.

94 Corte Suprema de Justicia en Pleno, Sentencia N° 4, del 13 de febrero de 1985, asunto *José M. Sanabria Rojas*, en BALASSO TEJERA, CATERINA, *op. cit.*, p. 366.

95 MAURER, HARTMUT, *Derecho Administrativo (Parte General)*, Marcial Pons Ediciones Jurídicas y Sociales, S.A., Madrid, 2011, p. 111.

administrativa se exprese mediante disposición reglamentaria, no envuelve una especie de inmunidad pues en relación a ella deberá exigirse una *justificación más estricta* que cuando la voluntad administrativa se expresa en meros actos de aplicación»[96].

Para nuestra justicia, esa más estricta justificación, acreditativa de la *bondad* de la regulación, obedece a que

> «virtudes esenciales del Reglamento son las de crear poderes administrativos donde antes no existían, extenderse potencialmente a todos los habitantes del país y, finalmente, ver repetida su efectividad a través de aplicaciones continuas; por ello un vicio original en su texto reglamentario multiplicará sus efectos injustos en el tiempo, incomparablemente superior al que pueda derivar de la ilegalidad de un único acto»[97].

En conclusión, el reglamento no puede hacer otra cosa que asegurar la correcta aplicación y efectividad de la Ley, sin incluir más que lo que resulte estrictamente necesario para ese fin. El estándar de *la necesidad de la regulación*, empleado por nuestros tribunales en las decisiones judiciales citadas anteriormente, le impone a la Administración el deber de justificar que la regulación creada mediante reglamento resulta esencial para el cumplimiento de la Ley. Por ello, el reglamento no puede ser entendido sino en función de su permanente pugna o rivalidad con la Ley; y la Ley no puede ser objeto de estudio –de estudio cumplido, esto es– sin tomar en consideración sus tensas relaciones con el reglamento[98].

---

96 Corte Suprema de Justicia en Pleno, Sentencia s/n, del 17 de noviembre de 1986, asunto *Arturo Luis Torres*, en *Revista de Derecho Público* N° 28, octubre-diciembre 1986, Editorial Jurídica Venezolana, Caracas, 1986, pp. 85-86).

97 *Ibid.*

98 Santamaría Pastor, Juan Alfonso, *Principios de Derecho Administrativo*, Volumen I, *op. cit.*, p. 86.

§3. Antecedentes Legislativos y Ejecutivos

A) El estándar de la necesidad de la regulación según el Poder Legislativo

A lo largo de nuestra historia el estándar de la necesidad de la regulación reglamentaria también ha sido invocado en más de una oportunidad por nuestro Poder Legislativo al momento de ordenar la reglamentación de una Ley. Por lo que a nuestro Legislador respecta, cabría citar aquí, a título de ejemplo:

a. La Ley de 19 de mayo de 1869 sobre vías de comunicación[99], según la cual «en el término de dos meses después de la publicación de esta ley, el Ejecutivo Nacional dictará los reglamentos *necesarios* para su ejecución, sujetándose a las bases siguientes...»; y,

b. La Ley número 1878, de 5 de mayo de 1874, por la cual se declaran extinguidos los conventos, colegios y demás comunidades religiosas en la República[100], según la cual «el Ejecutivo Nacional reglamentará lo *necesario* para el fiel cumplimiento de esta ley».

B) El estándar de la necesidad de la regulación según el Poder Ejecutivo

El Ejecutivo también ha invocado el estándar de *la necesidad de la regulación reglamentaria* al momento de aprobar reglamentos autónomos, esto es, reglamentos que no tenían por objeto (declarado) desarrollar una ley previa. Cabría citar aquí, a título de ejemplo:

a. El Decreto Ejecutivo de 1° de febrero de 1877, por el que se reglamenta el servicio del Acueducto y Paseo "Guzmán Blanco", en el Distrito Federal, en cuya motivación se lee:

> «Que la construcción del Acueducto "Guzmán Blanco" que conduce á esta capital el río Macarao, ha aumentado considerablemente el caudal de agua que surte la población y

---

[99] *Leyes y Decretos de Venezuela 1861-1870*, Tomo 4, *op. cit.*, p. 923.

[100] *Leyes y Decretos de Venezuela 1873-1878*, Tomo 7, *op. cit.*, p. 38.

hace *indispensable* la organización de este importante ramo, estableciendo reglas para la justa distribución de las aguas y para la conservación de la obra, y señalando sus empleados y las funciones que á cada uno corresponden; y que estando ya establecido el entubado de hierro en gran parte de la ciudad, ha llegado el caso de acordar á los particulares el derecho de hacer los trabajos necesarios para surtirse del nuevo entubado, con las precauciones necesarias para impedir el detrimento de los tubos...»[101];

b. El Decreto Ejecutivo de 31 de marzo de 1879, sobre acuñación de moneda nacional, que deroga el de mayo de 1871 número 741, en cuyo artículo 34 se disponía que

> «El Ejecutivo Nacional dictará los reglamentos y resoluciones *indispensables*, á fin de que la presente Ley tenga su más puntual cumplimiento»[102];

c. El Decreto Ejecutivo de 15 de septiembre de 1896, por el cual se reglamenta el "Ateneo" de Caracas, cuya expedición fue justificada en los siguientes términos:

> «...está demostrado por la práctica la *necesidad* de dar al Ateneo de Caracas, nueva organización que obvie por una parte los inconvenientes que para su estabilidad y marcha regular ha tropezado aquel Instituto, y por la otra extienda el objeto de éste de suerte que de su existencia obtenga todo el provecho que de ella se derive así las Ciencias como las Bellas Letras y las Bellas Artes nacionales...»[103]; y,

---

[101] *Leyes y Decretos de Venezuela 1873-1878*, Tomo 7, *op. cit.*, p. 481.

[102] *Leyes y Decretos de Venezuela 1878-1880*, Tomo 8, Serie República de Venezuela, Biblioteca de la Academia de Ciencias Políticas y Sociales, Caracas, 1984, p. 187.

[103] *Leyes y Decretos de Venezuela 1896*, Tomo 19, Biblioteca de la Academia de Ciencias Políticas y Sociales, Serie República de Venezuela, Caracas, 1991, pp. 120-121.

d. El Decreto de 1° de junio de 1915 reglamentario del tráfico en las carreteras de la República, en cuya escueta motivación se afirmaba textualmente:

> «Considerando: Que se impone la *necesidad* de regularizar y reglamentar el tráfico en las Carreteras Nacionales, y que las facilidades en el tráfico público contribuyen eficazmente a incrementar el movimiento mercantil y agrícola de los pueblos...»[104].

§4. La Ley Orgánica de la Administración Pública y los deberes que el estándar de necesidad le impone a la Administración

Más recientemente, el criterio sentado por la jurisprudencia del más alto Tribunal de la República ha sido "codificado" por el artículo 91 de la Ley Orgánica de la Administración Pública, que establece que los reglamentos que la Administración debe aprobar son los *necesarios* para la ejecución de las leyes, agregando acto seguido que dichos reglamentos deben ser aprobados dentro del año inmediatamente siguiente a la promulgación de la Ley de que se trate[105].

---

[104] *Leyes y Decretos de Venezuela 1915*, Tomo 38, Biblioteca de la Academia de Ciencias Políticas y Sociales, Serie República de Venezuela, Caracas, 1993, p. 99.

[105] El artículo 91 de la Ley Orgánica de la Administración Pública establece textualmente que «el Ejecutivo Nacional deberá aprobar él o los reglamentos necesarios para la eficaz aplicación y desarrollo de las leyes...», añadiendo seguidamente que esa regulación debe ser aprobada «...dentro del año inmediatamente siguiente a su promulgación». El estándar de *necesidad* contrasta con el de conveniencia empleado por el Reglamento provisorio para el Gobierno del Estado de 1830 (*ut supra*, Capítulo I, nota a pie de página N° 9).
De acuerdo al texto de la norma, la potestad reglamentaria es de ejercicio obligatorio (Urosa Maggi, Daniela, "La Inactividad Reglamentaria de la Administración Económica", en *VII Jornadas Internacionales de Derecho Administrativo "Allan Brewer-Carías"*, Tomo I, Fundación de Estudios de Derecho Administrativo, Caracas, 2004, p. 144).
Del Derecho comparado cabe citar aquí el artículo 99 (numeral 2°) de la Constitución argentina, que faculta al Presidente de la Nación para expedir las instrucciones y *reglamentos* «...que sean *necesarios para la ejecución de*

El estándar de necesidad, que en el Derecho alemán también se conoce comúnmente como la *prohibición de exceso*, le impone a la Administración un conjunto de deberes, en particular:

a. La determinación de la necesidad

Primero que nada, la Administración debe determinar si la Ley que se propone reglamentar realmente demanda o exige desarrollo ulterior. De la existencia de esa necesidad se debe dejar constancia en el expediente en el que la Administración, por mandato legal, debe archivar los informes, las resultas del procedimiento de consulta pública y cualesquiera dictámenes, estudios y consultas que hubieren sido elaborados durante el *iter* del procedimiento administrativo normativo que concluye con la aprobación del reglamento. Tales informes, dictámenes, estudios y consultas, elaborados durante el proceso de formación de la voluntad de la Administración, van a servir de motivación –de justificación, *i.e.*– del reglamento (*ut infra*, Capítulo VI, Sección II, §2)[106].

La necesidad de las normas reglamentarias ha de enjuiciarse con base en la motivación *sui generis*, propia y característica de los actos administrativos con contenido normativo. Es esta la conclusión que cabe derivar del artículo 4° de la Carta Iberoamericana de los Derechos y Deberes del Ciudadano en Relación con la Administración Pública, a tenor del cual la motivación de las actuaciones públicas se encuentra estrecha o íntimamente relacionada con el principio de racionalidad, que «...se extiende...», así reza la Carta, «...a la motivación y argumentación que deben caracterizar todas las actuaciones administrativas, especialmente en el marco del ejercicio de las potestades discrecionales».

---

las leyes de la Nación, cuidando de no alterar su espíritu con excepciones reglamentarias».

[106] Al ejercer su potestad reglamentaria, la Administración debe dejar constancia de lo que Bülow denomina «...*una esmerada indagación de los hechos*...» (Bülow, Erico, "La legislación", en *Manual de Derecho Constitucional, op. cit.*, p. 756).

b. La determinación de las alternativas de regulación

Segundo, habiendo determinado que en efecto existe la necesidad de reglamentar la Ley de que se trate, la Administración debe precisar las alternativas de regulación con las cuales podría atender de manera adecuada y objetiva el interés general cuya tutela le ha sido encomendada, y, por supuesto, debe también dejar constancia de esas circunstancias en el expediente administrativo[107].

Este deber constituye una derivación de los principios de racionalidad en el ejercicio del Poder Público y buena administración, que exigen la previa identificación y ulterior confección de un listado de medidas normativas alternativas; la evaluación o determinación de las consecuencias futuras que se asocian a los distintos cursos de acción –u omisión– que la Administración tiene frente a sí, incluidas sus incidencias presupuestarias, amén de los costos y sacrificios que la medida comporta para los particulares, pues toda medida administrativa debe ser racional desde el punto de vista costos-beneficios[108]; y la valoración comparativa

---

[107] La Corte Primera de lo Contencioso-Administrativo ha dejado asentado, *mutatis mutandis*, que al momento de evaluar la racionalidad de una decisión administrativa adoptada en ejercicio de una potestad discrecional, el juez contencioso-administrativo debe comprobar si la Administración ha ponderado «...todos los factores de obligada consideración...», incluidas las distintas alternativas de regulación, si de lo que se trata es de ejercer potestades reglamentarias, y, además, «...ha razonado o no la concreta opción...», normativa en este caso, que en definitiva fue aprobada (Sentencia N° 690, de fecha 23 de abril de 2013, asunto *Marcos Tulio Cabrera Coronel*).

[108] Consúltese, *mutatis mutandis*, el *Arrêt Ville Nouvell-Est*, pronunciado por el Consejo de Estado francés el 28 de mayo de 1971, conforme al cual la utilidad de una medida, en ese caso expropiatoria, debe ser evaluada a la luz de un estudio comparativo entre sus *beneficios* y sus *costos (théorie du bilancoût/avantage)*, (LONG, M., WEIL, P., BRAIBANT, G., DEVOLVÉ, P. y GENEVOIS, B., *Les grandes arrêts de la jurisprudence administrative, op. cit.*, pp. 648-660; y, VIPIANA, PIERA MARIA, *Introduzione allo studio del principio di ragionevolezza nel Diritto Pubblico*, Casa Editrice Dott. Antonio Milani, Padova, 1993, pp. 54-57). El elenco de costos que la Administración debe ponderar al momento de realizar su análisis incluye, *inter alia*, (i) los gastos que la ejecución de la

de tales consecuencias[109]. El balance costes-beneficios ha de servir para que la Administración rechace las decisiones administrativas cuyos costes sean superiores a los beneficios que se derivan de su adopción, y compare o contraste las diversas alternativas posibles, a los efectos de determinar cuál es la mejor alternativa posible (solución óptima), y, hecho esto, descarte las demás[110].

Uno y otro principio (racionalidad en el ejercicio del Poder Público y buena administración) demandan un análisis reflexivo de la información, un estudio cuidadoso de las circunstancias, y, no podía ser de otra manera, la adopción de medidas adecuadas para el logro de los fines impuestos por el Legislador[111]. Y ese análisis, no hay duda, ha de ser más riguroso que el que adelante la Administración cuando dicta actos administrativos generales o de efectos particulares[112].

---

medida comporta, (ii) las repercusiones de la medida sobre el medio ambiente y sobre los otros intereses, también públicos, que la Administración tendría que dejar de atender en aras de la aprobación y ulterior ejecución de la medida, y (iii) las consecuencias de la medida sobre los derechos y libertades ciudadanos.

109 Simon Herbert, *Administrative Behaviour*, citado por Ponce Solé, Julio, *Deber de buena administración y derecho al procedimiento administrativo debido* (Las bases constitucionales del procedimiento administrativo y del ejercicio de la discrecionalidad), Editorial Lex Nova, S.A., Valladolid, 2001, p. 225.

110 Alonso Mas, María José, *La solución justa en las resoluciones administrativas*, Tirant lo Blanch-Universitat de València, Valencia, 1998, pp. 438-441. Según Fox Jr., en el análisis formal costos-beneficios la autoridad debe determinar todos los costos y beneficios asociados con una determinada medida, y una vez precisados tales costos y beneficios, debe asignarle un valor monetario a cada uno de ellos. Si el monto de los costos excede el de los beneficios, la medida no debe ser tomada; si los beneficios, en cambio, exceden los costos, la medida resulta aceptable (Fox Jr., William F., *Understanding Administrative Law*, *op. cit.*, p. 141).

111 Ponce Solé, Julio, *Deber de buena administración y derecho al procedimiento administrativo debido* (Las bases constitucionales del procedimiento administrativo y del ejercicio de la discrecionalidad), *op. cit.*, p. 228.

112 Corte Suprema de Justicia en Pleno, Sentencia s/n, del 17 de noviembre de 1986, asunto *Arturo Luis Torres*, en *Revista de Derecho Público* N° 28, octubre-diciembre 1986, Editorial Jurídica Venezolana, Caracas, 1986, pp. 85-86.

c. La regla del mínimo intervencionismo

Tercero, la Administración debe escoger la alternativa de regulación que incide de manera menos desfavorable sobre los derechos e intereses de los particulares, o sea, la que irroga menores costos a los particulares[113], y por supuesto redactar cuidadosamente el texto normativo[114].

El principio de la menor restricción posible o ley del mínimo intervencionismo, según Barnés, es en realidad muy fácil de enunciar: con él lo que se pretende subrayar es que entre múltiples –y posibles– medidas normativas, consideradas todas ellas adecuadas para conseguir el resultado deseado, la Administración debe siempre optar por las que causen el menor daño o molesten lo menos posible a los destinatarios de las mismas. El criterio de la menor restricción posible, por cierto, fue empleado por la Sala Político-Administrativa de la Corte Federal y de Casación en sentencia dictada el 20 de noviembre de 1962, anulatoria del artículo 47 del Decreto reglamentario de la Ley de Ejercicio de la Farmacia[115]. Formulado en estos términos, el principio de necesidad empleado por nuestra jurisprudencia no es sino una consecuencia del *principio favor libertatis* que informa todo el ordenamiento administrativo[116].

---

[113] Carlón Ruiz, Matilde, "El principio de proporcionalidad", en *Los Principios Jurídicos del Derecho Administrativo*, obra dirigida por Santamaría Pastor, Juan Alfonso, La Ley, Madrid, 2010, p. 206-208.

[114] Bülow, Erico, "La legislación", en *Manual de Derecho Constitucional, op. cit.*, p. 756.

[115] Muci Borjas, José Antonio, "El principio de racionalidad, el derecho a la libre concurrencia y los límites del poder reglamentario", en *Revista de Derecho Administrativo* número 5, enero/abril 1999, Editorial Sherwood, Caracas, 1999, p. 299-300.

[116] Agirreazkuenza, Iñaki, *La coacción Administrativa Directa*, Editorial Civitas, S.A., Madrid, 1990, pp. 382-383.

En el marco del procedimiento normativo, la Administración debe, pues, identificar y ponderar los distintos intereses públicos y derechos e intereses privados en juego[117], y con base en esa primera operación debe luego sopesar las distintas alternativas normativas a su disposición. Al momento de realizar esos dos análisis, de efectuar esas dos ponderaciones, la Administración se halla en la obligación de tener presente que, por imperativo legal, debe respetar los derechos y libertades fundamentales[118].

Los distintos deberes enunciados con anterioridad le niegan a la Administración, no hay duda, "libertad de elección" al momento de ejercer la potestad reglamentaria.

---

[117] Muci Borjas, José Antonio, "Procedimientos y Administración Pública", en *Boletín de la Academia de Ciencias Políticas y Sociales*, N° 147, enero-diciembre 2009, Caracas, 2009, pp. 93 y ss.
Luce pertinente resaltar que el artículo 16 (Capítulo II, Principios) de la Carta Iberoamericana de los Derechos y Deberes del Ciudadano en Relación con la Administración Pública, dispone que en virtud del principio de proporcionalidad las decisiones administrativas deben (i) adecuarse al fin previsto en el ordenamiento jurídico y (ii) dictarse en un marco de justo equilibrio entre los diferentes intereses en juego, (iii) evitando limitar los derechos de los ciudadanos a través de la imposición de cargas o gravámenes irracionales o incoherentes con el objetivo establecido.

[118] La Administración Pública, organización creada para servir a los ciudadanos, *ex*-artículo 141 de la Constitución, tiene como misión «...garantizar a todas las personas, el goce y ejercicio de los derechos humanos» (artículo 3 de la Ley Orgánica de la Administración Pública), y, por vía de consecuencia, asegurar el derecho al libre desenvolvimiento de su personalidad que asiste a todas las personas (artículo 20 de la Constitución).

Capítulo IV

Las autoridades administrativas con potestad reglamentaria

Sección I. Introducción: la tradición constitucional venezolana

Tradicionalmente las Constituciones venezolanas le han reconocido una potestad reglamentaria *general* al Ejecutivo Nacional. Así lo acreditan, por solo citar algunos de nuestros Textos Fundamentales, las Constituciones de 1914 (artículo 79, regla 8.ª) y 1953 (artículo 108, regla 2.ª), que de modo expreso facultaban al Presidente de la República para expedir los reglamentos para la mejor ejecución de las leyes nacionales, cuidando de no alterar su espíritu, propósito o razón, y las Constituciones de 1925 (artículo 100, regla 8.ª), 1936 (artículo 100, numeral 11) y 1961 (artículo 190, numeral 10°), que de modo explícito habilitaban al Presidente de la República en Consejo de Ministros para ejercer la potestad reglamentaria (*ut supra*, Capítulo I, Sección I, §11-§15).

A esa tradición puso fin la Constitución de 1999 al facultar expresamente a una diversidad de Administraciones para aprobar reglamentos. A causa del novedoso reparto de la potestad reglamentaria dispuesta por la Constitución en vigor (más propiamente, de la *redistribución* de competencias en esta materia), surgieron una *multiplicidad de centros de poder* reglamentario, y la competencia, otrora general, del Presidente de la República para reglamentar las leyes nacionales, se transformó en una competencia residual, por así decirlo, que puede ser ejercida solo respecto de aquellas materias que la Constitución no asignó a otros órganos o entes del Poder Público.

Sección II. La repartición de competencias en la Constitución de 1999

§1. Autoridades nacionales con potestad reglamentaria de fuente o raíz constitucional explícita

A) El Presidente de la República en Consejo de Ministros

La Constitución en vigor habilita al Presidente de la República, obrando en Consejo de Ministros, para reglamentar las leyes (artículo 236, numeral 10, de la Constitución).

El ejercicio de ese poder, fundado en una norma constitucional expresa, se halla subordinado a dos *condiciones*, a saber: primero, la existencia de una Ley que le brinde al Poder Ejecutivo la posibilidad de ejercitar su potestad reglamentaria; segundo, que el ejercicio de la potestad resulte necesario para asegurar el cumplimiento de la Ley[1].

La fórmula de asignación de potestad reglamentaria a *un órgano específico* del Poder Ejecutivo, el Presidente de la República en Consejo de Ministros, difiere de la empleada por las Constituciones de algunos países con democracias parlamentarias, en las que se optó por (i) conferir potestad al Gobierno, es decir, a un conjunto de órganos (Alemania y España), (ii) asignar la potestad a un único órgano, pero permitiendo que este delegase su potestad reglamentaria (Francia), o (iii) reconocer la existencia de la potestad, sin especificar quién es el llamado a ejercerla (Italia). También difiere de otras Constituciones, que disciplinan repúblicas presidencialistas, que no contienen referencia alguna a la potestad reglamentaria de la Administración (Estados Unidos de América). Veamos.

---

1 Carré de Malberg, Raymond, *La teoria gradualistica del diritto* (Confronto con le idee e le istituzioni del diritto positivo francese), *op. cit.*, p. 27. Análogas consideraciones cabría formular, *mutatis mutandis*, por lo que respecta a la potestad reglamentaria que la Constitución le reconoce a la Administración Electoral, a la Fuerza Armada y a las universidades (*ut supra*, Capítulo I, Sección II, numerales §2., §3. y §4.), pues el ejercicio de su potestad presupone la existencia de Ley previa.

a. Alemania

En Alemania, *e.g.*, la Constitución contempla que el Gobierno federal, uno cualquiera de los Ministros federales y los Gobiernos de los Estados federados, pueden dictar decretos reglamentarios siempre y cuando hayan sido autorizados para ello por la ley[2]. Ninguna de tales autoridades pareciera contar con poderes reglamentarios propios, por el contrario, parecieran requerir de una ley que les habilite[3].

b. España

Con lenguaje lacónico la Constitución española establece que corresponde al Gobierno ejercer la función ejecutiva y la potestad reglamentaria, de acuerdo con la Constitución y las leyes, y que el Gobierno se compone del Presidente, los Vicepresidentes, los Ministros y de los demás miembros que establezca la ley[4].

c. Francia

La Constitución francesa dispone que es el Primer Ministro el llamado a garantizar la ejecución de las leyes y a ejercer la potestad reglamentaria, acotando a esto que el Primer Ministro puede delegar algunos de sus poderes en sus Ministros[5].

d. Italia

En Italia la Constitución es aún más parca, porque solo estatuye que el Presidente de la República es el llamado a publicar los reglamentos[6]. Por la fórmula empleada, la doctrina ha afirmado

---

2 Álvarez Vélez, Mª Isabela, y Alcón Yustas, Mª Fuencisla, *Las Constituciones de los Quince Estados de la Unión Europea*, Dykinson, S.L., Madrid, 1996, p. 42.

3 Bülow, Erico, "La legislación", en *Manual de Derecho Constitucional, op. cit.*, p. 754.

4 Álvarez Vélez, Mª Isabela, y Alcón Yustas, Mª Fuencisla, *op. cit.*, p. 230.

5 Álvarez Vélez, Mª Isabela, y Alcón Yustas, Mª Fuencisla, *op. cit.*, p. 311.

6 Álvarez Vélez, Mª Isabela, y Alcón Yustas, Mª Fuencisla, *op. cit.*, p. 427.

que la Constitución italiana prevé el poder reglamentario pero no lo regula[7].

e. Estados Unidos de América

En virtud del principio de separación de poderes, la Constitución no reconoce al Presidente de los Estados Unidos de América poderes reglamentarios. No cuenta con poderes reglamentarios porque, de acuerdo a la Constitución norteamericana, es al Poder Legislativo a quien incumbe legislar[8]. Para colmar el vacío, el Congreso norteamericano suele dictar leyes con el objeto de crear Administraciones a las que faculta para aprobar reglamentos (*regulations*) en aquellas materias en las que el Congreso, por su aparente complejidad o especialización, no desea disciplinar directamente[9].

B) Las universidades

En virtud del principio de autonomía universitaria, en Venezuela las universidades autónomas pueden darse sus propias normas de gobierno, funcionamiento y administración (artículo 109 de la Constitución)[10].

El Reglamento de los Estudios de Postgrado y el Estatuto del Personal Docente y de Investigación de la Universidad de Carabobo constituyen ejemplo de actos administrativos normativos dictados por una de nuestras universidades en ejercicio de su potestad reglamentaria[11].

---

7 Sandulli, Aldo, *Manuale di Diritto Amministrativo*, Volume I, *op. cit.*, p. 53.

8 Stone, Geoffrey R., Seidman, Louis M., Sunstein, Cass R. y Tushnet, Mark V., *Constitutional Law*, second edition, Little Brown and Company, 1991, Boston, p. 415.

9 Strauss, Peter L., "From expertise to politics: The transformation of American Rulemaking", en *II Jornadas Internacionales de Derecho Administrativo "Allan Randolph Brewer-Carías"*, Fundación de Estudios de Derecho Administrativo, Caracas, 1996, pp. 534-536.

10 *Gaceta Oficial de la Universidad de Carabobo* Extraordinaria, del 25 de septiembre de 2006, y *Gaceta Oficial de la Universidad de Carabobo* Extraordinaria, del 14 de julio de 2007, respectivamente.

11 Es así como debe interpretarse lo dispuesto por el artículo 185 de la Ley de Universidades, que copiado a la letra establece: «El Ejecutivo Nacional regla-

Según la justicia venezolana, este tipo de reglamentos, denominados reglamentos de autonomía, se caracterizan porque no se encuentran subordinados jerárquicamente a los reglamentos dictados por el Presidente de la República en Consejo de Ministros[12]. En este tema, las competencias del Ejecutivo Nacional, por una parte, y de las universidades, por la otra, se encuentran delimitadas *ratione materiae*.

C) La Administración electoral

A tenor del numeral 1° del artículo 293 de la Constitución, es a la Administración electoral a quien compete reglamentar las leyes electorales[13]. La norma constitucional invocada agrega que en ejercicio de su potestad reglamentaria la Administración electoral también puede resolver las dudas y vacíos que las normas electorales susciten o contengan.

En ejercicio de su potestad reglamentaria, el Poder Electoral ha aprobado, entre otros, el Reglamento General de la Ley Orgánica de Procesos Electorales[14].

---

mentará la presente Ley y dictará las disposiciones transitorias que sean necesarias para su aplicación, sin perjuicio de las atribuciones que se confieren al Consejo Nacional de Universidades y a las Universidades Nacionales para dictar reglamentos de índole interna».

12 Corte Primera de lo Contencioso-Administrativo, Sentencia s/n, del 17 de febrero de 1981, en *Revista de Derecho Público número 6*, Editorial Jurídica Venezolana, Caracas, 1980, pp. 139 y ss.

13 Resolución del Consejo Nacional Electoral N° 130118-0005, del 18 de enero de 2013. A diferencia del artículo 236, numeral 10, de la Constitución, esta norma, y otro tanto cabe decir con respecto a las universidades, el Banco Central de Venezuela y la Fuerza Armada, no especifica el órgano al cual se asigna la potestad reglamentaria.

14 Por lo que respecta al empleo del reglamento para aclarar dudas, *vid.* (i) Sala Político-Administrativa de la Corte Suprema de Justicia, Sentencia N° 24, del 10 de mayo de 1965, asunto *Juan J. Gabaldón*, en Brewer-Carías, Allan Randolph, *Jurisprudencia de la Corte Suprema de Justicia 1930-74 y Estudios de Derecho Administrativo*, Tomo III, *op. cit.*, pp. 119-120; y, (ii) Sala Político-Administrativa de la Corte Suprema de Justicia, Sentencia N° 88,

D) El Banco Central de Venezuela

Según la Constitución, corresponde al Banco Central de Venezuela, persona jurídica de Derecho Público con autonomía para la formulación y el ejercicio de las políticas de su competencia, regular la moneda, el crédito y las tasas de interés (artículo 318).

De los instrumentos normativos aprobado por el Banco Central de Venezuela cabría invocar aquí, a título de ejemplo, el Reglamento del Sistema de Cámara de Compensación Electrónica, regulador de las operaciones interbancarias efectuadas con cheques y otros medios de pago[15].

E) La Fuerza Armada Nacional

Conforme al artículo 324 de la Constitución, es a la Fuerza Armada Nacional a quien corresponde reglamentar, de acuerdo con la ley respectiva, la fabricación, importación, exportación,

---

del 5 de mayo de 1976, asunto *Luis Mauri C.*, en *Jurisprudencia de la Corte Suprema de Justicia*, Dr. Oscar Pierre Tapia, número 6, Caracas, 1976, pp. 15-17. En esta materia también puede consultarse la Circular SBIF-CJ-2364, producida por la Superintendencia de Bancos y otras Instituciones Financieras el 4 de abril de 2000, para aclarar el sentido de las Normas Relativas a la Clasificación del Riesgo en la Cartera de Créditos y Cálculo de sus Provisiones. En lo tocante al ejercicio de la potestad reglamentaria para colmar vacíos, *vid.* (i) el artículo 15 de la Ley número 869, que derogó parcialmente la Ley de 1848 número 686, de reforma de la Ley de manumisión de esclavos, número 36, y el Decreto de 1852 número 811, que abolió la esclavitud en Venezuela, que autorizaba al Poder Ejecutivo para reglamentar la Ley y disponer «...lo conveniente, a fin de que sea ejecutada y que no haya fraude o abuso alguno, llenando los vacíos que en la práctica se observen; y dará cuenta anualmente al Congreso de las cantidades recaudadas, su inversión, nombre de los acreedores, cuales han sido satisfechos y lo que se adeude por virtud de la abolición de la esclavitud en Venezuela»; y, (ii) el Decreto de 30 de marzo de 1854, que reglamenta la Ley número 869 (*Leyes y Decretos de Venezuela 1851-1860*, Tomo 3, *op. cit.*, pp. 151 y 151-158).

15 Resolución del Directorio del Banco Central de Venezuela N° 17-09-01, del 19 de septiembre de 2017 (*Gaceta Oficial de la República* N° 41.244, del 26 de septiembre de 2017).

almacenamiento, tránsito, registro, control, inspección, comercio, posesión y uso de las armas, municiones y explosivos.

Con base en esa potestad el Ministro para la Defensa aprobó, verbigracia, las Normas para la adquisición, posesión, uso, registro y control de armamentos, municiones, equipos y accesorios para los Órganos de Seguridad Ciudadana, Cuerpos de Seguridad del Estado y demás Órganos y Entes que excepcionalmente ejerzan competencias propias del Servicio de Policía[16].

§2. Otras autoridades con potestad reglamentaria de raíz constitucional implícita

Al conjunto de Administraciones identificadas con anterioridad, cuya potestad reglamentaria, como indicamos, deriva de norma constitucional expresa, se suma una lista de autoridades cuyo poder reglamentario encuentra su fundamento último en el principio de autonomía que la Constitución venezolana le reconoce a ciertos y determinados órganos[17]. A nivel nacional la lista incluye, *inter alia*, la Contraloría General de la República y la Defensoría del Pueblo[18].

---

[16] Resolución N° 17.350, del 18 de febrero de 2001, *Gaceta Oficial de la República* N° 39.627, del 2 de marzo de 2011.

[17] De Otto, Ignacio, *Derecho Constitucional* (Sistema de Fuentes), *op. cit.*, p. 225. Según Giannini, en principio los órganos constitucionales que integran las distintas ramas del Poder Público cuentan con potestad reglamentaria por lo que se refiere a su propia regulación (Giannini, Massimo Severo, "Regolamento [Problematica Generale]", *Enciclopedia del Diritto, op. cit.*, p. 602).

[18] Sala Constitucional del Tribunal Supremo de Justicia, Sentencia N° 797, del 11 de abril de 2002, asunto *Contralor General de la República.* Según el Fallo, la Constitución reconoce una potestad reglamentaria especial a los órganos con autonomía funcional, a los efectos de dictar sus propios reglamentos en materia de previsión y seguridad social. En idéntico sentido, Sala Político-Administrativa del Tribunal Supremo de Justicia, Sentencia N° 950, del 13 de junio de 2007, asunto *Ana María Dupuy Villanueva.* Conforme a esta última sentencia, la potestad reglamentaria implícita de la Defensoría del Pueblo, órgano integrante del Poder Ciudadano, sería el producto o consecuencia de la autonomía funcional, financiera y administrativa que el

Incluye, asimismo, al Tribunal Supremo de Justicia[19].

A esas autoridades nacionales se suman los Gobernadores y Alcaldes, en su condición de máximos representantes de los Poderes Ejecutivos en los Estados de la federación y las entidades municipales, respectivamente, por la autonomía política reconocida a esos entes político-territoriales[20]. En estos dos casos la potestad subyace

---

artículo 273 de la Constitución le reconoce a la Defensoría. Conviene tener presente que con base en la Disposición Transitoria Novena de la Constitución de 1999, que facultaba al Defensor del Pueblo para, en ausencia de su ley respectiva, ir definiendo o trabajando su estructura organizativa, integración, presupuesto e infraestructura física, tomando como bases las atribuciones que le establece la Constitución, la Sala Político-Administrativa del Tribunal Supremo de Justicia afirmó que la Defensoría del Pueblo contaba con una singular potestad reglamentaria, de raíz constitucional.

Hallándose vigente la Constitución de 1961, la doctrina venezolana le había reconocido potestad reglamentaria a (i) la Contraloría General de la República, la Fiscalía General de la República, (ii) el Consejo Supremo Electoral y (iii) el Consejo de Judicatura, con base en la autonomía funcional que la Constitución reconocía a tales órganos (BREWER-CARÍAS, ALLAN RANDOLPH, *Fundamentos de la Administración Pública*, Tomo I, *op. cit.*, p. 195).

19 Los artículos 254 y 267 de la Constitución establecen, respectivamente, que el Poder Judicial es independiente y que el Tribunal Supremo de Justicia goza de autonomía funcional, financiera y administrativa, y que corresponde al Tribunal Supremo de Justicia la dirección, el gobierno y la administración del Poder Judicial, la inspección y vigilancia de los tribunales de la República y de las Defensorías Públicas. Con base en tales normas el Tribunal Supremo de Justicia dictó la Resolución 2016-0022, contentiva del Reglamento de Funcionamiento de la Inspectoría General de Tribunales (*Gaceta Oficial de la República* N° 41.092 de fecha 9 de febrero de 2017).

20 *Vid.*, *mutatis mutandis*, JIMÉNEZ BLANCO, ANTONIO, coordinador, *Comentarios a la Constitución* (La Jurisprudencia del Tribunal Supremo de Justicia), Editorial Centro de Estudios Ramón Areces, S.A., Madrid, 1993 p. 658; y, GONZÁLEZ PÉREZ, JESÚS, *Comentarios a la Ley de Procedimiento Administrativo*, *op. cit.*, p. 1.190. Esa autonomía política, por el origen democrático de Gobernadores y Alcaldes, difiere de la autonomía funcional que justifica la concesión de potestades reglamentarias a órganos nacionales como la Contraloría General de la República, la Fiscalía General de la República o la Defensoría del Pueblo. Por lo que a los Estados se refiere, puede consultarse la Sentencia dictada por

implícita en la autonomía que la Constitución le reconoce a los Estados o Municipios en las materias propias de su competencia.

Sección III. La asignación de potestades reglamentarias en virtud de norma de Ley

En deferencia hacia el Poder Legislativo, cuyos integrantes son elegidos mediante sufragio libre, universal, directo y secreto, y también hacia su producto normativo típico, la Ley, que tradicionalmente

---

la Sala Político-Administrativa de la Corte Suprema de Justicia que reconoce a los Gobernadores de Estado poder reglamentario para (i) organizar las oficinas que están bajo su dependencia y los servicios a su cargo, para lograr su más eficaz funcionamiento, y (ii) asignar facultades a los funcionarios que considere más idóneos (Sentencia N° 109, del 13 de junio de 1967, asunto *Compañía Nacional Anónima de Seguros La Previsora*, en Brewer-Carías, Allan Randolph, *Jurisprudencia de la Corte Suprema de Justicia 1930-74 y Estudios de Derecho Administrativo*, Tomo III, *op. cit.*, pp. 120 y ss.). La potestad reglamentaria de los Gobernadores, producto de la autonomía estadal, ha sido reconocida expresamente, por solo citar una de las Constituciones estadales, por el artículo 70, numerales 1° y 2°, de la Constitución del Estado Miranda (*Gaceta Oficial del Estado* N° 86, del 28 de julio de 2006), a tenor de los cuales corresponde al Gobernador de esa entidad «cumplir y hacer cumplir la Constitución y leyes de la República, esta Constitución y las leyes del Estado», y «Reglamentar las leyes del Estado, sin alterar su espíritu, propósito y razón». Por lo que respecta a los Municipios, puede consultarse el fallo judicial de acuerdo con el cual la Constitución venezolana confiere «...autonomía normativa limitada...» a las Municipalidades, es decir, un poder, derivado de las disposiciones constitucionales, para dictar normas destinadas a integrar el ordenamiento jurídico general, en las materias de su competencia local, incluso con respecto a aquellas que son de la reserva legal (Corte Suprema de Justicia en Pleno, Sentencia s/n, del 13 de noviembre de 1989, caso *Herberto Contreras Cuenca*, en Romero-Muci, Humberto, *Jurisprudencia Tributaria Municipal y la Autonomía Local [1936-1996]*, Tomo I, Editorial Jurídica Venezolana, Caracas, 1997, pp. 20-29). Complementariamente, consúltese también el artículo 54, numeral 4°, de la Ley Orgánica del Poder Público Municipal (*Gaceta Oficial de la República* N° 6.015 Extraordinario, del 28 de diciembre de 2010), según el cual incumbe a los Alcaldes reglamentar «... las ordenanzas [municipales] mediante decreto, sin alterar su espíritu, propósito o razón...».

ha sido entendida como expresión de la voluntad general, se ha afirmado que *dentro de la Constitución* la Ley puede hacerlo todo[21].

Dicho cuanto antecede, interesa destacar aquí dos circunstancias. Primero, en el pasado el Poder Legislativo venezolano ha sancionado multiplicidad de leyes que asignan poder para expedir reglamentos ejecutivos a autoridades distintas a las mencionadas por la Constitución. Segundo, la justicia venezolana ha sostenido el criterio de que la potestad reglamentaria dimana primeramente –y en forma directa– de la Constitución, y, en segundo término, de la Ley[22], o lo que es lo mismo, que en virtud de norma de Ley cabe asignar potestades reglamentarias a autoridades distintas a las mencionadas por la Constitución[23].

---

21 García de Enterría, Eduardo y Fernández, Tomás Ramón, *Curso de Derecho Administrativo*, Tomo I, *op. cit.*, p. 116-117, 125 y 181-183. Sobre el principio de libertad de configuración normativa del Legislador también puede consultarse Gui Mori, Tomás, *Jurisprudencia Constitucional Íntegra 1981-2001* (Síntesis práctica, texto completo y actualización de todas las sentencias del TC), Tomo III, Editorial Bosch, S.A., Barcelona, 2002, pp. 418-419.

22 Sala Político-Administrativa de la Corte Suprema de Justicia, Sentencia N° 171, del 9 de mayo de 1990, asunto *Vengas de Caracas, C.A.*, en *Revista de Derecho Público* N° 42, abril-junio 1990, Editorial Jurídica Venezolana, Caracas, 1990, pp. 78-79; y, Sala Político-Administrativa del Tribunal Supremo de Justicia, Sentencia N° 1.542, del 4 de julio de 2000, asunto *José Gregorio Pérez*.

23 Sumado a las autoridades administrativas que se mencionan a lo largo de esta Sección, la Ley también le ha reconocido potestades reglamentarias a otras autoridades. Cabe citar aquí, *e.g.*, el artículo 148 de la Ley Orgánica del Poder Judicial (*Gaceta Oficial de la República* N° 1.692 Extraordinario, del 4 de octubre de 1974), que establecía textualmente lo siguiente: «La Corte Federal resolverá por medio de Acuerdos que tendrán fuerza obligatoria y a solicitud del Ejecutivo Nacional, del Ministerio Público o de cualquier funcionario judicial, las dudas que puedan presentarse en casos concretos, en cuanto a la inteligencia, alcance y aplicación de la presente Ley y siempre que no implique opinión acerca de las cuestiones sometidas al conocimiento de los jueces». Citamos la norma legal porque la Sala Político-Administrativa de la Corte Suprema de Justicia concluyó que los Acuerdos a los cuales alude esa

Atendiendo a los dos datos mencionados en el párrafo anterior, pasaremos revista a un conjunto de autoridades del Poder Ejecutivo Nacional cuya potestad reglamentaria encuentra su fundamento en norma de Ley, para así contar con una visión panorámica de esta práctica legislativa; comprender, además, el alcance de las potestades que han venido siendo asignadas mediante norma legal y, para finalizar, reflexionar en torno a la constitucionalidad de esa práctica.

§1. Los Ministros y los órganos superiores de dirección de la Administración Pública Central

Según la justicia venezolana, la potestad reglamentaria del Poder Ejecutivo no se agota en los Reglamentos Ejecutivos dictados por el Presidente de la República con base en el poder que le reconoce la Constitución, pues «...previa la habilitación legal correspondiente, los Ministros [también] pueden, mediante Resoluciones, dictar normas de carácter general y abstracto»[24]. En la decisión judicial invocada nuestra Corte Suprema de Justicia alude a dos normas legales, a saber:

---

norma legal «...no son actos jurisdiccionales sino más bien quasi-legislativos o reglamentarios...», pues «...mediante ellos se concreta la voluntad de la ley ya contenida de manera general en el articulado de ésta, para producir una norma más precisa aunque siempre impersonal y abstracta, que permita resolver el caso consultado y, en el futuro, cualquier otro similar al que motive la consulta. Por lo tanto, la función de la Corte en estos casos consiste en interpretar la legislación vigente, en función de la situación concreta sometida a su conocimiento a fin de crear una nueva norma destinada a esclarecer la mente del legislador, llenar un vacío de la ley o fijar el alcance preciso de las previsiones de ésta» (Sala Político-Administrativa de la Corte Suprema de Justicia, Sentencia N° 88, del 5 de mayo de 1976, asunto *Luis Mauri C.*, en *Jurisprudencia de la Corte Suprema de Justicia*, Dr. Oscar Pierre Tapia, número 6, Caracas, 1976, pp. 15-17).

24 *Ibid.* Sala Político-Administrativa de la Corte Suprema de Justicia, Sentencia N° 171, del 9 de mayo de 1990, asunto *Vengas de Caracas*, C.A., en *Revista de Derecho Público N° 42*, abril-junio 1990, Editorial Jurídica Venezolana, Caracas, 1990, pp. 78-79.

a. Primero, al ordinal 3° del artículo 30 de la Ley Orgánica de la Administración Central del 28 de diciembre de 1987, que facultaba al Ministerio de Sanidad y Asistencia Social para reglamentar válidamente las actividades y servicios estatales en materia de salud y asistencia social[25]. Según la norma, correspondía al Ministerio de Sanidad y Asistencia Social «la coordinación, reglamentación, supervisión, inspección técnica y orientación de las actividades y servicios nacionales, estadales, municipales y privados, en materia de salud pública y asistencia social».

b. Segundo, al artículo 9° de la Ley que Reserva al Estado la Explotación del Mercado Interno de los Productos Derivados de Hidrocarburos, habilitaba al Ministerio de Minas e Hidrocarburos para establecer de forma válida, mediante resolución general, los requisitos que debían ser satisfechos para la obtención de los permisos a los que se refiere la Ley[26].

A las potestades ministeriales a las cuales alude la precitada decisión judicial cabría agregar, por solo citar un ejemplo adicional, la concedida al Ministerio del Trabajo para aprobar normas técnicas en materia de prevención, salud y seguridad laborales[27].

---

[25] *Gaceta Oficial de la República* N° 3.945 Extraordinario, del 30 de diciembre de 1986. Al momento de interpretar esa norma debía tenerse presente que era al Ministro a quien correspondía ejercer esa potestad atribuida al Ministerio, sin precisión ulterior del órgano ministerial llamado a ejercerla, pues de acuerdo al Derecho vigente *ratione temporis* esa era una de las consecuencias que se derivaban del principio de jerarquía administrativa (BREWER- CARÍAS, ALLAN RANDOLPH, *Principios del régimen jurídico de la organización administrativa venezolana*, Editorial Jurídica Venezolana, Caracas, 1991, pp. 66-67).

[26] En el fallo judicial invocado se precisa, además, que por razones de «...elemental jerarquía...», las Resoluciones reglamentarias dictadas por el Ministro al amparo del artículo 9° de la Ley que Reserva al Estado la Explotación del Mercado Interno de los Productos Derivados de Hidrocarburos, debían ajustarse o someterse a las previsiones del Decreto dictado por el Presidente de la República en Consejo de Ministros para reglamentar la Ley.

[27] Artículo 14, numeral 10, de la Ley Orgánica de Prevención, Condiciones y Medio Ambiente de Trabajo (*Gaceta Oficial de la República* N° 38.236, del 26 de julio de 2005).

Más allá de lo reseñado en los párrafos que anteceden, la Ley Orgánica de la Administración Pública en vigor amplía el elenco de autoridades con potestad reglamentaria al establecer (i) que los órganos superiores de dirección de la Administración Pública Central se hallan habilitados para ejercer la potestad reglamentaria, de conformidad con la Constitución y la Ley (artículo 45), y precisar (ii) que constituyen órganos superiores de dirección, *inter alia*, el Vicepresidente Ejecutivo de la República, los Vicepresidentes Sectoriales, los viceministros y las autoridades regionales (artículo 44). A esas dos normas se suman los artículos 54 y 57 *eiusdem*, que facultan al Presidente de la República para dictar el reglamento orgánico que tiene por objeto determinar todo lo relativo al Consejo de Ministros, y al Presidente de la República en Consejo de Ministros para dictar el reglamento llamado a detallar la estructura orgánica de la Vicepresidencia Ejecutiva.

§2. Las Administraciones dotadas de autonomía en virtud de norma legal

A lo largo de las últimas décadas el Legislador venezolano ha venido reconociendo ingentes dosis de potestad reglamentaria a otras Administraciones especializadas, de diversa índole o naturaleza.

La banca, los seguros, el mercado de valores, las telecomunicaciones y el transporte aéreo son, todas ellas, actividades económicas cuya regulación ha sido confiada, en todo o en parte, a Administraciones especializadas. A esas Administraciones nacionales, reguladores de importantes sectores de la economía, hay que adicionar otras, encargadas, *e.g.*, de la recaudación de los impuestos nacionales o la protección del consumidor, cuya potestad reglamentaria deriva, por igual, de norma legal.

Todas estas son Administraciones que, con diversos matices, gozan de *autonomía* para la gestión de las actividades que les han sido encargadas en virtud de norma legal, y que cuentan con ingentes poderes normativos por causa de esa autonomía funcional[28]. Para comprender la extensión de las potestades reglamentarias que el Legislador venezolano ha decidido encomendarles, detallamos a continuación las facultades que la ley les ha asignado.

A) La Superintendencia de Instituciones del Sector Bancario

La Ley de Instituciones del Sector Bancario faculta a la Administración encargada de la supervisión y control del sector bancario para aprobar lo que la propia ley denomina normativa prudencial[29].

---

28 Algunas de estas Administraciones tienen personalidad jurídica y patrimonio propio; otras son órganos desconcentrados de la República. El Instituto Nacional de Aeronáutica Civil (Ley del Instituto Nacional de Aeronáutica Civil, *Gaceta Oficial de la República* N° 38.333, del 12 de diciembre de 2005), la Comisión Nacional de Telecomunicaciones (Ley Orgánica de Telecomunicaciones, *Gaceta Oficial de la República* N° 39.610, del 7 de febrero de 2011), la Superintendencia de las Instituciones del Sector Bancario (Decreto-Ley de Instituciones del Sector Bancario, *Gaceta Oficial de la República* N° 40.557, del 8 de diciembre de 2014) y la Superintendencia del Mercado de Valores (Decreto-Ley del Mercado de Valores, *Gaceta Oficial de la República* N° 6.211 Extraordinario, del 30 de diciembre de 2015), son institutos autónomos y, como tales, cuentan con personalidad jurídica y patrimonio propio e independiente. El Servicio Nacional Integrado de Administración Aduanera y Tributaria es un servicio autónomo sin personalidad jurídica, con autonomía funcional, técnica y financiera, adscrito al Ministerio con competencia en materia de economía y finanzas (Decreto-Ley del Servicio Nacional Integrado de Administración Aduanera y Tributaria [SENIAT], *Gaceta Oficial de la República* N° 6.211 Extraordinario, del 30 de diciembre de 2015). La Superintendencia de la Actividad Aseguradora es un servicio desconcentrado funcionalmente con patrimonio propio, adscrito al Ministerio con competencia en materia de finanzas (Decreto-Ley de la Actividad Aseguradora, *Gaceta Oficial de la República* N° 6.220 Extraordinario, del 15 de marzo de 2016). Finalmente, la Superintendencia Nacional para la Defensa de los Derechos Socioeconómicos es un órgano desconcentrado, con capacidad de gestión, presupuestaria, administrativa y financiera (Decreto-Ley Orgánico de Precios Justos, *Gaceta Oficial de la República* N° 6.202 Extraordinario del 8 de noviembre de 2015).

29 MORLES HERNÁNDEZ, ALFREDO, *La Banca en el marco de la transición de sistemas económicos en Venezuela*, 2ª edición, coedición de la Universidad Católicas Andrés Bello y la Universidad Monteávila, Caracas, 2016, pp. 154-155.

A tenor del artículo 6° *eiusdem*, califican como normativa prudencial todas las directrices e instrucciones de obligatoria observancia, reguladoras de asuntos (i) técnico-contables, (ii) legales, (iii) tecnológicos y (iv) de riesgo, que la Superintendencia de las Instituciones del Sector Bancario establezca mediante resoluciones de carácter general y circulares, para su cumplimiento por la banca y demás personas naturales o jurídicas sometidas a su control.

Entre otros propósitos, la normativa prudencial en materia legal dictada hasta la fecha ha regulado las materias que de seguida se indican:

a. Las asambleas de accionistas

   La Superintendencia de las Instituciones del Sector Bancario puede regular el funcionamiento de las Asambleas de Accionistas de las instituciones bancarias (artículo 28 de la Ley de Instituciones del Sector Bancario).

   En ejercicio de esta potestad la Superintendencia procedió a *modificar* el plazo mínimo, previsto en el *Código de Comercio*, que ha de mediar entre la fecha de convocatoria de una Asamblea de Accionistas y la fecha de celebración de dicha Asamblea[30]. En efecto, a raíz de la publicación de la norma reglamentaria la Convocatoria a una Asamblea de Accionistas de una institución del sector bancario debe publicarse «...en un diario de circulación nacional con por lo menos veinticinco (25) días continuos de anticipación a la fecha de la reunión». Esa imposición contrasta con lo dispuesto por el artículo 277 del Código de Comercio, según el cual «la asamblea, sea ordinaria o extraordinaria, debe ser convocada por los administradores, por la prensa, en periódicos de circulación, con cinco días de anticipación por lo menos al fijado para su reunión».

---

30 Artículo 5, literal b., de las Normas que establecen los lineamientos y requisitos que deben consignar las Asambleas de Accionistas de la Instituciones Bancarias (*Gaceta Oficial de la República* N° 39.628, del 3 de marzo de 2011).

Como se ve, la potestad concedida a la Administración comportó la *degradación* de la reserva legal (artículos 156 –numeral 32– y 187 –numeral 1°– de la Constitución), pues la Superintendencia, por lo que a las instituciones del sector financiero se refiere, procedió a *derogar* una norma legal mediante una norma reglamentaria.

b. El Sistema de Cámara de Compensación Electrónica

Siempre en materia bancaria, también cabría citar aquí los artículos 53 y 54 del Reglamento del Sistema de Cámara de Compensación Electrónica, regulador de las operaciones interbancarias efectuadas con cheques y otros medios de pago.

En tales previsiones reglamentarias, modificadoras de la oportunidad en la que ha de devolverse el título-valor que es objeto de pago por el deudor, *ex*-artículo 447 del Código de Comercio, aplicable a los cheques por mandato del artículo 491 *eiusdem*, el Banco Central de Venezuela estableció que las instituciones bancarias deben honrar los cheques presentados por otra institución del Sistema sin que haga falta el intercambio del físico de los cheques. Según el monto, en estos casos basta con la remisión del archivo electrónico contentivo de la información e imagen del cheque o con el solo envío de los datos del cheque que resulten necesarios para exigir su pago[31].

---

[31] Los artículos 53 y 54 del Reglamento del Sistema de Cámara de Compensación Electrónica establecen (i) que «los cheques emitidos por un valor igual o inferior al monto de Truncamiento determinado por el Banco Central de Venezuela, serán compensados y liquidados conforme a la información remitida por las Instituciones Bancarias Participantes a través del Sistema de Cámara de Compensación Electrónica, sin que se requiera el intercambio de las imágenes o el físico de los cheques presentados a cobro» (artículo 53); y, (ii) «los cheques emitidos por un valor superior al monto de Truncamiento determinado por el Banco Central de Venezuela, serán compensados y liquidados conforme a los Archivos Electrónicos que contengan la información y las Imágenes de los cheques a cobro remitidos por las Instituciones Bancarias Participantes a través del Sistema de Cámara de Compensación Electrónica» (artículo 54).

c. Los contratos bancarios

La Superintendencia de las Instituciones del Sector Bancario se halla habilitada para establecer las *normas generales* que (i) regulen los contratos e instrumentos que tengan por objeto las operaciones de intermediación y servicios conexos que las instituciones bancarias pueden celebrar (artículo 171, numeral 13, de la Ley de Instituciones del Sector Bancario), y (ii) garanticen la protección de los usuarios ante posibles fraudes que se puedan presentar en la prestación de los servicios bancarios, tanto en la banca a distancia como en su red de oficinas y sucursales (artículo 172, numeral 7, *eiusdem*).

Invocando la segunda de las normas legales citadas en el párrafo anterior, la Superintendencia prohibió a las instituciones bancarias determinar, *e.g.*, el monto máximo que están dispuestas a recibir de uno de sus clientes para la apertura de un certificado a plazos[32]. El cuestionable ejercicio de la potestad reglamentaria sirvió en este caso para restringir o negar la *libertad contractual* –general en ausencia de norma legal prohibitiva, *ex*-artículo 18 del Código Civil– que asiste a las instituciones bancarias[33].

---

[32] Normas Relativas a la Protección de los Usuarios y Usuarias de los Servicios Financieros (*Gaceta Oficial de la República* N° 40.808, del 14 de diciembre de 2015).

[33] En torno a la capacidad de las personas naturales y jurídicas, Aguilar Gorrondona dejó asentado que «la capacidad es la regla; la incapacidad, la excepción», por una parte; y por la otra, que de esa premisa general se derivan tres (3) consecuencias fundamentales, a saber: (i) no hay incapacidad sin texto legal que la establezca; (ii) en principio, las normas que establecen incapacidades son de interpretación restrictiva; y, (iii) quien afirma la incapacidad –propia o ajena– tiene la carga de probarla (Aguilar Gorrondona, José Luis, *Derecho Civil. Personas*, Manuales de Derecho de la Universidad Católica Andrés Bello, 25ta edición, Caracas, 2013, p. 205). En idéntico sentido se había pronunciado antes De Sola, para quien «...es principio general la total capacidad de las personas individuales como de las colectivas. Es casi un aforismo jurídico, que recitan todos los iniciados en nuestra ciencia: la capacidad es la regla; la incapacidad, la excepción. Y toda excepción [legal] debe ser

Las susodichas potestades se añaden a las que la Constitución reconoce al Presidente en Consejo de Ministros y al Banco Central, dando lugar a un complejo entramado de normas reglamentarias. Así lo reconoce la propia Ley de Instituciones del Sector Bancario, de acuerdo con la cual las actividades y operaciones reguladas por dicha Ley deben observar, *inter alia*, «...los reglamentos que dicte el Ejecutivo Nacional, la normativa prudencial que emita la Superintendencia de las Instituciones del Sector Bancario; así como... a las resoluciones [reglamentarias] emanadas del Banco Central de Venezuela» (artículo 3°, *in fine*)[34].

B) La Superintendencia del Mercado de Valores

La Ley del Mercado de Valores habilita a la Administración encargada del mercado de capitales para dictar las normas reglamentarias llamadas a regular, *inter alia*, (i) los emisores de valores; (ii) los corredores públicos de valores, las sociedades de corretaje de valores y las casas de bolsa; (iii) las bolsas de valores; (iv) las cajas de valores; (v) las cámaras de compensación de opciones, futuros y otros productos derivados; y, (vi) las sociedades calificadoras de riesgo; (vii) las firmas de contadores públicos, autorizadas para dictaminar los

---

expresa» (De Sola, René, "Capacidad de las personas jurídicas para intentar acciones penales", RCADF, N° 45, Caracas, 1946, en *Código Civil de Venezuela. Artículos 19 a 40*, [Antecedentes, Comisiones Codificadoras, Debates Parlamentarios, Jurisprudencia, Doctrina, Concordancias], coedición del Instituto de Derecho Privado de la Facultad de Derecho de la Universidad Central de Venezuela y el Colegio de Abogados del Distrito Federal, Caracas, 1969, p. 106).

Desde una perspectiva de Derecho Público, en este mismo sentido se pronuncia Casal, J.M., *Los Derechos Fundamentales y sus Restricciones*, Legislación Económica, Caracas, 2010, pp. 39-40.

[34] A esos múltiples centros de poder reglamentario (Presidente de la República en Consejo de Ministros, Banco Central de Venezuela y Superintendencia de las Instituciones del Sector Bancario) y sus normas reglamentarias, deben agregarse los reglamentos, reguladores de la intermediación crediticia, que las leyes ordena sean producidas por otras autoridades no obstante su ajenidad al negocio bancario (*ut infra*, Capítulo IV, Sección IV, §3, literal F).

estados financieros de los sujetos regulados por la Ley(artículo 3°)[35]. Así de *genérica* o *imprecisa* es esa cuestionable habilitación legal. No conforme con la precitada habilitación, la Ley también habilita a la Superintendencia del Mercado de Valores para regular, mediante normas de carácter general y particular, todo lo relacionado con el mercado de valores (artículo 98, numeral 9°, *eiusdem*).

La potestad reglamentaria de la Administración encargada del mercado de capitales incide igualmente sobre las sociedades filiales o relacionadas a las empresas cuyos valores se encuentren inscritos en el Registro Nacional de Valores, porque la Ley faculta a la Superintendencia para estatuir normas de carácter general limitativas de la capacidad contractual de estas sociedades (artículo 72 *eiusdem*).

La Ley del Mercado de Valores contiene otra norma digna de mención. Aludimos al artículo 98, numeral 24, que faculta al Ejecutivo para arrogarse –y ejercer– las competencias normativas que la Ley le atribuye a la Superintendencia Nacional de Valores. Según el aludido precepto, mediante reglamentos dictados al efecto el Ejecutivo Nacional puede asumir las atribuciones normativas de la Superintendencia Nacional de Valores, con el propósito de garantizar la transparencia del mercado de valores.

C) La Superintendencia de la Actividad Aseguradora

La Ley de la Actividad Aseguradora faculta a la Superintendencia de la Actividad Aseguradora para ejercer *potestad regulatoria* a los efectos del control de la actividad aseguradora (artículo 6°). La Ley

---

35 Con base en su potestad reglamentaria *ratione personae* la Superintendencia Nacional de Valores (i) ha impuesto la creación de órganos societarios (Comité de Prevención y Control de Legitimación de Capitales y Financiamiento al Terrorismo), (ii) ha determinado la composición del prenombrado órgano y (iii) ha establecido las funciones que el mismo debe cumplir (artículos 14 y 15 de la Resolución N° 110, del 19 de mayo de 2011, contentiva de las Normas relativas a la Administración y Fiscalización de los riesgos relacionados con los delitos de Legitimación de Capitales y Financiamiento al Terrorismo aplicables a las Instituciones reguladas por la Superintendencia Nacional de Valores, *Gaceta Oficial de la República* N° 39.691, del 8 de junio de 2011).

añade que en ejercicio de sus atribuciones, la precitada Administración puede dictar las normas generales que han de regular «... el contrato de seguro y otros contratos y relaciones [propios] de la actividad aseguradora...» (Disposición Transitoria Primera)[36].

Con base en la potestad reglamentaria que la Disposición Transitoria Primera de la Ley concede a la Superintendencia de la Actividad Aseguradora, esta dictó las Normas que regulan la relación contractual en la actividad aseguradora[37].

---

[36] *Gaceta Oficial de la República* N° 40.973, del 24 de agosto de 2016. A las potestades reglamentarias contempladas en la Ley de la Actividad Aseguradora debe adicionarse la prevista por el artículo 19 (Garantías) de la Ley de Regulación del Arrendamiento Inmobiliario para el uso Comercial (*Gaceta Oficial de la República* N° 40.418, del 23 de mayo de 2014), que faculta a la Administración con competencia en materia aseguradora para «...emitir las normas que estime pertinentes...» a los efectos de regular los contratos de fianza que respaldan el cumplimiento de las obligaciones asumidas por el arrendatario.

[37] Providencia administrativa distinguida con las letras y número FSAA-9-00661, del 11 de julio de 2016 (*Gaceta Oficial de la República* N° 40.973 del 24 de agosto de 2016). Las Normas se ocupan, *inter alia*, del término de prescripción de las acciones derivadas del contrato de seguro (artículo 58 *eiusdem*). Merece la pena subrayar que la concesión de ese desmedido poder normativo obedeció a la derogación de la Ley del Contrato de Seguro por la Ley de la Actividad Aseguradora y, por consiguiente, a la total supresión de las normas legales que disciplinaban ese contrato, sin la coetánea aprobación de una regulación sustitutiva. Sin embargo, teniendo presente que la Constitución establece que la legislación en materia mercantil y de seguros es tema que pertenece a la reserva de Ley (artículos 156, numeral 32, y 187, numeral 1°, de la Constitución), y que el reglamento que la Administración estaba llamada a dictar con base en la Ley de la Actividad Aseguradora tenía como propósito suplir la ausencia –total y absoluta– de Ley en materia del contrato de seguros, salta a la vista la patente inconstitucionalidad de esta habilitación legal pervertidora de la esencia de la potestad reglamentaria, pues la remisión normativa –genérica o en bloque– al reglamento en materia propia de la reserva de Ley se encuentra reñida con la Constitución. A esas objeciones, sustantivas o de fondo, se suman otras, a saber: (i) La Ley de la Actividad Aseguradora es, en realidad, un Decreto-Ley dictado con base en una Ley Habilitante (*Gaceta Oficial de la República* N° 6.178 Extraordinario, del 15

D) El Instituto Nacional de Aeronáutica Civil

La Ley del Instituto Nacional de Aeronáutica Civil faculta a la Administración encargada de la aeronáutica civil para regular las actividades de aeronáutica civil (artículo 4°, numeral 1°). En ejercicio de esa facultad incumbe a la precitada Administración «proponer la normativa que reglamente las leyes en el ámbito aeronáutico, sin perjuicio de la potestad reglamentaria del Presidente de la República, de conformidad con lo establecido en la Constitución de la República...» (artículo 7°, numeral 3°, *eiusdem*); regular todas las actividades aeronáuticas civiles y dictar las condiciones generales para la prestación de los servicios de transporte y trabajo aéreo (artículo 7°, numerales 3°, 4° y 13, *eiusdem*); y aprobar su reglamento interno y las normas y procedimientos para el funcionamiento del Instituto (artículo 7°, numeral 29).

No obstante su rango sublegal o infralegal, las Condiciones Generales del Transporte Aéreo, dictadas al amparo del artículo 7° –numerales 3°, 4° y 13– de la Ley del Instituto Nacional de Aeronáutica Civil[38], contienen un régimen especial, *derogatorio* del previsto por el Código Civil, en lo tocante a la responsabilidad civil derivada de la pérdida, destrucción o avería del equipaje, y al término de prescripción para formular reclamos por los daños causados a los pasajeros, por solo citar un par de ejemplos.

---

de marzo de 2015) que no facultaba al Presidente de la República en Consejo de Ministros para legislar, mediante Decreto-Ley, en materia mercantil y de seguros; y, (ii) En la hipótesis –negada por nosotros– de que pudiera afirmarse que la Ley Habilitante facultaba al Presidente de la República en Consejo de Ministros para legislar en tales materias, lo cierto es el Decreto-Ley subdelega las facultades que el Ejecutivo afirmaba derivar de la delegación legislativa contenida en la Ley Habilitante. Ese modo de obrar, empero, es incompatible con la Constitución, porque esta no autoriza tal subdelegación.

38 *Gaceta Oficial de la República* N° 6.228 Extraordinario, del 18 de mayo de 2016.

E) La Comisión Nacional de Telecomunicaciones

En Venezuela las telecomunicaciones se hallan reguladas por la Ley Orgánica de Telecomunicaciones, sus reglamentos «...y [las] *demás disposiciones normativas* que con arreglo a ellas se dicten...» (artículo 3° de la Ley Orgánica de Telecomunicaciones). La Ley mencionada con precedencia habilita a la Administración a cargo de las telecomunicaciones para dictar las condiciones generales, reguladoras de las habilitaciones, concesiones y permisos que requieran el establecimiento o explotación de redes de telecomunicaciones y la prestación de servicios de telecomunicaciones (artículo 5° *eiusdem*)[39]; las normas para la promoción, desarrollo y protección de las telecomunicaciones (artículo 37, numeral 1°, *eiusdem*); (iii) su reglamento interno, previa consulta con el órgano rector, y las normas y procedimientos necesarios para el funcionamiento de la Comisión (artículo 37, numeral 28, *eiusdem*); y las normas técnicas en materia de telecomunicaciones (artículo 39, numeral 11)[40].

---

[39] Las Condiciones Generales de las Habilitaciones Administrativas Generales fueron establecidas mediante Providencia administrativa N° 785, del 27 de enero de 2006 (*Gaceta Oficial de la República* N° 38.390, del 3 de marzo de 2006).

[40] En nuestro Derecho las así denominadas *normas técnicas* pueden tener naturaleza dispar. En efecto, algunas normas técnicas pueden ser el resultado del ejercicio de discrecionalidad reglamentaria. En propósito, pueden consultarse las Normas Técnicas de Ordenamiento para Regular la Pesca Artesanal de Arrastre Camaronero con el Arte denominado «RED CHICA» (*Gaceta Oficial de la República* N° 40.933, del 28 de junio de 2016). Otras normas técnicas, por el contrario, pueden ser el producto del ejercicio de *discrecionalidad técnica*. Por lo que se refiere a este último tipo de discrecionalidad, tras analizar la Norma Venezolana COVENIN 2883-92 (Vendas enyesadas) la Sala Político-Administrativa de la Corte Suprema de Justicia concluyó que «...cuando se trata de reglas destinadas a establecer pautas relativas a los procesos industriales, o a los procedimientos o condiciones específicas de las actividades de producción o consumo, [las actuaciones administrativas] no pueden estar basadas en la llamada discrecionalidad administrativa que –como es sabido– es el poder de apreciación de la oportunidad o conveniencia de los actos; sino que están sometidas a una regla que no es discrecional,

F) La Superintendencia Nacional para la Defensa de los Derechos Socioeconómicos

La Ley Orgánica de Precios Justos le atribuye competencia a la Administración encargada de la defensa de los derechos del consumidor para dictar las normas necesarias para la implementación de la Ley en lo tocante a análisis de costos y la determinación de márgenes de ganancias (artículo 10, numeral 7°, *eiusdem*)[41], así como su reglamento interno y las normas necesarias para su funcionamiento (artículo 10, numeral 13, *eiusdem*). Complementariamente, la Ley faculta a la prenombrada Administración para proponer al Ejecutivo Nacional las reglamentaciones, necesarias para la aplicación de Ley Orgánica, cuyo desarrollo no le correspondiere de conformidad con el texto de la Ley (artículo 10, numeral 12, *eiusdem*).

G) El Servicio Nacional Integrado de Administración Aduanera y Tributaria

Según el Código Orgánico Tributario, constituyen fuente del Derecho Tributario las reglamentaciones y demás disposiciones de carácter general establecidas por los órganos administrativos facultados al efecto (artículo 2°, numeral 5°). La precitada norma debe ser concatenada con el artículo 103 (ordinal 2°) *eiusdem*, de acuerdo con el cual constituye ilícito tributario no presentar las comunicaciones que establezcan las leyes, reglamentos u otros actos administrativos de carácter general, así como con el artículo 131 (numeral 13), que faculta a la Administración tributaria para dictar,

---

aun cuando su nombre así lo revele, como es la discrecionalidad técnica...» (Sentencia N° 484, del 22 de julio de 1998, asunto *Johnson & Johnson de Venezuela, S.A.*). El fallo judicial citado agrega que la discrecionalidad técnica no es "libre", porque se halla «...vinculada a criterios científicos de ciencia pura o de ciencia aplicada; y, por otra parte, es una actividad reglada, incluso en el fin, ya que este no puede ser sino el expresamente señalado en la Ley».

41 *Vid.*, la Providencia administrativa distinguida con el N° 070/2015, expedida por la Superintendencia Nacional para la Defensa de los Derechos Socioeconómicos el 27 de octubre de 2015, reguladora de los márgenes de ganancias permitidos.

por órgano de la más alta autoridad jerárquica, instrucciones de carácter general a sus subalternos, para la interpretación y aplicación de las leyes, reglamentos y demás disposiciones relativas a la materia tributaria.

Invocando normas de la Ley del Servicio Nacional Integrado de Administración Aduanera y Tributaria, de la Ley de Impuesto Sobre la Renta y del Reglamento Parcial de la Ley de Impuesto sobre la Renta en Materia de Retenciones, el Servicio Nacional Integrado de Administración Aduanera y Tributaria ha establecido el Régimen de Retención de Impuesto sobre la Renta para los premios de lotería[42]. Asimismo, con fundamento, *inter alia*, en el artículo 63 del Reglamento General de la Ley que Establece el Impuesto al Valor Agregado[43], que faculta al Ministerio de Hacienda para dictar, mediante Resolución, las normas que establezcan los requisitos, formalidades y especificaciones técnicas que deben cumplirse en la impresión y emisión de las facturas, el Servicio Nacional Integrado de Administración Aduanera y Tributaria ha establecido, conjuntamente con el Instituto Nacional de Aeronáutica Civil, las Normas para la emisión de facturas, boletos aéreos y otros documentos por la prestación de servicios de transporte aéreo de pasajeros[44].

Sección IV. Juicio crítico sobre las potestades reglamentarias de fuente o raíz legal

En las páginas que anteceden ha quedado acreditado que junto a las normas, de rango constitucional, atributivas de la potestad reglamentaria, coexisten otras normas, estas últimas de rango legal, que atribuyen potestad normativa a otras autoridades administrativas.

---

[42] Providencia administrativa distinguida con las letras y números SNAT/2009/0102, del 22 de octubre de 2009 (*Gaceta Oficial de la República* N° 39.290 del 22 de octubre de 2009).

[43] *Gaceta Oficial de la República* N° 5.363 Extraordinario, del 12 de julio de 1999.

[44] *Gaceta Oficial de la República* N° 40.318, del 18 de diciembre de 2013.

Ha quedado establecido, además, que producto de esa asignación formal de competencias normativas en virtud de normas legales, la competencia general asignada al Presidente de la República *ex-artículo* 236, numeral 20, de la Constitución, ha experimentado una *merma* de consideración.

Siendo esto así, la pregunta obligada que ha de formularse el estudioso del Derecho es si esa *detracción* o *sustracción* de parte de la potestad reglamentaria del Presidente de la República en Consejo de Ministros puede ser conciliada con la Constitución[45].

§1. El fundamento último de la potestad reglamentaria general del Presidente de la República en Consejo de Ministros

Como hemos tenido oportunidad de precisar, la Constitución le atribuye potestad reglamentaria al Presidente de la República en Consejo de Ministros para reglamentar total o parcialmente *las leyes*, sin alterar su espíritu, propósito y razón (artículo 236, numeral 10). A partir de esa norma, lo que interesa destacar ahora es que la potestad reglamentaria de marras se asigna a un órgano estatal específico, atendiendo, sin duda, a dos factores, a saber:

a. La legitimación del Presidente de la República

   La Constitución no le reconoce la potestad reglamentaria al Poder Ejecutivo en bloque, ni a toda la Administración Pública Nacional; se lo reconoce al Presidente de la República en Consejo

[45] Sobre este particular, lo adelantamos desde ya, la doctrina comparada ha mantenido tesis encontradas. Mientras Zanobini ha puesto en tela de juicio la legalidad de los reglamentos ejecutivos expedidos por esas otras autoridades administrativas con base en potestades normativas de rango legal (Zanobini, Guido, *Corso di Diritto Amministrativo*, Volume Primo [Principî Generali], *op. cit.*, p. 75), Carlassare sostiene que la ley no enfrenta obstáculos para la creación de fuentes adicionales del Derecho subordinadas a aquella (Carlassare, Lorenza, "Regolamento [Diritto Costituzionale]", *op. cit.*, p. 630).

de Ministros única y exclusivamente[46]. Lo hace porque el Presidente de la República, producto de su elección mediante sufragio universal, cuenta con una legitimación democrática *singular*[47].

Esa singular legitimación política del Presidente de la República es la que justifica la asignación de la potestad, de carácter o naturaleza discrecional, que lo habilita, en Consejo de Ministros, para expedir reglamentos, con el objeto de crear normas que pasan a formar parte integrante del ordenamiento jurídico, normas que sirven para establecer las políticas públicas que han de ser implementadas por el Gobierno[48].

Por ello, ha de tenerse presente que los artículos 226 y 236 –numeral 2°– de la Constitución establecen, respectivamente, que el Presidente de la República es el Jefe del Estado y del Ejecutivo

---

46 A la luz de la letra del artículo 236, numeral 10, salta a la vista que la Sala Constitucional erró al afirmar (i) que en nuestro país «*...el Poder Ejecutivo* es elegido en sufragios universales y directos...», y, por lo tanto, (ii) que so pretexto de su falta de representación, ya no se le puede negar a los distintos órganos y entes que integran el Poder Ejecutivo potestad para aprobar reglamentos ejecutivos en materias propias de la reserva legal, siempre y cuando estén fundados "delegaciones legislativas", pues (iii) el Presidente de la República es el único funcionario del Poder Ejecutivo Nacional que se elige mediante sufragio universal (*vid.*, Sala Constitucional del Tribunal Supremo de Justicia, Sentencia N° 1.613, del 17 de agosto de 2004, asunto *Henry Pereira Gorrín et al.*; y, Sentencia N° 1.798, del 19 de julio de 2005, asunto *Festejos Mar,* C.A.).

47 Con fundamento en este primer criterio, *mutatis mutandis*, la Constitución también le reconoce potestad reglamentaria a las universidades autónomas, ya que estas pueden elegir sus autoridades y darse sus normas de gobierno producto del principio constitucional de autonomía universitaria (artículo 109 *eiusdem*). Sin embargo, a diferencia de la potestad reglamentaria especial de las universidades autónomas, la potestad del Presidente de la República es una potestad reglamentaria general, pues puede reglamentar las leyes –todas las leyes–, con las excepciones previstas por la propia Constitución.

48 En sintonía con lo dicho aquí, Fernández Salmerón destaca que hay quien entiende el reglamento como *producto político* (FERNÁNDEZ SALMERÓN, MANUEL, *El control jurisdiccional de los reglamentos*, *op. cit.*, p. 85).

Nacional, y que en dicha condición dirige la acción del Gobierno (*i.e.*, del Ejecutivo Nacional). Ha de tenerse presente, además, que como responsable del ejercicio de la función de *dirección política*, al Presidente de la República obrando en Consejo de Ministros le ha sido reconocido un poder reglamentario que puede ser empleado para alcanzar, en ejecución de las leyes existentes, las promesas que formaron parte integrante de la oferta política sometida a la consideración de los ciudadanos llamados a elegir al Presidente de la República[49].

b. La naturaleza del órgano al cual compete aprobar los reglamentos

Segundo, la potestad reglamentaria es asignada al Presidente de la República en Consejo de Ministros porque es en ese *órgano colegiado* donde concurren los máximos representantes de los distintos –y muy heterogéneos– intereses públicos sobre los cuales pueden llegar a incidir las normas reglamentarias.

La composición –singular o única– del órgano (Presidente en Consejo de Ministros) hace que sea este, y no otro, el foro natural para asegurar que se ponderen debidamente todos y cada uno de los intereses públicos, en múltiples oportunidades opuestos y enfrentados entre sí, que pudieran llegar a verse afectados por la aprobación de un texto reglamentario, y para que, concluida esa ponderación, se aprueben reglas que, por diseño, se incorporan al ordenamiento jurídico para su repetida aplicación en el tiempo.

De la visión global –de conjunto– de este órgano colegiado (Presidente en Consejo de Ministros) carecen las demás autoridades

---

[49] Considérese, a título de ejemplo, el poder que la Ley Orgánica de Aduanas reconoce al Presidente de la República en Consejo de Ministros para promulgar el Arancel de Aduanas y, producto de ellos, abrir o cerrar nuestros mercados (*Gaceta Oficial de la República* N° 6.155, del 19 de noviembre de 2014). Consúltese, *mutatis mutandis*, Lucarelli, Alberto, *Potere Regolamentare* (Il regolamento indipendente tra modelli istituzionali e sistema delle fonti nell'evoluzione della dottrina pubblicistica), *op. cit.*, p. 27; y, Sala Constitucional del Tribunal Supremo de Justicia, Sentencia N° 9, del 1° de marzo de 2016, asunto *Gabriela Flores Ynserny et al.*

administrativas nacionales dotadas de autonomía que, por su especialización, tienden a aprobar regulaciones sin la previa ponderación de todos los intereses públicos y privados en juego.

§2. La potestad reglamentaria de las demás autoridades designadas por la Constitución

Con base en el principio de división del Poder Público y la resultante autonomía de los órganos que integran las distintas ramas llamadas a ejercer dicho Poder, o las cualidades especiales de la Administración, la Constitución venezolana también le reconoce potestad reglamentaria especial a otros entes y órganos.

Lo cierto, en todo caso, es que esa competencia reglamentaria puntual o sectorial encuentra su justificación en una *decisión consciente* –deliberada– del Constituyente, por lo que a la distribución de la potestad reglamentaria se refiere. Ciertamente, la susodicha decisión respondió a la necesidad, sentida por el Constituyente, de asegurar la *autonomía normativa* de esos órganos o entes respecto del Poder Ejecutivo y su potestad reglamentaria general[50].

---

[50] En la mayoría de los casos la potestad reglamentaria le ha sido reconocida a órganos o entes cuyos titulares no son electos mediante sufragio y que, por lo tanto, carecen de la legitimación democrática (directa) que se deriva de una elección. De acuerdo a Strauss, «...una Administración no es un cuerpo cuyos integrantes hayan sido elegidos mediante sufragio»; y, «los vínculos [indirectos] entre las Administraciones Federales y el electorado se circunscriben a la periódica elección del Presidente Americano, una conexión en oportunidades tan frágil que ni siquiera puede ser definida como "remota"...» (Strauss Peter L., "An Introduction to Administrative Justice in the United States", Wade, William, Ragnemalm, Hans, Strauss Peter L., *Administrative Law. The Problem of Justice*, Volume I°, Anglo-American and Nordic Systems, edited by Piras, Aldo, Dott. A. Giuffrè Editore, S.p.a., Milano, 1991, p. 679). La única excepción a esa regla son las universidades, cuyas autoridades son elegidas por los profesores y representantes de los alumnos y egresados (artículo 30 de la Ley de Universidades, *Gaceta Oficial de la República* N° 1.429 Extraordinario, del 8 de septiembre de 1970).

§3. La asignación de la potestad reglamentaria a otras autoridades del Ejecutivo con base en norma de Ley

A) La asignación de potestad reglamentaria en virtud de norma de Ley y sus consecuencias

Cuando el Legislador decide asignar potestad reglamentaria a autoridades distintas a las señaladas por la Constitución para que dicten reglamentos ejecutivos, el Legislador, es este y no otro el reverso de la moneda, *sustrae* parte de las competencias que la Constitución le asignó al Presidente de la República en Consejo de Ministros o a una cualquiera de las otras autoridades cuya potestad reglamentaria deriva de la Constitución.

Esa sustracción de competencias, contraria a lo dispuesto por los artículos 136 y 137 de la Constitución, que establecen que el Poder Legislativo y el Poder Ejecutivo tienen funciones que les son propias, y cuyas atribuciones de los distintos órganos que ejercen el Poder Público se encuentran *definidas por la Constitución*, la pone en evidencia con claridad el texto del artículo 98, numeral 24, de la Ley del Mercado de Valores, que al reconocer que el Ejecutivo Nacional puede asumir –*rectius*, readquirir– las atribuciones normativas de la Superintendencia Nacional de Valores cuando median circunstancias de excepción, reconoce también que la asignación de potestades reglamentarias dispuesta por la Ley del Mercado de Valores se traduce en una *merma* del poder reglamentario que la Constitución atribuye al Presidente de la República en Consejo de Ministros[51].

B) La supremacía y rigidez de la Constitución venezolana

La *supremacía* y la *rigidez* que caracterizan nuestra Constitución[52] y la consecuente inderogabilidad de las normas constitucionales

---

[51] En sentido coincidente, *vid.* Corte Primera de lo Contencioso-Administrativo, Sentencia s/n, del 17 de febrero de 1981, en *Revista de Derecho Público número* 6, Editorial Jurídica Venezolana, Caracas, 1980, pp. 139 y ss.

[52] Carlassare, Lorenza, "Regolamento. Diritto Costituzionale", *op. cit.*, p. 611. *20 Años de doctrina de la Procuraduría General de la República*, Tomo I,

atributivas de competencia, representan un obstáculo, a nuestro entender insalvable, para la erosión del poder para dictar reglamentos ejecutivos que aquella le atribuye a ciertas y determinadas autoridades. En efecto, la atribución del poder para aprobar reglamentos ejecutivos, mediante norma de Ley, a autoridades distintas a las mencionadas por la Constitución, no puede ser conciliada con ésta, porque se traduce en el desconocimiento de las normas constitucionales atributivas de competencia en materia reglamentaria por quien –nos referimos al Parlamento– no tiene poder para modificar la Constitución. Esta, por cierto, ha sido la postura defendida por la Procuraduría General de la República, que en el pasado ha afirmado que

> «en las constituciones rígidas, como la venezolana, *los poderes* toman su existencia y atribuciones sólo de la Constitución; sólo existen en virtud de ella, y *en la medida y en las condiciones fijadas por ella*. Resulta entonces implícito, pero necesariamente prohibido, que uno de los poderes pueda ser descargado de su función en otro. Esto sería sustituir la Constitución existente por una nueva Constitución»[53].

Publicaciones de la Procuraduría General de la República, Caracas, 1984, p. 8; y, Corte Suprema de Justicia en Pleno, Voto Salvado del Magistrado José Gabriel Sarmiento Núñez a la Sentencia s/n, del 29 de abril de 1965, asunto *Tito Gutiérrez Alfaro*. En palabras del Magistrado Sarmiento Núñez, el concepto de superlegalidad implica que la Constitución es superior a los demás cuerpos legales, y que sobre ella no puede existir ninguna otra legislación. Esa superlegalidad supone, cuando menos, una doble categoría de preceptos jurídicos: unos revestidos con el carácter de supremos o primarios, y otros que se denominan secundarios u ordinarios, los cuales, por su naturaleza, han de estar ineludiblemente supeditados a las disposiciones de los primeros. A causa de la superlegalidad, garantizada por el principio de rigidez constitucional, todo acto de una autoridad subordinada a la Constitución que contraríe los términos de ésta se halla viciado de nulidad.

53 *Vid.*, *20 Años de doctrina de la Procuraduría General de la República*, Tomo I, *op. cit.*, p. 8.

En definitiva, esa sustracción o merma de competencias propias del Presidente en Consejo de Ministros contraviene el principio de división del Poder Público[54].

C) La delegación de poderes normativos autorizada por la Constitución

La Constitución venezolana autoriza a la Asamblea Nacional para *delegar* su poder normativo al Poder Ejecutivo en circunstancias de excepción[55]. En tales supuestos, el Ejecutivo Nacional queda autorizado para expedir Decretos-Leyes, esto es, normas con rango de ley. Esa delegación de poder, prevista por el artículo 203 de la Constitución[56], solo puede verificarse en virtud de Ley habilitante,

54 Según la doctrina, la expresión "Poder Público" ha de entenderse «...como potestad genérica de los órganos que ejercen las funciones públicas en Venezuela» y, por tanto, «...es uno y único...» (Brewer-Carías, Allan Randolph, *Instituciones Políticas y Constitucionales*, Tomo II, coedición de la Universidad Católica del Táchira y de la Editorial Jurídica Venezolana, Caracas-San Cristóbal, 1985, p. 357).

55 Muci Borjas, José Antonio, "Las leyes habilitantes y los decretos-leyes dictados con base en aquellas", *Revista de Derecho Público*, N° 140, *op. cit.*, pp. 58-62. También Romano Tassone, A., "La normazione secondaria", en *Diritto Amministrativo*, obra coordinada por Mazzaroli, L., Pericu, G., Romano, A., Roversi Monaco, F.A. y Scoca, F.G., *op. cit.*, 201.

56 El artículo 203 de la Constitución establece: «Son leyes orgánicas las que así denomina esta Constitución; las que se dicten para organizar los poderes públicos o para desarrollar los derechos constitucionales y las que sirvan de marco normativo a otras leyes. Todo proyecto de ley orgánica, salvo aquel que la propia Constitución así califica, deberá ser previamente admitido por la Asamblea Nacional, por el voto de las dos terceras partes de los miembros presentes antes de iniciarse la discusión del respectivo proyecto de ley. Esta votación calificada se aplicará también para la modificación de las leyes orgánicas. Las leyes que la Asamblea Nacional haya calificado de orgánicas serán remitidas, antes de su promulgación, a la Sala Constitucional del Tribunal Supremo de Justicia, para que se pronuncie acerca de la constitucionalidad de su carácter orgánico. La Sala Constitucional decidirá en el término de diez días contados a partir de la fecha de recibo de la comunicación. Si la Sala Constitucional declara que no es orgánica la ley perderá este carácter. Son *leyes habilitantes*, las sancionadas por la Asamblea Nacional por las tres

y el poder delegado únicamente puede ejercerse mediante decretos con el rango propio y característico de las leyes formales (artículo 236, numeral 8°, *eiusdem*)[57].

Las normas constitucionales citadas con anterioridad acreditan que para que la Asamblea Nacional pueda delegar *poderes propios* a otros órganos estatales, resulta indispensable que la Constitución lo haya autorizado de manera clara, es decir, de forma expresa, porque como bien ha dejado sentada nuestra justicia, en nuestro Derecho constituye regla general que «…la *facultad de legislar* que corresponde al Congreso *no es delegable*…»[58].

---

quintas partes de sus miembros, a fin de establecer las directrices, propósitos y el marco de las materias que se delegan al Presidente de la República, con rango y valor de ley. Las leyes de base deben fijar el plazo de su ejercicio». Durante la vigencia de la Constitución de 1962, la Procuraduría General de la República había dejado asentado que «...el ejercicio de competencias extraordinarias o de excepción [con base en ley habilitante] debe tener fijados, necesariamente, *límites concretos* en la ley de autorización del Congreso, en cuanto al tiempo, a las materias y a la finalidad…» (*20 años de doctrina de la Procuraduría General de la República 1962-1981*, *op. cit.*, p. 42).

57 De conformidad con el numeral 8° del artículo 236 de la Constitución, corresponde al Presidente de la República «dictar, previa autorización por una ley habilitante, decretos con fuerza de ley». El artículo 236 de la Constitución de 1999 forma parte del Título V (De la organización del Poder Público Nacional), Capítulo II (Del Poder Ejecutivo Nacional), Sección III (De las atribuciones del Presidente o Presidenta de la República).

58 Sala Político-Administrativa de la Corte Federal y de Casación, Sentencia s/n, del 16 de abril de 1937, en Brewer-Carías, Allan Randolph, *Jurisprudencia de la Corte Suprema de Justicia 1930-74 y Estudios de Derecho Administrativo*, Tomo I, *op. cit.*, p. 297.
La actuación de la Administración Pública se encuentra disciplinada por regla análoga. Ciertamente, la Ley Orgánica de la Administración Pública establece, por una parte, que la competencia es en principio *indelegable*, salvo que medie norma expresa que autorice su delegación (artículos 26 y 35), y por la otra, que la delegación de competencias se encuentra prohibida cuando de lo que se trate es de la adopción de disposiciones de carácter normativo (artículo 35, ordinal 1°). A causa de esta última previsión legal, en nuestro ordenamiento, he aquí la regla general, se encuentra prohibida la delegación

D) La disposición, por el Poder Legislativo, de potestades ajenas a ese Poder

La Constitución venezolana no faculta a la Asamblea Nacional para encomendarle el ejercicio de la potestad reglamentaria a *autoridades distintas* a aquellas a las que la Constitución les reconoció ese poder explícita o implícitamente. La asignación de potestades reglamentarias *a expensas de* –porque no podía ser de otra manera– las cuotas de poder que nuestra Constitución reconoce al Presidente de la República en Consejo de Ministros y a un puñado de autoridades más, no se encuentra prevista, ni expresa ni implícitamente, en nuestra Constitución.

---

de poderes normativos y, por ende, la delegación del poder que habilita para aprobar reglamentos. Contrariando la prohibición del artículo 35 de la Ley Orgánica de la Administración Pública, la Presidencia de la Comisión Nacional de Lotería dictó la Resolución administrativa 2016-0029, del 4 de abril de 2016 (*Gaceta Oficial de la República* N° 40.952, del 26 de julio de 2016), contentiva de las Normas sobre prevención, control y fiscalización de los delitos de legitimación de capitales y el financiamiento al terrorismo, en la actividad de juegos de lotería, y al hacerlo invocó la Providencia administrativa N° 2014-0218-1, del 14 de abril de 2014 (*Gaceta Oficial de la República* N° 40.393, del 14 de febrero de 2014), que según la autora de la Resolución le delegaba potestades normativas. Una nota final sobre la delegación de potestades reglamentarias: el Ejecutivo Nacional ha entendido que numeral 9° del artículo 239 de la Constitución, que habilita al Vicepresidente de la República para «ejercer las atribuciones que le delegue el Presidente de la República», habilita al Presidente de la República para delegar potestad reglamentaria. Así lo acredita la lectura conjunta del Decreto Ejecutivo N° 2.695, del 25 de enero de 2017 (*Gaceta Oficial de la República* N° 41.083, del 26 de enero de 2017), mediante el cual se le delega al Vicepresidente Ejecutivo de la República poder para dictar Decretos de exoneración del impuesto sobre la renta a los enriquecimientos obtenidos por sectores estratégicos o los provenientes de proyectos especiales de desarrollo, porque la exoneración de impuestos puede adelantarse mediante acto administrativo con contenido normativo (*vid*., Decreto Ejecutivo N° 2.287, del 28 de marzo de 2016, mediante el cual los enriquecimientos netos, de fuente venezolana, provenientes de las actividades que se identifican en precitado Decreto, *Gaceta Oficial de la República* N° 40.873 del 28 de marzo de 2016).

El *silencio* de nuestra Constitución sobre la *redistribución* de las competencias constitucionales en lo tocante a la expedición de reglamentos ejecutivos contrasta abiertamente con la autorización, por lo demás expresa, que nuestra Constitución entendió resultaba necesaria para redistribuir las competencias constitucionales en materia legislativa. La ausencia de norma constitucional que autorice al Legislativo para asignar potestad reglamentaria *a costa de* las potestades –generales y, al propio tiempo, residuales– que la propia Constitución le asignó al Presidente en Consejo de Ministros en esta materia, debe ser enjuiciada a la luz de los *principios* sentados por nuestra jurisprudencia. Según el más alto Tribunal de la República ha dejado sentado que

> «...de acuerdo con el *principio cardinal* de nuestro derecho constitucional que establece la *división de Poderes* Públicos, cuyos límites están señalados por la definición de sus atribuciones y facultades [que hace la Constitución], constituye una usurpación de atribuciones todo lo que extralimite dicha definición»[59].

La Constitución *no habilita* al Poder Legislativo para disponer de una potestad –la reglamentaria– que le resulta *ajena*[60]. Parafra-

---

59 Sala Político-Administrativa de la Corte Federal y de Casación, Sentencia s/n, del 3 de diciembre de 1940, en Brewer-Carías, Allan Randolph, *Jurisprudencia de la Corte Suprema de Justicia 1930-74 y Estudios de Derecho Administrativo*, Tomo I, *op. cit.*, p. 147.

60 Consúltese, *mutatis mutandis*, Giannini, Massimo Severo, *Diritto Amministrativo*, Volume Primo, *op. cit.*, p. 75. Cuando se confiere potestad normativa a una autoridad pública, esa potestad solo puede ser ejercida por esa autoridad y por ninguna otra, salvo que medie norma expresa que autorice la delegación a atribuciones. Si se contraviene esa regla los actos del delegado son ilegales porque no es él a quien pertenece el poder y porque el delegante no puede disponer de lo que no le pertenece (*mutatis mutandis*, Wade, William, "Administrative Justice in Great Britain", Wade, William, Ragnemalm, Hans, Strauss Peter L., *Administrative Law. The Problem of Justice*, Volume I°, Anglo-American and Nordic Systems, edited by Piras, Aldo, Dott. A. Giuffrè Editore, S.p.a., Milano, 1991, p. 152).

seando a De Otto, «...no es posible delegar lo que no se tiene, y el legislador no tiene potestad reglamentaria...»[61]. En sentido análogo se han pronunciado también Comadira y Escola, para quienes son *ilegítimas* las cláusulas legales mediante las cuales se pretenda disponer del poder reglamentario que la Constitución le reconoce a contadas autoridades administrativas, para asignarle el ejercicio de dicho poder a otras autoridades distintas[62].

Las competencias asignadas por la Constitución en materia reglamentaria son, valga la redundancia, competencias cuyo ejercicio corresponde, en exclusiva, a las autoridades designadas por la propia Constitución. Como tales, solo pueden ser ejercidas por las autoridades administrativas señaladas por la Constitución.

La erosión de las potestades reglamentarias de las autoridades designadas por la Constitución, en beneficio de otras distintas seleccionadas por el Legislador, resulta incompatible con nuestro Texto Fundamental. Resulta incompatible, insistimos, que la Asamblea Nacional sustraiga materias al poder reglamentario del Presidente de la República en Consejo de Ministros –o al de una cualquiera de las demás autoridades a las que la propia Constitución confiere ese poder– para adjudicárselas a autoridades distintas, porque la potestad reglamentaria está definida por la Constitución; porque el

---

En sentido coincidente, Lares Martínez afirmaba que excepción hecha de los Decretos-Leyes dictados con base en una Ley habilitante, no puede el Poder Legislativo delegarle sus facultades normativas al Poder Ejecutivo (LARES MARTÍNEZ, ELOY, *Manual de Derecho Administrativo*, *op. cit.*, pp. 81-82).

61 DE OTTO, IGNACIO, *Derecho Constitucional* (Sistema de Fuentes), *op. cit.*, p. 238. Si, como manifestaba Carré de Malberg, ninguno de los órganos del Poder Constituido puede disponer como dueño y señor de *poderes propios*, esto es, de los poderes que la Constitución le confía, con mayor razón aún tampoco pueden disponer libre y válidamente de *poderes ajenos* (CARRÉ DE MALBERG, RAYMOND, *La ley, expresión de la voluntad popular* [Estudio sobre el concepto de ley en la Constitución de 1875], *op. cit.*, p. 84).

62 COMADIRA, JULIO RODOLFO, ESCOLA, HÉCTOR JORGE y COMADIRA, JULIO PABLO, *Curso de Derecho Administrativo*, Tomo I, *op. cit.*, p. 43.

poder de disposición de una potestad normativa demanda o exige norma expresa que reconozca ese poder[63]; y, finalmente, porque la Constitución no autoriza a la Asamblea Nacional para disponer de las atribuciones y facultades que aquella asignó formalmente[64].

---

63 Las contadas normas que autorizan a la Asamblea Nacional para *redistribuir* competencias asignadas en virtud de norma constitucional no la habilitan para disponer de las potestades reglamentarias asignadas por la propia Constitución. En esta materia la ausencia de norma contrasta con lo dispuesto por las normas constitucionales que de seguida se indican: (i) El artículo 203, que habilita a la Asamblea Nacional para disponer de sus *propios poderes* en circunstancias de excepción y por tiempo limitado. Ese acto de disposición, mediante Ley Habilitante, faculta al Presidente de la República en Consejo de Ministros para aprobar Decretos-Leyes (*vid.* MUCI BORJAS, JOSÉ ANTONIO, "Las leyes habilitantes y los decretos-leyes dictados con base en aquéllas", *Revista de Derecho Público*, N° 140, *op. cit.*, pp. 58-62). (ii) Siempre en materia de Derecho interno, el artículo 257, que faculta a la Asamblea Nacional para sancionar leyes que tengan por objeto actos de disposición de competencias asignadas a la República, a los fines de promover la descentralización territorial. El acto de disposición previsto en esta norma ha de realizarse a favor de los Estados y Municipios. (iii) El artículo 163, que autoriza a la República puede atribuirle a organizaciones supranacionales, a través de Tratados, las competencias necesarias para adelantar procesos de integración. Ese acto de disposición de competencias asignadas a la República, producto de un Tratado Internacional, solo puede enmarcarse en procesos de integración.

64 En otro orden de ideas, luce pertinente subrayar que los órganos a los cuales la Constitución asigna la potestad reglamentaria no pueden delegarla. No pueden delegarla porque la Constitución no autoriza expresamente esa delegación. No pueden hacerlo, además, porque la Ley Orgánica de la Administración Pública prohíbe expresamente la delegación de la potestad normativa. Según los artículos 26 (Principio de la competencia) y 35 (Limitación a las delegaciones intersubjetivas e interorgánicas) de la Ley Orgánica de la Administración Pública, (i) «toda competencia atribuida a los órganos y entes de la Administración Pública será de obligatorio cumplimiento y ejercida bajo las condiciones, límites y procedimientos establecidos; será irrenunciable, indelegable, improrrogable y no podrá ser relajada por convención alguna, salvo los casos expresamente previstos en las leyes y demás actos normativos. Toda actividad realizada por un órgano o ente manifiestamente incompetente, o usurpada por quien carece de autoridad pública, es nula y sus efectos se tendrán por inexistentes. Quienes dicten dichos actos, serán responsables

En ausencia de norma constitucional que habilite al Legislativo para desposeer al Presidente de la República en Consejo de Ministros de parte de sus atribuciones, y en ausencia también de norma constitucional que habilite al Presidente de la República en Consejo de Ministros para hacer dejación voluntaria de parte de sus facultades a favor de otras Administraciones, la sustracción de una parte de las potestades reglamentarias propias del Presidente en Consejo de Ministros no puede ser conciliada con la definición de Estado de Derecho (artículo 2° de la Constitución), pues contraviene el principio de división del Poder Público (artículo 136 *eiusdem*) y la rigidez que caracteriza nuestra Constitución (artículo 333 *eiusdem*).

E) La concesión, mediante norma de Ley, de potestades reglamentarias que van más allá de la ejecución de la Ley

El *principio de completitud* exige que la materia reservada a la Ley sea disciplinada de manera cumplida o acabada por la Ley[65].

---

conforme a la ley, sin que les sirva de excusa órdenes superiores»; y, (ii) «sin perjuicio de lo dispuesto en la Constitución de la República Bolivariana de Venezuela o en leyes especiales, la delegación intersubjetiva o interorgánica no procederá en los siguientes casos: 1. Cuando se trate de la adopción de disposiciones de carácter normativo. 2. Cuando se trate de la resolución de recursos en los órganos administrativos que hayan dictado los actos objeto de recurso. 3. Cuando se trate de competencias o atribuciones ejercidas por delegación. 4. En aquellas materias que así se determine por norma con rango de ley. Los actos administrativos que se adopten por delegación indicarán expresamente esta circunstancia y se considerarán dictados por el órgano delegante. La delegación será revocable en cualquier momento por el órgano que la haya conferido. El acto que confiere la delegación deberá indicar la oportunidad y forma en que el funcionario delegado o la funcionaria delegada deberá rendir cuenta al funcionario o funcionaria delegante».

65 Califica como regulación cumplida o acabada –"suficiente", en palabras de la Corte Constitucional italiana– la que *elimina* la libertad o arbitrio de la Administración llamada a aprobar normas reglamentarias (Romano Tassone, A., "La normazione secondaria", en *Diritto Amministrativo*, obra coordinada por Mazzaroli, L., Pericu, G., Romano, A., Roversi Monaco, F.A. y Scoca, F.G., *op. cit.*, p. 187).

Es esto, ni más ni menos, lo que en materia tributaria reconoce, verbigracia, el artículo 3° del Código Orgánico Tributario, al establecer, con base en lo dispuesto por el artículo 317 de la Constitución, que solo a las leyes corresponde, con sujeción a las normas generales de ese Código, crear, modificar o suprimir tributos, definir el hecho imponible, fijar la alícuota del tributo, la base de su cálculo e indicar los sujetos pasivos del mismo; otorgar exenciones y rebajas de impuesto; autorizar al Poder Ejecutivo para conceder exoneraciones y otros beneficios o incentivos fiscales; y, las demás materias que les sean remitidas por este Código. La disposición legislativa citada añade que en ningún caso se podrá delegar la definición y fijación de los elementos integradores del tributo, ni las demás materias señaladas como de reserva legal por ese artículo. Por su redacción, la norma revela que en esta materia –y otro tanto cabe afirmar, *mutatis mutandis*, respecto de las demás materias reservadas a la Ley– la potestad reglamentaria solo puede ser ejercida con el objeto de regular aspectos accesorios o colaterales al *quid*, a la esencia, al núcleo, de la materia reservada[66].

La Ley, por tanto, debe contener disposiciones lo suficientemente precisas como para permitir que su articulado produzca efectos directos sin textos o desarrollos subsecuentes[67], ya que el reglamento no es instrumento idóneo para *suplir* las disposiciones de Ley cuando estas últimas son necesarias para producir un determinado efecto, particularmente en lo tocante a las limitaciones a las libertades y derechos constitucionales[68]. Para nuestro más alto Tribunal.

---

66 Según Santamaría Pastor, incumbe a la Ley «...regular *la totalidad de los extremos constitutivos de su régimen jurídico sustancial*, pudiendo sólo remitir a las normas reglamentarias la regulación de aspectos adjetivos, colaterales o conexos al núcleo de la materia» (Santamaría Pastor, Juan Alfonso, *Principios de Derecho Administrativo*, Volumen I, *op. cit.*, p. 323).

67 Frier, Pierre-Laurent y Petit, Jacques, *Droit Administratif*, 9e édition, Lextenso Éditions LGDJ, Paris, 2014, p. 83.

68 Sala Electoral del Tribunal Supremo de Justicia, Sentencia N° 120, del 11 de agosto de 2010, asunto *Pedro Rosas et al.*

«...si el ámbito por excelencia de la regulación reglamentaria abarca fundamentalmente aspectos organizativos, en caso de que la regulación administrativa implique una imposición de obligaciones y deberes a los administrados, limitación en su libertad previa o de sus derechos, el Reglamento ha de ceñirse a actuar como *complemento* de la Ley»[69].

Y habiendo afirmado cuanto antecede, la Corte Suprema de Justicia añade en su decisión que

«la *infraestructura básica del ordenamiento* pertenece a la Ley, dada su fuente de legitimidad y su función creadora irresistible: ella define las situaciones básicas de los sujetos, sus deberes, obligaciones y derechos. El Reglamento se mueve en estos aspectos, pero no al azar o a propia iniciativa, sino según las fórmulas que marca previamente la Ley. El Reglamento *no puede suplir a la Ley, ni adelantarse a ésta o ponerse a su nivel*, sólo debe complementarla, desarrollarla o ejecutarla»[70].

En sentido coincidente se han pronunciado Quadra-Salcedo y Carlassare, para quien en los Estados que cuentan con una Constitución rígida y en los que a la Constitución le es reconocido efecto normativo directo, la reserva de determinadas materias para su disciplina por el Legislador constituye un límite para el propio Legislador, pues este no puede disponer de su competencia exclusiva en las materias que, por mandato constitucional, debe regular de manera directa y completa. Solo en los Estados que cuentan con Constituciones flexibles puede el Ejecutivo aprobar reglamentos que disciplinen las materias reservadas a la ley, cuando el Poder Legislativo haya decidido autorizarlo expresamente para regular la materia de que se trate (QUADRA-SALCEDO, TOMÁS, "La delegación legislativa en la Constitución", *Estudios sobre la Constitución Española* [Homenaje al Profesor Eduardo García de Enterría], Tomo I, *op. cit.*, p. 329; y, CARLASSARE, LORENZA, "Regolamento [Diritto Costituzionale]", *op. cit.*, p. 621).

69 Corte Suprema de Justicia en Pleno, Sentencia s/n, del 17 de noviembre de 1986, asunto *Arturo Luis Torres*, en *Revista de Derecho Público* N° 28, octubre-diciembre 1986, Editorial Jurídica Venezolana, Caracas, 1986, pp. 85-86.

70 *Ibid.*

En suma, la Administración no puede sustituir a la Asamblea Nacional con base en una delegación legislativa sancionada a los efectos de deferir al reglamento materias pertenecientes a la reserva de ley, puesto que el reglamento no puede ser dictado para ocupar el lugar, para desempeñar el rol, que la Constitución encomienda a la Ley. En suma, la Administración tiene prohibido sustituir a la Asamblea Nacional, so pretexto de la vaguedad o falta de precisión de los preceptos legislativos[71].

En ausencia de una norma constitucional que autorice una delegación legislativa como la mencionada anteriormente, una delegación como esa comportaría la violación de la norma constitucional atributiva de poder legislativo –comportaría, *i.e.*, el desconocimiento de la norma creadora de la reserva por quien no tiene poder para modificar la Constitución–[72]. Sin embargo, la *supremacía* y la *rigidez* que caracterizan a nuestra Constitución[73], y la consecuente inderogabilidad de las normas constitucionales atributivas de competencia, representan un obstáculo insalvable para la susodicha delegación[74].

[71] Venezia, Jean-Claude, "Les mesures d'application", en *Mélanges René Chapus* (Droit administratif), *op. cit.*, p. 675.

[72] *Vid.*, *mutatis mutandis*, Gasparri, Pietro, "Competenza in materia amministrativa", *Enciclopedia del Diritto*, Volume VIII, Giuffré Editore, Milano, 1961, pp. 33-34.

[73] Carlassare, Lorenza, "Regolamento (Diritto Costituzionale)", *op. cit.*, p. 611.

[74] En sentido coincidente se pronuncian Villacorta Mancebo, para quien «... el objetivo de la reserva de Ley es oponerse a toda delegación» (Villacorta Mancebo, Luis, *Reserva de Ley y Constitución*, Editorial Dykinson, 1994, Madrid, p. 33); Venezia, para quien el Poder Legislativo no puede alterar *la línea limítrofe* que divide y separa las cuestiones legislativas y las cuestiones reglamentarias (Venezia, Jean-Claude, "Les mesures d'application", en *Mélanges René Chapus* [Droit administratif], *op. cit.*, p. 675); y, Quadra-Salcedo y Carlassare, para quien en los Estados que cuentan con una Constitución rígida y en los que a la Constitución le es reconocido efecto normativo directo, la *reserva* de determinadas materias para su disciplina por el Legislador constituye un *límite* para el propio Legislador, pues este no puede disponer de su competencia exclusiva en las materias que, por man-

El criterio lo enuncia con precisión la Procuraduría General de la República en dictamen producido en el año 1972:

> «En las constituciones rígidas, como la venezolana, los poderes toman su existencia y atribuciones sólo de la Constitución; sólo existen en virtud de ella, y en la medida y en las condiciones fijadas por ella. Resulta entonces *implícito*, pero necesariamente *prohibido*, que uno de los poderes pueda ser descargado de su función en otro. Esto sería sustituir la Constitución existente por una nueva Constitución»[75].

Contrariando el principio de completitud, un detenido análisis de las leyes que han venido siendo sancionadas por el Poder Legislativo a lo largo de las últimas décadas permite constatar que estas, por la *falta de sustancia normativa*, es decir, por *insuficiencia de contenido*, le han venido concediendo a algunas Administraciones poderes normativos cuyo radio de acción supera con creces el alcance de los poderes que la Constitución confiere al Presidente de la República en Consejo de Ministros.

Este es, precisamente, el caso de la Ley del Instituto Nacional de Aeronáutica Civil, que faculta al prenombrado ente para dictar las condiciones generales para la prestación de los servicios de transporte y trabajo aéreo, porque el reglamento ejecutivo no es instrumento idóneo para, *inter alia*, imponer a las líneas aéreas la obligación de indemnizar a sus pasajeros por daños no previstos al momento de la contratación, contraviniendo la regla general del artículo 1.274 del

dato constitucional, debe regular de manera directa y completa. Solo en los Estados que cuentan con Constituciones flexibles puede el Ejecutivo aprobar reglamentos que disciplinen las materias reservadas a la ley, cuando el Poder Legislativo haya decidido autorizarlo expresamente para regular la materia de que se trate (QUADRA-SALCEDO, TOMÁS, "La delegación legislativa en la Constitución", *Estudios sobre la Constitución Española* [Homenaje al Profesor Eduardo García de Enterría], Tomo I, *op. cit.*, p. 329; y CARLASSARE, LORENZA, "Regolamento (Diritto Costituzionale)", *op. cit.*, p. 621).

75 *20 Años de doctrina de la Procuraduría General de la República*, Tomo I, Caracas, 1984, p. 8.

Código Civil[76], ni para predeterminar los daños que las líneas aéreas pueden causarle al pasajero y fijar el *quantum* de las indemnizaciones, contrariando la regla legal que sujeta la obligación de saldar daños y perjuicios a la existencia y prueba de tales daños[77].

Es este, también, el caso de la Ley de la Actividad Aseguradora, que faculta a la Superintendencia de la Actividad Aseguradora para disciplinar integralmente el contrato de seguros, cuya regulación legislativa había sido suprimida –*in totum*– en virtud de la derogatoria de la Ley del Contrato de Seguro. El reglamento ejecutivo no es instrumento idóneo para definir el contrato de seguros o el contrato de fideicomiso[78], ni para fijar plazos de caducidad o prescripción

---

[76] Según los artículos 19.d (Vuelo Cancelado) y 20.a.2 (Demora) de las Condiciones Generales del Transporte Aéreo, si el pasajero afectado hizo arreglos adicionales al transporte aéreo en su destino, el transportista debe compensarlo y hacer las gestiones necesarias de reprogramación y pago de las penalidades y diferencias de precio correspondientes, independientemente de que tales arreglos hubieren sido organizados por el transportista y fuesen, por tanto, conocidos por él. Esas normas reglamentarias *contrarían* la regla del artículo 1.274 del Código Civil, a tenor del cual «el deudor no queda obligado sino por los daños y perjuicios previstos o que han podido preverse al tiempo de la celebración del contrato, cuando la falta de cumplimiento de la obligación no proviene de su dolo».

[77] Los artículos 45, 47 y 48 de las Condiciones Generales del Transporte Aéreo determinan de manera anticipada las indemnizaciones que las líneas aéreas deben pagar a sus pasajeros en caso de (i) pérdida, destrucción o avería del equipaje, (ii) demora en la entrega del equipaje y (iii) destrucción, pérdida o avería del equipaje de mano. Ese modo de obrar *contradice* las normas legales que informan los daños –y su indemnización– según el Código Civil (MADURO LUYANDO, ELOY, *Curso de Obligaciones* [Derecho Civil III], Fondo Editorial Luis Sanojo, Caracas, 1983, p. 555).

[78] Los artículos 6° (Definición) y 161 (Definición) de las Normas que Regulan la Relación Contractual en la Actividad Aseguradora establecen, respectivamente, que «el contrato de seguro es aquel en virtud del cual una empresa de seguros o la asociación cooperativa que realiza actividad aseguradora, a cambio de una prima, asume las consecuencias de riesgos ajenos que no se produzcan por acontecimientos que dependan enteramente de la voluntad del tomador, del asegurado o del beneficiario, comprometiéndose a indemnizar,

para el ejercicio de la acción judicial que el asegurado pudiera tener contra la empresa de seguros[79].

Las leyes citadas con anterioridad conceden potestades reglamentarias de muy discutible constitucionalidad, porque remiten al reglamento materias que son propias de la reserva de Ley, *ex*-artículo 156 (numeral 32) de la Constitución, y que, por lo tanto, escapan del ámbito propio y característico de los poderes reglamentarios que la Constitución asigna al Presidente de la República en Consejo de Ministros.

Más allá de los ejemplos puntuales invocados con anterioridad, lo cierto es que son numerosas las Leyes que facultan a órganos y entes de la Administración para aprobar lo que nuestra justicia ha denominado reglamentos exhortados o delegados, o sea, normas sublegales cuya función no es complementaria, sino más renovadora o transformadora[80]; más propiamente, normas que «*no tienen por*

---

dentro de los límites pactados, el daño producido al asegurado o a pagar un capital, una renta u otras prestaciones convenidas, todo subordinado a la ocurrencia del evento cubierto por la póliza»; y, que el contrato de fideicomiso «es el contrato por medio del cual una persona llamada fideicomitente, transfiere uno o más bienes o derechos a otra persona denominada fiduciario, quien se obliga a utilizarlo en favor de aquél o de un tercero llamado beneficiario».

79 El artículo 57 (Caducidad) de las Normas que Regulan la Relación Contractual en la Actividad Aseguradora establece que «el tomador, el asegurado o el beneficiario perderá todo derecho a ejercer acción judicial contra la empresa de seguros o la asociación cooperativa que realiza actividad aseguradora, o convenir con esta a someterse al arbitraje, si no lo hubiere hecho antes de transcurrir el plazo de un (1) año, contado a partir de la fecha de la notificación, por escrito: 1. Del rechazo, total o parcial, del siniestro. 2. De la decisión de la empresa de seguros o la asociación cooperativa que realiza actividad aseguradora, sobre la inconformidad del tomador, del asegurado o del beneficiario respecto a la indemnización o al cumplimiento de la obligación a través de proveedores de insumos o servicios». Por su parte, el artículo 58 *eiusdem* (Prescripción) prevé que «salvo lo dispuesto en leyes especiales, las acciones derivadas del contrato de seguro prescriben a los tres (3) años contados a partir del siniestro que dio nacimiento a la obligación».

80 Moles Caubet, Antonio, *El Principio de Legalidad y sus Implicaciones*, *op. cit.*, p. 32.

objeto desarrollar disposiciones legales ya existentes…»; normas que terminan teniendo –*lato et improprio sensu*– «…el mismo rango que los actos legislativos»[81].

Aunque luzca como una insalvable *contradictio in terminis*, estos reglamentos ejecutivos "ostentan" –entre comillas, subrayo– «…el mismo rango que los actos legislativos», porque aunque para reformar y derogar una Ley hace falta otra Ley con una sustancia o contenido distinto (artículo 218 de la Constitución), la omitida regulación de ciertas y determinadas materias por el Legislador, sumada al requerimiento de regulación de tales materias mediante norma reglamentaria, conduce a la *degradación* o *anulación* de la garantía constitucional representada por la reserva de Ley, pues la Ley abre la puerta para que materias pertenecientes a la reserva legal sean, en lo adelante, tratadas o reguladas por reglamentos, y para que las previsiones de estos puedan introducirle cambios de calado a normas legales previas[82].

En casos como los mencionados anteriormente, a la erosión de las competencias normativas del Presidente de la República en Consejo de Ministros por obra de norma de Ley, se suma la notable cualidad, la singular eficacia, de estos reglamentos, dictados por autoridades administrativas distintas a las constitucionalmente previstas, en

---

81 Corte Suprema de Justicia en Pleno, Sentencia s/n, del 25 de septiembre de 1990, asunto *Arturo Luis Torres*, en *Revista de Derecho Público* N° 44, Editorial Jurídica Venezolana, Caracas, 1995, pp. 117-118.

82 Parafraseando a Santamaría Pastor, en oportunidades algunas leyes pierden su *resistencia pasiva a la innovación*. Este «…fenómeno es conocido con el nombre de *deslegalización…*», porque una norma de rango de ley, por autorización de esa misma ley o de otra posterior, «…pierde su característica resistencia a la modificación [en virtud de norma de inferior rango], de tal manera que, en lo sucesivo, la materia a la que se refieren la norma o normas deslegalizadas podrá ser regulada mediante normas reglamentarias» (Santamaría Pastor, Juan Alfonso, *Principios de Derecho Administrativo*, Volumen I, *op. cit.*, p. 219). El fenómeno, empero, se encuentra reñido con la Constitución si la materia de la que se trata forma parte del elenco de las materias que la Constitución reserva al Poder Legislativo.

ejercicio de potestades que exceden los límites consustanciales de la potestad reglamentaria, ya que se ejercen con el ánimo de introducirle modificaciones, en la materia de su especialidad, a normas legales preexistentes. Mientras esas Administraciones especializadas, en las materias cuya reglamentación se defiere a cada una de ellas, pueden *privar de efectos* normas de ley, el poder reglamentario del Presidente de la República en Consejo de Ministros *ex*-artículo 236, numeral 10, de la Constitución, carece de esa cualidad.

Por su *desigual misión*, la dispar cualidad de unas y otras normas reglamentarias crea inconvenientes que no han sido debidamente estudiados por nuestra doctrina, por lo que se refiere a la solución de las eventuales *antinomias* que pudieran llegar a producirse entre una y otra clase de previsiones reglamentarias[83]. El solo texto de los artículos 13, 14 y 15 de la Ley Orgánica de Procedimientos Administrativos luce insuficiente a estos efectos[84].

---

83 *Vid.*, *mutatis mutandis*, Corte Primera de lo Contencioso-Administrativo, Sentencia s/n, del 17 de febrero de 1981, en *Revista de Derecho Público* N° 6, Editorial Jurídica Venezolana, Caracas, 1980, pp. 139 y ss., (*ut infra*, Capítulo V, §5, literal E).

84 Copiados a la letra los artículos 13, 14 y 15 de la Ley Orgánica de Procedimientos Administrativos establecen, respectivamente, que «ningún acto administrativo podrá violar lo establecido en otro de superior jerarquía; ni los de carácter particular vulnerar lo establecido en una disposición administrativa de carácter general, aun cuando fueren dictados por autoridad igual o superior a la que dictó la disposición general»; que «los actos administrativos tienen la siguiente jerarquía: decretos, resoluciones, órdenes, providencias y otras decisiones dictadas por órganos y autoridades administrativas»; y, que «los decretos son las decisiones de mayor jerarquía dictadas por el Presidente de la República y, en su caso, serán refrendados por aquel o aquellos Ministros a quienes corresponda la materia o por todos, cuando la decisión haya sido tomada en Consejo de Ministros. En el primer caso, el Presidente de la República, cuando a su juicio la importancia del asunto lo requiera, podrá ordenar que sea refrendado además, por otros ministros». Al analizar los artículos 13 y 14 de la Ley Orgánica de Procedimientos Administrativos, la Corte Suprema de Justicia ha dejado asentado que «... si bien es cierto que todas las fuentes de derecho administrativo emanadas de la Administración

F) La exacerbación de la práctica y el consecuente sometimiento de los particulares a regulaciones dictadas por múltiples centros de poder reglamentario

Más allá de las razones de Derecho que han sido invocadas a lo largo de esta Sección, lo cierto es que la concesión de poderes reglamentarios mediante norma de Ley a esas Administraciones dotadas de autonomía, somete a las personas a una multiplicidad de regulaciones dictadas, frecuentemente sin orden ni concierto, por diversas autoridades especializadas a las que, según García de Enterría,

> «...les falta una visión serena y general de las situaciones sociales por la parcialidad de sus respectivas especialidades técnicas y por la dialéctica propia de las disfunciones burocráticas, consustanciales a su misma existencia»[85].

Verbigracia, centremos nuestra atención en las normas reglamentarias aplicables a las instituciones bancarias, porque el ejemplo permite ilustrar la grave problemática que se deriva del *fraccionamiento*, por Ley, de la potestad reglamentaria:

La Ley de Instituciones del Sector Bancario establece que las actividades y operaciones reguladas por ella deben realizarse de conformidad con las leyes y «...los reglamentos que dicte el Ejecutivo Nacional...» (artículo 3° *eiusdem*). En adición a esos reglamentos, las instituciones del sector bancario también se encuentran someti-

---

concurren a definir el bloque de legalidad, no es menos cierto que lo hacen en *diferentes rangos*. Existe, en efecto, una jerarquía de los actos administrativos que atiende, principalmente, a la posición que ocupa el órgano que lo emite, dentro del ámbito organizativo del ente al cual pertenece, así como al contenido mismo (general o particular) de los actos. La violación de ese orden jerárquico lleva de suyo la nulidad –por ilegalidad– del acto administrativo que contradiga lo establecido en otro de jerarquía mayor» (Corte Suprema de Justicia en Pleno, Sentencia s/n, del 24 de noviembre de 1999, asunto *Comité Interprofessionnel du Vin de Champagne*).

85 García de Enterría, Eduardo, *La lucha contra las inmunidades del poder*, Editorial Civitas, S.A., 3ª edición, Madrid, 1983, p. 83.

das a «...la normativa prudencial que emita la Superintendencia de las Instituciones del Sector Bancario...» en materia técnico-contable, legal, tecnológica y de riesgo (artículo 3° y 6° *eiusdem*). Asimismo, las instituciones del sector bancario se encuentran sujetas a la potestad reglamentaria del Banco Central de Venezuela, pues a este incumbe, *inter alia*, formular y ejecutar la política monetaria y regular el crédito.

Como si ello no bastara, a la potestad reglamentaria de esas distintas autoridades se suma la de una larga lista de Administraciones con competencias *ratione materiae* distintas, a las que diversas Leyes han asignado poder para regular el crédito bancario. Veamos.

a. La Ley de Crédito para el Sector Agrario

La Ley de Crédito para el Sector Agrario faculta a los Ministerios de Finanzas y de Agricultura y Tierras para fijar los términos, condiciones, plazos y porcentajes mínimos obligatorios de la cartera de crédito que los bancos comerciales y universales deben destinar al sector agrario, agregando que dicha cartera en ningún caso podrá exceder del treinta por ciento (30%) de la cartera de créditos bruta de la institución llamada a cumplirla (artículo 5° *eiusdem*)[86]. En ejercicio de ese poder normativo, los Ministerios de Finanzas y de Agricultura y Tierras pueden incluso relajar, porque así lo prevé la Ley de Crédito para el Sector Agrario, los requisitos y plazos máximos de los créditos previstos en la Ley de Instituciones del Sector Bancario y en los actos normativos derivados de su aplicación (artículo 11 *eiusdem*).

La Exposición de Motivos de la Ley contiene una curiosa declaración, irreconciliable, por lo demás, con la Constitución, porque vacía de contenido la potestad reglamentaria concedida al Presidente de la República en Consejo de Ministros. De acuerdo con la precitada declaración, la Ley de Crédito al Sector Agrícola

---

[86] *Gaceta Oficial de la República* N° 5.890 Extraordinario, del 31 de julio de 2008.

«...no requiere ser reglamentada por el Ejecutivo Nacional...» (léase, por el Presidente de la República en Consejo de Ministros); por el contrario, «...dada la dinámica que caracteriza el sistema financiero, dicha norma será, en aquellos aspectos que los requieran, regulada a través de normativa prudencial que será dictada por la Superintendencia de Bancos y Otras Instituciones Financieras, y por los Ministerios...» con competencia en materia de Finanzas y de Agricultura y Tierras, «...según corresponda, garantizando así una legislación actualizada, y acorde con las necesidades de transformación que requiere nuestro país...».

b. La Ley de Inversiones Turísticas y del Crédito para el Sector Turismo

La Ley de Inversiones Turísticas y del Crédito para el Sector Turismo habilita al Ejecutivo Nacional, por órgano del Ministerio con competencia en materia de turismo, para fijar dentro del primer mes de cada año, mediante resolución sujeta a la opinión vinculante del Banco Central de Venezuela, el porcentaje de la cartera de crédito que cada uno de los bancos debe destinar al sector turismo durante el año de que se trate, precisando que dicho porcentaje en ningún caso podrá ser menor del tres por ciento de la cartera de crédito (artículo 16 *eiusdem*)[87]. En la actualidad dicho porcentaje asciende al cinco coma veinticinco por ciento (5,25%) de la cartera de créditos[88]. La Ley establece, complementariamente, que los Ministerios con competencia en materia de turismo y finanzas deben fijar anualmente, mediante resolución conjunta, cómo ha de distribuirse porcentualmente la Cartera de Crédito Turístico entre las distintas categorías de prestadores de servicios turísticos (artículo 29 *eiusdem*).

---

87 *Gaceta Oficial de la República* N° 6.153 Extraordinario, del 18 de noviembre de 2014.

88 *Gaceta Oficial de la República* N° 40.875 del 30 de marzo de 2016.

c. La Ley Especial de Protección al Deudor Hipotecario de Vivienda

La Ley Especial de Protección al Deudor Hipotecario de Vivienda faculta al Ministerio del Poder Popular para la Vivienda y Hábitat para fijar el porcentaje de la cartera de crédito anual que las instituciones autorizadas para conceder créditos hipotecarios deben destinar al otorgamiento de créditos (hipotecarios) destinados a la adquisición, construcción, autoconstrucción, ampliación o remodelación de vivienda principal (artículo 29)[89]. En la actualidad ese porcentaje asciende veinte por ciento (20%) de la cartera de crédito bruta anual[90].

d. La Ley de Crédito para el Sector Manufacturero

La Ley de Crédito para el Sector Manufacturero habilita al Ejecutivo Nacional, por órgano de los Ministerios con competencia en materias de finanzas e industrias, para fijar dentro del primer mes de cada año, mediante Resolución Conjunta, previa opinión de la Superintendencia de las Instituciones del Sector Bancario y el Banco Central de Venezuela, los términos, condiciones, plazos y porcentajes mínimos obligatorios de la cartera de crédito que la banca universal debe destinar al sector manufacturero, el cual en ningún caso podrá ser menor del diez por ciento (10%) de la cartera de crédito bruta del año inmediatamente anterior (artículo 5°)[91]. Hoy en día ese porcentaje asciende al diez por ciento (10%) de la cartera de crédito bruta de las instituciones bancarias[92].

---

89 *Gaceta Oficial de la República* N° 38.756, del 28 de agosto de 2007.

90 *Gaceta Oficial de la República* N° 41.095, del 14 de febrero de 2017.

91 *Gaceta Oficial de la República* N° 39.904, del 17 de abril de 2012.

92 *Gaceta Oficial de la República* N° 41.118, del 21 de marzo de 2017. En torno a las carteras de crédito y la problemática que ellas plantean, consúltese Muci Borjas, José Antonio, "Las carteras de crédito obligatorias: *Excursus* sobre la naturaleza y legitimidad de la obligación impuesta a la banca", en *Temas actuales de Derecho Bancario*, Libro Homenaje a la Memoria de Oswaldo Padrón Amaré, Fundación de Estudios de Derecho Administrativo, Caracas, 2009, pp. 465-496.

Amén de la muy discutible constitucionalidad de buena parte de esas normas reglamentarias, el recuento que antecede permite constatar que la banca venezolana se halla sometida a una confusa *maraña de regulaciones*, producida por un sinnúmero de autoridades ajenas al negocio bancario, y, por consiguiente, incapaces de medir los efectos que sus medidas producen sobre las instituciones de crédito en materias de riesgos.

A las regulaciones que anteceden cabría agregar, porque junto con todas estas coexisten otras regulaciones sectoriales, las normas reglamentarias dictadas, *inter alia*, por las Administraciones con competencia en materia laboral o cambiaria.

Sección V. Recapitulación

Un detenido análisis de las normas constitucionales y legales invocadas a lo largo del presente Capítulo, cabe aseverar a título de conclusión:

a. La Constitución venezolana en vigor habilita expresamente a ciertas y determinadas autoridades nacionales para aprobar reglamentos. Asimismo, la Constitución precisa las materias que cada una de tales autoridades puede disciplinar mediante este tipo de instrumento.

b. Con base en el principio constitucional de autonomía, nuestra Constitución también habilita, esta vez de manera virtual o implícita, a ciertas y determinadas autoridades nacionales, para aprobar reglamentos ejecutivos.

c. A causa de las limitaciones *ratione materiae* a la potestad reglamentaria, otrora general, del Presidente de la República, a nivel Nacional el Presidente de la República en Consejo de Ministros retiene o conserva una potestad reglamentaria que cabría calificar como *general*, porque se extiende a las leyes (las leyes en general, *ex*-artículo 236, numeral 10, de la Constitución), y, al propio tiempo, como *residual*, porque puede ser ejercida en todas aquellas materias que la Constitución no le encomendó, de manera expresa o implícita, a otra Administración.

d. Con base en el principio constitucional de distribución vertical del Poder y la subsecuente autonomía de los Estados y Municipios, nuestra Constitución también habilita virtual o implícitamente a los Poderes Ejecutivos de esas entidades político-territoriales para aprobar reglamentos ejecutivos.

e. A lo largo de las últimas décadas la potestad reglamentaria asignada a ese órgano del Ejecutivo Nacional se ha ido *fragmentando* ulteriormente, habida cuenta de que diversas leyes han encomendado su ejercicio a múltiples Administraciones[93]. Ciertamente, en Venezuela la asignación de potestades reglamentarias mediante normas de Ley es un fenómeno regular. No solo es regular, es un suceso que se produce con frecuencia creciente.

f. Son numerosas las leyes que le reconocen a una constelación de Administraciones especializadas, distintas a las mencionadas por la Constitución, potestad para aprobar normas de la más variada índole, ya que con base en esas habilitaciones legales la Administración:

    i. Dicta normas internas, como el reglamento interno de la Comisión Nacional de Telecomunicaciones y el reglamento interno y las normas que gobiernan el funcionamiento de la Superintendencia Nacional para la Defensa de los Derechos Socioeconómicos;

    ii. Aprueba normas de carácter técnico, como ocurre con la normativa prudencial de la Superintendencia de las Instituciones del Sector Bancario en materia técnico-contable, las normas técnicas en materia de telecomunicaciones de

---

[93] En España, Santamaría Pastor se refiere a este fenómeno como uno de dispersión o diseminación de la potestad reglamentaria (SANTAMARÍA PASTOR, JUAN ALFONSO, *Principios de Derecho Administrativo*, Volumen I, *op. cit.*, p. 291).

la Comisión Nacional de Telecomunicaciones y las normas asociadas a los análisis de costos de la Superintendencia Nacional para la Defensa de los Derechos Socioeconómicos;

iii. Expide normas reguladoras de las relaciones que se establecen entre la Administración y los particulares, como las dictadas por el Servicio Nacional Integrado de Administración Aduanera y Tributaria en materia de retención; y,

iv. Decreta normas limitativas de la capacidad contractual de los particulares, porque establecen las reglas jurídicas llamadas a gobernar las relaciones que estos celebren con otros particulares, como ocurre con el reglamento aprobado por la Superintendencia de la Actividad Aseguradora, dictado con el objeto de disciplinar –*in totum*– el contrato de seguros, y con las condiciones generales para la prestación de los servicios de transporte aéreo, dictado por el Instituto Nacional de Aeronáutica Civil; y, porque inciden sobre la organización y el funcionamiento interno de las sociedades privadas, como ocurre con la normativa prudencial llamada a regular el funcionamiento de las asambleas de accionistas de las instituciones bancarias.

g. La Constitución no autoriza la sanción de leyes que erosionen las potestades reglamentarias de las autoridades a las que la Constitución reconoce ese poder, en beneficio de otras distintas seleccionadas por el Legislador.

h. La atribución, mediante norma de Ley, del poder para aprobar reglamentos ejecutivos a autoridades distintas a las mencionadas por la Constitución, no puede ser conciliada con Constitución, porque se traduce en el desconocimiento de las normas constitucionales atributivas de competencia en materia reglamentaria por quien no tiene poder para modificar la Constitución. Ese modo de obrar contraviene el principio de colaboración –de leal colaboración, *rectius*– entre los órganos que integran las distintas ramas llamadas a ejercer el Poder Público, porque el artículo 137 de la Constitución impide el empleo de la Ley para sustraer al Presidente de la República en Consejo de Ministros poderes reglamentarios que, conforme al Texto Fundamental, toca a él ejercer, e impide, por tanto, que se desplace –y sustituya por otra autoridad– al legítimo titular de esos poderes.

i. La potestad, de carácter o naturaleza discrecional, que habilita al Presidente de la República en Consejo de Ministros para expedir reglamentos, *ex*-artículo 236, numeral 10, de la Constitución, encuentra su justificación última en la legitimación política del Presidente de la República por causa de su elección mediante sufragio, y, por consiguiente, en la legitimación política que la Constitución le reconoce al Presidente de la República en Consejo de Ministros para determinar las políticas públicas que han de ser implementadas por el Gobierno[94].

j. Más allá de la conveniencia que pudiera derivarse de la asignación de fracciones de la potestad reglamentaria a Administraciones especializadas, el ejercicio de la potestad reglamentaria debe enmarcarse dentro de los límites que la Constitución impone. Eso supone una profunda revisión del alcance del poder normativo que la Ley puede reconocerle a las Administraciones especializadas. De acuerdo con los límites constitucionalmente previstos, la potestad normativa de estas Administraciones especializadas ha de quedar circunscrita a la aprobación de tan solo dos tipos de normas, a saber: primero, *normas técnicas*, cuya aprobación no suponga, demande o entrañe el ejercicio de discrecionalidad reglamentaria[95]; y, segundo, *normas de organización interna*

---

[94] Consúltese, *mutatis mutandis*, Lucarelli, Alberto, *Potere Regolamentare* (Il regolamento indipendente tra modelli istituzionali e sistema delle fonti nell'evoluzione della dottrina pubblicistica), *op. cit.*, p. 27; y, Fernández Salmerón, Manuel, *El control jurisdiccional de los reglamentos*, *op. cit.*, p. 85.

[95] Sala Político-Administrativa de la Corte Suprema de Justicia, Sentencia N° 484, del 22 de julio de 1998, asunto *Johnson & Johnson de Venezuela*, S.A.

que quepan anclar en principios generales arraigados en nuestra Constitución.

(*ut supra*, Capítulo IV, nota a pie de página N° 40). En sentido coincidente se ha pronunciado en Colombia Martínez Neira, para quien la *normativa prudencial* aprobada por la Administración especializada en materia bancaria con el objeto de disciplinar, *inter alia*, la solvencia, la liquidez o la dispersión de riesgos bancarios, tiene el carácter de *norma técnica*, porque no se expiden en ejercicio de la facultad que la Constitución reconoce al Presidente de la República (Martínez Neira, Néstor Humberto, *Cátedra de Derecho Bancario*, 2ª edición, Legis Editores S.A., Bogotá, 2004, p. 53).

Capítulo V

El reglamento

Sección I. El Reglamento como fuente de Derecho Administrativo

§1. Precisiones terminológicas: Los reglamentos excluidos de la definición

La palabra reglamento no es unívoca; tiene, por el contrario, variados significados. El término arropa realidades muy heterogéneas[1], porque el vocablo es empleado para designar actos o negocios jurídicos de muy dispar naturaleza[2]. Habida consideración de la polivalencia del vocablo, resulta necesario precisar aquí qué ha de entenderse por reglamento a los efectos del presente ensayo.

A) El Reglamento Interior y de Debates de la Asamblea Nacional

De conformidad con lo dispuesto por el artículo 187 de la Constitución, corresponde a la Asamblea Nacional dictar su reglamento y aplicar las sanciones que en él se establezcan. Por exigencia constitucional en el precitado reglamento deben contemplarse, *inter alia*, los requisitos y procedimientos para la instalación y demás sesiones de la Asamblea Nacional, así como para el funcionamiento de sus comisiones (artículo 221 *eiusdem*). El aludido reglamento es un acto parlamentario sin forma de ley, aprobado por la Asamblea Nacional en ejecución *directa* e *inmediata* de la Constitución, y como tal se equipara a las leyes por lo que a su rango o jerarquía normativa

---

1 Giannini, Massimo Severo, "Regolamento (Problematica Generale)", *Enciclopedia del Diritto, op. cit.*, p. 604. En palabras de Giannini, «regolamento è un sostantivo dietro il quale stanno realtà giuridiche molto disomogenee».

2 Sandulli, Aldo, *Manuale di Diritto Amministrativo*, Volume I, *op. cit.*, p. 54.

se refiere. Así, este acto parlamentario escapa a la definición de reglamento, entendido como acto administrativo cuyas previsiones tienen rango sublegal o infralegal[3].

La afirmación que antecede no ha constituido óbice para que nuestra justicia le haya reconocido carácter reglamentario *stricto sensu* a otros actos del Poder Legislativo que, a diferencia del Reglamento Interior y de Debates, no se traducen en la ejecución directa e inmediata de la Constitución. Según la justicia venezolana, el Reglamento Interno de Personal del Congreso de la República, del 23 de diciembre de 1970, calificaba como acto administrativo dictado por el Poder Legislativo para organizarse internamente, de forma análoga a como lo hace la Administración[4]. Según la decisión judicial invocada, el Reglamento Interno de Personal del Congreso de la República fue aprobado «...en ejercicio de la potestad reglamentaria inherente a la función administrativa...», que si bien es función propia del Poder Ejecutivo, no es función propia y excluyente de este último.

B) Los actos normativos que, no obstante su denominación (*nomen*), hubieren sido dictados por el Ejecutivo Nacional en ejecución directa de la Constitución

A pesar de su denominación, el Reglamento de Castigos Disciplinarios N° 6, dictado por la Junta Militar de Gobierno el 31 de enero de 1949, aplicable a los integrantes de las Fuerzas Armadas, no calificaba como acto administrativo de carácter normativo, porque el mismo había sido dictado «...en ejecución directa, si bien

3 Predieri, Alberto, "El sistema de las fuentes del Derecho", en *La Constitución Española de 1978*, Estudio sistemático dirigido por los Profesores Predieri, Alberto y García de Enterría, Eduardo, 2ª reimpresión, Editorial Civitas, S.A., Madrid, 1984, p. 223; y, de Otto, Ignacio, *Derecho Constitucional* (Sistema de Fuentes), *op. cit.*, pp. 224-225.

4 Sala Político-Administrativa de la Corte Suprema de Justicia, Sentencia N° 148, del 17 de julio de 1980, asunto *Lilia Zabala*, en *Jurisprudencia de la Corte Suprema de Justicia*, Dr. Oscar Pierre Tapia, número 7, Caracas, julio 1980, pp. 56-67.

no de la Constitución, del Acta de Constitución [del Gobierno Provisional, surgido del golpe militar que derrocara al entonces Presidente Constitucional Rómulo Gallegos]de donde dimana su poder transitorio»[5]. Siempre según el más alto Tribunal, habida consideración de la inexistencia del Congreso Nacional, por su disolución por un régimen de fuerza, el precitado Reglamento respondía a las notas características de un Decreto-Ley, «...equiparable en el rango normativo actual con una ley formal...».

En síntesis, para identificar a un reglamento hay que atender más a la *sustancia* del acto (a su rango o jerarquía, *id est*), que a las *formas* externas del negocio jurídico unilateral.

C) Las estipulaciones propuestas por la Administración a sus eventuales contrapartes contractuales

Más allá de sus apariencias formales, también deben ser excluidos de nuestra definición los "reglamentos" dictados por la Administración a los efectos de proponerle a los particulares las reglas que, de llegar a ser aceptadas por estos, gobernarán la futura *relación contractual* que pueda llegar a surgir entre la Administración proponente y los particulares aceptantes de la oferta de contratación formulada por el ente público.

En este sentido, cabría citar aquí, verbigracia, la decisión adoptada por nuestros tribunales de justicia por lo que respecta al Reglamento para el Juego del "5 y 6"[6].

---

5 Sala Político-Administrativa del Tribunal Supremo de Justicia, Sentencia N° 467, del 27 de marzo de 2001, asunto *Adalberto Rivas Omaña et al.* En propósito, consúltese Basile Urizar, Miguel Ángel, "Sobre el rango del Decreto N° 525 mediante el cual se dicta el Reglamento General de Alimentos", en *Revista Electrónica de Derecho Administrativo Venezolano* N° 3, mayo-agosto 2014, Universidad Monteávila, Caracas, 2014, pp. 63 y ss. (http://redav.com.ve/wp-content/uploads/2014/12/REDAV-3.pdf).

6 Corte Federal, Sentencia s/n, del 16 de marzo de 1954, Brewer-Carías, Allan Randolph, *Jurisprudencia de la Corte Suprema de Justicia 1930-74 y Estudios de Derecho Administrativo*, Tomo I, *op. cit.*, pp. 505-506.

D) Los reglamentos aprobados por Administraciones de Derecho Internacional

Tampoco califican como reglamentos otros actos, denominados Reglamentos, producidos por instituciones gobernadas por el Derecho Internacional. Nos referimos, *e.g.*, al Reglamento y las Reglas del Centro Internacional de Arreglo de Diferencias Relativas a Inversiones (CIADI), aprobado por ese Centro con base en el Convenio sobre Arreglo de Diferencias Relativas a Inversiones entre Estados y Nacionales de Otros Estados, o al Reglamento sobre Tratamiento de Información para la Cooperación Policial Internacional de la Organización Internacional de Policía Criminal (INTERPOL). Trátase, en ambos casos,de actos dictados por Administraciones Internacionales (*Amministrazioni senza Stato*, en palabras de Battini)[7], que no constituyen fuente de Derecho Interno[8].

E) Los reglamentos aprobados por particulares

También existen actos de diverso tipo, llamados o denominados reglamentos, que, no obstante este dato formal, escapan del concepto de reglamento porque no emanan de la Administración[9]. Aludimos, a título de ejemplo, al Reglamento de Condominio previsto en el artículo 26 de la Ley de Propiedad Horizontal[10]; al Reglamento Interno de los desarrollos inmobiliarios de multipropiedad o tiempo

---

7 BATTINI, STEFANO, *Amministrazioni senza Stato* (Profili di Diritto Amministrativo Internazionale), Dott. A. Giuffrè Editore, Milano, 2003, pp. 197-220.

8 KINGSBURY, BENEDICT, KRISCH, NIKO y STEWART, RICHARD B., "The emergence of Global Administrative Law", *Law and Contemporary Problems* Vol. 68, Summer & Autumn 2005, Nos. 3 & 4, Duke University School of Law, p. 17; MUCI BORJAS, JOSÉ ANTONIO, *El Derecho Administrativo Global y los Tratados Bilaterales de Inversión (BITs)*, Editorial Jurídica Venezolana, Caracas, 2007, pp. 62-68; y, MUCI BORJAS, JOSÉ ANTONIO, "Prólogo", en BREWER-CARÍAS, ALLAN RANDOLPH, *Procedimiento Administrativo Global ante Interpol*, Investigaciones Jurídicas, S.A., San José de Costa Rica, pp. 13-33.

9 CARLASSARE, LORENZA, "Regolamento (Diritto Costituzionale)", *op. cit.*, p. 605.

10 *Gaceta Oficial de la República* N° 3.241 Extraordinario, del 18 de agosto de 1983.

compartido, previsto en los artículos 7° y 20 de la Ley que Regula y Fomenta la Multipropiedad y el Sistema de Tiempo Compartido[11]; y, a los Reglamentos Internos de las Asociaciones Cooperativas, contemplados en los artículos 8° y 26 de la Ley Especial de Asociaciones Cooperativas[12]. Esos distintos negocios jurídicos se caracterizan por una circunstancia que les es común: sus autores son particulares que celebran esos actos desprovistos de autoridad (*auctoritas*). Celebran esos negocios obrando en ejercicio de poderes jurídicos propios del Derecho común.

Lo dicho no obsta para que los particulares puedan obrar en determinadas circunstancias como autoridad y para que, en virtud de la denominada descentralización por colaboración, ejerzan función reglamentaria y dicten verdaderos reglamentos. Cabría citar aquí, *e.g.*, los reglamentos aprobados por los Colegios de Abogados en ejercicio de la potestad reglamentaria que a estos reconoce la Ley de Abogados[13]; los reglamentos dictados por las bolsas de valores con el objeto de establecer, de modo imperativo, las condiciones a las cuales deben ajustarse las operaciones que celebren quienes participen en ese mercado[14];

---

[11] *Gaceta Oficial de la República* N° 5.022 Extraordinario, del 18 de diciembre de 1995.

[12] *Gaceta Oficial de la República* N° 37.285 del 18 de septiembre de 2001.

[13] Sala Político-Administrativa de la Corte Suprema de Justicia, Sentencia s/n, del 13 de enero de 1976 (*Jurisprudencia Venezolana Ramírez & Garay*, Tomo LI, Ramírez & Garay S.A., Caracas, 1976, pp. 595-600); y, Sentencia N° 68, del 25 de abril de 1979, asunto *Cristóbal Mendoza* (*Jurisprudencia Venezolana Ramírez y Garay*, Tomo LXV, Ramírez & Garay S.A., Caracas, 1979, pp. 475-480). Según la Corte, «...los organismos profesionales se sitúan en la frontera del derecho público y el derecho privado, conservando del primero las prerrogativas de poder público, tomando del segundo sus modos de gestión...», y, por consiguiente, «...las decisiones reglamentarias...» de los colegios profesionales son verdaderos «...actos administrativos...».

[14] Artículo 101 de la Ley de Mercado de Capitales (*Gaceta Oficial de la República* N° 36.565, del 22 de octubre de 1998). En torno a los reglamentos de las bolsas de valores y demás *actos de autoridad*, que es como la juris-

y, (iii) los reglamentos dictados por los centros de arbitraje regulados por la Ley de Arbitraje Comercial[15].

F) Las ambivalencias del lenguaje: el carácter reglamentario o contractual de las condiciones generales para la prestación de un servicio

Giannini destacaba que en oportunidades las condiciones generales para la prestación de un servicio público son calificadas como reglamento en sentido propio, si su autor es un establecimiento público; pero que si el autor del acto era, por el contrario, un sujeto de Derecho privado, esas mismas condiciones generales podían llegar a ser consideradas *normas generales de contratación*[16].

---

prudencia venezolana denomina a los actos administrativos producidos por particulares, *vid.* MUCI BORJAS, JOSÉ ANTONIO, "Las Bolsas de Valores como prestatarias de un servicio público. Competencia de las Bolsas de Valores para expedir actos administrativos", en *Liber Amicorum. Homenaje a la Obra Científica y Docente del Profesor José Muci-Abraham*, Editorial Jurídica Venezolana, Caracas, 1994, pp. 201 y ss.

15 *Gaceta Oficial de la República* N° 36.430, del 7 de abril de 1998. Los artículos 12 y 13 de la Ley de Arbitraje establecen, respectivamente, que «en el arbitraje institucional todo lo concerniente al procedimiento arbitral, incluyendo las notificaciones, la constitución del tribunal, la recusación y reemplazo de árbitros y la tramitación del proceso, se regirá de conformidad con lo dispuesto en el reglamento de arbitraje del centro de arbitraje al cual las partes se hayan sometido»; y, que «todo centro de arbitraje ubicado en Venezuela tendrá su propio reglamento, el cual deberá contener: a) Procedimiento para la designación del Director del centro, sus funciones y facultades; b) Reglas del procedimiento arbitral; c) Procedimiento de elaboración de la lista de árbitros, la cual será revisada y renovada, por lo menos cada año; los requisitos que deben reunir los árbitros; las causas de exclusión de la lista; los trámites de inscripción y el procedimiento para su designación; d) Tarifas de honorarios para árbitros; y tarifas de gastos administrativos, las cuales serán revisadas y renovadas cada año; e) Normas administrativas aplicables al centro; y f) Cualquier otra norma necesaria para el funcionamiento del centro».

16 GIANNINI, MASSIMO SEVERO, "Regolamento (Problematica Generale)", *Enciclopedia del Diritto*, *op. cit.*, p. 604.

§2. Concepto

Se entiende por reglamento el acto administrativo, creador de reglas de Derecho de aplicación general, dictado por la Administración en ejercicio de potestad reglamentaria[17].

A los efectos de aclarar el sentido de la definición de reglamento propuesta por nosotros, luce pertinente realizar las precisiones que siguen:

a. El reglamento es un acto administrativo

El reglamento es, primero que nada, *acto administrativo*. En nuestro ordenamiento el reglamento califica como acto administrativo porque los artículos 259 y 266 (numeral 5°) de la Constitución establecen, respectivamente, que los tribunales contencioso-administrativos son competentes para anular los actos administrativos, generales o individuales, contrarios a Derecho, incluso por desviación de poder; y, que corresponde a la Sala Político-Administrativa del Tribunal Supremo de Justicia declarar la nulidad total o parcial de los reglamentos y demás actos administrativos, generales o individuales, del Ejecutivo Nacional, cuando sea procedente[18].

---

[17] La justicia venezolana ha invocado las definiciones de reglamento propuestas por García de Enterría y Fernández, para quienes reglamento, en un sentido amplio, es «toda norma escrita dictada por la Administración», y Sayagués Laso, quien definía el reglamento como «el acto unilateral de la Administración que crea normas jurídicas generales» (Sala Político-Administrativa de la Corte Suprema de Justicia, Sentencia N° 171, del 9 de mayo de 1990, asunto *Vengas de Caracas*, C.A., en *Revista de Derecho Público* N° 42, abril-junio 1990, Editorial Jurídica Venezolana, Caracas, 1990, pp. 78-79). En el fallo citado anteriormente el más alto Tribunal ha agregado que «...la potestad reglamentaria es el poder con base en el cual la Administración dicta Reglamentos, y que le permite participar en la formación del ordenamiento jurídico mediante la emisión de normas de carácter general y abstracto».

[18] Caballero Ortiz, Jesús, "Algunas Consideraciones sobre la Distinción entre Actos Administrativos Generales y Actos Administrativos Individuales (con especial referencia a la Constitución de 1999)", en *Revista de Derecho*

El reglamento, en síntesis, es norma formal y materialmente subordinada a la Ley[19].

b. El reglamento es un acto estatal unilateral

Tratándose de un acto administrativo, el reglamento es también, por definición, *acto estatal unilateral*, dictado por la Administración con base en norma de Derecho interno. Desde esta perspectiva, nuestra definición de reglamento solo comprende los actos dictados por una Administración estatal con base en el Derecho estatal, con fundamento, esto es, en Derecho interno, o, dicho de otra manera, excluye los "reglamentos" dictados por una Administración Internacional con base en norma de Derecho Internacional.

Los reglamentos dictados por particulares en ejercicio de función normativa– y obrando, por consiguiente, como autoridad– constituyen notable *excepción* a la regla general que acabamos de enunciar, porque estos no califican como actos estatales.

Administrativo número 7, septiembre-diciembre 1999, Editorial Sherwood, Caracas, pp. 7 y ss.; y, LARES MARTÍNEZ, ELOY, *Manual de Derecho Administrativo, op. cit.*, p. 83.
En idéntico sentido, Corte Primera de lo Contencioso-Administrativo, Sentencia s/n, del 10 de junio de 1981, en *Revista de Derecho Público*, N° 7, Editorial Jurídica Venezolana, Caracas, 1981, pp. 147 y 148).

19 Corte Suprema de Justicia en Pleno, Sentencia s/n, del 17 de noviembre de 1986, asunto *Arturo Luis Torres*, en *Revista de Derecho Público* N° 28, octubre-diciembre 1986, Editorial Jurídica Venezolana, Caracas, 1986, pp. 85-86. Nuestro más alto Tribunal ha dejado asentado que «...sea cual fuere el concepto de acto administrativo que tengamos, este último surgirá siempre de la ejecución directa e inmediata de la ley, incluso así lo reconoce el artículo 7 de la Ley Orgánica de Procedimientos Administrativos cuando lo define como declaración de carácter general o particular emitida de acuerdo a la ley» (Sala Político-Administrativa de la Corte Suprema de Justicia, Sentencia N° 120, del 2 de abril de 1987, asunto *Burgos Romero*, en BREWER-CARÍAS, ALLAN RANDOLPH y ORTÍZ ÁLVAREZ, LUIS A., *Las grandes decisiones de la Jurisprudencia Contencioso-Administrativa (1961-1996)*, Editorial Jurídica Venezolana, Caracas, 1996, p. 40).

También constituyen excepción a susodicha regla los Convenios Cambiarios, *contratos interadministrativos* suscritos por el Banco Central de Venezuela y la República con el objeto de disciplinar los términos y condiciones en los que los particulares pueden adquirir divisas en el marco de un régimen de control de cambios, porque nuestra justicia ha dejado asentado que tales convenios, por el alcance de sus preceptos, deben someterse al *procedimiento de consulta pública* para la aprobación de normas reglamentarias contemplado por la Ley Orgánica de la Administración Pública[20].

c. El contenido normativo del reglamento

Por su sustancia, el reglamento es acto administrativo de contenido normativo[21] y fuente escrita de Derecho Administrativo creada por la Administración. A esa forma de designarlos se agregan otras, empleadas por la Constitución (acto administrativo general)[22] y la Ley Orgánica de la Jurisdicción Contencioso-Administrativa (acto administrativo de efectos generales)[23].

---

20 Sala Constitucional del Tribunal Supremo de Justicia, Sentencia N° 1.613, del 17 de agosto de 2004, asunto *Henry Pereira Gorrín et al.*

21 Corte Primera de lo Contencioso-Administrativo, Sentencia s/n, del 20 de marzo de 1980, en *Revista de Derecho Público* N° 2, Editorial Jurídica Venezolana, Caracas, 1980, pp. 109-110. Según la Corte, «,,,los reglamentos, considerados como actos administrativos de efectos generales en nuestro sistema legal, no escapan del principio de legalidad como eje fundamental del control jurisdiccional de los actos de la Administración Pública,,,». En idéntico sentido, Corte Primera de lo Contencioso-Administrativo, Sentencia s/n, del 10 de junio de 1981, en *Revista de Derecho Público* N° 7, Editorial Jurídica Venezolana, Caracas, 1980, pp. 147-148.

22 Artículos 259 y 266 de la Constitución.

23 Artículo 32 de la Ley Orgánica de la Jurisdicción Contencioso-Administrativa (*Gaceta Oficial de la República* N° 39.451, del 22 de junio de 2010). *Vid.* Corte Primera de lo Contencioso-Administrativo, Sentencia s/n, del 1° de junio de 1982, asunto *Federación Médica Venezolana*, en *Revista de Derecho Público* N° 11, julio-septiembre 1982, Editorial Jurídica Venezolana, Caracas, 1982, p. 129; y, Sala Político-Administrativa de la Corte Suprema

El reglamento es acto dictado en ejercicio de función normativa[24]; más propiamente, de potestad reglamentaria (*ut supra*, Capítulo III, Sección III).

A diferencia de la Ley, cuyo contenido suele ser normativo, pero no siempre lo es, a los reglamentos los distingue su contenido normativo[25]. El reglamento ha de contener, invariablemente, preceptos caracterizados por su generalidad, su abstracción y su carácter innovador[26]; preceptos diseñados para pasar a formar

---

de Justicia, Sentencia N° 120, del 12 de febrero de 1987, en BALASSO TEJERA, CATERINA, *op. cit.*, p. 169.

24 Sala Político-Administrativa de la Corte Suprema de Justicia, Sentencia N° 539, del 5 de noviembre de 1992, asunto *Aníbal Segundo Argüello et al.*, en *Revista de Derecho Público* N° 52, Editorial Jurídica Venezolana, Caracas, 1992, pp. 111-112; y, Sala Político-Administrativa de la Corte Suprema de Justicia, Sentencia s/n, del 2 de julio de 1996, en *Revista de Derecho Público* número 67-68, Editorial Jurídica Venezolana, Caracas, 1996, pp. 211-212. Para Chiovenda el reglamento era acto de manifestación de la voluntad del Estado de *contenido legislativo*, expedido por órganos administrativos (CHIOVENDA, GIUSEPPE, *Lezioni di Diritto Amministrativo, op. cit.*, p. 45).

25 DE OTTO, IGNACIO, *Derecho constitucional* (Sistema de fuentes), *op. cit.*, p. 215; y, ZANOBINI, GUIDO, *Corso di Diritto Amministrativo*, Volume Primo (Principî Generali), *op. cit.*, p. 72. En contra, CARLASSARE, LORENZA, "Regolamento (Diritto Costituzionale)", *op. cit.*, p. 602. Vale la pena recordar que para Mayer el reglamento era una «declaración de voluntad estatal con fuerza de precepto jurídico que no reviste la forma de ley», y que frente a esa concepción Merkl observaba, con tino, que la misma, por su tono negativo, le hacía recordar la definición, igualmente negativa, que Mayer proponía a los efectos de delimitar a la administración (MERKL, ADOLF, *Teoría General del Derecho Administrativo, op. cit.*, p. 159).

26 Más allá de nuestras fronteras, cabe citar a Morbidelli (MORBIDELLI, GIUSEPPE, "La Dissaplicazione dei Regolamenti nella Giurisdizione Amministrativa", *op. cit.*, p. 683), quien invoca sendas decisiones de la Casación y Consejo de Estado italianos que giran en torno a los conceptos expresados («V Cass. civ., sez. un., 28 novembre 1994, n. 10124, in Corr. giur., 1995, 619 ss. nella quella si legge infatti che i "regolamenti [...] disciplinano in astratto tipi di rapporti giuridici mediante una regolazione attuativa o integrativa della legge, ma ugualmente *innovativa* rispetto all'ordinamento giuridico esistente,

parte integrante del ordenamiento jurídico y tener repetida o reiterada aplicación en el tiempo. Dicho de otra manera, los reglamentos son siempre ley en sentido material. Son en realidad la categoría más vasta de las leyes materiales en vigor[27].

---

con precetti che presentano appunto, i caratteri della generalità e dell'astrattezza, intesi essenzialmente come ripetibilità nel tempo dell'applicazione delle norme e non determinabilità dei soggetti cui si referiscono"; nello stesso senso Cons. Stato, ad. gen., 11 maggio 1992, n. 67, in Cons. Stato, 1993, I, 1731»). También a García De Enterría, Eduardo y Fernández, Tomás Ramón, *Curso de Derecho Administrativo*, Tomo I, *op. cit.*, p. 187.

27 Para la Corte Suprema de Justicia, los reglamentos dictados por el Ejecutivo Nacional en uso de la atribución prevista en el ordinal 10° del artículo 190 de la Constitución de 1961 tienen «...el *carácter general* que es *atributo de las leyes materiales*» (Sala Político-Administrativa de la Corte Suprema de Justicia, Sentencia s/n, de 17 de octubre de 1978, en *Jurisprudencia de la Corte Suprema de Justicia*, número 11, Dr. Oscar Pierre Tapia, Caracas, noviembre 1978, pp. 26-33). En sentido coincidente, la Corte Primera de lo Contencioso-Administrativo ha dejado asentado que «...lo distingue a los reglamentos [es]... su carácter normativo y abstracto», y que no «...pueden existir reglamentos de efectos particulares, porque por definición, el reglamento además de ser general, tiene también efectos generales, es decir, sus destinatarios no se conocen» (Sentencia del 17 de octubre 1985, en *Revista de Derecho Público*, N° 24, Editorial Jurídica Venezolana, Caracas, 1985, p. 120). Véase también Corte Primera de lo Contencioso-Administrativo, Sentencia s/n, del 1° de junio de 1982, asunto *Federación Médica Venezolana*, en Brewer-Carías, Allan Randolph y Ortiz Álvarez, Luis A., *Las Grandes Decisiones de la Jurisprudencia Contencioso-Administrativa (1961-1996)*, Editorial Jurídica Venezolana, Caracas, 1996, p. 23; y, Corte Suprema de Justicia en Pleno, Sentencia s/n, del 16 de febrero de 1994, asunto *Julio Herrera Velutini*, en Brewer-Carías, Allan Randolph y Ortiz Álvarez, Luis A., *Las Grandes Decisiones de la Jurisprudencia Contencioso-Administrativa (1961-1996)*, Editorial Jurídica Venezolana, Caracas, 1996, p. 32.
Según Moles Caubet los reglamentos tienen «contenido exclusivamente general, *sin poder incluir disposiciones particulares o con un destinatario individual*» (Moles Caubet, Antonio, *El Principio de Legalidad y sus Implicaciones*, *op. cit.*, p. 51). En idéntico sentido, Brewer-Carías, Allan Randolph, *El Control de la Constitucionalidad de los Actos Estatales*, Editorial Jurídica Venezolana, Caracas, 1977, p. 38.

El fundamento de la potestad con base en la cual cada Administración aprueba reglamentos no siempre es el mismo. En oportunidades la potestad deriva de norma constitucional expresa; en otras la potestad ha sido reconocida por la jurisprudencia, invocando al efecto los principios constitucionales de distribución (vertical) y división (horizontal) del Poder Público, y la autonomía que de dichos principios se deriva.

La potestad también puede encontrar su origen en los principios de jerarquía y autoorganización que distinguen o caracterizan a la organización administrativa. Y según la justicia y doctrina prevaleciente, puede igualmente provenir de norma legal expresa.

En todo caso, cuando se habla de reglamento, de reglamento a secas, se suele hacer referencia a los reglamentos dictados por el vértice del Poder Ejecutivo[28].

d. La jerarquía de las normas reglamentarias

Tratándose de un acto administrativo, las normas reglamentarias siempre tienen rango sublegal o infralegal. Son, pues, normas de rango terciario, porque ejecutan la Ley de manera directa e inmediata, y la Constitución solo de manera indirecta y mediata.

En el Derecho comparado se pronuncian en este mismo orden de ideas ZANOBINI, GUIDO, *Corso di Diritto Amministrativo*, Volume Primo (Principî Generali), *op. cit.*, p. 66; MERKL, ADOLF, *Teoría General del Derecho Administrativo*, *op. cit.*, p. 165; y, BÜLOW, ERICO, "La legislación", en *Manual de Derecho Constitucional*, *op. cit.*, p. 753. Aunque dejan intacto el rango preeminente de la ley, para Merkl los reglamentos, por su número o cantidad, tienden a desplazar a las leyes, y esta primacía cuantitativa, mas no cualitativa, crece con la asignación de la competencia para expedir normas reglamentarias a una multitud de autoridades administrativas.

28 Sala Político-Administrativa de la Corte Suprema de Justicia, Sentencia N° 171, del 9 de mayo de 1990, asunto *Vengas de Caracas*, C.A., en *Revista de Derecho Público*, N° 42, Editorial Jurídica Venezolana, Caracas, 1990, pp. 78-79.

CARLASSARE, LORENZA, "Regolamento (Diritto Costituzionale)", *op. cit.*, p. 609.

Aunque el reglamento es siempre acto infralegal o sublegal, no todo reglamento tiene la misma e idéntica jerarquía. La jerarquía del acto reglamentario va a depender de la *auctoritas* o jerarquía de su autor. Por ello, los reglamentos dictados por autoridades inferiores no pueden contradecir los reglamentos dictados por las autoridades superiores (*ad argumentum tantum*, los preceptos del reglamento interno aprobado por un Ministro para fijarle *normas agendi* a sus subordinados no puede discordar con las previsiones de un Decreto reglamentario aprobado por el Presidente de la República en Consejo de Ministros)[29].

Es esto lo que reconocen los artículos 13, 14, 15, 16 y 17 de la Ley Orgánica de Procedimientos Administrativos, a tenor de los cuales ningún acto administrativo puede violar lo establecido en otro de superior jerarquía, ni los de carácter particular vulnerar lo establecido en una disposición administrativa de carácter general, aun cuando fueren dictados por autoridad igual o superior a la que dictó la disposición general (artículo 13); que los actos administrativos tienen la siguiente jerarquía, en orden descendente: decretos, resoluciones, órdenes, providencias y otras decisiones dictadas por órganos y autoridades administrativas (artículo 14); que los decretos, dictados por el Presidente de la República y refrendados, en su caso, por aquel o aquellos Ministros a quienes corresponde la materia, o por todos cuando la decisión haya sido tomada en Consejo de Ministros, son las decisiones de mayor jerarquía (artículo 15); que las resoluciones son decisiones de carácter general o particular adoptadas por los Ministros por disposición del Presidente de la República o por disposición específica de la Ley (artículo 16); y, que las decisiones de los órganos de la Administración Pública Nacional, cuando no les corresponda la forma de decreto o resolución, tendrán la denominación de orden o providencia administrativa, y, en

---

29 Zanobini, Guido, *Corso di Diritto Amministrativo*, Volume Primo (Principî Generali), *op. cit.*, p. 72.

su caso, podrán también adoptar las formas de instrucciones o circulares (artículo 17)[30].

Dejando de lado la regla según la cual los de carácter particular no pueden vulnerar lo establecido en una disposición administrativa de carácter general, que atiende a la *función estatal* ejercida, las normas legales citadas deben ser interpretadas a la luz del artículo 28 de la Ley Orgánica de la Administración Pública[31]. De acuerdo con esta última previsión legal los órganos de la Administración se ordenan por grados; por causa de esa gradación orgánica, los órganos de inferior jerarquía se hallan sometidos a la dirección, supervisión, evaluación y control de sus órganos superiores; y, por consiguiente, los órganos de inferior gradación tienen vedado dictar actos que contradigan lo dispuesto en actos dictados previamente por sus órganos superiores.

e. El variado contenido de los reglamentos

Los reglamentos pueden dictarse con el objeto de aprobar normas de diversa índole, de distinta naturaleza. En nuestro país la Administración ha recurrido al reglamento para aprobar (i) *normas internas*, como ocurre con el reglamento interno de la Comisión Nacional de Telecomunicaciones y con el reglamento interno y las normas que gobiernan el funcionamiento de la Superintendencia Nacional para la Defensa de los Derechos Socioeconómicos; (ii) *normas técnicas*, como sucede con la normativa prudencial de la Superintendencia de las Instituciones del Sector Bancario en materia técnico-contable, con las normas técnicas en materia

30 En materia reglamentaria la jerarquía definida por las normas de la Ley Orgánica de Procedimientos Administrativos aparece plasmada, *e.g.*, por los artículos 5° y 6° de la Ley de Regulación del Arrendamiento Inmobiliario para el uso Comercial (*Gaceta Oficial de la República* N° 40.418, del 23 de mayo de 2014), que habilitan al Ministro competente *ratione materiae* para dictar regulaciones especiales, acotando que las reglas que a tales efectos se aprueben quedan subordinadas a esa Ley y a «...los reglamentos...» dictados –mediante Decreto, se entiende– por el Presidente en Consejo de Ministros.

31 *Ut supra*, Capítulo III, nota a pie de página N° 47.

de telecomunicaciones de la Comisión Nacional de Telecomunicaciones y con las normas asociadas a los análisis de costos de la Superintendencia Nacional para la Defensa de los Derechos Socioeconómicos; (iii) *normas reguladoras de las relaciones que se establecen entre la Administración y los particulares*, como las dictadas por el Servicio Nacional Integrado de Administración Aduanera y Tributaria en materia de retención; y (iv) *normas limitativas de la capacidad contractual* de los particulares, bien porque establecen las reglas jurídicas llamadas a gobernar las relaciones entre particulares, como ocurre con el reglamento aprobado por la Superintendencia de la Actividad Aseguradora, dictado con el objeto de disciplinar *–in totum–* el contrato de seguros, y las condiciones generales para la prestación de los servicios de transporte aéreo, dictado por el Instituto Nacional de Aeronáutica Civil, bien porque *inciden sobre la organización y el funcionamiento interno de las personas jurídicas*, públicas y privadas, como acontece con la normativa prudencial de la Superintendencia de las Instituciones del Sector Bancario reguladora del funcionamiento de las asambleas de accionistas de las instituciones bancarias, así como con las normas de la Superintendencia de la Actividad Aseguradora que contemplan la creación de un órgano societario (Oficial de Cumplimiento de Prevención y Control de Legitimación de Capitales y Financiamiento al Terrorismo) y definen las tareas que este debe desempeñar[32].

f. El autor del reglamento

Finalmente, los reglamentos suelen ser expedidos por una única Administración mediante un acto administrativo simple. No obstante, en oportunidades son aprobados por dos o más Admi-

---

[32] Normas sobre Prevención, Control y Fiscalización de los Delitos de Legitimación de Capitales y el Financiamiento al Terrorismo, en la Actividad Aseguradora, *Gaceta Oficial de la República* N° 39.694, del 13 de junio de 2011.

nistraciones que afirman su competencia para conocer y decidir sobre determinado asunto que les resulta común a través de un acto administrativo complejo[33].

Sección II. El principio de inderogabilidad singular de los reglamentos *ex*-artículo 13 de la Ley Orgánica de Procedimientos Administrativos: jerarquía del reglamento atendiendo a la función estatal ejercida

Siempre en materia relacionada con la jerarquía del acto, el artículo 13 de la Ley Orgánica de Procedimientos Administrativos establece que los actos administrativos de efectos particulares no pueden vulnerar lo establecido en una disposición administrativa de carácter general, aun cuando el acto de carácter particular hubiere sido dictado por autoridad igual o superior a la que dictó la disposición general. La norma legal citada consagra la regla o principio de la inderogabilidad de las disposiciones administrativas de carácter general mediante actos administrativos, posteriores en fecha, que no tienen contenido normativo.

La inderogabilidad singular de las disposiciones administrativas de carácter o efectos generales[34] es regla de Derecho que encuentra su fundamento o justificación en las siguientes razones:

---

[33] Artículo 16 de la Ley Orgánica de Procedimientos Administrativos. *Vid.*, la Resolución Conjunta aprobada por los Ministerios de Fomento y de Educación, distinguida con los números 1700 y 899, respectivamente, mediante la cual esas dos Administraciones dispusieron que las matrículas de los colegios solo podían ser aumentadas de conformidad con las reglas establecidas a través de esa resolución administrativa (*Gaceta Oficial de la República* N° 35.249, del 9 de julio de 1993). En ese caso, Fomento invocó su competencia para fijar tarifas y precios en el territorio nacional y proteger al consumidor, mientras que Educación invocó su competencia para regular los servicios educativos prestados en el país. Sobre esto pueden consultarse igualmente, *mutatis mutandis*, los Convenios Cambiarios (*vid.* Sala Constitucional del Tribunal Supremo de Justicia, Sentencia N° 1.613, del 17 de agosto de 2004, asunto *Henry Pereira Gorrín et al.*).

[34] Corte Primera de lo Contencioso-Administrativo, Sentencia s/n, del 12 de diciembre de 1983 (Balasso Tejera, Caterina, *op. cit.*, pp. 372-373).

a. La función estatal ejercida

Primero, la decisión de aprobar un reglamento es producto del ejercicio de *función normativa*. Por los atributos de generalidad y abstracción que caracteriza las normas reglamentarias, y, complementariamente, del principio de igualdad en la aplicación de la ley, las normas reglamentarias están llamadas a regular todos los casos futuros normativamente previstos, sin distinción[35]. Dicho cuanto antecede, merece la pena observar que la decisión de derogar un reglamento también ha de ser el resultado del ejercicio de *función normativa* y que, por ello, la misma siempre ha de tener alcance general[36].

La adopción de un acto administrativo de efectos particulares en contravención a lo dispuesto por reglamento equivale, por lo que a sus efectos se refiere, a desconocer el vigor de dicho reglamento. La derogatoria puntual o singular de un reglamento, amén de violatoria del derecho a la igualdad en la aplicación de la ley, es inconsistente con la naturaleza de la función que la Administración está llamada a ejercer al momento de dejar sin efecto sus reglamentos, amén de violatoria del derecho a la igualdad en la aplicación de la ley.

b. La superior jerarquía de la función normativa

La razón de ser de la previsión del artículo 13 de la Ley Orgánica de Procedimientos Administrativos pareciera encontrarse en la

---

35 Carlassare, Lorenza, "Regolamento (Diritto Costituzionale)", *op. cit.*, p. 614. Bobbio sostenía «...que considerar la generalidad y la abstracción como requisitos esenciales de la norma jurídica tiene un origen ideológico y no lógico...», porque la «...generalidad y la abstracción son requisitos no ya de la norma jurídica como es, sino como debería ser, para corresponder al ideal de justicia, para la cual todos los hombres son iguales...; estos son requisitos no tanto de la norma jurídica (o sea, de la norma válida en determinado sistema), sino de la norma justa» (Bobbio, Norberto, citado por Fernández Salmerón, Manuel, *El control jurisdiccional de los reglamentos*, *op. cit.*, pp. 38-40).

36 Estepa Moreno, Manuel, *Los Reglamentos del Gobierno*, Tomo I, *op. cit.*, p. 264.

afirmación de Merkl, para quien el reglamento es «...un *acto administrativo de primer rango*», y a diferencia de los actos administrativos de efectos particulares solo se halla subordinado a la Constitución y a la Ley[37].

Esa afirmación inicial de Merkl pudiera ser complementada con otra de De Béchillon, quien argumenta que en lugar de disertar acerca de la jerarquía *de los actos estatales*, en realidad ha de discurrirse sobre la jerarquía *de las funciones estatales*. Desde la perspectiva propuesta por De Béchillon, aunque los actos administrativos de efectos particulares y los actos administrativos de efectos generales tienen, unos y otros, rango sublegal o infralegal, los actos administrativos de carácter particular no pueden vulnerar lo establecido en actos administrativos de efectos generales porque la función normativa ejercida por la Administración al dictar estos últimos tiene mayor jerarquía que la función administrativa –o jurisdiccional– practicada por esa misma Administración al dictar los primeros[38].

La regla legal del artículo 13 de la Ley Orgánica de la Administración Pública, que prohíbe a los actos administrativos de carácter particular vulnerar lo establecido en actos administrativos de efectos generales, incluso cuando los primeros hayan sido dictados por autoridades de mayor jerarquía, pareciera reconocer la validez de la tesis defendida por De Béchillon.

El artículo 13 alude a las disposiciones administrativas generales de carácter general, sin hacer distinciones en torno a los destinatarios de la norma administrativa. La norma, por tanto, no distingue entre reglamentos jurídicos (disposiciones administrativas de carácter general con efectos *ad extra*) y reglamentos administrativos (disposiciones administrativas de carácter general con efectos *ad intra*). Por

---

[37] Merkl, Adolfo, *Teoría General del Derecho Administrativo*, Editorial Revista de Derecho Privado, Madrid, 1935, p. 159.

[38] De Béchillon, Denys, *Hiérarchie des normes et hiérarchie des fonctions normatives de L'État*, *op. cit.*, pp. 240-256.

causa del tratamiento uniforme que la norma dispensa a todas las disposiciones administrativas de carácter general, la contradicción de normas internas, como las contenidas en Instructivos y Circulares, también estaría reñida con el principio de la inderogabilidad singular de las disposiciones administrativas de carácter general, porque tales normas forman parte del *bloque de la legalidad*.

Sección III. El régimen de publicidad al cual se halla sometido el reglamento

En virtud del principio de publicidad normativa previsto por el artículo 12 de la Ley Orgánica de la Administración Pública, los reglamentos, resoluciones y demás actos administrativos de carácter general, dictados por los órganos y entes de la Administración Pública, deben ser publicados, sin excepción, en la Gaceta Oficial de la República o en el medio de publicación oficial correspondiente, según corresponda[39].

En materia de publicidad también debe tenerse presente la regla del numeral 13 del artículo 131 del Código Orgánico Tributario, de conformidad con la cual la Administración Tributaria debe publicar en la Gaceta Oficial de la República las instrucciones de carácter general dirigidas a sus subalternos a los efectos de la interpretación y aplicación de las leyes, reglamentos y demás disposiciones relativas a la materia tributaria[40].

---

39 Antes de la entrada en vigor de la Ley Orgánica de la Administración Pública, la regla general se hallaba prevista en el artículo 72 de la Ley Orgánica de Procedimientos Administrativos, que ordenaba la publicación de los actos administrativos de carácter general en la Gaceta Oficial que corresponda al organismo que tome la decisión, pero a renglón seguido *excluía* la publicación de los actos administrativos referentes a *asuntos internos de la Administración*.

40 *Gaceta Oficial de la República* N° 6.152 Extraordinario, del 18 de noviembre de 2014.

Siempre en materia de interpretación, el artículo 162 la Ley Orgánica de la Administración Pública ordena la publicación de las instrucciones y respuestas a las consultas que hubieren sido planteadas por los particulares o por los órganos de la Administración, cuando unas u otras descansen sobre una interpretación del Derecho positivo o de los procedimientos vigentes, a efectos de que puedan ser alegadas por las personas en su relación con la Administración Pública.

Esa publicación sirve, he aquí la consecuencia más obvia, para determinar la fecha de entrada en vigor –inmediata o en fecha posterior, cuando medie *vacatio legis*– de las normas aprobadas por la Administración. Pero de la publicación se derivan otras consecuencias, porque a los actos administrativos de efectos generales les resultan aplicables las reglas *iura noviut curia* e *ignorantia legis non excusat*[41].

Sección IV. La clasificación de los reglamentos por su relación con la Ley

§1. Reglamentos jurídicos y reglamentos administrativos

Para la doctrina alemana de Derecho Público son *reglamentos jurídicos* los que despliegan sus efectos más allá de las fronteras o confines de la organización administrativa y, por ende, crean reglas de Derecho nuevas o modifican las reglas de Derecho que pueden incidir sobre los derechos y deberes de los particulares[42]. Se les

[41] Romano Tassone, A., "La normazione secondaria", en *Diritto Amministrativo*, obra coordinada por Mazzaroli, L., Pericu, G., Romano, A., Roversi Monaco, F.A. y Scoca, F.G., *op. cit.*, p. 168.

[42] Para nuestra justicia, «el Reglamento es la norma jurídica de carácter general dictado por la Administración Pública, para su aplicación a todos los sujetos de derecho y en todos los casos que caigan dentro de su supuesto de hecho» (Sala Político-Administrativa de la Corte Suprema de Justicia, Sentencia N° 165, del 27 de mayo de 1968, asunto C.A. *Biofar*, en Brewer-Carías, Allan Randolph, *Fundamentos de la Administración Pública*, *op. cit.*, p. 194). En sentido coincidente, De Otto, Ignacio, *Derecho Constitucional* (Sistema de Fuentes), *op. cit.*, p. 218.

denomina reglamentos jurídicos por sus efectos *ad extra* y, por consiguiente, porque sus previsiones califican como *normas jurídicas*.

A los reglamentos jurídicos se contraponen los *reglamentos administrativos* o reglamentos *ad intra*. Esta segunda categoría de reglamentos contiene instrucciones internas para la acción de las autoridades administrativas. Citando a Hatschek, Merkl destacaba que los reglamentos administrativos contienen preceptos que no van dirigidos a los ciudadanos. Su única destinataria es la organización administrativa. La doctrina comparada agrega que los preceptos de este tipo de reglamento *no son normas jurídicas*; son, por el contrario, simples normas administrativas internas[43].

Se recurre a estas dos categorías de reglamentos (jurídicos y administrativos) para afirmar que los reglamentos jurídicos solo pueden ser dictados cuando media norma que autorice el ejercicio de la potestad reglamentaria, mientras que los administrativos no demandan habilitación legal previa, porque la Administración obra en su propio campo y ejercitando poderes propios[44]. La distinción también es empleada

---

43 Baño León, José María, "Los ámbitos del reglamento independiente", *op. cit.*, pp. 434-435.
Para nuestra justicia «...el ámbito por excelencia de la regulación reglamentaria abarca aspectos organizativos...» (Corte Suprema de Justicia en Pleno, Sentencia s/n, del 17 de noviembre de 1986, asunto *Arturo Luis Torres*, en *Revista de Derecho Público* N° 28, octubre-diciembre 1986, Editorial Jurídica Venezolana, Caracas, 1986, pp. 85-86).

44 En el pasado el poder reglamentario general y extralegal para dictar este tipo de reglamentos (administrativos) en materias ajenas o extrañas a la reserva legal ha sido justificado por algunos como un rezago o herencia del principio según el cual el monarca contaba con una potestad reglamentaria independiente del Parlamento. Según Merkl, este tipo de reglamentos serían independientes de la ley, porque encuentran su apoyo en la fuerza propia de la administración (Merkl, Adolf, *Teoría General del Derecho Administrativo*, *op. cit.*, pp. 161-162). Consúltese también de Otto, Ignacio, *Derecho Constitucional* (Sistema de Fuentes), *op. cit.*, pp. 218-219.
Nuestro Tribunal Supremo de Justicia ha dejado asentado que «...la potestad reglamentaria no constituye un poder implícito del Ejecutivo Nacional...» (Sala Constitucional del Tribunal Supremo de Justicia, Sentencia

para justificar, con base en ella, que no existe el deber de publicar los reglamentos administrativos en un periódico oficial[45].

La distinción entre reglamentos jurídicos, por una parte, y reglamentos administrativos, por la otra, no pareciera tener arraigo en el Derecho venezolano. Efectivamente, en nuestro Derecho existen razones de diversa índole que permiten afirmar que los preceptos de los así denominados los reglamentos administrativos ostentan la condición de normas jurídicas.

a. Los reglamentos administrativos y el principio de legalidad

Nuestros tribunales han dejado sentado que los reglamentos, como actos administrativos que son, se encuentran sometidos al principio de legalidad[46]. Por consecuencia, en nuestro país no cabe afirmar la existencia de una categoría de reglamento, aludimos a los reglamentos administrativos, que pueda ser dictada sin que medie habilitación legal previa.

b. Los reglamentos administrativos y el principio de inderogabilidad singular de los reglamentos

---

N° 1.447, del 3 de junio de 2003, asunto *Rafael Badell Madrid et al.*). En sentido coincidente se pronunciaba García de Enterría, para quien la potestad reglamentaria, como cualquier otra, tiene que ser atribuida por el ordenamiento(García de Enterría, Eduardo, *Legislación delegada, potestad reglamentaria y control judicial*, *op. cit.*, p. 293).

[45] La regla general se encuentra enunciada en el artículo 72 de la Ley Orgánica de Procedimientos Administrativos, que establece que «los actos administrativos de carácter general o que interesen a un número indeterminado de personas, deberán ser publicados en la Gaceta Oficial que corresponda al organismo que tome la decisión», que a renglón seguido precisa que «se exceptúan [de dicha publicación] aquellos actos administrativos referentes a asuntos internos de la administración».

[46] Corte Primera de lo Contencioso-Administrativo, Sentencia s/n, del 25 de marzo de 1980, en *Revista de Derecho Público* N° 2, Editorial Jurídica Venezolana, Caracas, 1980, p. 110.
Estepa Moreno, Manuel, *Los Reglamentos del Gobierno*, Tomo I, *op. cit.*, p. 99.

Como hemos tenido oportunidad de subrayar, el artículo 13 de la Ley Orgánica de Procedimientos Administrativos establece que ningún acto administrativo de carácter particular puede vulnerar lo establecido en una disposición administrativa de carácter general, aun cuando el acto de carácter particular hubiere sido dictado por autoridad igual o superior a la que dictó la disposición general[47]. Dicho esto, debe destacarse que la precitada norma legal se refiere a las disposiciones administrativas de carácter general, sin hacer distinciones en torno a los destinatarios de sus normas. La regla legal, reiteramos, no distingue entre reglamentos autónomos o independientes (disposiciones administrativas de carácter general de orden interno) y reglamentos ejecutivos (disposiciones administrativas de carácter general de orden externo).

El tratamiento uniforme que el artículo 13 de la Ley Orgánica de Procedimientos Administrativos dispensa a todas las disposiciones administrativas de carácter general, revela que la infracción de Instructivos y Circulares reglamentarios comporta la nulidad, por ilegalidad, del acto administrativo de carácter particular que las vulnere.

---

47 Según la Sala Político-Administrativa de la Corte Suprema de Justicia, la norma legal no hace más que «...acoger un viejo principio de la doctrina contencioso-administrativa que jerarquiza los actos de la administración... sometiendo... los de efectos particulares al control de los de efectos generales, aun cuando estos sean dictados por autoridades de inferior jerarquía...» (Sentencia N° 483, del 14 de agosto de 1990, asunto *Corporación Cavides, C.A.*, en *Revista de Derecho Público* número 44, Editorial Jurídica venezolana, Caracas, 1990, p. 121). Con base en esa premisa la Corte concluyó que aunque la Contraloría General de la República, en su condición de contralor tributario, podía «...considerarse como un órgano superior...» *–lato et improprio sensu–* al Despacho del Ejecutivo objeto de control, el acto administrativo de efectos particulares dictado por la Contraloría General de la República no podía ordenar que se desconociese el contenido de una Resolución ministerial de efectos generales. Véase también Corte Primera de lo Contencioso-Administrativo, Sentencia s/n, del 12 de diciembre de 1983, en Balasso Tejera, Caterina, *op. cit.*, pp. 372-373.

c. Los reglamentos administrativos y el principio de publicidad

El artículo 12 de la Ley Orgánica de la Administración Pública establece que los reglamentos, resoluciones y demás actos administrativos de carácter general dictados por los órganos y entes de la Administración Pública, deben ser publicados, sin excepción, en la Gaceta Oficial de la República o en el medio de la publicación oficial que corresponda. Esta última regla debe ser concatenada con la regla del numeral 13 del artículo 131 del Código Orgánico Tributario, de conformidad con la cual la Administración Tributaria debe publicar en la Gaceta Oficial de la República las instrucciones, de carácter general, dirigidas a sus subalternos a los efectos de la interpretación y aplicación de las leyes, reglamentos y demás disposiciones relativas a la materia tributaria[48].

La publicación de los «...demás actos administrativos de carácter general...», incluidas las «...instrucciones, de carácter general... [en materia de] interpretación y aplicación de las leyes...» tributarias, ordenada por la Ley Orgánica de la Administración Pública y el Código Orgánico Tributario, apunta, no hay duda, al carácter obligatorio de las Circulares e Instructivos de naturaleza reglamentaria.

d. Los reglamentos administrativos y su infracción

Los particulares cuyos derechos e intereses hubieren podido resultar lesionados por una decisión administrativa contraria a tales Instructivos o Circulares, pueden demandar la nulidad del acto administrativo de efectos particulares violatorio del regla-

---

[48] Cabría citar aquí, *e.g.*, el Instructivo para la Interpretación del Artículo 118 de la Ley de Impuesto sobre la Renta, del 19 de diciembre de 1991, que propone una interpretación uniforme de la precitada norma legal, o el Instructivo para la Interpretación y Aplicación de la Ley de Remisión Tributaria, que contempla reglas de interpretación uniformes y, complementariamente, *normas agendi* para la Administración Tributaria (*Gaceta Oficial de la República* N° 34.875, del 6 de enero de 1992, y *Gaceta Oficial de la República* N° 35.957, del 13 de mayo de 1996).

mento administrativo, invocando al efecto el artículo 13 de la Ley Orgánica de Procedimientos Administrativos y la prohibición de discriminación en la aplicación de la ley[49].

Complementariamente, el incumplimiento de Instructivos y Circulares puede dar pie a la imposición de sanciones administrativas a los funcionarios públicos responsables de dicho incumplimiento.

A la luz de las razones expuestas con anterioridad, la distinción entre reglamentos jurídicos y administrativos, conducente a negar que los preceptos de los segundos ostentan la condición de normas jurídicas, no tiene cabida en nuestro Derecho.

§2. Los reglamentos ejecutivos

A) Noción

Califican como reglamentos ejecutivos los dictados por la Administración para desarrollar en todo o en parte los preceptos de una Ley previa, o de un conjunto de Leyes previas, la cual suele denominarse Ley primaria[50]. En el pasado, a este tipo de reglamentos

---

49 Al declarar la ilegalidad de un acto administrativo sancionador por su contrariedad con una Circular, nuestra justicia ha defendido la postura que le reconoce a los actos internos de carácter normativo la condición de fuente de Derecho Administrativo (Sala Político Administrativa de la Corte Suprema de Justicia, Sentencia N° 261, del 30 de noviembre de 1976, asunto *Nicolás Romero*, en *Jurisprudencia de la Corte Suprema de Justicia, Dr. Oscar Pierre Tapia*, número 11, noviembre 1976, Caracas, 1976, pp. 31-34). En idéntico sentido, Corte Primera de lo Contencioso-Administrativo, Sentencia s/n, del 27 de enero de 1983, en *Revista de Derecho Público número 13*, Editorial Jurídica Venezolana, Caracas, 1983, pp. 104-105.
Vid. Santamaría Pastor, Juan Alfonso, *Principios de Derecho Administrativo*, Volumen I, *op. cit.*, pp. 297-299; y, Carré de Malberg, Raymond, *La ley, expresión de la voluntad popular* (Estudio sobre el concepto de ley en la Constitución de 1875), *op. cit.*, p. 78.

50 Sala Político-Administrativa de la Corte Suprema de Justicia, Sentencia N° 24, del 10 de mayo de 1965, asunto *Juan J. Gabaldón*, en Brewer-Carías,

la justicia venezolana también los ha denominado *reglamentos subordinados*, porque dependen de una Ley específica[51]. Por mandato constitucional, el desarrollo o ejecución de la Ley que sirve de antecedente y fundamento inmediato al reglamento ejecutivo, es decir, que sirve de *condición habilitante* (según Garrido Falla) para el ejercicio de la potestad reglamentaria[52], ha de hacerse sin alterar su espíritu, propósito o razón de la Ley primaria.

Allan Randolph, *Jurisprudencia de la Corte Suprema de Justicia 1930-74 y Estudios de Derecho Administrativo*, Tomo III, *op. cit.*, pp. 119-120. En nuestro país la expresión *reglamento ejecutivo* es empleada, *e.g.*, en el artículo 10 de la Ley de Universidades (*Gaceta Oficial de la República* N° 1.429 Extraordinario, del 8 de septiembre de 1970), para diferenciarlo de los reglamentos de autonomía. Establece el artículo 10: «Conforme a lo dispuesto en la Ley de Educación, el Ejecutivo Nacional, oída la opinión del Consejo Nacional de Universidades, podrá crear Universidades Nacionales Experimentales con el fin de ensayar nuevas orientaciones y estructuras de Educación Superior. Estas Universidades gozarán de autonomía dentro de las condiciones especiales requerida por la experimentación educativa. Su organización y funcionamiento se establecerá por reglamento ejecutivo y serán objeto de evaluación periódica a los fines de aprovechar los resultados beneficiosos para la renovación del sistema y determinar la continuación, modificación o supresión de su status».

Vid., Garrido Falla, Fernando, *Tratado de Derecho Administrativo*, Volumen I, *op. cit.* p. 292. Comadira y Escola califican como reglamentos ejecutivos aquellos en los que el Legislador (i) define la materia que quiere regular, (ii) la estructura y sistematiza, pero (iii) remite su aplicación concreta al juicio de la Administración en torno a la oportunidad, momento o circunstancia apropiado para aprobarlo, por una parte; y por la otra, su conveniencia, entendiendo por esta última la correspondencia que ha de mediar entre el contenido del acto normativo y las necesidades normativas que justifican su expedición (Comadira, Julio Rodolfo, Escola, Héctor Jorge y Comadira, Julio Pablo, *Curso de Derecho Administrativo*, Tomo I, *op. cit.*, p. 47).

51 Sala Político-Administrativa de la Corte Suprema de Justicia, Sentencia N° 24, del 10 de mayo de 1965, asunto *Juan J. Gabaldón*, en Brewer-Carías, Allan Randolph, *Jurisprudencia de la Corte Suprema de Justicia 1930-74 y Estudios de Derecho Administrativo*, Tomo III, *op. cit.*, p. 119.

52 Corte Segunda de lo Contencioso-Administrativa, Sentencia N° 1.473, del 13 de agosto de 2009, asunto *Multinacional de Seguros, C.A.*

Según nuestros tribunales, en su acepción más estricta este tipo de reglamento, también denominado Reglamento Ejecutivo o Decreto Reglamentario, se caracteriza porque

> «...*tiene como antecesor a la ley, de la cual es derivación, efecto y corolario*. Esta sienta el principio, aquel prevé y desarrolla sus consecuencias, facilita su aplicación a los pormenores y determina en detalle las medidas necesarias para su aplicación»[53].

Es precisamente por ello que Bülow afirma que la Ley y su reglamento ejecutivo conforman una *unidad instrumental*[54].

Desde esta perspectiva, los reglamentos ejecutivos representan una especie (*species*) del género (*genus*) reglamento, que se contrapone a los reglamentos autónomos que, según los tribunales venezolanos, «...no serían reglamentos de ninguna ley en particular...»[55].

Aunque la *nota definitoria* de los reglamentos ejecutivos es, a nuestro entender, la ejecución de una Ley específica[56], en el pasado

---

53 Corte Primera de lo Contencioso-Administrativo, Sentencia s/n, del 2 de marzo de 1994 (*Revista de Derecho Público* número 57-58, Editorial Jurídica Venezolana, Caracas, 1994, pp. 218-219), ratificando el criterio asentado por la Corte Federal, Sentencia s/n, del 24 de septiembre de 1958 (Brewer-Carías, Allan Randolph, *Jurisprudencia de la Corte Suprema de Justicia 1930-74 y Estudios de Derecho Administrativo*, Tomo III, *op. cit.*, p. 128). En el fallo del año 1958 invocado por la Corte Primera de lo Contencioso-Administrativo, la Corte Federal añadía que el reglamento no es instrumento idóneo para reparar las deficiencias de la ley o regular cuestiones no comprendidas en ella. Consúltese también Corte Suprema de Justicia en Pleno, Sentencia N° 6, del 26 de febrero de 1985, asunto *Álvaro Gene Sojo*, en *Revista de Derecho Público* número 22, Editorial Jurídica Venezolana, Caracas, 1985, pp. 152-153.

54 Bülow, Erico, "La legislación", en *Manual de Derecho Constitucional, op. cit.*, p. 754.

55 Corte Suprema de Justicia en Pleno, Sentencia N° 6, del 26 de febrero de 1985, asunto *Álvaro Gene Sojo*, en *Revista de Derecho Público* número 22, Editorial Jurídica Venezolana, Caracas, 1985, pp. 152-153.

56 Corte Segunda de lo Contencioso-Administrativa, Sentencia N° 1.473, del 13 de agosto de 2009, asunto *Multinacional de Seguros, C.A.*

nuestros tribunales han afirmado que estos reglamentos son dictados mediante Decreto del Presidente de la República en Consejo de Ministros, invocando al efecto la norma constitucional que concede al Presidente de la República la atribución de reglamentar las leyes[57]. Es más, durante la vigencia de la Constitución de 1961 la Corte Suprema de Justicia sostuvo que «...los reglamentos ejecutivos... son de la exclusiva competencia del Presidente de la República en Consejo de Ministros...»[58]; y, segundo, que la potestad con base en la cual se aprobaban tales reglamentos no es más que una consecuencia de la norma que le impone al Presidente de la República el deber de hacer ejecutar las leyes[59].

---

[57] Sala Político-Administrativa de la Corte Suprema de Justicia, Sentencia N° 171, del 9 de mayo de 1990, asunto *Vengas de Caracas, C.A.*, en *Revista de Derecho Público* número 42, Editorial Jurídica Venezolana, Caracas, 1990 pp. 78-79.

[58] Sala Político-Administrativa de la Corte Suprema de Justicia, Sentencia N° 212, del 7 de julio de 1977, asunto *César Mendoza Leonelli*, en *Jurisprudencia Venezolana Ramírez y Garay, Tomo LVII*, Ramírez y Garay S.A. Caracas, 1977, Tercer Trimestre, pp. 533-538. Según nuestra justicia, (i) la potestad reglamentaria «...no se agota en estos reglamentos de ejecución de la ley, ya que, previa la habilitación legal correspondiente, los Ministros pueden, mediante Resoluciones, dictar normas de carácter general y abstracto»; (ii) «existen múltiples ejemplos de este tipo de resoluciones que obviamente tienen carácter reglamentario, aun cuando no de "reglamentos de ley"»; y, (iii) la locución "el Reglamento", cuando esta es empleada por el Legislador, «...obviamente debe interpretarse como una referencia no a la potestad reglamentaria en sentido amplio, sino a los reglamentos ejecutivos, que son de la exclusiva competencia del Presidente de la República en Consejo de Ministros y que deben estar contenidos en Decretos...» (Sala Político-Administrativa de la Corte Suprema de Justicia, Sentencia N° 171, del 9 de mayo de 1990, asunto *Vengas de Caracas, C.A.*, en *Revista de Derecho Público*, número 42, Editorial Jurídica Venezolana, Caracas, 1990 pp. 78-79; y, Sala Político-Administrativa de la Corte Suprema de Justicia, Sentencia N° 341, del 11 de julio de 1990, asunto *Curaçao Gas, S.R.L.*, en *Revista de Derecho Público* N° 43, Editorial Jurídica Venezolana, Caracas, 1990 p. 60).

[59] Corte Suprema de Justicia en Pleno, Sentencia N° 6, del 26 de febrero de 1985, asunto *Álvaro Gene Sojo*, en *Revista de Derecho Público* número 22, Editorial Jurídica Venezolana, Caracas, 1985, pp. 152-153.

De resulta, para nuestros tribunales de justicia la expresión reglamentos ejecutivos no tiene un significado unívoco.

B) El rol de los reglamentos ejecutivos

La potestad reglamentaria del Poder Ejecutivo es una consecuencia de la atribución constitucional, de carácter general, que le impone el deber de hacer cumplir la Constitución y la ley (artículo 236, numeral 1°).

Esa potestad puede traducirse en la elaboración, primero, de disposiciones de ejecución llamadas a perfeccionar los preceptos de la Ley. En estos casos, mientras a la Ley corresponde enunciar los principios y establecer las reglas de Derecho más permanentes, a estos reglamentos ejecutivos, que denominamos *reglamentos de desarrollo* o de aplicación porque se dictan para asegurar la aplicación de los preceptos de la Ley, les corresponde fijar los detalles cambiantes que la ejecución de aquella demanda[60]. Es función propia del reglamento, según nuestro más alto Tribunal, interpretar la Ley para, con base en dicha interpretación, desarrollar las consecuencias

---

[60] Sala Político-Administrativa de la Corte Suprema de Justicia, Sentencia N° 20, del 20 de octubre de 1983, asunto *Afrain Poriett et al.*, en *Revista de Derecho Público*, N° 16, Editorial Jurídica Venezolana, Caracas, 1980, pp. 144-145. La denominación empleada por nosotros difiere de la utilizada por un sector de nuestra doctrina. En efecto, en la decisión judicial citada se afirma, invocando a Moles Caubet, que este tipo de reglamento tiene por objeto «"...ejecutar el contenido de la ley sin extralimitarlo. Por tanto, el contenido de la ley representa un modelo preformado que ha de reproducirse –cabría decir a escala–", apunta agudamente, entre nosotros, Antonio Moles. "De esta manera –concluye– los límites de los reglamentos complementarios resultan categóricos: los detalles de la complementación han de ser necesarios para el sentido de la ley; no pueden innovar, estableciendo principios, deberes u obligaciones distintos a los que declare la ley. En cuanto a formalidades, puede el Reglamento precisar las condiciones para su cumplimiento, pero sin añadir otros diferentes"».
Vid. Quadra-Salcedo, Tomás, "La delegación legislativa en la Constitución", *Estudios sobre la Constitución Española* (Homenaje al Profesor Eduardo García de Enterría), Tomo I, *op. cit.*, p. 340.

que se derivan de las reglas de Derecho sancionadas por el Poder Legislativo, precisando los *detalles* de las medidas que resultan necesarias para implementar la Ley[61].

Para nuestros tribunales de justicia el ejercicio de la potestad reglamentaria también puede dar lugar a la aprobación de reglamentos ejecutivos dictados con el objeto de complementar las normas de la Ley que reglamentan[62], esto es, para hacer a la Ley íntegra o perfecta. Acerca de estos reglamentos, que denominamos *reglamentos complementarios*, los tribunales han realizado dos afirmaciones fundamentales, a saber:

a. Primero, que estos «...reglamentos no tienen por objeto desarrollar disposiciones legales ya existentes...», sino *añadir reglas* que

---

61 Corte Federal, Sentencia s/n, del 24 de septiembre de 1958; y, Sala Político-Administrativa de la Corte Suprema de Justicia, Sentencia N° 24, del 10 de mayo de 1965, asunto *Juan J. Gabaldón*, en Brewer-Carías, Allan Randolph, *Jurisprudencia de la Corte Suprema de Justicia 1930-74 y Estudios de Derecho Administrativo*, Tomo III, *op. cit.*, pp. 119-120 y 128; y, Corte Segunda de lo Contencioso-Administrativo, Sentencia N° 1.473, del 13 de agosto de 2009, asunto *Multinacional de Seguros*, C.A.

62 Sala Político-Administrativa de la Corte Suprema de Justicia, Sentencia N° 24, del 10 de mayo de 1965, asunto *Juan J. Gabaldón*, en Brewer-Carías, Allan Randolph, *Jurisprudencia de la Corte Suprema de Justicia 1930-74 y Estudios de Derecho Administrativo*, Tomo III, *op. cit.*, p. 119; Corte Suprema de Justicia en Pleno, Sentencia N° 6, del 26 de febrero de 1985, asunto *Álvaro Gene Sojo*, en *Revista de Derecho Público*, N° 22, Editorial Jurídica Venezolana, Caracas, 1985, pp. 152-153; y, Corte Primera de lo Contencioso-Administrativo, Sentencia s/n, del 17 de febrero de 1981, en *Revista de Derecho Público* N° 6, Editorial Jurídica Venezolana, Caracas, 1980, pp. 139 y ss. Nuestra justicia ha invocado a Moles Caubet para afirmar que estos reglamentos, por él denominados *reglamentos de aplicación*, se caracterizan porque «...desenvuelven las proposiciones fundamentales, las reglas enunciadas o las normas carentes de una completa formulación, con el objeto de hacerlas aplicables"» (Sala Político-Administrativa de la Corte Suprema de Justicia, Sentencia N° 208, del 20 de octubre de 1983, asunto *Afraín Poriett et al.*, en *Revista de Derecho Público*, N° 16, Editorial Jurídica Venezolana, Caracas, 1980, pp. 144-145).

tienen por objeto integrar o completar la regulación parcial de la materia por el Legislador[63].

Para comprender a cabalidad el verdadero alcance de la afirmación que antecede ha de tenerse presente que la misma se produjo en el marco de un proceso en el que se analizaban las disposiciones de los reglamentos aprobados por el Ejecutivo Nacional en ejecución de la Ley de Pilotaje, sancionada por el Legislativo con el objeto de regular el servicio (público) de asesoría que los pilotos comisionados por el Estado prestaban a los capitanes de los buques que navegasen por una cualquiera de las zonas de pilotaje creadas con base en dicha ley[64]. Dicho esto, en la susodicha decisión judicial se afirma que la Ley de Pilotaje solo contenía disposiciones que, por su carácter general, podían aplicarse a todas y cada una de las zonas de pilotaje para ese entonces existentes o que llegaren a crearse en un futuro; que por las particularidades de cada una de tales zonas, la regulación diferenciada de tales materias había sido confiada al Poder Ejecutivo, quien con tal objeto debía dictar tantos reglamentos como resultase necesario[65]; y, que el artículo 33 de la Ley de Pilotaje, según el cual los derechos de habilitación debían ser distribuidos en la forma que se estableciera en el reglamento de la zona de pilotaje respectiva, contenía una habilitación legislativa que facultaba al Ejecutivo para determinar, con base en las particularidades de cada zona de pilotaje, la forma en que debían distribuirse esos ingresos[66]. Excepción hecha de la norma

---

63 Sala Político-Administrativa de la Corte Suprema de Justicia, Sentencia del N° 8, 27 de enero de 1971, asunto *Lino Jesús Díaz et al.*, en Brewer-Carías, Allan Randolph, *Jurisprudencia de la Corte Suprema de Justicia 1930-74 y Estudios de Derecho Administrativo*, Tomo III, *op. cit.*, p. 135.

64 *Compilación Legislativa de Venezuela*, Anuario 1942, Editorial Andrés Bello, Caracas, 1943, pp. 989-993.

65 *Vid.* los Reglamentos para las Zonas de Pilotaje de Maracaibo y Maturín (*Compilación Legislativa de Venezuela*, Anuario 1942, Editorial Andrés Bello, Caracas, 1943, pp. 1.043-1.057).

66 Desde una perspectiva *organizativa*, el Reglamento de la Zona de Pilotaje de Maturín contemplaba que las habilitaciones debían ser repartidas entre

que habilitaba al Ejecutivo para distribuir ingresos adeudados por habilitaciones, los reglamentos que cabía aprobar con base en la Ley de Pilotaje únicamente contenían *normas técnicas* (entre otras, la especificación de las coordenadas geográficas que delimitan las distintas zonas de pilotaje; y, en cada una de tales zonas, la identificación de los lugares en los que los buques pueden fondear, las condiciones que gobiernan la navegación en convoy y la travesía por los canales de navegación, las señales de navegación y la determinación de la velocidad y el calado máximo de los buques), que no tenía sentido que fuesen precisadas por el Legislador[67]. En síntesis, el reglamento podía complementar la Ley únicamente en materias técnicas.

En fallo ulterior la Corte Primera de lo Contencioso-Administrativo afirmó que los reglamentos aprobados por las universidades

---

el Jefe de la Zona, su ayudante, el Piloto conductor del buque, el Piloto de Guardia y la tripulación de las lanchas, en las proporciones que el propio reglamento contemplaba (*Compilación Legislativa de Venezuela*, Anuario 1942, Editorial Andrés Bello, Caracas, 1943, pp. 1.050-1.057).

67 En fallo posterior la Corte Suprema de Justicia sostuvo que los reglamentos dictados por el Presidente de la República con base en el artículo 190, numeral 10, de la Constitución de 1961, debían tener, todos ellos, «...carácter complementario en el sentido de que la Administración está limitada por los dispositivos establecidos en la Ley de cuya reglamentación se trate, aunque pudiendo, dentro de estos límites, regular la situación, en cuestión con entera libertad, o sea, que no tienen que forzosamente atenerse a una sola hipótesis, sino que, por el contrario, puede adoptar las soluciones más diversas, pero siempre respondiendo a la mejor aplicación, ejecución o realización de la Ley, de modo que las normas que se adopten sean de exclusivo carácter complementario, sin alterar, por supuesto, su espíritu, propósito y razón» (Corte Suprema de Justicia en Pleno, Sentencia s/n, del 27 de mayo de 1980, asunto *Ricardo Palacios Galindo et al.*). Sobre la supuesta –y negada– libertad de acción para aprobar reglamentos, véase también Sala Político-Administrativa del Tribunal Supremo de Justicia, Sentencia N° 2.673, del 28 de noviembre de 2006, asunto *Sociedad Williams Enbridge & Compañía (Swec)*, en *Revista de Derecho Público* N° 108, Editorial Jurídica Venezolana, Caracas, 2006, p. 160.

autónomas, con el objeto de regular asuntos asociados a su *vida interna*, no se aprueban con el objeto de desarrollar disposiciones legales ya existentes, porque la Ley no disciplina tales materias, sino con el propósito de complementar la Ley en lo tocante al funcionamiento y organización de estas corporaciones dotadas de autonomía[68]. En resumen, en este segundo fallo se afirmó que el reglamento puede complementar la Ley si de lo que se trata es de dictar normas internas.

b. Segundo, que los reglamentos complementarios no pueden "innovar"; no pueden, por consiguiente, establecer principios, deberes u obligaciones distintos a los que declare o contemple la Ley. Pueden precisar las condiciones para el cumplimiento de la Ley, pero sin añadir requisitos o formalidades adicionales[69].

Uno y otro tipo de reglamentos ejecutivos (de aplicación y complementarios) tiene vedada o prohibida toda iniciativa en las materias reservadas a la Ley, porque no pueden ser dictados para sustituir las previsiones de la Ley cuando estas son necesarias para alcanzar un determinado efecto[70]. Es precisamente a esto a lo que se refiere nues-

---

[68] Corte Primera de lo Contencioso-Administrativo, Sentencia s/n, del 17 de febrero de 1981, en *Revista de Derecho Público* número 6, Editorial Jurídica Venezolana, Caracas, 1980, pp. 139 y ss.

[69] Sala Político-Administrativa de la Corte Suprema de Justicia, Sentencia N° 208, del 20 de octubre de 1983, asunto *Afraín Poriett et al.*, en *Revista de Derecho Público*, N° 16, Editorial Jurídica Venezolana, Caracas, 1980, pp. 144-145. En fallo judicial posterior la Corte Suprema de Justicia concluyó que si bien la Administración podía «...dictar normas contentivas de requisitos no previstos...» en la Ley, siempre y cuando estos fuesen acordes con su espíritu, propósito o razón, no podía en ningún caso aprobar normas para «...establecer sanciones ni limitaciones a los derechos y garantías consagrados en la Constitución y en propio ordenamiento legal que desenvuelva» (Corte Suprema de Justicia en Pleno, Sentencia s/n, del 14 de marzo de 1988, en *Revista de Derecho Público*, N° 34, Editorial Jurídica Venezolana, Caracas, 1988, p. 84).

[70] Sala Político-Administrativa, Sentencia N° 703, del 10 de junio de 1999, asunto *Iván José Sánchez et al.* Según la Corte Primera de lo Contencioso-Administrativo, el reglamento ejecutivo se propasa cuando se ocupa de

tro más alto Tribunal cuando afirma que la potestad reglamentaria reconocida a la Administración es una «...actividad *no innovativa* del ordenamiento jurídico...»[71]; o cuando asevera que la función de la potestad reglamentaria de la Administración, en materias de la reserva legal, debe siempre ser entendida *a título de colaboración*, y jamás de sustitución de la Ley[72], porque el reglamento, por su carácter subordinado o subalterno, debe limitarse a "ejecutar" las grandes decisiones políticas que solo cabe adoptar mediante Ley.

La garantía de la reserva de ley (*ut infra*, Capítulo VII), que excluye la regulación de ciertas y determinadas materias mediante actos de rango infralegal o sublegal, incluido el reglamento, por una parte; y por la otra, la norma constitucional atributiva de competencia legislativa, que le asigna al Poder Legislativo la regulación de las materias que forman parte de la reserva y no admite que se delegue dicha competencia a otras autoridades, salvo en los casos, de excepción, previstos por la propia Constitución, le prohíben al Legislador abstenerse de regular los asuntos que la Constitución ordena sean disciplinados mediante Ley y deferir dicha regulación a normas de

---

(i) reparar las deficiencias de la Ley o de (ii) regular cuestiones no comprendidas en la Ley que se reglamenta (Sentencia s/n, del 28 de septiembre de 1993, en Balasso Tejera, Caterina, *op. cit.*, p. 372). Asimismo, la Sala Político-Administrativa ha establecido que al exigir que la regulación de los derechos y garantías constitucionales se produzca mediante Ley, la Constitución ordena «...que sean las leyes las que van a determinar el contenido de tales derechos fundamentales, vedando tal posibilidad a la norma reglamentaria y, desde luego, a los actos de la administración que no encuentran apoyo [expreso] en ley alguna», pues «...el reglamento no puede sustituir en ningún caso...» a la «...ley formal...» (Sentencia N° 116, del 14 de marzo de 1991, asunto *Agustín Antonio Bezara Castro et al.*, Voto Salvado del Magistrado Román José Duque Corredor, en *Revista de Derecho Público*, N° 46, Editorial Jurídica Venezolana, Caracas, 1991, pp. 87-89).

71 Sala Constitucional del Tribunal Supremo de Justicia, Sentencia N° 271, del 25 de abril de 2000, asunto *José Gregorio Rossi García*.

72 Sala Político-Administrativa de la Corte Suprema de Justicia, Sentencia N° 745, del 17 de junio de 1999, asunto *Iván José Sánchez et al.*

inferior grado. Para el válido ejercicio de la potestad reglamentaria no basta, por consiguiente, la sola existencia de una Ley. Resulta necesario, por el contrario, que la Ley delimite suficientemente el contenido de la materia susceptible de reglamentación; que la Ley determine el marco de la futura regulación, de manera que la Administración, llegado el momento de aprobar un reglamento, se limite a implementar el programa legislativo preestablecido por la ley[73]. Con fundamento en las razones invocadas, nuestra justicia ha afirmado que «...el principio de la reserva legal contiene una obligación para el legislador de regular en el texto de la Ley de que se trate, toda la materia relacionada con ésta...»; y, que, en razón de ello, el Poder Legislativo «...sólo puede remitir al reglamentista la posibilidad de establecer o fijar los detalles de su ejecución, esto es, explicar, desarrollar, complementar e interpretar a la Ley en aras de su mejor ejecución...»[74].

Por imperativo constitucional, la Ley debe siempre *circunscribir* o delimitar la extensión o alcance de la potestad reglamentaria[75]. Sólo obrando de esta forma puede asegurarse que los reglamentos ejecutivos respeten a cabalidad tanto la letra, como el espíritu, propósito y razón de la Ley, previamente sancionada por el Poder Legislativo, que aquellos están llamados a ejecutar. En palabras de nuestro más alto Tribunal,

---

[73] Consúltese, *mutatis mutandis*, MAURER, HARTMUT, *Derecho Administrativo* (Parte General), Marcial Pons Ediciones Jurídicas y Sociales, S.A., Madrid, 2011, p. 361.

[74] Sala Constitucional del Tribunal Supremo de Justicia, sentencia N° 2.338, del 21 de noviembre de 2001, asunto *José Muci-Abraham et al.* (*ut infra*, Capítulo VII, Sección II, §7, D). El criterio invocado no hace más que reiterar lo afirmado en fallo judicial previo, según el cual la función de la potestad reglamentaria de la Administración, en materias de la reserva legal, debe siempre ser entendida a título de colaboración, *ex*-artículo 136 de la Constitución; jamás de sustitución de la Ley (Sala Político-Administrativa de la Corte Suprema de Justicia, Sentencia N° 745, del 17 de junio de 1999, asunto *Iván José Sánchez et al.*).

[75] CARLASSARE, LORENZA, "Regolamento (Diritto Costituzionale)", *op. cit.*, p. 636.

«...en caso de que la regulación administrativa implique una imposición de obligaciones y deberes a los administrados, limitación en su libertad previa o de sus derechos, el Reglamento ha de ceñirse a actuar como *complemento* de la Ley. La infraestructura básica del ordenamiento pertenece a la Ley, dada su fuente de legitimidad y su función creadora irresistible: ella define las situaciones básicas de los sujetos, sus deberes, obligaciones y derechos»[76].

C) Las medidas que cabe adoptar en virtud de norma reglamentaria

Según nuestra justicia, la Administración puede recurrir a los reglamentos ejecutivos con el objeto de adoptar una cualquiera de las siguientes medidas:

a. Especificar las normas de la Ley mediante la interpretación de algunos de los términos utilizados en ella[77].

---

[76] Corte Suprema de Justicia en Pleno, Sentencia s/n, del 17 de noviembre de 1986, asunto *Arturo L. Torres*, en *Revista de Derecho Público* N° 28, octubre-diciembre 1986, Editorial Jurídica Venezolana, Caracas, 1986, pp. 85-86. En el susodicho fallo judicial la Corte Suprema de Justicia agrega que para erradicar la arbitrariedad en la creación de normas reglamentarias, por violación de la Constitución o la ley, deben anularse los reglamentos dictados con el objeto de «...establecer un régimen restrictivo del derecho individual que no guarda relación o congruencia con el texto legal que pretende complementar». En sentido coincidente, la Corte Segunda de lo Contencioso-Administrativo ha afirmado «...que por intermedio de las disposiciones normativas de carácter reglamentario el Ejecutivo puede desarrollar y complementar el contenido de las leyes, sin que sea admisible, en respeto del principio de la reserva legal antes aludido, imponer obligaciones ni crear derechos que no tengan origen en la ley de modo inmediato... Es decir, que le resulta vedado restringir mediante actos de rango sublegal el goce de un derecho constitucional que no han tenido un previo desarrollo y limitaciones por las disposiciones normativas de rango legal» (Corte Segunda de lo Contencioso-Administrativo, Sentencia N° 1.473, del 13 de agosto de 2009, asunto *Multinacional de Seguros, C.A. et al. contra la Superintendencia de Seguros*).

[77] En propósito pueden consultarse, *inter alia*, las decisiones que se mencionan de seguida: (i) Sala Federal de la Corte Federal y de Casación, Sentencia s/n, del 23 de marzo de 1939, en Brewer-Carías, Allan Randolph, *Jurispruden-*

Verbigracia, la Ley de Aeronáutica Civil venezolana establece que las líneas aéreas pueden ser sancionadas con multa por la denegación injustificada de embarque. Comoquiera que la

---

cia de la Corte Suprema de Justicia 1930-74 y Estudios de Derecho Administrativo, Tomo III, *op. cit.*, pp. 125 y ss. Según este fallo la Ley de Renta Nacional de Estampillas, que habilitaba al Ejecutivo para «...esclarecer, por decisiones de carácter general, las dudas que pudieran presentarse...» al momento de cumplir sus disposiciones, «...sin alterar su espíritu, propósito y razón y procurando conciliar siempre los intereses del Fisco con las exigencias de la equidad...»; (ii) Sala Político-Administrativa de la Corte Suprema de Justicia, Sentencia N° 24, del 10 de mayo de 1965, asunto *Juan J. Gabaldón*, en Brewer-Carías, Allan Randolph, *Jurisprudencia de la Corte Suprema de Justicia 1930-74 y Estudios de Derecho Administrativo*, Tomo III, *op. cit.*, pp. 119-120. Según este fallo judicial, resulta admisible que se ejerza la potestad reglamentaria con el objeto de definir palabras empleadas por el Legislador, cuyo alcance conviene precisar a fin de evitar dudas. Empero, en Fallo agrega que la interpretación propuesta por el reglamento será válida siempre y cuando esté conforme con la voluntad manifestada por el Legislador. Estas dos decisiones judiciales parecieran justificar, al menos en parte, la potestad concedida a la Administración electoral para «reglamentar las leyes electorales y resolver las dudas y vacíos que éstas susciten o contengan», *ex*-artículo 293, numeral 1°, de la Constitución; (iii) Sala Político-Administrativa de la Corte Suprema de Justicia, Sentencia N° 212, del 7 de julio de 1977, *César Mendoza Leonelli*, en *Jurisprudencia de la Corte Suprema de Justicia*, número 7, Dr. Oscar Pierre Tapia, número 7, Caracas, julio 1977, pp. 32-36. Según este último fallo judicial, «...es de la competencia específica del Poder Ejecutivo desarrollar por vía reglamentaria los conceptos de tipo general y aún llenar los vacíos que en ciertos casos deja la ley, a objeto de facilitar su ejecución y definir claramente los derechos y acciones de los administrados frente a los poderes tributarios o de otro tipo concedidos por el legislador a la Administración», y «por eso cuando el Poder Ejecutivo define y aclara en los artículos 69 y 70 del Reglamento de la Ley de Impuesto sobre la Renta de 1968 lo que debe entenderse por gastos de conservación de los inmuebles [cuya deducción permite la Ley de Impuesto sobre la Renta de 1966] y determina qué otro tipo de gastos exceden tal concepto, y cuando en el artículo 71 del mismo Reglamento hace lo mismo por lo que respecta a los gastos de administración [cuya deducción autoriza la Ley de Impuesto sobre la Renta de 1966], [el Ejecutivo] se limita a ejercer la facultad reglamentaria, que le concede el ordinal 10° del artículo 190 de la Constitución Nacional»;

Leyno define qué ha de entenderse por denegación (justificada e injustificada) de embarque, los conceptos fueron definidos por el Instituto Nacional de Aeronáutica Civil a través de las Condiciones Generales de Transporte Aéreo. El artículo 3° de las Condiciones define la denegación justificada como la negativa del transportista a transportar pasajeros en un vuelo por razones de salud o seguridad, por no presentar los documentos de viaje adecuados o la presentación tardía de la persona para el proceso de chequeo; y, la denegación injustificada como la negativa del transportista a transportar pasajeros en un vuelo, pese a haberse presentado el pasajero para el chequeo en los tiempos fijados para ello, cumpliendo las condiciones establecidas en el contrato de transporte. El artículo 18 agrega que la denegación de embarque injustificada puede producirse, primero, cuando ha mediado sobreventa de boletos, y, segundo, por cambio o sustitución de la aeronave por un equipo de menor capacidad.

(iv) Sala Político-Administrativa de la Corte Suprema de Justicia, Sentencia N° 51, del 10 de marzo de 1980, asunto *María Germania Astudillo*, en *Jurisprudencia de la Corte Suprema de Justicia*, número 3, Marzo 1980, Dr. Oscar Pierre Tapia, Caracas, pp. 67-76. Según la Corte, el Legislador puede delegarle al Ejecutivo Nacional poder para «...ampliar, mediante decreto, el alcance del concepto de funcionario o empleado de libre nombramiento y remoción»; (v) Corte Primera de lo Contencioso-Administrativo, Sentencia del 6 de marzo de 1997, en *Revista de Derecho Público*, N° 69-70, Editorial Jurídica venezolana, Caracas, 1997, pp. 204-207. La Corte asienta que la Administración, mediante norma reglamentaria, puede definir claramente el hecho prohibido y sancionado (concentración económica) por la Ley para promover y proteger el Ejercicio de la libre competencia; (vi) Corte Primera de lo Contencioso-Administrativo, Sentencia N° 2.158, del 7 de agosto de 2002, asunto *Seguros Orinoco, C.A. et al*; y, (vii) Corte Segunda de lo Contencioso-Administrativo, Sentencia N° 1.473, del 13 de agosto de 2009, asunto *Multinacional de Seguros, C.A.*

En sentido coincidente, la Ley de Procedimiento Administrativo norteamericana (Administrative Procedure Act) reconoce que las normas reglamentarias pueden dictarse con el objeto, *inter alia*, de interpretar la Ley (Fox Jr., William F., *Understanding Administrative Law*, *op. cit.*, p. 124).

La interpretación propuesta por el reglamento será válida en la medida en que se corresponda con el espíritu, propósito y razón de la Ley.

b. Colmar vacíos normativos.

Aunque nuestra justicia no ha hecho mayores precisiones sobre el poder con el cual cuenta la Administración cuando de lo que se trata es de aprobar normas reglamentarias para colmar vacíos normativos[78], la doctrina sugiere que este poder es limitado en materias como la tributaria, porque en ésta las obligaciones solo pueden derivar del texto de una norma legal[79].

La decisión judicial invocada en el párrafo que antecede pareciera justificar la potestad concedida a la Administración electoral para resolver los vacíos de las leyes electorales, *ex*-artículo 293, numeral 1°, de la Constitución. De esta norma constitucional constituye antecedente remoto La Ley número 869, que derogó parcialmente la Ley de 1848 número 686, de reforma de la Ley de manumisión de esclavos, número 36, y del Decreto de 1852 número 811, que abolió la esclavitud en Venezuela, cuyo artículo 15 exhortaba al Poder Ejecutivo a reglamentar la Ley y disponer «...lo conveniente, a fin de que sea ejecutada y que no haya fraude o abuso alguno, llenando los vacíos que en la práctica se observen...»[80].

---

78 Sala Político-Administrativa de la Corte Suprema de Justicia, Sentencia N° 212, del 7 de julio de 1977, *César Mendoza Leonelli*, en *Jurisprudencia de la Corte Suprema de Justicia*, número 7, Dr. Oscar Pierre Tapia, número 7, Caracas, Julio 1977, pp. 32-36. La decisión judicial pareciera justificar, en parte, la potestad concedida a la Administración electoral para resolver los vacíos de las leyes electorales *ex*-artículo 293, numeral 1°, de la Constitución.

79 García Novoa, César, *El principio de seguridad jurídica en materia tributaria*, Marcial Pons, Ediciones Jurídicas y Sociales, S.A., Madrid-Barcelona, 2000, p. 128.

80 *Leyes y Decretos de Venezuela 1851-1860*, Tomo 3, *op. cit.*, pp. 149-158.

c. Crear un órgano de inspección o de control, si éste resulta *necesario* para el funcionamiento de un servicio previsto en la Ley[81].

d. Diseñar la estructura organizativa de un ente u órgano complejo creado mediante Ley previa[82]. Es precisamente esta la función desempeñada por el Reglamento Interno de la Contraloría General de la República, según el cual ese órgano cuenta con una estructura organizativa que incluye los Despachos del Contralor General de la República y del Subcontralor; una Dirección General Técnica y una de Servicios Jurídicos; sendas Direcciones Generales de Control de los Poderes Públicos Nacionales, de Control de la Administración Nacional Descentralizada y de Control de Estados y Municipios; y, finalmente, una de Procedimientos Especiales[83].

e. Establecer formalidades o requisitos no previstos en la Ley, siempre y cuando tales formalidades y requisitos sean necesarios para asegurar la ejecución de la Ley. Parafraseando a nuestra Corte Suprema de Justicia,

> «...la mera circunstancia de que un Reglamento contemple alguna formalidad que no aparezca en la Ley, no es razón suficiente para estimar alterada la relación de legalidad entre ambos estatutos. Lo contrario sería establecer que los Reglamentos deberían ser la reproducción fiel y exacta de la Ley, y, por consiguiente, [actos] carentes de toda utilidad y objeto»[84].

---

81 Corte Primera de lo Contencioso-Administrativo, Sentencia N° 2.158, del 7 de agosto de 2002, asunto *Seguros Orinoco, C.A. et al.*, invocando a PEÑA SOLÍS, JOSÉ, *Manual de Derecho Administrativo*, Volumen I, Colección de Estudios Jurídicos Tribunal Supremo de Justicia, Caracas, 2000, p. 527.

82 *Ibid.*

83 *Gaceta Oficial de la República* N° 37.881, del 17 de febrero de 2004.

84 Sala Político-Administrativa de la Corte Suprema de Justicia, Sentencia N° 24, del 10 de mayo de 1965, asunto *Juan J. Gabaldón*, en BREWER-CARÍAS, ALLAN RANDOLPH, *Jurisprudencia de la Corte Suprema de Justicia 1930-74 y Estudios de Derecho Administrativo*, Tomo II, *op. cit.*, p. 367, y Tomo III,

f. Determinar las modalidades en que puede ser ejercido un derecho reconocido por la Ley[85].

En todo caso, el ejercicio de la potestad reglamentaria presupone que la Administración haya concluido que resulta *necesario* reglamentar la Ley de que se trate.

§3. Los reglamentos autónomos

A) Noción

Para la doctrina venezolana, son reglamentos autónomos aquellos que se aprueban con el objeto de regular materias acerca de las cuales *no existe* una Ley previa[86].

En el Derecho comparado el ejercicio de la potestad reglamentaria no tiene por qué traducirse necesariamente en la ejecución de una ley concreta, específica, pues al reglamento, entendido como acto administrativo de efectos generales dictado para desarrollar «...total o parcialmente las leyes...» (las leyes, en plural)[87], se le puede

---

op. cit., pp. 128 y ss. Asimismo, Corte Primera de lo Contencioso-Administrativo, Sentencia s/n, del 17 de febrero de 1981, en *Revista de Derecho Público* número 6, Editorial Jurídica Venezolana, Caracas, 1980, pp. 139 y ss.

85 Corte Primera de lo Contencioso-Administrativo, Sentencia N° 2.158, del 7 de agosto de 2002, asunto *Seguros Orinoco, C.A. et al.*

86 A estos reglamentos dictados por la Administración sin Ley previa algunos autores los denominan *reglamentos independientes*.

87 En Francia se ha discutido si la Administración, ante la inexistencia de una Ley que sirva de fundamento directo e inmediato que le permita dictar un reglamento, cuenta con poder que la habilite para dictar reglamentos que tengan por objeto ejecutar las leyes (*las leyes, en general*). La jurisprudencia del Consejo de Estado francés reconoció la existencia de un poder reglamentario como ese a principios del siglo XX, siempre y cuando la ausencia de reglas pudiese llegar a comprometer la ejecución de *las leyes en su conjunto*. En propósito, son dignas de mención tres decisiones adoptadas por el Consejo de Estado francés, a saber: (i) Primero, el asunto *Heyres*. De acuerdo a esta decisión, el Gobierno, aun en ausencia de una norma legislativa expresa atributiva de poder, debía asegurar el *buen funcionamiento* de

diferenciar del acto administrativo de efectos particulares porque en estos últimos, a diferencia de cuanto ocurre con los reglamentos, la Administración siempre ejecuta una Ley (una Ley en singular, una Ley en específico). Según Waline[88], esa diferencia, en apariencia

---

los *servicios públicos*, instituidos por las leyes y los reglamentos, durante los tiempos de crisis o excepción (*Arrêt Heyres*, 28 de junio de 1918, en LONG, M., WEIL, P., BRAIBANT, G., DEVOLVÉ, P. y GENEVOIS, B., *Les grandes arrêts de la jurisprudence administrative*, *op. cit.*, pp. 181-188). (ii) Segundo, el asunto *Labonne*. En esta decisión se afirma que no obstante los poderes que la Ley le reconocía a las autoridades departamentales y municipales para velar por la *conservación de las vías públicas* y la *seguridad de la circulación*, el Jefe del Estado podía, mediante Decreto, dictar medidas, aplicables a todo el territorio nacional, a los efectos de crear un certificado de capacidad para la conducción de vehículos automóviles y prever el retiro de dicho certificado de producirse dos contravenciones en un mismo año. Según el Consejo de Estado, ese poder encontraba su fundamento en el poder general de policía atribuido al Jefe del Estado (*Arrêt Labonne*, 8 de agosto de 1919, en LONG, M., WEIL, P., BRAIBANT, G., DEVOLVÉ, P. y GENEVOIS, B., *Les grandes arrêts de la jurisprudence administrative*, *op. cit.*, pp. 206-209). En sentido coincidente pareciera posible citar aquí *–mutatis mutandis–* el Decreto de 1° de junio de 1915, reglamentario del tráfico en las carreteras de la República (*Leyes y Decretos de Venezuela 1915*, Tomo 38, *op. cit.*, pp. 99-106). (iii) Tercero, el asunto *Jamart*. Esta sentencia afirma que no obstante la ausencia de disposición legislativa que asigne potestad reglamentaria a los ministros, estos, como cualquier otro jefe de servicio, se hallan habilitados para adoptar las medidas necesarias para asegurar el buen funcionamiento de la administración que presiden (*Arrêt Jamart*, 7 de febrero de 1936, en LONG, M., WEIL, P., BRAIBANT, G., DEVOLVÉ, P. y GENEVOIS, B., *Les grandes arrêts de la jurisprudence administrative*, *op. cit.*, pp. 296-299).

88 WALINE, JEAN, *Droit administratif*, *op. cit.*, p. 303.
Para la justicia venezolana, un reglamento no puede ser dictado para ejecutar las leyes en general (*vid.*, Sala Político-Administrativa de la Corte Suprema de Justicia, Sentencia N° 24, del 10 de mayo de 1965, asunto *Juan J. Gabaldón*, en BREWER-CARÍAS, ALLAN RANDOLPH, *Jurisprudencia de la Corte Suprema de Justicia 1930-74 y Estudios de Derecho Administrativo*, Tomo III, *op. cit.*, pp. 119-120); Sala Político-Administrativa de la Corte Suprema de Justicia, Sentencia N° 5, del 24 de enero de 1985, asunto *Diario Panorama, C.A.*, en *Revista de Derecho Público*, N° 21, Editorial Jurídica Venezolana, Caracas, 1985, p. 131; y, Corte Segunda de lo Contencioso-Administrativo, Sentencia N° 1.473, del 13 de agosto de 2009, asunto *Multinacional de Seguros, C.A. et al.*).

solo de número, revelaría que entre el reglamento y las leyes media una relación menos íntima que la existente entre la Ley y los actos administrativos de efectos particulares. Siempre según Waline, en ausencia de una ley específica que sirva de fundamento al reglamento dictado para asegurar la ejecución de aquella, el juez administrativo podría enjuiciar la licitud de los reglamentos autónomos a la luz de los principios generales del Derecho[89].

Lares Martínez y Araujo Juárez sostienen que los reglamentos autónomos pueden ser dictados con el propósito de llenar un vacío legislativo y no para facilitar la ejecución de una ley previa[90]. Sin embargo, para colmar tales vacíos, no pueden dictarse *normas agendi* que tengan por objeto regular relaciones jurídicas en las que intervengan los particulares, ya que solo cabe aprobar reglamentos autónomos en ejercicio de poderes de organización o con fundamento en una relación especial de sujeción[91].

B) La *praxis* constitucional venezolana a lo largo de los siglos XIX y XX

A lo largo de nuestra historia, el Poder Ejecutivo ha aprobado reglamentos que no encuentran su fundamento inmediato en una Ley previa. En propósito cabría citar aquí, *inter alia*, los reglamentos que de seguida se mencionan:

a. El Decreto Ejecutivo de 18 de noviembre de 1861, aprobando el reglamento sobre hospitales militares. De acuerdo al encabezamiento del Decreto, en el que, vale la pena subrayar este dato, no

---

89 Waline, Jean, *Droit administratif*, *op. cit.*, p. 303 ; y, De Béchillon, Denys, *Hiérarchie des normes et hierarchie des fonctions normatives de L'État*, *op. cit.*, pp. 104-105.

90 Lares Martínez, Eloy, *Manual de Derecho Administrativo*, *op. cit.*, 1983, p. 80; y, Araujo Juárez, José, *Derecho Administrativo* (Parte General), Ediciones Paredes, Caracas, 2007, p. 228.

91 González Pérez, Jesús, *Comentarios a la Ley de Procedimiento Administrativo*, *op. cit.*, pp. 1.187-1.189.

figura ninguna norma legal cuya ejecución justifique el ejercicio de la potestad reglamentaria, la motivación del reglamento rezaba así:

> «José Antonio Páez, Jefe Supremo de la República, considerando: 1° Que es de la mayor importancia procurar por todos los medios posibles, que en el servicio de los hospitales militares no se encuentren inconvenientes que de alguna manera puedan entorpecerlo, con grave daño de los intereses sobre que se funda la conservación de esos importantes establecimientos. 2° Que se hace difícil alcanzar los provechosos resultados que son de esperarse en beneficio de los servidores de la Nación, á cuya regular y esmerada asistencia están exclusivamente destinados aquellos institutos, si no se establece orden y regularidad en su servicio, y se fijan reglas que determinen de una manera clara y precisa los deberes y atribuciones que están en el deber de cumplir sus empleados en lo que respectivamente les corresponda, según su clase, decreto:...»[92].

b. El Decreto del Presidente constitucional de los Estados Unidos de Venezuela de 27 de enero de 1877, por el que se reglamenta el servicio del Telégrafo nacional. Este reglamento encontró su justificación, he aquí la escueta motivación del acto, en la necesidad de disciplinar el servicio porque había sido contratada «... la construcción del Telégrafo nacional en toda la República...»

---

92 *Leyes y Decretos de Venezuela 1861-1870*, Tomo 4, *op. cit.*, p. 119. Al leer un reglamento como el citado, aprobado con el objeto de disciplinar un servicio público, debe tenerse presente que el mismo descansa sobre el principio de jerarquía administrativa y el deber de obediencia que se deriva de dicho principio (Carré de Malberg, Raymond, *La ley, expresión de la voluntad popular* [Estudio sobre el concepto de ley en la Constitución de 1875], *op. cit.*, p. 75). Siempre según Carré de Malberg, reglamentos como éste no deben producir efectos más que en el interior de los servicios; y, sus normas son, valga la redundancia, normas jurídicas, con toda la fuerza del término (Carré de Malberg, Raymond, *La ley, expresión de la voluntad popular* [Estudio sobre el concepto de ley en la Constitución de 1875], *op. cit.*, p. 78).

y había sido «...terminada y recibida ya la línea de La Guaira á Caracas y de Caracas á La Victoria…»[93].

c. El Decreto del Jefe de los ejércitos federales y Presidente constitucional de los Estados Unidos de Venezuela de 1° de febrero de 1877, por el que se reglamenta el servicio del Acueducto y Paseo "Guzmán Blanco", en el Distrito Federal. De acuerdo a la motivación del Decreto, este obedecía a

   «que la construcción del Acueducto "Guzmán Blanco" que conduce á esta capital el río Macarao, ha aumentado considerablemente el caudal de agua que surte la población y hace indispensable la organización de este importante ramo, estableciendo reglas para la justa distribución de las aguas y para la conservación de la obra, y señalando sus empleados y las funciones que á cada uno corresponden; y que estando ya establecido el entubado de hierro en gran parte de la ciudad, ha llegado el caso de acordar á los particulares el derecho de hacer los trabajos necesarios para surtirse del nuevo entubado, con las precauciones necesarias para impedir el detrimento de los tubos...»[94].

d. La Resolución del Gobierno del Distrito Federal de 19 de febrero de 1885, reglamentaria del transporte de los cadáveres de párvulos. La Resolución, en cuyo texto no se invoca norma legal alguna, reza textualmente así:

   «Resuelto:
   Es impropio, pugna con la decencia y la cultura de un país civilizado y puede ser la causa de graves males, la perniciosa costumbre de conducir los cadáveres de los párvulos al Cementerio, en los coches de lujo ó de número que hacen el servicio general del público en el Distrito Federal. Y con el fin de poner un cése á tan inconveniente como perjudicial práctica, se previene: que desde la fecha de esta resolución no se permitirá que

[93] *Leyes y Decretos de Venezuela 1873-1878*, Tomo 7, *op. cit.*, p. 475.

[94] *Leyes y Decretos de Venezuela 1873-1878*, Tomo 7, *op. cit.*, p. 481.

en coche alguno público, de lujo o de número sean conducidos al Cementerio, ni á ningún otro punto los cadáveres de los párvulos, cualquiera que haya sido la enfermedad que causó su muerte; y que este servicio sólo podrán hacerlo los coches que quieran dedicar sus dueños á este objeto, única y exclusivamente, para lo cual ocurrirán éstos á la Gobernación del Distrito con el fin de matricularlos como tales, de fijarles el distintivo que han de llevar, y de satisfacer en la Administración de Rentas Municipales lo correspondiente á la patente anual…»[95].

e. La Resolución del Gobierno del Distrito Federal de 14 de enero de 1887, reglamentando el Asilo Nacional de Enagenados. La motivación del citado acto reza textualmente así:

«En conformidad con lo dispuesto por el Presidente de la República, y para la mejor organización del Asilo Nacional de Enagenados, se dispone que desde esta fecha se observe el siguiente Reglamento»[96].

f. La Resolución del Ministro de Instrucción Pública, de 17 de setiembre de 1893, reglamentando la enseñanza de las Escuelas Federales. La Resolución obedeció a las circunstancias siguientes:

«Habiéndose observado que en muchas de las escuelas federales no se da la enseñanza que constituye la instrucción obligatoria, y notándose también que falta un reglamento que sirva de norma á los Preceptores respecto al régimen escolar que deben observar; el Jefe del Poder Ejecutivo Nacional ha tenido a bien disponer...»[97].

---

95 *Leyes y Decretos de Venezuela 1861-1870*, Tomo 12, Serie República de Venezuela, Biblioteca de la Academia de Ciencias Políticas y Sociales, Caracas, 1989, p. 39.

96 *Leyes y Decretos de Venezuela 1889-1887*, Tomo 13, Serie República de Venezuela, Biblioteca de la Academia de Ciencias Políticas y Sociales, Caracas, 1984, pp. 229-230.

97 *Leyes y Decretos de Venezuela 1893-1894*, Tomo 17, Serie República de Venezuela, Biblioteca de la Academia de Ciencias Políticas y Sociales, Caracas, 1990, pp. 110-112.

g. La Resolución del Ministro de Fomento de 21 de junio de 1909, por la cual se reglamenta el servicio de traslación de fondos por la vía telegráfica. La Resolución se fundó en las circunstancias siguientes:

> «En vista de los inconvenientes y reclamos que ha ocasionado el servicio llamado de traslación de fondos por conducto del Telégrafo Nacional, efectuado hasta hoy sin intervención de este Ministerio, el General Juan Vicente Gómez, Presidente de la República, en Consejo de Ministros, considerando la utilidad del expresado servicio para facilitar el envío de pequeñas cantidades de dinero por la vía telegráfica, entre Caracas y las poblaciones en donde existan Oficinas del ramo y viceversa, ha tenido a bien disponer que se establezca y reglamente la mencionada traslación de fondos, en la forma que sigue:...»[98].

h. La Resolución de 13 de mayo de 1914 por el cual se reglamenta el servicio de Depósito de libros de textos y material de enseñanza, adquiridos por el Ministerio para las Escuelas Federales. La motivación de la Resolución expedida por el Ministro de Instrucción Pública reza así:

> «Por disposición del ciudadano Presidente Provisional de la República, se organiza el servicio del Depósito de libros de textos y material de enseñanza, de conformidad con el siguiente REGLAMENTO»[99].

i. El Decreto del Presidente Provisional de la República de 1° de junio de 1915 reglamentario del tráfico en las carreteras de la República. La escueta motivación del Decreto reza así:

---

98 *Leyes y Decretos de Venezuela 1909*, Tomo 32, Serie República de Venezuela, Biblioteca de la Academia de Ciencias Políticas y Sociales, Caracas, 1993, p. 143.

99 *Leyes y Decretos de Venezuela 1914*, Tomo 37, Biblioteca de la Academia de Ciencias Políticas y Sociales, Serie República de Venezuela, Caracas, 1994, pp. 175-176.

«Considerando:
Que se impone la necesidad de regularizar y reglamentar el tráfico en las Carreteras Nacionales, y que las facilidades en el tráfico público contribuyen eficazmente a incrementar el movimiento mercantil y agrícola de los pueblos,
Decreta...»[100].

j. El reglamento para el expendio del queso de Paraguaná de 16 de septiembre de 1916. El acto dictado por la Oficina de Sanidad Nacional se fundó en los motivos que a continuación se indican:

«La Oficina de Sanidad Nacional
con el propósito de evitar ulteriores inconvenientes para la salud pública, ocasionados por el consumo del queso de Paraguaná, y a los fines de la responsabilidad legal en que incurren los adulteradores de productos alimenticios, reglamenta el expendio de dicho artículo del modo siguiente:...»[101].

k. El Decreto Presidencial N° 394, del 14 de noviembre de 1960, mediante el cual se puso en vigencia el Reglamento de Administración de Personal para los Servidores del Gobierno Nacional[102]. Para la Procuraduría General de la República, el precitado Decreto calificaba como un reglamento autónomo, porque no tenía por objeto desarrollar normativa alguna[103].

A la luz de la escueta motivación de los Decretos citados con anterioridad, resulta evidente que a lo largo de nuestra historia el Poder Ejecutivo venezolano ha entendido que el ordenamiento le habilita para expedir reglamentos que no desarrollan una Ley Primaria.

---

[100] *Leyes y Decretos de Venezuela 1915*, Tomo 38, *op. cit.*, 1993, p. 99.

[101] *Leyes y Decretos de Venezuela 1916*, Tomo 39, Serie República de Venezuela, Biblioteca de la Academia de Ciencias Políticas y Sociales, Caracas, 1992, pp. 500-501.

[102] *Gaceta Oficial de la República* N° 26.406, del 14 de noviembre de 1960.

[103] *Doctrina de la Procuraduría General de la República*, Caracas, 1965, pp. 243-245.

C) La jurisprudencia venezolana

La Corte Suprema de Justicia ha sostenido que «...paralelamente a...» el ejercicio de la potestad reglamentaria prevista en la Constitución, «...el Ejecutivo puede decretar también disposiciones de carácter general que no serían reglamentos de ninguna ley en particular, ni siquiera de aquella que en casos dados resultara atributiva de su competencia»[104].

El criterio ha sido ratificado por el Tribunal Supremo de Justicia, al afirmar que los reglamentos autónomos, «...dictados por la Administración sin sujeción a la existencia previa de una ley...», encuentran su justificación en «...necesidades de organización interna de la propia Administración...»[105]; y, que «...aunque en teoría pueda sostenerse en Venezuela la existencia de un poder reglamentario

[104] Corte Suprema de Justicia en Pleno, Sentencia N° 6, del 26 de febrero de 1985, asunto *Álvaro Gene Sojo*, en *Revista de Derecho Público* número 22, abril-junio 1985, Editorial Jurídica Venezolana, Caracas, pp. 152-153. En el caso *sub iudice* la Corte analizó el Decreto 2.039, del 15 de febrero de 1977 (*Gaceta Oficial de la República* N° 31.175, del 15 de febrero de 1977), a través del cual el Presidente de la República instruyó al Ministerio de Energía y Minas cuáles eran las circunstancias que este último debía ponderar al momento de hacer concesiones mineras.

[105] Sala Político-Administrativa del Tribunal Supremo de Justicia, Sentencia N° 1.216, del 26 de junio de 2001, asunto *Porfirio Ruiz Leandres et al.* En el fallo judicial al cual aludimos se agrega que «...la existencia y validez jurídica de un reglamento [autónomo] cesará si la materia en él contenida pasa a formar parte de un texto legal, dada la supremacía jerárquica de la ley». La decisión citada puede enlazarse con otra previa, según la cual «...el ámbito por excelencia de la regulación reglamentaria abarca *aspectos organizativos...*» (Corte Suprema de Justicia en Pleno, Sentencia s/n, del 17 de noviembre de 1986, asunto *Arturo Luis Torres*, en *Revista de Derecho Público* N° 28, octubre-diciembre 1986, Editorial Jurídica Venezolana, Caracas, 1986, pp. 85-86). Siempre en materia de reglamentos autónomos, *vid.* Corte Primera de lo Contencioso-Administrativo, Sentencia N° 2.158, del 7 de agosto de 2002, asunto *Seguros Orinoco, C.A. et al.*; y, Corte Primera de lo Contencioso-Administrativo, Sentencia N° 1.979, del 26 de junio de 2003, asunto *Jorge Jesús Varela Lobo.*

autónomo –discutible, según cierta doctrina–, este poder sólo es predicable en áreas que no sean de la reserva legal o en aquellas que no hayan sido objeto de regulación» mediante Ley[106].

D) Los reglamentos autónomos y el principio de legalidad

Como hemos tenido oportunidad de destacar (*ut supra*, Capítulo III, Sección II), en el pasado nuestra doctrina y jurisprudencia afirmaron que la aprobación de un reglamento en ejercicio de potestad reglamentaria era inherente a la función administrativa[107],y con base en esa premisa afirmaron también que en ausencia de norma constitucional o legal expresa que asignase a la Administración potestad reglamentaria, dicha potestad debía considerarse implícita en la función administrativa[108].

No obstante, en nuestro Derecho los reglamentos autónomos resultan admisibles siempre y cuando se limiten a disciplinar *asuntos internos* de la organización administrativa[109]. En estos casos resultan admisibles, decíamos, porque, ausente la Ley, la potestad reglamentaria encuentra su base en *principios generales* del Derecho Administrativo que informan la organización administrativa[110]. Solo recurriendo a esos principios generales que habilitan a la Administración para ordenar o sistematizar sus órganos y servicios, cabe conciliar el principio de legalidad con la potestad empleada para aprobar reglamentos autónomos.

---

[106] Sala Constitucional del Tribunal Supremo de Justicia, Sentencia N° 1.447, del 3 de junio de 2003, asunto *Rafael Badell Madrid et al.*

[107] Sala Político-Administrativa de la Corte Suprema de Justicia, Sentencia N° 148, del 17 de julio de 1980, asunto *Lilia Zabala*, en *Jurisprudencia de la Corte Suprema de Justicia*, número 7, Dr. Oscar Pierre Tapia,Caracas, julio 1980, pp. 56-67.

[108] Lares Martínez, Eloy, *Manual de Derecho Administrativo*, *op. cit.*, p. 77.

[109] Baño León, José María, "Los ámbitos del reglamento independiente", *op. cit.*, p. 423.

[110] Waline, Jean, *Droit administratif*, *op. cit.*, p. 303.

E) Los Instructivos, Circulares y Manuales

Los reglamentos autónomos pueden formalizarse a través de Circulares o Instrucciones de servicio contentivos de reglas generales y abstractas. Aun cuando esos términos no tienen un significado unívoco, luce conveniente precisar cuanto sigue:

a. Según Hernández Ron, los Instructivos o Instrucciones (de servicio) son las prevenciones escritas que se le hacen a una Oficina o a un funcionario, sobre el modo que ha de observar en uno o más negocios, en la misión que está llamado a desempeñar; ilustrarlo sobre el espíritu de una ley o de un reglamento; o, darle reglas de procedimiento o de organización de los servicios públicos[111].

b. Siempre, según Hernández Ron, se denominan Circulares las Instrucciones que van dirigidas a varios funcionarios de un mismo ramo administrativo[112].

---

[111] Cabría citar aquí, *e.g.*, el Instructivo para la Interpretación del Artículo 118 de la Ley de Impuesto sobre la Renta, del 19 de diciembre de 1991, que propone una interpretación uniforme de la precitada norma legal, o el Instructivo para la Interpretación y Aplicación de la Ley de Remisión Tributaria, que contempla reglas de interpretación y, complementariamente, normas *agendi* para la Administración Tributaria (*Gaceta Oficial de la República* N° 34.875, del 6 de enero de 1992, y *Gaceta Oficial de la República* N° 35.957, del 13 de mayo de 1996).

[112] Hernández Ron, J.M., *Tratado Elemental de Derecho Administrativo*, Tomo I, *op. cit.*, pp. 76-77. Para Ruan y Lupini las Condiciones Generales de Contratación para la Ejecución de Obras, aprobadas mediante Decreto del Ejecutivo Nacional (Decreto N° 2.189, del 7 de junio de 1977, publicado en la *Gaceta Oficial de la República* N° 2.089, del 28 de septiembre de 1977), eran reglas internas o instrucciones de servicio, pues para los particulares que se disponían a contratar con la Administración sus previsiones formaban parte integrante de una oferta de contratación cuya eficacia se encontraba supeditada a su aceptación, total o parcial, por la contraparte contractual de la Administración (Ruan Santos, Gabriel y Lupini B., Luciano, "Consideraciones sobre las Condiciones Generales de Contratación para la Ejecución de Obras de la Administración Pública", en *Revista de Derecho Público* N° 12, octubre-diciembre de 1982, Caracas, 1982, pp. 5-21).

Los reglamentos autónomos también pueden formalizarse a través de los así denominados Manuales. Lo acredita el Reglamento Interno de la Contraloría General de la República, según el cual «...los *Manuales* y las *Instrucciones* tendrán el carácter de *actos administrativos de efectos generales*...» cuando «...estén *dirigidos a un número indeterminado de personas* o que *tengan contenido normativo*...»(artículo 7° *eiusdem*)[113]. La norma reglamentaria citada anteriormente precisa a renglón seguido que mientras las Instrucciones dictadas por el Contralor tienen por objeto el establecimiento de prescripciones o directrices de actuación, dirigidas a las Administraciones controlantes o controladas, sobre determinados aspectos asociados al control fiscal, los Manuales aprobados por el Contralor tienen por objeto regular el funcionamiento de las dependencias de la Contraloría a fin de establecer las relaciones entre ellas, los deberes y atribuciones específicas del personal, y los demás elementos necesarios para garantizar el mejor desempeño de las competencias asignadas al Organismo. También lo acredita el Manual para el Registro de Expropiaciones de Inmuebles aprobado por la Oficina Nacional de Contabilidad Pública, a través del cual se establecen –esto es, se ordenan, mandan o decretan– las reglas internas que han de seguirse al momento de expropiar bienes inmuebles. Según el precitado Manual, el Decreto del Presidente de la República en Consejo de Ministros, dictado con el objeto de expropiar bienes inmuebles, debe estar precedido por un Memorándum y una solicitud (interna) de expropiación, preparados por la Administración Pública competente[114].

F) La fuerza o vigor de los reglamentos autónomos

Más allá de nuestras fronteras, las previsiones de los reglamentos autónomos no suelen ser consideradas normas reglamentarias por

---

[113] *Gaceta Oficial de la República* N° 39.840, del 11 de enero de 2012.

[114] El Manual, únicamente publicado en la página web de la Oficina, fue aprobado mediante Providencia N° 08-001, del 11 de marzo de 2008 (*Gaceta Oficial de la República* N° 38.904, del 7 de abril de 2008).

diversas razones. Primero, porque se las encuadra en la función o potestad ejecutiva[115]. Segundo, porque no obligan más que a los que están sujetos a tales normas internas[116].

En Venezuela Brewer-Carías ha sostenido que no obstante tratarse de actos de orden interno, las Instrucciones de Servicio de contenido normativo constituyen fuente de Derecho Administrativo, y que,

---

[115] Para el del Tribunal Constitucional español, los reglamentos de organización que no tienen como función la ejecución de la ley han de ser encuadrados, a efectos de delimitación competencial, en la función o potestad ejecutiva, porque se trata de actividad normativa que no produce efectos *ad extra* (hacia el exterior), (*vid., inter alia*, Sentencias 208/1999, del 11 de noviembre de 1999, en Boletín Oficial del Estado español [B.O.E.] 300 16.12.99).

[116] *Vid.* de Otto, Ignacio, *Derecho Constitucional* (Sistema de Fuentes), *op. cit.*, p. 216; y, Santamaría Pastor, Juan Alfonso, *Principios de Derecho Administrativo*, Volumen I, *op. cit.*, p. 297. En sentido coincidente se pronunciaba Garrido Falla, para quien las circulares e instrucciones de servicio no son el resultado del ejercicio de potestades reglamentarias, sino simples directivas de actuación que las autoridades administrativas de superior rango imponen a sus subordinados en virtud del principio de jerarquía administrativa (Garrido Falla, Fernando, *Tratado de Derecho Administrativo*, Volumen I, *op. cit.*, p. 306).

De acuerdo a lo indicado, no calificaría como Instructivo, no obstante la denominación dada al acto (Instructivo sobre Simplificación de los Trámites, y Procesos Vinculados con la Exportación de Mercancías no Tradicionales), el Decreto Presidencial del 1° de abril de 2016 (*Gaceta Oficial de la República* N° 6.222 Extraordinario, del 1° de abril de 2016), mediante el cual se establecen los requisitos que deben satisfacer los particulares interesados en tramitar y obtener los certificados, permisos y licencias que demanda la Administración Pública para la exportación de mercancías no tradicionales. Tampoco calificaría como Instructivo, no obstante la denominación dada al acto (Instructivo Relativo a los Criterios Únicos de Rectificación de Actas o Cambio de Nombres en Sede Administrativa), la Resolución aprobada por el Consejo Nacional Electoral el 20 de marzo de 2013 (*Gaceta Oficial de la República* N° 40.178, del 30 de mayo de 2013), a través de la cual se establecieron los criterios únicos de rectificación de actas o cambio de nombre en sede administrativa que han ser aplicados por los Registradores Civiles de las Oficinas Municipales, porque en dicha Resolución se le imponen deberes a los particulares que decidan solicitar la rectificación o cambio de nombre.

como tales, son elementos integrantes del bloque de la legalidad, cuya violación puede ser invocada por los particulares cuando estos acreditan un interés merecedor de tutela jurídica[117].

Al declarar la ilegalidad de un acto administrativo sancionador por su contrariedad con una Circular, nuestra justicia ha defendido la postura que le reconoce a los actos internos de carácter normativo la condición de fuente de Derecho Administrativo. Según la Sala Político-Administrativa de la Corte Suprema de Justicia,

> «...las órdenes, recomendaciones, instrucciones o normas contenidas en una circular obligan necesariamente a la Administración Pública quien vendría a constituirse así en un sujeto de especial relevancia dentro de la relación contenida en la misma, *sometidos* como se hallan todos los órganos de la Administración, no sólo al régimen jurídico establecido en la Constitución y en las leyes o reglamentos, sino también *a las normas de índole sublegal y a los medios o formas y mecanismos de instrucción* que se emplean normalmente en el ejercicio de la actividad administrativa»[118].

---

117 Brewer-Carías, Allan Randolph, *Las Instituciones Fundamentales del Derecho Administrativo y la Jurisprudencia Venezolana*, *op. cit.*, pp. 37-38. En sentido coincidente, Hernández Ron afirmaba que las Instrucciones de Servicio tienen el mismo valor jurídico que los reglamentos, en la medida en que contengan reglas creadoras de situaciones jurídicas objetivas de carácter general (Hernández Ron, J.M., *Tratado Elemental de Derecho Administrativo*, Tomo I, *op. cit.*, pp. 76-77). En contra se pronunciaba Lares Martínez, quien entendía que las Instrucciones de Servicio, dictadas, sobre la base del principio de jerarquía, con el objeto de orientar la actividad de los funcionarios de la Administración, no constituyen reglas de Derecho (Lares Martínez, Eloy, *Manual de Derecho Administrativo*, *op. cit.*, pp. 87-88).

118 Sala Político-Administrativa de la Corte Suprema de Justicia, Sentencia N° 261, del 30 de noviembre de 1976, asunto *Nicolás Romero*, en *Jurisprudencia de la Corte Suprema de Justicia, Dr. Oscar Pierre Tapia*, N° 11, noviembre 1976, Caracas, 1976, pp. 31-34. También Corte Primera de lo Contencioso-Administrativo, Sentencia s/n, del 27 de enero de 1983, en *Revista de Derecho Público* N° 13, Editorial Jurídica Venezolana, Caracas, 1983, pp. 104-105. En este último fallo judicial se declaró la nulidad de una Circular creadora de prohibiciones no previstas en el texto de Ley.

La letra del artículo 13 de la Ley Orgánica de Procedimientos Administrativos, a tenor del cual ningún acto administrativo de carácter particular puede vulnerar lo establecido en una disposición administrativa de carácter general, aun cuando el acto de carácter particular hubiere sido dictado por autoridad igual o superior a la que dictó la disposición general, refuerza la tesis defendida por Brewer-Carías y nuestro más alto Tribunal, pues dicho artículo no hace distinciones sobre la base de la eficacia (*ad extra* o *ad intra*) de las normas administrativas. Por el tratamiento uniforme que el artículo 13 de la Ley Orgánica de Procedimientos Administrativos dispensa a los reglamentos jurídicos y a los reglamentos internos, el principio de inderogabilidad singular de los reglamentos aplica a unos y otros por igual (*Ubi lex non distinguit, nec nos distinguere-debemus*). Para nuestro Legislador unos y otros contienen verdaderas normas jurídicas.

La infracción de Instructivos, Circulares y Manuales reglamentarios, por consiguiente, comporta la nulidad, por ilegalidad, del acto administrativo de carácter particular que las vulnere.

§4. Los reglamentos delegados, independientes o "libres"

En oportunidades el Legislador venezolano ha optado por sancionar Leyes a través de las cuales habilita ampliamente a la Administración para que sea esta la que regule mediante reglamento una materia que la Constitución reserva a la Ley.

A causa de esas delegaciones legislativas de cuestionable constitucionalidad, son los reglamentoslos que en definitiva regulan *por primera vez* la materia propia de la reserva, pues las Leyes concedentes de esos poderes normativos, exorbitantes de la potestad reglamentaria, en los términos en que esta ha sido definida por la Constitución,no contienen una regulación completa de la materia que la Constitución encomienda al Legislador y la Ley[119].

[119] *Vid.* Estepa Moreno, Manuel, *Los Reglamentos del Gobierno*, Tomo I, *op. cit.*, p. 105.

Las delegaciones legislativas de marras, en materias propias de la reserva de Ley, han dado vida a una categoría de reglamentos, polémica y confusa[120], que ciertos autores denominan reglamentos delegados[121]; otros llaman reglamentos independientes[122], y algunos designan reglamentos libres[123].

A) Los reglamentos delegados y la reserva de Ley

Como tendremos oportunidad de exponer más adelante (*ut infra*, Capítulo VIII, Sección II), la garantía de la reserva legal se traduce en un deber impuesto al Legislador, para que regule «...en el texto de la Ley de que se trate, toda la materia relacionada con...» aquellos asuntos que la Constitución reservó al Legislador y a la Ley[124]. Por causa de ese deber (principio de completitud), el Legislador solo puede remitir al reglamentista la posibilidad de establecer o fijar los detalles, particularmente los de índole o naturaleza más técnica[125],

---

[120] Giannini, Massimo Severo, *Diritto Amministrativo*, Volume Primo, *op. cit.*, p. 325.

[121] Lares Martínez, Eloy, *Manual de Derecho Administrativo*, *op. cit.*, p. 83, Según Lares Martínez, en nuestro Derecho resultan *inadmisibles* los reglamentos delegados.
Carlassare, Lorenza, "Regolamento (Diritto Costituzionale)", *op. cit.*, p. 618; y, Comadira, Julio Rodolfo, Escola, Héctor Jorge y Comadira, Julio Pablo, *Curso de Derecho Administrativo*, Tomo I, *op. cit.*, pp. 44-45.

[122] Giannini, Massimo Severo, *Diritto Amministrativo*, Volume Primo, *op. cit.*, p. 325.

[123] Carlassare, Lorenza, "Regolamento (Diritto Costituzionale)", *op. cit.*, p. 626. En lo personal, estimo que esta denominación es la más apropiada, porque el empleo del adjetivo (libre) para calificar una actuación para la que la Administración carece de libertad sirve para denunciar el absurdo al que conduce este tipo de delegación legislativa, productora de reglamentos que no se hallan claramente subordinados a límites legales ciertos.

[124] Sala Constitucional del Tribunal Supremo de Justicia, Sentencia N° 2.338, del 21 de noviembre de 2001, asunto *José Muci-Abraham et al.*

[125] Maurer, Harmut, *Derecho Administrativo* (Parte General), *op. cit.*, p. 111; y, *mutatis mutandis*, de Otto, Ignacio, *Derecho Constitucional* (Sistema de Fuentes), *op. cit.*, pp. 219-220.

que la ejecución de la Ley demanda[126]. Esto es así porque en las materias que integran la reserva legal la potestad reglamentaria debe ser siempre ejercida a título de colaboración, jamás a título de sustitución de las previsiones que, por mandato constitucional, solo la Ley puede establecer[127]. En las materias propias de la reserva legal, la Administración no puede sustituir al Legislador porque el reglamento no es instrumento idóneo para reemplazar a la Ley.

Para que el reglamento pueda regular materias que la Constitución reserva a la Asamblea Nacional y a la Ley, resulta menester que el Poder Legislativo sancione normas legales idóneas, o sea, normas aptas para *delimitar suficientemente* el ejercicio del poder reglamentario que el ordenamiento le reconoce a la Administración[128]. Lo acredita el texto del numeral 10 del artículo 236 de la Constitución que impone al Legislador, de manera indirecta o refleja, el deber de dictar regulaciones cuya letra, espíritu, propósito y razón acoten o delimiten, de manera cierta y precisa, el ámbito de actuación de la Administración en ejercicio de la potestad reglamentaria.

---

126 Sala Constitucional del Tribunal Supremo de Justicia, Sentencia N° 2.338, del 21 de noviembre de 2001, asunto *José Muci-Abraham et al.*

127 Sala Político-Administrativa de la Corte Suprema de Justicia, Sentencia N° 745, del 17 de junio de 1999, asunto *Iván José Sánchez et al.*

128 SANDULLI, ALDO M., *Manuale di Diritto Amministrativo*, Volume I, XIV edizione, Jovene Editore, Napoli, p. 57.
En palabras de nuestro más alto Tribunal, «es jurídicamente válido que el reglamento, además de especificar o desarrollar en particular los artículos legales a los fines de facilitar su aplicación, pueda también contener normativas colaterales o complementarias dispuestas a regular situaciones que a pesar de no haber sido tratadas expresamente en la ley, tengan por fin el hacer ésta aplicable a ellas, estatuyéndolas acordes con el propósito, espíritu y razón de aquélla; y, a la vez, se permite que el legislador deje o habilite al Ejecutivo para que mediante su potestad reglamentaria desarrolle y contemple ciertos aspectos de las materias reservadas a la ley, siempre y cuando se establezcan los parámetros básicos dentro de los cuales tal poder debe conducirse y, también, se respeten los principios y propósitos de la Constitución y las leyes» (Sala Político-Administrativa de la Corte Suprema de Justicia, Sentencia s/n, del 2 de julio de 1996, en *Revista de Derecho Público*, N° 67-68, Editorial Jurídica Venezolana, Caracas, 1996, pp. 211-212).

La reserva legal constituye una garantía esencial de nuestro Estado de Derecho. Su significado último es el de asegurar que la regulación de los ámbitos de libertad que corresponden a los ciudadanos dependa exclusivamente de la voluntad de sus representantes directos. El principio no excluye, ciertamente, la posibilidad de que las leyes contengan remisiones a normas reglamentarias, pero sí que tales remisiones, por la *vacuidad* de la Ley, hagan posible una regulación independiente y, por tanto, una regulación que no esté claramente subordinada a la ley. La reserva de Ley niega o excluye una remisión –sin ataduras legales ciertas y precisas– como la indicada, porque la misma supondría una *degradación* de la garantía constitucionalmente prevista[129] y una ilegítima *abdicación*, por parte del Legislador, del deber de regular, por Ley, las materias que la Constitución le asigna a este[130].

Esta pretendida delegación, que habilita al reglamento para complementar la Ley contentiva de regulación insuficiente, inacabada, tiene prohibido innovar. Expresado en otros términos, tiene vedado establecer principios, deberes u obligaciones distintos a los que ya declare o contemple la Ley.

---

[129] Tribunal Supremo de Justicia español, Sentencia 83/84, del 24 de julio, citada por De Otto, Ignacio, *Derecho Constitucional* (Sistema de Fuentes), *op. cit.*, p. 218.

[130] Lasarte, Javier, Ramírez, Salvador y Aguallo, Ángel, *Jurisprudencia del Tribunal Constitucional en materia financiera y tributaria (1981-1989)*, Editorial Tecnos, S.A., Madrid, 1990, p. 34. En palabras de Quadra-Salcedo, en las materias que la Constitución encomienda a la Ley, esta «...debe contener los pronunciamientos fundamentales...», razón por la cual tales pronunciamientos «...no pueden ser eludidos... [ni] mediante delegación legislativa, ni mediante remisiones reglamentarias» (Quadra-Salcedo, Tomás, "La delegación legislativa en la Constitución", *Estudios sobre la Constitución Española* [Homenaje al Profesor Eduardo García de Enterría], Tomo I, *op. cit.*, p. 356).

B) Las remisiones genéricas o en blanco y los *reglamentos libres*

El Legislador no puede disponer de la reserva mediante remisiones incondicionadas, carentes de límites, pues remisiones como esas defraudan la garantía representada por la reserva de Ley[131].

En nuestro país el Tribunal Supremo de Justicia ha dejado sentado que se hallan «...*prohibidas*, por constituir una violación a la reserva legal, las *remisiones "genéricas"*...». Ese tipo de remisiones normativas, en virtud de las cuales el Legislador defiere al reglamento la regulación, completa o acabada, de una materia reservada a la Ley, se encuentra prohibida porque *deslegaliza* la materia y, al hacerlo, sirve de base para la aprobación de «...reglamentos independientes...»[132].

---

[131] Gui Mori, Tomás, *Jurisprudencia Constitucional Íntegra 1981-2001* (Síntesis práctica, texto completo y actualización de todas las sentencias del TC), Tomo II, Editorial Bosch, S.A., Barcelona, 2002, p. 539; y, Lasarte, Javier, Ramírez, Salvador y Aguallo, Ángel, *Jurisprudencia del Tribunal Constitucional en materia financiera y tributaria (1981-1989), op. cit.*, p. 34.

[132] Sala Constitucional del Tribunal Supremo de Justicia, Sentencia N° 2.338, del 21 de noviembre de 2001 (asunto *José Muci-Abraham et al.*), (*ut infra*, Capítulo VIII, Sección II, §7, literal D). Más recientemente, la Sala Constitucional del Tribunal Supremo de Justicia afirmó que «...la delegación legislativa, cuando opera correctamente, no implica una transferencia del poder legislativo hacia la Administración, sino una técnica de colaboración entre los órganos del Poder Público. Lo esencial es que esta delegación se produzca para casos determinados, sin afectar a la reserva legal, evitando incurrir en remisiones genéricas y no delimitadas a favor de la Administración» (Sentencia N° 1.718, del 13 de agosto de 2009, asunto *Alfredo Travieso Passios*). Con base en tales consideraciones, el Tribunal Supremo de Justicia desestimó los vicios de inconstitucionalidad esgrimidos contra el artículo 187 (Normativa Prudencial) de la Ley General de Bancos y Otras Instituciones Financieras (*Gaceta Oficial de la República* N° 5.555 Extraordinario, del 13 de noviembre de 2001), que rezaba textualmente así: «La Superintendencia de Bancos y Otras Instituciones Financieras, mediante normas de carácter general, podrá modificar los porcentajes y montos señalados en el artículo 185 del presente Decreto Ley y ampliar los supuestos de relación. La Superintendencia de Bancos y Otras Instituciones Financieras podrá dictar normas para definir el otorgamiento directo e indirecto de créditos y calificará los créditos a personas relacionadas o vinculadas en sus distintos supuestos. Asimismo,

Carlassare afirma, con razón, que cuando media *deslegalización* la Administración dicta *reglamentos libres*[133]. Habla de reglamentos libres porque en estos casos la regulación deja de ser secundaria,deja de estar subordinada a la Ley, toda vez que la Administración puede aprobarlos y modificarlos *a voluntad* sin límite de tiempo. En definitiva, se habla de reglamentos libres, ya que sus normas son aprobadas con la *libertad de elección* que caracteriza a la legislación primaria producida por el Poder Legislativo, y no en ejercicio de potestades administrativas discrecionales, sometidas–*ex rerum natura*– a los preceptos de la Ley.

establecerá los apartados y provisiones que deban constituirse cuando los riesgos asumidos así lo aconsejen. Las normas aquí previstas atenderán a la finalidad de las limitaciones incluidas en el artículo 185 de este Decreto Ley, y tomarán en consideración las pautas de aceptación general aplicables en estas materias». Los porcentajes y montos a los cuales alude la norma legal servían, respectivamente, para identificar a las personas relacionadas con una institución financiera y prohibir que estas concedieran créditos a aquellas, y obligar a los solicitantes de créditos a presentar balances elaborados por contadores públicos en ejercicio independiente de la profesión.
De Otto llama deslegalización la operación en virtud de la cual una Ley permite que los preceptos legales existentes en una determinada materia sean modificados o derogados por un reglamento. Siempre según De Otto, lo que viene a hacer en definitiva la Ley de deslegalización es privar de fuerza pasiva a las disposiciones legales para ese momento vigentes, de modo que el reglamento pueda privar de efecto disposiciones contenidas en leyes anteriores, cosa que no sería posible sin la deslegalización. En rigor, el Legislador no puede degradar las leyes anteriores para permitir que el reglamento derogue la ley en materias reservadas al Legislador, pues lo prohíbe el principio de jerarquía de fuentes que reconoce la supremacía de la ley sobre el reglamento (De Otto, Ignacio, *Derecho Constitucional* [Sistema de Fuentes], *op. cit.*, pp. 227-228). En sentido coincidente García de Enterría afirma que una delegación como ésta rompe los principios de (i) congelación del rango normativo de las materias tratadas por la Ley y (ii) *contrarius actus* (García de Enterría, Eduardo, *Legislación delegada, potestad reglamentaria y control judicial*, *op. cit.*, p. 115), recogidos en el artículo 218 de la Constitución venezolana. Para evitar la deslegalización la Ley debe contener parámetros suficientes para permitir que se enjuicie la validez del reglamento a la luz de las normas contenidas en la ley.

133 Carlassare, Lorenza, "Regolamento (Diritto Costituzionale)", *op. cit.*, p. 626.

No es a la Administración a la que le corresponde tomar las decisiones fundamentales en las materias reservadas al Legislador y a la Ley. En esas materias, no es a la Administración a quien toca determinar cuáles son los intereses que han de ser tutelados[134]. El principio de legalidad, otrora entendido como regla de Derecho que solo prohibía la contrariedad a la ley, exige hoy en día la existencia de base legal (cierta) para el ejercicio del poder[135]. Se afirma, por ello, que es al Legislador a quien incumbe tomar las decisiones, de naturaleza política, asociadas a la disciplina –total, completa– de las materias que integran la reserva de Ley.

Por exigencia del Estado de Derecho, la norma legal que sirve de base para el ejercicio del poder debe *regular acabadamente* la actuación de la Administración, de manera que dicha actuación pueda ser luego objeto de control judicial atendiendo *a su conformidad* con los cánones de actuación previstos en la Ley[136]. Ausentes los preceptos de Ley que debían regular la materia propia de la reserva legal, sufren menoscabo las competencias de los jueces contencioso-administrativos, porque la inexistencia de norma legal que permita adelantar el control autorizado por el artículo 259 de la Constitución, en concordancia con el numeral 10 del artículo 236 *eiusdem*, mengua la intensidad del control judicial de legalidad que estos están llamados a ejercer. Esa *minusvalía* no puede ser conciliada ni con la letra ni con el espíritu del artículo 259 de la Constitución en vigor[137].

---

[134] Carlassare, Lorenza, "Regolamento (Diritto Costituzionale)", *op. cit.*, pp. 621-622.

[135] Quadra-Salcedo, Tomás, "La delegación legislativa en la Constitución", *Estudios sobre la Constitución Española* (Homenaje al Profesor Eduardo García de Enterría), Tomo I, *op. cit.*, p. 352.

[136] Parafraseando a Sebastián Martín-Retortillo Baquer, en materia de libertad económica la Ley debe contemplar «*...la ordenación y el contenido fundamental que pueda asumir la ulterior regulación complementaria que haya de llevarse a cabo...*», *y, por ello, en este ámbito* «no caben, pues, Reglamentos independientes» (Sala Constitucional del Tribunal Supremo de Justicia, Sentencia N° 1.613, del 17 de agosto de 2004, asunto *Henry Pereira Gorrín*).

[137] *Ut supra*, Capítulo III, nota a pie de página N° 3.

Constituye, pues, un verdadero contrasentido afirmar que la Administración puede dictar reglamentos delegados, independientes o libres, porque admitir su existencia equivale a desconocer el principio de división de poderes y la reserva de Ley[138]. Equivale, además, a desconocer la rigidez que caracteriza nuestra Constitución, porque no hay norma que autorice este tipo de delegación legislativa. Parafraseando a de Otto, la remisión al reglamento es lícita solo cuando el sector de la disciplina normativa que va a ser objeto de regulación reglamentaria *no está* constitucionalmente sujeto a reserva legal[139].

§5. Los reglamentos de las universidades autónomas

Mención aparte merecen los reglamentos que regulan los diferentes tipos de universidades existentes en el país, por el trato que a ellos ha dispensado la jurisprudencia venezolana.

Comencemos con las universidades autónomas. Nuestra justicia ha dejado sentado que la Ley de Universidades le reconoce a este tipo de instituciones *poder para auto-reglamentarse*, y que en ejercicio de dicha potestad expiden lo que nuestra jurisprudencia ha denominado *reglamentos de autonomía*[140].

Atendiendo el texto de la norma de la Ley de Universidades que le impone al Ejecutivo Nacional el deber de reglamentar dicha Ley y de dictar las disposiciones transitorias que resultaren necesarias para su aplicación, todo ello «...*sin perjuicio de* las atribuciones que se confieren al Consejo Nacional de Universidades y a las Universi-

---

138 QUADRA-SALCEDO, TOMÁS, "La delegación legislativa en la Constitución", *Estudios sobre la Constitución Española* (Homenaje al Profesor Eduardo García de Enterría), Tomo I, *op. cit.*, p. 328.

139 DE OTTO, IGNACIO, *Derecho Constitucional* (Sistema de Fuentes), *op. cit.*, p. 232.

140 Corte Primera de lo Contencioso-Administrativo, Sentencia s/n, del 17 de febrero de 1981, en *Revista de Derecho Público número* 6, Editorial Jurídica Venezolana, Caracas, 1980, pp. 139 y ss.

dades Nacionales para dictar *reglamentos de índole interna*»[141], en el fallo judicial citado en el párrafo anterior, la Corte Primera de lo Contencioso-Administrativo afirmó que en este sector hay un determinado grupo de materias cuya reglamentación compete al Poder Ejecutivo, y otras cuya regulación ha sido encomendada al Consejo Nacional de Universidades y a las Universidades Nacionales. En razón de esa distribución de competencias *ratione materiae*, existe un limitado conjunto de asuntos, los asociados a la vida interna de la universidad, cuya reglamentación ha sido *reservada* al ente autónomo de manera exclusiva por razones de orden práctico o en razón de la autonomía que la Ley le atribuye al organismo administrativo, y que, consecuentemente, «...no puede resultar afectado por los Reglamentos Ejecutivos».Según la Corte, en tales materias los reglamentos «...están *directamente ordenados a la Ley...*» y, por ello, no dependen jerárquicamente de los Reglamentos Ejecutivos[142]. Por tal razón, los Reglamentos Ejecutivos que de cualquier manera afecten o invadan la competencia normativa autónoma de las Universidades incurrirían en ilegalidad, porque atenta contra la autonomía de las universidades. Nunca según la Corte, este tipo de reglamentos se aprueba con el objeto de *desarrollar* disposiciones legales ya existentes, sino con el propósito de *complementar* la Ley de que se trate con otras previsiones sobre las materias especialmente señaladas por el Legislador, y, en razón de ello, «...tienen en el ordenamiento jurídico el mismo rango que los reglamentos del Poder Ejecutivo»; y deben respetar, claro está, las materias comprendidas dentro de la reserva de Ley, así como el espíritu, propósito y razón de las leyes[143].

Los *reglamentos de autonomía* aprobados por las universidades autónomas deben distinguirse de los reglamentos dictados por el Ejecutivo Nacional con el objeto de regular la organización y funciona-

---

[141] Artículo 185 de la Ley de Universidades (*Gaceta Oficial de la República* N° 1.429 Extraordinario, del 8 de septiembre de 1970).

[142] *Ibid.*

[143] *Ibidem.*

miento de las universidades experimentales, creadas por el Ejecutivo Nacional, oída la opinión del Consejo Nacional de Universidades, a fin de ensayar nuevas orientaciones y estructuras en Educación Superior. Comoquiera que la Ley de Universidades establece que las universidades experimentales «...gozarán de autonomía dentro de las condiciones especiales requerida por la experimentación educativa» (artículo 10), y, por causa de ello, encomienda al Reglamento Ejecutivo la determinación de su organización y funcionamiento, la justicia venezolana ha sostenido que los reglamentos que rigen a las universidades experimentales son *reglamentos independientes*, porque sus normas –de organización y funcionamiento– se aplican «...con carácter preeminente a [las de] la Ley de Universidades...», cuyas reglas solo han de aplicarse de manera supletoria en aquellos supuestos que no estuviesen expresamente previstos por la normativa reglamentaria[144]. Según la Corte, estos reglamentos (universitarios) independientes contienen una regulación detallada de la institución universitaria (organización, especificando los órganos de dirección y administración de la entidad, con señalamiento de la competencia que a cada uno corresponde, estructura académica, y reglas de funcionamiento) y de los objetivos que la misma debe perseguir. Siempre, según la Corte, mientras estos reglamentos se ocupen de «...las áreas definidas por la Ley, su normativa regirá indiscutiblemente la materia objeto de remisión»[145].

La potestad reglamentaria de las universidades autónomas se encuentra prevista hoy en día en el artículo 109 de la Constitución, dicha potestad las habilita para darse sus propias normas de gobierno, funcionamiento y administración.

---

[144] Corte Primera de lo Contencioso-Administrativo, Sentencia s/n, del 30 de septiembre de 1982, en *Revista de Derecho Público*, N° 12, Editorial Jurídica Venezolana, Caracas, 1982, pp. 119-122.

[145] *Ibid.*

§6. Los reglamentos de necesidad o *contra legem*

Los reglamentos *contra legem*, también denominados reglamentos de necesidad, encuentran su justificación –valga la redundancia– en un estado de necesidad o una situación de emergencia, que, según la doctrina comparada, antepone el principio *salus populi suprema lex* al principio de la primacía de la Ley[146]. Esta categoría de reglamentos, empero, es rechazada por la doctrina venezolana[147].

Cuando median circunstancias de excepción nuestra Constitución habilita al Presidente de la República en Consejo de Ministros para declarar el estado de excepción y, con base en él, decretar la restricción de garantías (artículo 236, numeral 7°). En estos casos de necesidad o emergencia,la reglamentación se establece mediante Decretos-Leyes y no mediante reglamentos[148].

Sin perjuicio de lo indicado en el párrafo que antecede, conviene subrayar que las situaciones de emergencia manifiesta habilitan a la Administración para *obviar* la fase de consulta pública que forma parte integrante del procedimiento administrativo, de carácter normativo, previsto por la Ley Orgánica de la Administración Pública para la aprobación de reglamentos (*ut infra*, Capítulo VI, Sección I). En tales circunstancias la Ley libera a ciertas y determinadas

---

146 García De Enterría, Eduardo y Fernández, Tomás Ramón, *Curso de Derecho Administrativo*, Tomo I, *op. cit.*, p. 218.

147 Para Lares Martínez, en Venezuela no existen los reglamentos de necesidad (Lares Martínez, Eloy, *Manual de Derecho Administrativo*, *op. cit.*, p. 83).

148 En este orden de ideas, consúltese el artículo 99 de la Constitución argentina, conforme al cual el Presidente de la Nación, solo cuando medien «...circunstancias excepcionales...» que imposibiliten el cumplimiento de los trámites ordinarios previstos por la Constitución para la sanción de las leyes, y no se trate de aprobar normas que regulen materia penal, tributaria, electoral o de régimen de los partidos políticos, «...podrá dictar decretos [reglamentarios] por razones de necesidad y urgencia...» (Cassagne, Juan Carlos, "Sobre la reserva de Ley y los reglamentos de Necesidad y Urgencia en la reforma constitucional", *Revista de Derecho Administrativo*, Ed. Depalma, Buenos Aires, 1996, pp. 61-68).

autoridades con *legitimación política* (Presidente de la República, Gobernadores y Alcaldes, según corresponda) para aprobar normas sin que medie consulta previa, «...por fuerza de la obligación del Estado en la seguridad y protección de la sociedad...» (artículo 140 *eiusdem*), pero al propio tiempo le impone al autor de las normas el deber de someterlas a consulta pública *ex post factum*, amén de considerar el resultado de la consulta para ratificarlas, modificarlas o suprimirlas. En otras palabras, el artículo 141 reconoce que frente al deber de respetar el procedimiento (normativo) previo legalmente establecido, el principio de eficacia que ha de orientar la actuación de la Administración solo prevalece en casos de excepción, y que, por consiguiente, solo en esos casos de excepción, puede prescindirse del procedimiento previo, sujeto, claro está, al cumplimiento de los trámites ulteriores que el propio artículo 141 contempla.

Capítulo VI

Los límites adjetivos y formales al ejercicio de la potestad reglamentaria de la Administración

SECCIÓN I. EL PROCEDIMIENTO NORMATIVO PREVIO QUE HA DE OBSERVAR EL PRESIDENTE DE LA REPÚBLICA EN CONSEJO DE MINISTROS AL EJERCER LA POTESTAD REGLAMENTARIA

§1. Introducción

El ejercicio del Poder Público por parte de las autoridades administrativas se encuentra sometido, he aquí una obviedad, a *procedimiento administrativo* previo. El ejercicio de la potestad reglamentaria por parte de las autoridades administrativas no constituye excepción a la regla del artículo 49 de nuestra Constitución, porque en el encabezamiento de esa norma se exige que se observe el debido proceso en «...*todas las actuaciones* judiciales y *administrativas*...».

El procedimiento administrativo que por exigencia del artículo 49 de la Constitución ha de preceder la aprobación de normas reglamentarias por el Presidente de la República en Consejo de Ministros, se halla contemplado en el artículo 90 de la Ley Orgánica de la Administración Pública. Pero antes de proceder a desglosar esta última norma, lucen pertinente dos precisiones:

a. El precitado procedimiento es administrativo solo «...en un sentido puramente subjetivo...», porque si bien es cierto que se ventila ante una Administración Pública, no es menos cierto que dicho procedimiento en realidad sirve de «...cauce legal de una actividad que no es propiamente administrativa, sino normativa o legislativa en su sentido más amplio»[1] (*ut supra*, Capítulo III, Sección III).

---

1 GONZÁLEZ PÉREZ, JESÚS, *Comentarios a la Ley de Procedimiento Administrativo*, *op. cit.*, p. 1.175.

El procedimiento administrativo creado para la producción de normas persigue dos finalidades concretas. En primer lugar, procura asegurar la legalidad, acierto y oportunidad de la regulación[2]. Desde esta perspectiva, el procedimiento sirve para documentar debidamente las razones o motivos que justifican el ejercicio de la discrecionalidad reglamentaria. El procedimiento, en segundo lugar, procura asegurar que los particulares a los cuales van dirigidas las normas reglamentarias tengan la oportunidad de opinar en torno al proyecto de regulación en ejercicio de su derecho a la participación en los asuntos públicos[3]. Esa participación ciudadana responde al *principio de transparencia* que, según el artículo 141 de la Constitución, gobierna toda la conducta administrativa[4].

§2. El inicio del procedimiento normativo

De acuerdo a la Ley, la iniciación del procedimiento normativo previo a la aprobación de un reglamento corresponde al ministerio

2 *Ibid.* Desde esta perspectiva, el procedimiento exigido por la Ley Orgánica de la Administración Pública limita o acota el poder para apreciar la *oportunidad* y *conveniencia* de aprobar, modificar o derogar un reglamento (Corte Suprema de Justicia en Pleno, Sentencia s/n, del 4 de junio de 1952, en Brewer-Carías, Allan Randolph, *Jurisprudencia de la Corte Suprema de Justicia 1930-74 y Estudios de Derecho Administrativo*, Tomo III, *op. cit.*, pp. 127-128).

3 González Pérez, Jesús, *Comentarios a la Ley de Procedimiento Administrativo, op. cit.*, pp. 1.181-1.182.
En sentido coincidente, consúltese el artículo 13 de la Carta Iberoamericana de los Derechos y Deberes del Ciudadano en Relación con la Administración Pública, adoptada por la XXIII Cumbre Iberoamericana de Jefes de Estado y de Gobierno celebrada en Ciudad de Panamá, Panamá, los días 18 y 19 de octubre de 2013, que le impone a la Administración el deber de facilitar «...que los ciudadanos interesados participen, individual o colectivamente, también a través de sus legítimos representantes, en el procedimiento de elaboración de las normas administrativas que puedan afectarles».

4 A tenor del artículo 141 de la Constitución en vigor, «la Administración Pública está al servicio de los ciudadanos y ciudadanas y se fundamenta en los principios de honestidad, participación, celeridad, eficacia, eficiencia, transparencia, rendición de cuentas y responsabilidad en el ejercicio de la función pública, con sometimiento pleno a la ley y el derecho».

competente *ratione materiae* (artículo 90, numeral 1°, de la Ley Orgánica de la Administración Pública).

Para dar inicio al trámite resulta menester que el ministerio competente elabore un proyecto de reglamento y que dicho proyecto descanse sobre sendos informes, uno de ellos de carácter técnico, otro sobre el impacto presupuestario que comportaría la aprobación del susodicho proyecto.

§3. La sustanciación del procedimiento normativo

La Ley le impone a la Administración el deber de recabar, a lo largo del proceso de análisis y revisión del proyecto de reglamento, todos los informes, dictámenes y cuantos estudios y consultas se estimen convenientes, para garantizar la legalidad de su texto y la eficacia de sus previsiones (el acierto y oportunidad al cual alude González Pérez)[5], (artículo 90, numeral 2°, de la Ley Orgánica de la Administración Pública).

§4. La consulta pública del proyecto

Una vez culminada la fase (inicial) de elaboración del proyecto de reglamento, debe someterse a consulta pública (artículo 90, numeral 3°, de la Ley Orgánica de la Administración Pública).

Por su diseño o estructura, la fase de consulta pública procura asegurar el ejercicio del derecho a la participación en los asuntos públicos que el artículo 62 de la Constitución venezolana reconoce a los particulares[6]. El derecho a la participación y no el derecho a la defen-

---

5 González Pérez, Jesús, *Comentarios a la Ley de Procedimiento Administrativo*, *op. cit.*, pp. 1.181-1.182.

6 El artículo 62 de la Constitución estatuye: «Todos los ciudadanos y ciudadanas tienen el derecho de participar libremente en los asuntos públicos, directamente o por medio de sus representantes elegidos o elegidas. La participación del pueblo en la formación, ejecución y control de la gestión pública es el medio necesario para lograr el protagonismo que garantice su completo desarrollo, tanto individual como colectivo. Es obligación del Estado y deber

sa, porque este último ha de tutelarse en los procedimientos previstos por la Ley Orgánica de Procedimientos Administrativos y otras leyes especiales que culminan con una decisión, de efectos particulares, dictada en ejercicio de potestades administrativas o jurisdiccionales[7].

La fase de consulta pública que debe preceder a la expedición de los reglamentos se encuentra regulada por el artículo 140 de la Ley Orgánica de la Administración Pública. Pasemos breve revista a los artículos 139, 140 y 141 de la Ley.

Según el artículo 139, los órganos y entes de la Administración Pública se hallan en el deber de promover la participación ciudadana en la gestión pública. La norma establece, además, que los particulares pueden intervenir en *la elaboración de los instrumentos de contenido normativo* que la Administración puede aprobar.

Por su parte, el artículo 140 establece que cuando la Administración, en su rol de regulación sectorial, proponga la adopción de normas reglamentarias o de otra jerarquía, debe dar inicio al correspondiente proceso de consulta pública. A tales efectos, la Administración debe remitir el *proyecto*[8] a las comunidades organizadas. Según la norma, en el oficio de remisión del proyecto correspondiente se debe indicar

---

de la sociedad facilitar la generación de las condiciones más favorables para su práctica».

7 Schmidt-Assman, Eberhard, *La Teoría General del Derecho Administrativo como Sistema*, *op. cit.*, p. 377.

8 La Ley *no* emplea *términos uniformes* al regular el procedimiento normativo que ha de preceder la aprobación de un reglamento, pues a diferencia del artículo 90, que se ocupa de la elaboración y ulterior consulta del *proyecto* de reglamento, el artículo 140 establece que lo que ha de someterse a consulta pública es el texto de un *anteproyecto*. Vista la discrepancia, hemos optado por utilizar el vocablo (proyecto) empleado por el artículo 90, porque no tiene mayor sentido que se someta a consulta pública un texto, calificado como mero *anteproyecto* porque *no reúne aún* los extremos del artículo 90, porque no cuenta ni con los informes (técnico y presupuestario) que exige la Ley, ni con los dictámenes, estudios y consultas necesarios para garantizar la eficacia y la legalidad del texto.

el lapso durante el cual se recibirán por escrito las observaciones al mismo, y que dicho lapso comenzará a correr a partir del décimo día hábil siguiente a la entrega del proyecto correspondiente. Paralelamente a dichas comunicaciones, la Administración debe dar parte del inicio del proceso de consulta a través de cualquier medio de comunicación y su página *web* indicando su duración. Asimismo, los documentos sobre los cuales versa la consulta deben ser expuestos o exhibidos en la precitada página *web*.

Tales comunicaciones, preceptivas según la Ley, porque las impone el derecho constitucional al debido proceso administrativo, deben precisar las normas de Ley en las que se funda el proyecto de reglamento; invitar a los interesados a presentar sus observaciones o comentarios al proyecto; señalar el lapso durante el cual podrán ser presentadas dichas observaciones, y por supuesto, adjuntar, este último elemento es fundamental, el texto del proyecto sometido a consulta pública[9].

El artículo 140 agrega que durante el proceso de consulta cualquier persona puede presentar por escrito sus observaciones y comentarios sobre el correspondiente proyecto; que una vez concluido el lapso de recepción de las observaciones, el órgano o ente público podrá fijar una fecha para que sus funcionarios, especialistas en la materia, y las comunidades organizadas, intercambien opiniones, hagan preguntas, realicen observaciones y propongan adoptar, desechar o modificar el proyecto propuesto o considerar un proyecto nuevo; y, finalmente, que el resultado del proceso de consulta tendrá carácter participativo no vinculante. Durante la audiencia prevista por la Ley Orgánica de la Administración Pública, los interesados pueden formular observaciones adicionales, esta vez de manera oral.

El trámite de audiencia previsto por el artículo 140 de la Ley Orgánica de la Administración Pública amerita un par de reflexiones:

---

[9] En sentido coincidente, Fox Jr., William F., *Understanding Administrative Law*, *op. cit.*, p. 126.

a. Primero, si bien es cierto que la Ley establece que la Administración *puede* fijar una oportunidad para que sus funcionarios y los particulares intercambien opiniones, y la justicia venezolana ha dejado sentado en el pasado que el Legislador puede emplear el vocablo "podrá" para reconocerle discrecionalidad a la Administración[10], en el Derecho comparado se ha sostenido que el trámite de audiencia tiene *carácter preceptivo* cuando el proyecto de reglamento pueda llegar a afectar los derechos e intereses de los particulares, habida cuenta (i) que la audiencia sirve para asegurar el derecho constitucional a la participación en los asuntos públicos, y (ii) que en virtud del principio de interpretación conforme a la Constitución, la norma reguladora del trámite de audiencia debe ser leída –y su sentido desentrañado– de forma tal que asegure o garantice la eficacia del precitado derecho constitucional[11].

b. Segundo, aunque la norma no lo exige expresamente, no cabe duda alguna que la Ley le impone a la Administración el *deber* virtual o implícito (*eadem vis taciti at que expressi*) de examinar o considerar las opiniones, preguntas y observaciones que los particulares llegaren a formular. Este es el corolario del derecho constitucional de petición y oportuna y adecuada respuesta[12]; también del derecho constitucional a la participación, porque dicho derecho quedaría vaciado de contenido –y la intervención de los particulares en la consulta carecería de sentido o propósito–

---

10 Sala Político-Administrativa de la Corte Suprema de Justicia, Sentencia N° 209, del 2 de noviembre de 1982, asunto *Depositaria Judicial*, en Balasso Tejera, Caterina, *op. cit.*, pp. 185-187.

11 Estepa Moreno, Manuel, *Los Reglamentos del Gobierno*, Tomo I, *op. cit.*, pp. 214-215.

12 Según el artículo 51 de la Constitución, «todos tienen el derecho de representar o dirigir peticiones ante cualquier autoridad o funcionario público sobre los asuntos que sean de competencia de éstos, y a obtener oportuna y adecuada respuesta. La autoridad o funcionario público que viole este derecho será sancionado conforme a la ley, pudiendo ser destituido del cargo respectivo».

si la Administración, a su sola elección, pudiera abstenerse de examinar o considerar tales opiniones, preguntas y observaciones y el proceso de consulta pudiera quedar reducido nada más que a las formas[13]. Es esta, además, una exigencia impuesta por el

---

[13] En sentido coincidente se ha pronunciado Grau, María Amparo, "Participación Ciudadana en la Actividad Normativa de la Administración", en II Jornadas de Derecho Público de la Universidad Monteávila, Caracas, 2002, citada por Pérez Fernández, Carlos, "Notas sobre la participación ciudadana en la elaboración de reglamentos", en *Revista de Derecho*, N° 10, Tribunal Supremo de Justicia, Caracas, 2004, p. 155.
En propósito, cabría citar aquí, *mutatis mutandis*, el criterio asentado por la Corte Primera de lo Contencioso-Administrativo, conforme al cual «el principio de oír al interesado antes de decidir algo que lo va a afectar no es solamente un principio de justicia, es también un principio de eficacia, porque asegura un mejor conocimiento de los hechos, contribuye a mejorar la administración y garantiza una decisión más justa. Este derecho a ser oído es un derecho transitivo que requiere alguien que quiera escuchar para poder ser real y efectivo, y este deseo de escuchar supone de parte de la Administración: la consideración expresa de los argumentos y cuestiones propuestas por el interesado (artículo 62 de la ley orgánica de procedimientos administrativos), la obligación de decidir expresamente las peticiones y la obligación de fundamentar las decisiones (artículos 9 y 18 de la ley orgánica de procedimientos administrativos), analizando los aspectos propuestos por las partes e incluso aquellos que surjan con motivo de la solicitud, petición o recurso, aunque no hayan sido alegados por los interesados (artículo 89 de la Ley Orgánica de Procedimientos Administrativos). De lo antedicho resulta evidente que la violación de tales extremos... configura en la actualidad, en el ordenamiento jurídico venezolano, uno de los principales vicios del procedimiento administrativo y, por ende, del acto administrativo que en su consecuencia se dicte» (Sentencia s/n, del 15 de mayo de 1986, asunto *Pedro A. Morales*, en *Revista de Derecho Público* número 26, Editorial Jurídica Venezolana, Caracas, 1986, p. 110). Complementariamente, cabría citar aquí a Carrillo Donaire, para quien el derecho a hacerse oír y expresar criterio constituye atributo esencial del derecho a la buena administración (Carrillo Donaire, Juan Antonio, "Buena administración, ¿un principio, un mandato o un derecho subjetivo?", en Santamaría Pastor, Juan Alfonso [Director], *Los principios jurídicos del Derecho Administrativo*, La Ley, Madrid, 2010, p. 1.143). La tesis de este último autor debe vincularse con la Carta Iberoamericana de los Derechos y Deberes del Ciudadano en Relación

principio de globalidad de la decisión, en virtud del cual la Administración se halla en deber de considerar todos los asuntos que surjan durante la tramitación del procedimiento administrativo[14].

El artículo 141 establece, finalmente, que ningún órgano o ente público puede aprobar normas para cuya aprobación sea competente, ni remitir a otra instancia proyectos normativos, si tales normas o proyectos no han sido previamente consultados, de conformidad con el artículo 140 *eiusdem*; que las normas que sean aprobadas por los órganos o entes públicos, o propuestas por estos a otras instancias, serán nulas de nulidad absoluta, si no han sido consultadas según el procedimiento previsto en el artículo 140 *eiusdem*; y, no obstante lo anterior, que, excepcionalmente, en caso de emergencia manifiesta, el Presidente de la República, los gobernadores o los alcaldes, según corresponda, podrán autorizar la aprobación de normas sin la consulta previa, entendiéndose que en estos casos las normas aprobadas deberán ser consultadas *in continenti*, siguiendo el procedimiento de consulta establecido en el artículo 140 *eiusdem*, y que el resultado de la consulta deberá ser considerado por la instancia que aprobó la norma, para su ratificación, modificación o supresión.

§5. La aprobación del reglamento

Concluido el procedimiento de consulta e incorporadas al proyecto las modificaciones que resulten necesarias, el reglamento ha de ser

---

con la Administración Pública, conforme a la cual la buena administración como derecho fundamental; y, con el dicho de González Pérez, para quien la inadecuación del procedimiento observado infringe el principio de buena fe (González Pérez, Jesús, *El principio general de buena fe en el Derecho Administrativo*, *op. cit.*, p. 109), porque un procedimiento normativo en el que la Administración puede ignorar las observaciones y comentarios formulados por los particulares interesados es, por definición, inadecuado.

14 El artículo 62 de la Ley Orgánica de Procedimientos Administrativos establece, *mutatis mutandis*, que la Administración únicamente puede ponerle fin a un procedimiento tras haber resuelto o considerado todas las cuestiones que hubieren sido planteadas, tanto inicialmente como durante la tramitación.

aprobado por el Presidente de la República en Consejo de Ministros (artículo 90, numeral 4°, de la Ley Orgánica de la Administración Pública).

El artículo 90, numeral 4°, de la Ley Orgánica de la Administración Pública debe ser concatenado con el artículo 12 *eiusdem*, según el cual los reglamentos, resoluciones y demás actos administrativos de carácter general dictados por los órganos y entes de la Administración Pública deben ser publicados, sin excepción, en la Gaceta Oficial de la República o en el medio de publicación oficial correspondiente.

El artículo 90, numeral 4°, agrega que el reglamento entrará en vigencia al momento de su publicación en la Gaceta Oficial de la República, salvo que el reglamento disponga otra cosa. Por consiguiente, en esta materia rige la misma regla enunciada por el artículo 1° del Código Civil[15], conforme al cual la ley es obligatoria desde su publicación en la Gaceta Oficial o desde la fecha a posterior que ella misma indique.

Finalmente, a tenor de lo dispuesto por el artículo 58 de la Ley Orgánica de la Administración Pública, el Acta elaborada al término del Consejo de Ministros en el que se apruebe un reglamento y, consecuentemente, los votos salvados que pudieren haber sido formulados por uno o más Ministros no tienen carácter reservado por lo que a esa decisión concierne[16].

---

[15] *Gaceta Oficial de la República* N° 2.990 Extraordinario, del 26 de julio de 1982.

[16] La norma legal citada dispone textualmente: «Las deliberaciones del Consejo de Ministros tendrán carácter secreto. Las decisiones que se adopten en el Consejo de Ministros no tendrán carácter confidencial ni secreto. No obstante, por razones de interés nacional o de carácter estratégico, la Presidenta o Presidente de la República podrá declarar la reserva de alguna de las decisiones del Consejo de Ministros, en cuyo caso, el punto en el acta correspondiente tendrá carácter confidencial o secreto durante el tiempo estrictamente necesario, luego del cual la Presidenta o Presidente de la República levantará la reserva de la decisión adoptada».

§6. Las distintas operaciones que la Administración debe adelantar en el marco del procedimiento que conduce a la aprobación de un reglamento

Con la decisión aprobatoria del reglamento culmina un procedimiento administrativo en el que la Administración se halla en el deber de realizar un conjunto de actuaciones que tienen por objeto determinar la *necesidad* y la *legalidad* de la regulación. Veamos.

A) La necesidad del reglamento

A tenor del artículo 91 de la Ley Orgánica de la Administración Pública los reglamentos que pueden ser dictados son solo aquellos que resulten necesarios para la eficaz aplicación y desarrollo de las leyes. La *necesidad* de la regulación se convierte, por tanto, en la justificación última del ejercicio de la potestad reglamentaria (*ut supra*, Capítulo III, Sección IV).

Para determinar esa necesidad la Administración debe primero ponderar los distintos intereses públicos y los derechos e intereses privados en juego, pues, como bien destacaba Giannini, el momento esencial de la discrecionalidad administrativa es aquel en el cual se identifican y confrontan los intereses concurrentes, en múltiples oportunidades enfrentados entre sí[17].

Con base en esa primera operación la Administración debe luego examinar las alternativas normativas que tiene a su disposición y escoger entre ellas la más *idónea*. Los principios de eficacia y eficiencia[18] obligan a la Administración a adelantar las averiguaciones y evaluaciones que resulten necesarias a los efectos de formular juicios de probabilidad sobre los efectos en el tiempo de sus decisiones nor-

---

[17] Giannini, Massimo Severo, *Il potere discrezionale della pubblica amministrazione*, citado por Bassi, Franco, "Note sulla discrezionalità amministrativa", en *Le trasformazioni del Diritto Amministrativo* (Scritti degli allievi per gli ottanta anni di Massimo Severo Giannini), obra coordinada por Amorosino, Sandro, Dott. A. Giuffrè Editore, S.p.a., Milano, 1995, p. 51.

[18] Schmidt-Assman, Eberhard, *La Teoría General del Derecho Administrativo como Sistema*, *op. cit.*, p. 221.

mativas, es decir, sobre las consecuencias futuras de su regulación, para así optimizar sus ventajas y, al propio tiempo, minimizar los inconvenientes que puedan derivarse de las mismas.

Al momento de realizar y documentar las ponderaciones a las cuales aludimos con anterioridad[19], la Administración se halla en la obligación de tener presente, por imperativo legal, que debe respetar los derechos y libertades fundamentales. Los principios de racionalidad y de responsabilidad en el ejercicio del Poder Público, y su corolario, el principio de rendición de cuentas, imponen un modo de obrar reflexivo y prudente, y, por su supuesto, la debida documentación de todas las actuaciones de la Administración[20].

Los informes iniciales previstos, exigidos por el numeral 1° del artículo 93, así como los informes, dictámenes, estudios y consultas a que alude el numeral 2° del precitado artículo, sirven para documentar la necesidad de la regulación y justificar la aprobación del reglamento. Las respuestas que la Administración dé a las observaciones y comentarios que se formulen a lo largo de la consulta

---

[19] *Ibid.* Para Rodríguez de Santiago la ponderación puede ser entendida como *procedimiento* y como *resultado*. Como procedimiento, la ponderación constituye una forma o método de argumentar en Derecho, caracterizada por seguir un esquema que puede estructurarse en tres fases, en el que, primero, se investigan e identifican los principios (valores, derechos, intereses) en conflicto; segundo, se les atribuye el peso o importancia que les corresponda, conforme a las circunstancias del caso; y tercero, se decide sobre la prevalencia de uno de ellos sobre el otro (o los otros). La ponderación, entendida ahora como resultado, se refiere a la decisión en sí misma, a la solución correctamente argumentada, conforme al criterio de que cuanto mayor sea el grado de perjuicio del interés que ha de ceder frente a los otros, mayor ha de ser la importancia del interés llamado a prevalecer (Rodríguez de Santiago, José María, *La ponderación de bienes e intereses en el Derecho Administrativo*, Marcial Pons Ediciones Jurídicas y Sociales, S.A., Madrid-Barcelona, 2000, pp. 48-49).

[20] En palabras de Alonso Mas, la razonabilidad de una determinada actuación administrativa depende de la existencia de fundamentos objetivos suficientes (Alonso Mas, María José, *op. cit.*, pp. 416-417).

pública del proyecto de reglamento también sirven para documentar la necesidad de la regulación, en los términos en que dicha regulación está siendo propuesta, y para justificar la aprobación última del reglamento.

Naturalmente, el respeto de los cánones de actuación a que se refieren los párrafos anteriores puede ser enjuiciado por los tribunales con competencia en materia contencioso-administrativa[21].

B) La legalidad del reglamento

Según el artículo 90, numeral 2°, de la Ley Orgánica de la Administración Pública, la Administración debe cerciorarse de que las normas cuya aprobación se propone sean conformes a Derecho.

Más específicamente, el examen de legalidad del proyecto de reglamento impone a la Administración el deber de cerciorarse que el texto de dicho proyecto se corresponda con la letra y también con el espíritu, propósito y razón de la Ley que desarrolla. Según nuestros tribunales:

a. El Presidente de la República no puede reglamentar «...un conjunto de leyes...» a través de «...un solo acto...»[22].

b. Por ello, para determinar «...si las disposiciones reglamentarias que se impugnan son o no contrarias al espíritu, propósito o razón de la Ley primaria que les dio nacimiento», debe contrastarse «...cada norma del Reglamento...» con «...las correspondientes [normas] de la Ley...» que el reglamento ejecuta[23].

---

21 FERNÁNDEZ SALMERÓN, MANUEL, *El control jurisdiccional de los reglamentos*, *op. cit.*, p. 255.

22 Sala Político-Administrativa de la Corte Suprema de Justicia, Sentencia N° 5, del 24 de enero de 1985, asunto *Diario Panorama*, C.A., en *Revista de Derecho Público* número 21, Editorial Jurídica Venezolana, Caracas, 1985, p. 131.

23 Sala Político-Administrativa de la Corte Suprema de Justicia, Sentencia N° 24, del 10 de mayo de 1965, asunto *Juan J. Gabaldón*, en BREWER-CARÍAS, ALLAN RANDOLPH, *Jurisprudencia de la Corte Suprema de Justicia 1930-74*

En resumidas cuentas, los reglamentos ejecutivos siempre se vinculan con una Ley en particular, con una Ley en específico, y su legalidad, por tanto, ha de determinarse teniendo en cuenta de manera muy particular los preceptos de Ley primaria.

La legalidad del proyecto debe ser objeto de análisis en los dictámenes, informes, estudios y consultas que la Administración se halla en el deber de procurar sobre el particular. A nivel nacional, esos dictámenes incluyen, *inter alia*, el que debe emitir el Consejo de Asesoría Jurídica de la Administración Pública Nacional por mandato del artículo 26 de la Ley Orgánica de la Procuraduría General de la República[24].

§7. La oportunidad en la que ha de tramitarse y concluirse el procedimiento

Por lo que respecta a la oportunidad de la actuación administrativa, luce pertinente resaltar lo dispuesto por el artículo 91 de la Ley Orgánica de la Administración Pública, que le impone al Ejecutivo Nacional el deber de aprobar el o los reglamentos necesarios para la eficaz aplicación y desarrollo de las leyes «...dentro del año inmediatamente siguiente a su promulgación».

A la luz de esa disposición, salta a la vista que la oportunidad en que ha de aprobarse el reglamento –al menos el reglamento

---

y Estudios de Derecho Administrativo, Tomo III, *op. cit.*, pp. 119-120. Más recientemente, la Corte Segunda de lo Contencioso-Administrativo concluyó que habida consideración de la letra del artículo 236, numeral 10, de la Constitución actualmente en vigor, «...la potestad reglamentaria puede ser ejercida respecto *de una Ley*, por lo que, entonces, esos Reglamentos están dirigidos a desarrollar los preceptos *de dicha Ley*, lo que conlleva a atribuirles a los mismos el necesario carácter de Reglamentos Ejecutivos» (Corte Segunda de lo Contencioso-Administrativo, Sentencia N° 1.473, del 13 de agosto de 2009, asunto *Multinacional de Seguros, C.A. et al.*).
En sentido coincidente, Zanobini, Guido, *Corso di Diritto Amministrativo*, Volume Primo (Principî Generali), *op. cit.*, p. 72.

24 *Gaceta Oficial de la República* N° 6.220, del 15 de marzo de 2016.

inicial– *no* es materia que quede librada únicamente al criterio de la Administración. Si de lo que se trata es de aprobar las normas reglamentarias necesarias para asegurar la cabal ejecución de la ley, luce razonable que se le limite a la Administración su poder para apreciar la oportunidad en que ha de aprobarse el reglamento, porque, de lo contrario, la inacción de la Administración podría frustrarla debida aplicación de la Ley previamente aprobada por el Poder Legislativo.

Sección II. El procedimiento normativo que han de seguir las demás autoridades administrativas

La Ley Orgánica de Administración Pública no regula expresamente el procedimiento administrativo (normativo) previo que han de seguir las demás autoridades, distintas al Presidente de la República en Consejo de Ministros, que cuentan con potestad reglamentaria. No obstante, entendemos que esas otras autoridades se hallan en el deber de observar, *mutatis mutandis*, las mismas reglas procedimentales a las que hemos hecho referencia en la Sección precedente[25].

Estamos persuadidos a afirmar que esas otras autoridades administrativas deben observar las reglas de procedimiento mencionadas anteriormente por diversas razones, a saber:

a. Primero, porque los fundamentos, principios y fines del procedimiento previsto en los artículos 90 y 140 de la Ley Orgánica de la Administración Pública hacen que el mismo les resulte aplicables a tales autoridades por analogía[26].

---

[25] En sentido coincidente, consúltese Sala Constitucional del Tribunal Supremo de Justicia, Sentencia N° 1.613, del 17 de agosto de 2004, asunto *Henry Pereira Gorrín et al.* Según el Fallo, de no haber sido por la urgencia del caso la Administración hubiese debido observar el procedimiento administrativo (normativo) de consulta pública, previsto por la Ley Orgánica de la Administración Pública, a los efectos de aprobar las normas reglamentarias contenidas en los Convenios Cambiarios suscritos por el Banco Central de Venezuela y el Poder Ejecutivo Nacional.

[26] *Código Civil de Venezuela. Artículo 1o. al 18, op. cit.*, p. 228.

b. Segundo, porque la jurisprudencia venezolana ha recurrido a la analogía en múltiples oportunidades a los efectos de colmar vacíos normativos en materia adjetiva[27].

c. Tercero, porque el artículo 2° de la Ley Orgánica de la Administración Pública impone a las demás autoridades administrativas el deber de desarrollar el contenido de la Ley «...dentro del ámbito de sus respectivas competencias», y dispone, complementariamente, que sus disposiciones han de aplicarse «...supletoriamente a los demás órganos y entes del Poder Público»[28].

No obstante lo dicho, merece la pena destacar, particularmente por lo que se refiere a las Administraciones especializadas cuya potestad reglamentaria deriva de norma legal (*ut supra*, Capítulo IV, Secciones III y IV), que la observancia, *mutatis mutandis*, de las reglas de procedimiento que gobiernan la aprobación de reglamentos por el Presidente de la República en Consejo de Ministros, *no remedia*

---

27 *Código Civil de Venezuela. Artículo 1o. al 18*, *op. cit.*, pp. 267-275. También, Sala Político-Administrativa de la Corte Suprema de Justicia, Sentencia N° 90, del 16 de mayo de 1983, asunto *Horacio Morales Longart*; y, Sentencia N° 196, 9 de mayo de 1991, asunto *Servicios Técnicos Sanitarios Municipales*, C.A., en Brewer-Carías, Allan Randolph y Ortíz Álvarez, Luis A., *Las grandes decisiones de la Jurisprudencia Contencioso-Administrativa (1961-1996)*, Editorial Jurídica Venezolana, Caracas, 1996, p. 34. Véase, complementariamente, Muci Borjas, José Antonio, "La ejecución, según el Derecho venezolano, de los fallos dictados por los jueces contencioso-administrativos", en *Primeras Jornadas Internacionales de Derecho Administrativo "Allan Randolph Brewer-Carías"*, coedición de la Fundación de Estudios de Derecho Administrativo y la Editorial Jurídica Venezolana, Caracas, 1995, pp. 551-575.

28 El artículo 2° (Ámbito de aplicación) forma parte integrante del Título I (Disposiciones Generales) de la Ley. Copiado a la letra dispone así: «Las disposiciones del presente Decreto con Rango, Valor y Fuerza de Ley Orgánica serán aplicables a la Administración Pública Nacional, así como a las de los estados, distritos metropolitanos y el Distrito Capital, el Territorio Insular Miranda y las de los municipios, quienes deberán desarrollar su contenido dentro del ámbito de sus respectivas competencias. Las disposiciones del presente Decreto con Rango, Valor y Fuerza de Ley Orgánica se aplicarán supletoriamente a los demás órganos y entes del Poder Público».

el déficit de legitimación democrática que representa el ejercicio de potestades reglamentarias por autoridades esencialmente técnicas que no fueron elegidas mediante sufragio, ni la ausencia de las garantías institucionales que comporta la aprobación de reglamentos por una Administración que por las limitaciones asociadas a su especialización *ratione materiae*, adolece de la visión de conjunto propia –*i.e.*, consustancial– de un órgano como el Presidente de la República en Consejo de Ministros.

Sección III. El sentido de los distintos informes, dictámenes, estudios y consultas elaborados durante el proceso de formación de la voluntad de la Administración, así como del análisis de las observaciones formuladas por los particulares durante la fase de consulta pública: la motivación del Reglamento

§1. La motivación de los actos administrativos

La motivación, he aquí una obviedad, es *requisito esencial* del acto administrativo[29].

[29] A propósito de la motivación, consúltese: (i) Sala Político-Administrativa de la Corte Suprema de Justicia, Sentencia N° 176, del 19 de julio de 1978, asunto *Hernán Antonio Cardozo*, en *Jurisprudencia de la Corte Suprema de Justicia*, N° 7, julio 1978, Dr. Oscar Pierre Tapia, Caracas, pp. 15-24. En el Fallo se afirma cuanto sigue: «ha dicho este Supremo Tribunal en invariable jurisprudencia que la motivación del acto administrativo es requisito indispensable para su validez, aún más si éste significa una sanción, limitación o restricción de un derecho…»; (ii) «...en tal virtud, dicho requisito vendría a estar constituido por la ordenada exposición de las razones de hecho y de derecho que sirven de fundamento a la decisión administrativa»; y, (iii) «de esta manera y así también lo ha dicho la Corte, "cuando del texto del acto administrativo ni de las actas del expediente aparecen los motivos del mismo, el acto debe declararse nulo"»; y, (ii) Sala Político-Administrativa de la Corte Suprema de Justicia, Sentencia N° 209, del 2 de noviembre de 1982, asunto *Depositaria Judicial*, en Balasso Tejera, Caterina, *op. cit.*, pp. 185-187, ratificada por Corte Suprema de Justicia en Pleno, Sentencia s/n, del 16 de marzo de 1993, asunto *Hernán E. Gruber Odremán et al.* De acuerdo a este segundo Fallo, «...en todos [los actos administrativos] (reglados y discrecionales, y más en éstos que en los primeros) han de expresarse los motivos que lleva-

Según el artículo 18 de la Ley Orgánica de Procedimientos Administrativos, todo acto administrativo, y en nuestro sistema el reglamento no es una excepción, debe contener expresión sucinta de las normas legales que sirven de fundamento al acto y que, por consiguiente, condicionan el contenido de la decisión (en nuestro caso, de la regulación). La concisa previsión legal que acabamos de invocar debe ser leída conjuntamente con el artículo 26 de la Carta Iberoamericana de los Derechos y Deberes del Ciudadano en Relación con la Administración Pública, según el cual las distintas actuaciones que la Administración adelante a lo largo del procedimiento previsto por el artículo 90 de la Ley Orgánica de la Administración Pública, deben asentarse «...en razonamientos inteligibles para todo ciudadano...», porque la Administración se halla en el deber de acreditar «... la objetividad que preside su entero y completo quehacer».

Ahora bien, aunque los motivos –con esto queremos decir, las causas que sirven de fundamento al acto– suelen exponerse o enunciarse en el cuerpo del acto administrativo y, por tanto, comunicarse junto con éste (motivación *concomitante* o *contemporánea*), también puede constar en documentos, como dictámenes o informes, previamente agregados al expediente administrativo que recoge todas las actuaciones que precedieron la adopción del acto administrativo (motivación *intrínseca* o *in aliunde*)[30], siempre y cuando los interesados hayan

ron a la Administración a configurarlos, y todos, en mayor o menor medida, han de ser revisables en jurisdicción contencioso-administrativa». La Sentencia agrega que los motivos invocados por la Administración permiten revisar si entre los antecedentes del acto y la medida adoptada media la necesaria congruencia. En materia de motivación consúltese también Sala Político-Administrativa de la Corte Suprema de Justicia, Sentencia N° 142, del 8 de julio de 1980, asunto *Ramón Sabino Pérez Meléndez*, en *Revista de Derecho Público*, N° 3, Editorial Jurídica Venezolana, Caracas, 1980, p. 129; y, Corte Primera de lo Contencioso-Administrativo, Sentencia s/n, del 17 de febrero de 1981, en *Revista de Derecho Público*, N° 6, Editorial Jurídica Venezolana, Caracas, 1981, pp. 148-149.

30 Sala Político-Administrativa de la Corte Suprema de Justicia, Sentencia N° 142, del 8 de julio de 1980, asunto *Ramón Sabino Pérez Meléndez*, en *Revista de Derecho Público*, N° 3, Editorial Jurídica Venezolana, Caracas,

tenido acceso al expediente administrativo en formación y los precitados instrumentos hayan estado a su alcance o disposición.

Resta por destacar que la motivación, entendida como requisito de validez de los actos administrativos, reglamentos incluidos, debe ser suficiente (principio de suficiencia de la motivación)[31].

1980, p. 130; Sala Político-Administrativa de la Corte Suprema de Justicia, Sentencia N° 190, del 7 de octubre de 1980, asunto *Juan F. Malinich Malarin*, en *Revista de Derecho Público*, N° 4, Editorial Jurídica Venezolana, Caracas, 1980, p. 142; Sala Político-Administrativa de la Corte Suprema de Justicia, Sentencia N° 237, del 27 de noviembre de 1980, asunto *Compañía Anónima Venezolana de Seguros*, en *Revista de Derecho Público*, N° 5, Editorial Jurídica Venezolana, Caracas, 1980, p. 120; Corte Primera de lo Contencioso-Administrativo, Sentencia s/n, del 24 de marzo de 1982, en *Revista de Derecho Público*, N° 10, Editorial Jurídica Venezolana, Caracas, 1982, pp. 142-143; y, Sala Político-Administrativa de la Corte Suprema de Justicia, Sentencia N° 15, del 10 de febrero de 1983, asunto *Industrias Lácteas de Perijá, C.A.*, en *Revista de Derecho Público*, N° 13, Editorial Jurídica Venezolana, Caracas, 1983, pp. 114-115. Por el contrario, se halla prohibida la motivación sobrevenida o superviniente (*vid.*, Sala Político- Administrativa de la Corte Suprema de Justicia, Sentencia N° 176, del 13 de junio de 1985, caso *Desarrollos Prebo 800 C.A.*, en *Revista de Derecho Público* N° 23, Editorial Jurídica Venezolana, Caracas, 1985, pp. 137 y ss.
Vid. De la Vallina Velarde, para quien «...la motivación "aliunde" es práctica admisible en aquellos casos en los cuales "la complejidad de los motivos hace oportuno el puro y simple reenvío a actos preparatorios en los cuales dicho motivos fueron analizados específicamente"» (De la Vallina Velarde, Juan Luis, *La Motivación del Acto Administrativo*, Escuela Nacional de Administración Pública, Madrid, 1967, p. 62).
La motivación prohibida en nuestra legislación es la motivación sobrevenida o superviniente (*vid.*, Sala Político-Administrativa de la Corte Suprema de Justicia, Sentencia N° 176, del 13 de junio de 1985, caso *Desarrollos Prebo 800 C.A.*, en *Revista de Derecho Público* N° 23, Editorial Jurídica Venezolana, Caracas, 1985, pp. 137 y ss.).

[31] Sala Político-Administrativa de la Corte Suprema de Justicia, Sentencia N° 155, del 28 de julio de 1980, asunto *Sociedad mercantil norteamericana E.Y. Du Pont De Nemours and Company*, en *Revista de Derecho Público*, N° 4, Editorial Jurídica Venezolana, Caracas, 1980, p. 142; y, Corte Primera de lo Contencioso-Administrativo, Sentencia s/n, del 12 de julio de 1983, en *Revista de Derecho Público*, N° 16, Editorial Jurídica Venezolana, Caracas, 1983, pp. 154-155. Los fallos citados deben ser complementados con la de-

§2. La motivación *sui generis* de los reglamentos

En nuestro Derecho la motivación de los reglamentos solía ser muy *exigua*, porque se limitaba a identificar la Ley que estaba siendo objeto de reglamentación.

A modo de ejemplo, cabría citar aquí el Reglamento de la Ley de Impuesto sobre Alcohol y Especies Alcohólicas[32], cuya única justificación era esta: «Carlos Andrés Pérez, Presidente de la República, en uso de la atribución que le confiere el Ordinal 10° del artículo 190 de la Constitución Nacional, en Consejo de Ministros, Decreta:...». Para constatar la *intrascendencia* de esa exigua motivación debería bastar con resaltarse que años después se recurrió exactamente al mismo motivo –*i.e.*, a idéntica motivación– para reformar parcialmente dicho Reglamento[33]. Como se ve, del ejercicio del poder normativo no se rendía mayor cuenta, por no decir que no se rendía cuenta alguna.

A ese modo de obrar pretendió poner fin la Ley Orgánica de la Administración Pública, exigiendo la tramitación del procedimiento normativo previo desglosado con anterioridad, cuya cabal observancia demanda una exigente motivación intrínseca o *in aliunde*. Y aunque no conste en el cuerpo del acto reglamentario aprobado y publicado en Gaceta, esa motivación tiene que figurar en los

cisión pronunciada por el Tribunal Superior Primero en lo Civil, Mercantil y Contencioso-Administrativo de la Región Capital, conforme a la cual «...la motivación de los actos administrativos debe ser –necesariamente– *suficiente*, es decir, de una amplitud tal que permita al interesado reconstruir el proceso lógico a través del cual se formó la voluntad administrativa que le lesiona sus derechos subjetivos o intereses legítimos, personales y directos; y que la motivación del acto debe ser capaz de poner en evidencia la concatenación lógica que une (vincula) las diversas premisas que sirvieron de sustento a la Administración al momento de tomar su decisión» (Sentencia s/n, del 14 de mayo de 1990, asunto *Jesús Ochoa Fuenmayor*, en *Revista de Derecho Público* número 42, abril-junio 1990, Editorial Jurídica Venezolana, Caracas, 1990, p. 101).

32 *Gaceta Oficial de la República* N° 2.346 Extraordinario, del 26 de diciembre de 1978.

33 *Gaceta Oficial de la República* N° 3.601 Extraordinario, del 14 de agosto de 1985.

documentos de carácter preparatorio(*inter alia*, informes, dictámenes y estudios) que sirven de soporte al reglamento. Como parte integrante de la motivación del acto conclusivo del procedimiento, esos documentos deben ser agregados al expediente administrativo que ha de formarse[34] y ponerse a la disposición de los particulares y, eventualmente, de los tribunales de justicia a los cuales corresponda controlar la actuación de la Administración.

En este orden de ideas, los dos informes, uno técnico y otro de impacto o incidencia presupuestaria, en los que el ministerio competente *ratione materiae* debe fundamentar su proyecto de reglamento, representan o constituyen la motivación (inicial) del proyecto. A esa motivación inicial se van sumando luego, a lo largo de la fase de sustanciación, los otros informes, dictámenes, estudios y consultas que la Administración deba adelantar a los efectos de garantizar la eficacia y la legalidad del texto. Se suman, finalmente, las respuestas que la Administración dé a las preguntas, observaciones y comentarios formulados por los particulares durante la fase de consulta pública. Todos y cada uno de esos instrumentos integran, no hay duda al respecto, una motivación singular, una motivación *sui generis*, «...exigida expresamente por el propio ordenamiento jurídico», que se va produciendo o conformando, en distintos momentos, durante «...el proceso de formación...» del acto administrativo con contenido normativo, y no una que se exteriorice, como es usual en los actos administrativos de efectos particulares, en el momento de la manifestación de la voluntad administrativa[35].

---

[34] De acuerdo al artículo 31 de la Ley Orgánica de Procedimientos Administrativos, «de cada asunto se formará expediente y se mantendrá la unidad de éste y de la decisión respectiva, aunque deban intervenir en el procedimiento oficinas de distintos Ministerios o Institutos Autónomos».
En propósito, *vid.* GERHARDT, MICHAEL, citado por SCHMIDT-ASSMAN, EBERHARD, *La Teoría General del Derecho Administrativo como Sistema*, *op. cit.*, p. 222.

[35] Consúltese, *mutatis mutandis*, Sala Político-Administrativa de la Corte Suprema de Justicia, Sentencia N° 142, del 8 de julio de 1980, asunto *Ramón Sabino Pérez Meléndez*, en *Revista de Derecho Público*, en *Jurisprudencia*

Siendo esa la razón de ser de los distintos informes, dictámenes, estudios y consultas elaborados durante el proceso de formación de la voluntad de la Administración, y del análisis de las observaciones formuladas por los particulares durante la fase de consulta pública, entendemos que las exposiciones de motivos y preámbulos que en oportunidades forman parte integrante de los reglamentos aprobados por nuestras Administraciones, por insuficientes, no sirven para cumplir con la motivación legalmente exigida.

Sección IV. Los condicionamientos adjetivos derivados de otros ordenamientos: particular referencia al Derecho Administrativo Global

A las limitaciones adjetivas al ejercicio de la potestad reglamentaria que hemos mencionado a lo largo de este Capítulo se suman otros condicionamientos de Derecho Internacional. En concreto, aludimos a las exigencias de naturaleza procesal que se derivan del estándar de trato justo y equitativo (*fair and equitable treatment*), concepto jurídico indeterminado garantizado, bajo diversas fórmulas o redacciones, en los múltiples Tratados Bilaterales de Inversión que la República ha suscrito hasta la fecha[36].

---

de la Corte Suprema de Justicia, Dr. Oscar Pierre Tapia, número 7, julio 1980, Caracas, pp. 21-27; y, Sala Político-Administrativa de la Corte Suprema de Justicia, Sentencia N° 190, del 7 de octubre de 1980, asunto *Juan F. Malinich Malarin*, en *Jurisprudencia de la Corte Suprema de Justicia*, Dr. Oscar Pierre Tapia, número 10, Caracas, octubre 1980, pp. 22-32. La validez de esta motivación singular depende del acceso de los particulares a las actas que integran el expediente administrativo que documenta los trámites seguidos para aprobar el reglamento.

En sentido coincidente se ha pronunciado el Tribunal Supremo de Justicia español, que asocia la motivación con las resultas del procedimiento seguido para su elaboración (Sentencia del 27 de junio de 1989, en Estepa Moreno, Manuel, *Los Reglamentos del Gobierno*, Tomo I, *op. cit.*, pp. 235-236).

36 Muci Borjas, José Antonio, *El Derecho Administrativo Global y los Tratados Bilaterales de Inversión (BITs)*, *op. cit.*, pp. 154-156 y 159-162.

Aunque el alcance de ese concepto, propio del Derecho Internacional, es por definición –*ex antefacto*– incierto o impreciso, la doctrina comparada afirma que la expresión tiene por finalidad proporcionar un estándar básico y general de protección *ajeno* al Derecho interno del Estado receptor de la inversión[37].

Conforme a este estándar de Derecho Administrativo Global, establecido para proporcionar una protección independiente a aquella brindada por el Derecho nacional del Estado receptor de la inversión extranjera, la actuación de la Administración debe ser transparente[38].

Desde un punto de vista adjetivo, la transparencia exigida por este canon del Derecho Administrativo Global supone, *inter alia*, consultas e intercambios de información previos con los inversionistas extranjeros protegidos por tratados bilaterales de inversión, de manera que cualquier modificación normativa resulte para ellos predecible[39]. Asimismo, supone el deber de dar respuesta –oportuna y adecuada– a las consultas que los inversionistas extranjeros protegidos por tratados bilaterales de inversión pudieran llegar a formularle a la Administración.

---

[37] Dolzer, Rudolph y Stevens, Margaret, *Bilateral Investment Treaties*, Martinus Nijhoff Publishers, Netherlands, 1995, p. 58.

[38] Tudor Ioana, *The Fair and Equitable Treatment Standard in the International Law of Foreign Investment*, Oxford University Press, Oxford, 2008, pp. 175-177.

[39] Tudor Ioana, *The Fair and Equitable Treatment Standard in the International Law of Foreign Investment, op. cit.*, pp. 169-177. Muci Borjas, José Antonio, "La ley venezolana que reserva al Estado bienes y servicios conexos a las actividades primarias de hidrocarburos: un ilícito de Derecho Internacional. Análisis conforme a los Tratados Bilaterales de Inversión (Bit's)", en *Aida Opera Prima de Derecho Administrativo*, Opus. N° 6, julio-diciembre 2009, Universidad Autónoma de México y Asociación Internacional de Derecho Administrativo, México, 2009, pp. 379-382; y, *Revista de Derecho Público* N° 118, abril-junio 2009, Editorial Jurídica Venezolana, Caracas, pp. 120-122.

Capítulo VII

Los límites sustantivos al ejercicio de la potestad reglamentaria de la Administración

Sección I. Introducción

El ejercicio de la potestad reglamentaria se encuentra limitado por reglas y principios de *carácter sustantivo.*

Ciertamente, la potestad reglamentaria se encuentra condicionada, primero que nada, por las normas constitucionales que precisan las materias cuya regulación se encuentra reservada a la Ley. A ese primer conjunto de normas, atributivas de competencia, se agregan otras que dividen o distribuyen esa potestad–*ratione materiae*– entre una multiplicidad de Administraciones nacionales, estadales y municipales. La potestad reglamentaria se halla limitada, asimismo, por la letra y el espíritu, propósito y razón de la Ley que el reglamento declara desarrollar.

A las restricciones mencionadas con anterioridad se agregan otras. Sobre el particular cabe mencionar los principios generales del Derecho Administrativo. En las páginas que siguen haremos referencia, verbigracia, al principio *favor libertatis*, al principio de racionalidad y al principio de irretroactividad, todos ellos de rango constitucional.

Siempre en materia de limitaciones o cortapisas al ejercicio de la potestad reglamentaria, merece la pena pasar revista a algunos preceptos de otros ordenamientos jurídicos, particularmente en el ámbito internacional, pues en tiempos de globalización han de tenerse presentes los condicionamientos que el Derecho Administrativo Global impone, directa o indirectamente, al ejercicio de la potestad reglamentaria.

Finalmente, ha de tenerse presente que hay un conjunto de materias que no se hallan gobernadas por el Derecho Administrativo y que, por causa de ello, no pueden ser disciplinadas por la Administración mediante norma reglamentaria.

Esas distintas limitaciones a la potestad reglamentaria serán abordadas en el orden que acabamos de enunciar.

Sección II. La reserva de ley

§1. La reserva de Ley como garantía constitucional

Se denomina reserva de Ley o reserva legal al *conjunto de materias* que solo pueden ser disciplinadas mediante Ley, entiendo por Ley el acto sancionado por el Poder Legislativo obrando como órgano legislador[1], y, en circunstancias de excepción, mediante Decretos Ejecutivos con rango de Ley[2]. La reserva de Ley constitucionalmente prevista le niega a otras fuentes de Derecho de rango "secundario" y, por ende, subordinadas a la Ley,la posibilidad de regular las materias que la Constitución ordena sean desarrolladas mediante Ley[3].

La reserva de Ley constituye una *garantía esencial* del Estado Derecho porque asegura que los derechos y libertades fundamentales del ciudadano únicamente pueden llegar a ser limitados mediante

---

1 Según el artículo 202 de la Constitución, «la ley es el acto sancionado por la Asamblea Nacional como cuerpo legislador». Aunque nuestra disertación gire en torno a la Ley nacional, debe destacarse que las reflexiones que siguen resultan aplicables, *mutatis mutandis*, a las leyes estadales y las ordenanzas municipales que los Estados de la Federación y los Municipios deben dictar en las materias de su competencia, *ex*-artículos 164 y 178 de la Constitución.

2 *Ut supra*, Capítulo II, Sección III. Consúltese también Garrido Falla, Fernando, *Tratado de Derecho Administrativo*, Volumen I, op. cit., p. 290.

3 Corte Suprema de Justicia en Pleno, Sentencia N° 4, del 13 de febrero de 1985, asunto *José M. Sanabria Rojas*, en Balasso Tejera, Caterina, *op. cit.*, pp. 367-368. Según el Fallo, «...las normas reglamentarias no deben alterar el espíritu, propósito y razón de la correspondiente ley, motivo por el cual se ha dicho que las disposiciones de los reglamentos ejecutivos tienen el carácter de *normas secundarias* respecto de las primarias que lógicamente son las de la ley reglamentada», y, complementariamente, el reglamento que no se adecúa a la finalidad que la Ley Primaria persigue «...estará viciado de nulidad por [la] fractura del nexo de congruencia que debe existir entre el ordenamiento *primario* y *secundario*».

acto sancionado por un órgano plural, porque sus integrantes representan a la sociedad como un todo, como la Asamblea Nacional[4]. Es a ese órgano constitucional, con legitimidad de origen plena, porque todos sus integrantes son escogidos mediante sufragio libre, universal, directo y secreto[5], al que, habida consideración de sus particularidades, se le encomienda la regulación de las materias reservadas a la Ley, siguiendo el procedimiento, público, porque se adelanta a la vista de todos, constitucionalmente previsto para la formación de las leyes.

Por lo que se refiere al «...*contenido*...» de los derechos constitucionales, nuestro más alto Tribunal ha dejado asentado que es la norma «...de rango legal...» la que puede determinar ese contenido, pues

---

4 Según la doctrina, resulta menester remontarse hasta el siglo XIII para encontrar los orígenes de la reserva de Ley, porque el principio *no taxation without representation*, consagrado en la Carta Magna del 15 de junio de 1215, constituye el germen de la reserva de Ley, también conocida como reserva legal (Balduzzi, Renato y Sorrentino, Federico, "Riserva di legge", *Enciclopedia del Diritto*, Volume XL, Giuffré Editore, Milano, 1989, p. 1.207). De acuerdo con la Carta Magna dictada por el Rey Juan 'sin tierra', en el Reino de Inglaterra no se podía exigir fonsadera (*scutage*) ni auxilio sin el *consentimiento general*, salvo para el rescate del Rey, para armar caballero a su hijo primogénito y para casar (una sola vez) a su hija mayor, en el entendido que con ese fin solo se podía establecer un auxilio razonable (12). La Carta Magna agregaba que para obtener el *consentimiento general* al establecimiento de una fonsadera o de un auxilio en cualquier supuesto distinto a los tres casos indicados anteriormente, se debía convocar individualmente y por carta a los arzobispos, obispos, abades, duques y barones principales; que a quienes poseyesen tierras directamente se les debía dirigir una convocatoria general, a través de los corregidores y otros agentes, para que se reuniesen un día determinado, que se anunciaría con al menos cuarenta días de antelación, en un lugar señalado; que se debía constar la causa de la convocatoria en todas las cartas de convocatoria; y, que una vez enviada la convocatoria, el negocio señalado para el día de la misma se tratará con arreglo a lo que acuerden los presentes, aun cuando no hayan comparecido todos los que hubieren sido convocados (14).

5 Corte Primera de lo Contencioso-Administrativo, sentencia N° 2.158, de fecha 7 de agosto de 2002, asunto *Seguros Orinoco, C.A. et al.*

«siendo estos derechos "materia reservada" a la Ley, corresponde al Reglamento un papel *muy reducido* en su regulación»[6].

Desde otra perspectiva, por lo que respecta a las limitaciones a los derechos individuales garantizados por la Constitución, la Corte Suprema de Justicia ha afirmado que es «...la Ley y *solamente la Ley*...» la llamada a definir tales límites[7]. Esa postura ha sido confirmada por el Tribunal Supremo de Justicia al sostener que las «...*limitaciones* a todos los *derechos y libertades* constitucionales deben estar siempre establecidas por ley, por cuanto es materia

---

6 Corte Suprema de Justicia, en Pleno, Sentencia del 17 de octubre de 1986, asunto *Arturo L. Torres*, *Revista de Derecho Público*, N° 28, Editorial Jurídica Venezolana, Caracas, 1980, pp. 81-82.

7 *Ibid*. En igual sentido, Sala Constitucional del Tribunal Supremo de Justicia, Sentencia 1.613, del 17 de agosto de 2004, asunto *Henry Pereira Gorrín*, en *Revista de Derecho Público* número 99-100, Editorial Jurídica venezolana, Caracas, 2004, pp. 86-113. En esta última decisión judicial se asentó que la reserva legal en materia de derechos y libertades ciudadanas le impone al Legislador, como representante de los ciudadanos, un deber que solo él puede satisfacer, consistente en predeterminar normativamente las limitaciones a tales derechos y libertades. En estas materias propias la potestad reglamentaria de la Administración *siempre* debe ser adelantada *a título de colaboración* de la Ley, jamás con el ánimo de sustituirla. En sentido coincidente, Lares Martínez afirmaba que «el Poder Ejecutivo en sus reglamentos no puede establecer condiciones para el ejercicio de los derechos ciudadanos, ni crear impuestos, ni erigir delitos, ni imponer penas, ni fijar regulaciones a la vida privada ni a la propiedad, ni dictar normas sobre procedimientos judiciales y en general, está prohibido al Ejecutivo, en uso de su potestad reglamentaria, invadir la reserva legal, esto es, intervenir en los asuntos reservados por la Constitución y las leyes a la potestad del legislador» (Lares Martínez, Eloy, *Manual de Derecho Administrativo*, *op. cit.*, p. 85).

Cabe citar aquí, *mutatis mutandis*, lo decidido por el Tribunal Constitucional español, para el que la *ratio* de la reserva de ley (en materia tributaria) «...no es otro que el de asegurar que la regulación de un determinado ámbito vital de las personas *dependa exclusivamente* de la voluntad de sus representantes» (Lasarte, Javier, Ramírez, Salvador y Aguallo, Ángel, *Jurisprudencia del Tribunal Constitucional en materia financiera y tributaria (1981-1989)*, *op. cit.*, p. 23).

que pertenece a la denominada reserva legal. Es sólo el órgano parlamentario el competente para fijar restricciones o condiciones para su ejercicio, tal como lo dispone el numeral 1° del artículo 187 de la Constitución, que reserva a la Asamblea el poder para legislar sobre las materias de la competencia nacional», porque en el listado de materias que la Constitución reserva a la Asamblea Nacional se encuentra, precisamente, todo lo relativo a los derechos constitucionales, de conformidad con lo dispuesto por el numeral 32 del artículo 156[8].

La Ley es el único acto estatal idóneo para determinar el radio de acción de los derechos y libertades fundamentales. En todo lo que pueda afectar la libertad y propiedad de los ciudadanos, solo cabe ejercitar la potestad reglamentaria en ejecución de una Ley. El principio no excluye, ciertamente, la posibilidad de que las leyes contengan remisiones –remisiones debidamente limitadas, remisiones adecuadamente acotadas– a las normas reglamentarias. Lo que sí excluye es que tales remisiones, por su vaguedad, imprecisión o falta de contenido, hagan posible una regulación independiente, una regulación que no esté claramente subordinada a la Ley, porque una remisión como esa supondría una ilegítima degradación de la reserva formulada por la Constitución a favor del legislador[9].

§2. La reserva de Ley de raíz constitucional como norma atributiva de competencia

Las materias que integran la reserva de Ley son, primero que nada, las determinadas por la propia Constitución. A ese elenco inicial de materias pueden agregarse otras, no reservadas expresamente a la Ley por mandato constitucional, que pasan a formar parte integrante

---

8 Sala Constitucional del Tribunal Supremo de Justicia, Sentencia N° 1.447, del 3 de junio de 2003, asunto *Rafael Badell Madrid et al.*

9 Consúltese, *mutatis mutandis*, Tribunal Supremo de Justicia español, Sentencia 83/84, del 24 de julio, citada por DE OTTO, IGNACIO, *Derecho Constitucional* (Sistema de Fuentes), *op. cit.*, p. 218.

de la reserva de Ley por el solo hecho de que el Poder Legislativo resuelva regularlas mediante Ley formal. Las primeras son materias de reserva de Ley *por decisión constitucional*; las segundas, *por decisión legislativa*. La ampliación de la reserva de Ley en virtud de decisión legislativa –y su consecuencia, que no es otra que descartar o rechazar la regulación de tales materias por otras fuentes del Derecho subordinadas a la Ley– deriva del principio de congelación del rango normativo y del requisito de *contrarius actus* exigido por el artículo 218 de la Constitución venezolana, conforme al cual las normas de Ley solo pueden ser modificadas mediante Ley[10].

Pero la reserva de Ley es mucho más que un simple elenco o listado de materias[11]. Ciertamente, la reserva de Ley es, por naturaleza, una *regla atributiva de competencia* en razón de la materia (*ratione materiae*)[12]. Así lo ha reconocido la justicia venezolana al sostener que los tribunales de la jurisdicción administrativa deben velar porque la Administración no invada las competencias que

---

10 *Vid.*, *mutatis mutandis*, García de Enterría, Eduardo, *Legislación delegada, potestad reglamentaria y control judicial*, *op. cit.*, p. 114.

Dispone el artículo 218 que «las leyes se derogan por otras leyes y se abrogan por referendo salvo las excepciones establecidas en esta Constitución. Podrán ser reformadas total o parcialmente. La ley que sea objeto de reforma parcial se publicará en un solo texto que incorpore las modificaciones aprobadas». En propósito, *vid.* Corte Segunda de lo Contencioso-Administrativo, Sentencia N° 1.473, del 13 de agosto de 2009, asunto *Multinacional de Seguros, C.A. et al.*

11 Sobre el inventario de los dominios reservados a la ley formal *vid.* Moles Caubet, Antonio, *El Principio de Legalidad y sus Implicaciones*, *op. cit.*, pp. 14 y ss.

12 Balduzzi, Renato y Sorrentino, Federico, "Riserva di legge", *op. cit.*, p. 1.209; y, Crisafulli, Vezio, citado por Pérez Luciani, Gonzalo, *El principio de legalidad*, Academia de Ciencias Políticas y Sociales, Serie Estudios N° 81, Caracas, 2009, p. 121. Cuando la reserva de ley deriva de norma constitucional, debe tenerse presente que el artículo 7° de la Constitución dispone que «la Constitución es la *norma suprema* y el fundamento del ordenamiento jurídico», y que por causa de ello «todas las personas y *los órganos que ejercen el Poder Público están sujetos a esta Constitución*».

la Constitución le atribuye al Legislador en las materias que solo pueden ser reguladas por ley formal[13].

Tratándose de una regla atributiva de competencia, la misma es, en principio, *inderogable*[14]. El Poder Legislativo *no* puede *disponer libremente* de los poderes legislativos que la Constitución le confió; por el contrario, en su condición de garante de los derechos y libertades fundamentales, el Poder Legislativo tiene el deber de ejercer tales poderes *por sí mismo*, sin intermediarios. El Poder Legislativo es, pues, el único órgano estatal legitimado para ejercer el poder en virtud del cual se regulan las materias propias de la reserva de Ley.

Las atribuciones que el Poder Legislativo deriva de la reserva de Ley han de ser interpretadas de conformidad con lo previsto en los artículos 136 y 137 de la Constitución. A tenor de la primera de las normas constitucionales invocadas, cada una de las ramas del Poder Público, Poder Legislativo incluido, tiene sus *funciones propias*, pero, no obstante ello, los órganos a los que incumbe su ejercicio se hallan en el deber de colaborar entre sí para que el Estado pueda alcanzar sus fines. De acuerdo a la segunda de las normas constitucionales citadas, las actividades realizadas por los distintos órganos del Poder Público en ejercicio de sus atribuciones, deben ser ejercidas *en un todo conforme con* lo dispuesto por la Constitución y las leyes[15]. En conjunto, las dos reglas citadas con anterioridad

---

[13] Sala Político-Administrativa del Tribunal Supremo de Justicia, Sentencia N° 776, del 3 de junio de 2009, asunto *Jesús López Polanco*.

[14] *Ibid*.

[15] Los artículos 136 y 137 de la Constitución (Título IV, Del Poder Público, Capítulo I, Disposiciones Fundamentales, Sección Primera, Disposiciones generales) establecen, respectivamente, que «el Poder Público se distribuye entre el Poder Municipal, el de los Estados y el Nacional. El Poder Público Nacional se divide en Legislativo, Ejecutivo, Judicial, Ciudadano y Electoral. Cada una de las ramas del Poder Público tiene sus funciones propias, pero los órganos a los que incumbe su ejercicio colaborarán entre sí en la realización de los fines del Estado»; y, que «la Constitución y las leyes definen las atribuciones de los órganos que ejercen el Poder Público, a las cuales deben sujetarse las actividades que realicen».

expresan que el nuestro es, por mandato constitucional, un *Estado de Derecho*[16].

§3. La reserva de Ley como norma que impone la aprobación de las reglas siguiendo el trámite del procedimiento constitucional para la aprobación de las Leyes

La regulación de las materias que integran la reserva de Ley debe adelantarse *siguiendo el procedimiento* constitucionalmente previsto *para la formación de las leyes*. Parafraseando a nuestro más alto Tribunal,

> «para que la voluntad legislativa se transforme en Ley rectora de derechos y de obligaciones, ha de atravesar tres períodos esenciales: "votación" o "formación" por el Poder Legislativo; el de su promulgación" por el Presidente de la República, como Jefe del Poder Ejecutivo, y el de su consiguiente "publicación", ordenada por este mismo funcionario. Estos tres momentos u operaciones están claramente determinados en el artículo 86 de la Constitución Nacional: *sólo cuando un proyecto de ley ha pasado por ellos, puede decirse con toda propiedad que existe la ley en su virtud preceptiva, en su eficacia ejecutoria y en el imprescindible conocimiento que de ella han de tener los ciudadanos*»[17].

Por lo que se refiere a ese procedimiento, la Constitución venezolana en vigor identifica a los órganos estatales y personas que pueden presentar proyectos de Ley (artículo 204 *eiusdem*);la oportunidad en la que han de ser discutidos tales proyectos (artículo 205 *eiusdem*); el número de discusiones que ha de recibir un proyecto de Ley, el objeto de cada una de tales discusiones y los trámites que han de preceder a la última de ellas (artículos 207, 208, 209 y 210 *eiusdem*); los órganos y sujetos que han de ser consultados por el Poder Legislativo a lo largo del procedimiento para la formación de

---

16 *Vid.* Capítulo III, nota a pie de página N° 41.

17 Sala Político-Administrativa de la Corte Federal y de Casación, Sentencia s/n, del 18 de marzo de 1937, en Brewer-Carías, Allan Randolph, *Jurisprudencia de la Corte Suprema de Justicia 1930-74 y Estudios de Derecho Administrativo*, Tomo I, *op. cit.*, p. 212.

las Leyes (artículos 206 y 211 *eiusdem*); el lapso con el cual cuenta el Presidente de la República para promulgar las Leyes y el poder que la Constitución reconoce al Ejecutivo para solicitar la modificación de las Leyes previamente sancionadas (artículos 214, 216 y 217 *eiusdem*), y, finalmente, qué ha de hacerse para que la Ley quede promulgada y entre en vigor (artículo 215 *eiusdem*).

§4. La delegación del poder para regular materias propias de la reserva legal en ausencia de una norma que autorice dicha delegación

La Constitución venezolana autoriza a la Asamblea Nacional para delegarle su potestad legislativa al Poder Ejecutivo en el *supuesto de excepción* regulado por el artículo 203 *eiusdem*[18].

La delegación de poder prevista por el artículo 203 de la Constitución solo puede verificarse en virtud de *Ley habilitante*, sometida a un procedimiento legislativo especial, y el poder delegado únicamente puede ejercerse mediante Decretos ejecutivos, dictados con base en el numeral 8° del artículo 236 *eiusdem*, a los cuales se reconoce el rango normativo propio y característico de las Leyes formales[19].

Las dos normas constitucionales citadas con anterioridad acreditan que para que la Asamblea Nacional pueda delegar *poderes propios* a otros órganos estatales, resulta indispensable que medie norma constitucional expresa que lo autorice de manera meridiana, porque como bien ha dejado sentada la justicia venezolana, en nuestro Derecho constituye regla general que «*...la facultad de legislar que corresponde al Congreso, no es delegable...*»[20].

---

[18] Muci Borjas, José Antonio, "Las leyes habilitantes y los decretos-leyes dictados con base en aquéllas", *Revista de Derecho Público*, N° 140, *op. cit.*, pp. 58-62. *Vid.* Capítulo IV, nota a pie de página N° 56.

[19] *Vid.* Capítulo IV, notas a pie de página N° 57 y N° 63.

[20] Sala Político-Administrativa de la Corte Federal y de Casación, Sentencia s/n, del 16 de abril de 1937, en Brewer-Carías, Allan Randolph, *Jurisprudencia de la Corte Suprema de Justicia 1930-74 y Estudios de Derecho Administrativo*, Tomo I, *op. cit.*, p. 297.

Sin embargo, la Constitución *no autoriza* al Legislativo para disponer de su poder para legislar en materias propias de la reserva legal nacional a favor de otro órgano, distinto al habilitado por la norma constitucional atributiva de competencia, si de lo que se trata es de ejercer esa delegación legislativa *mediante reglamento*, dictado con base en el numeral 10 del artículo 236 de la Constitución[21]. En ausencia de norma constitucional autorizadora, una delegación legislativa como la indicada comportaría la *violación* de la norma constitucional atributiva de potestad legislativa a la Asamblea Nacional (la "derogatoria", *lato et impropio sensu*, de la norma creadora de la reserva, por quien no tiene poder para modificar la Constitución)[22].

La *supremacía* y la *rigidez* que caracterizan a nuestra Constitución[23], y la consecuente inderogabilidad de las normas constitucionales atributivas de competencia, representan un obstáculo insalvable para la delegación de poderes legislativos a la Administración para su ejercicio por vía reglamentaria[24].

---

21 En sentido coincidente se manifiesta Lares Martínez, para quien, excepción hecha de los Decretos-Leyes dictados con base en Ley habilitante, *no puede* el Poder Legislativo delegarle sus facultades normativas al Poder Ejecutivo (LARES MARTÍNEZ, ELOY, *Manual de Derecho Administrativo, op. cit.*, pp. 81-82).

22 *Vid.*, *mutatis mutandis*, GASPARRI, PIETRO, "Competenza in materia amministrativa", *Enciclopedia del Diritto, op. cit.*, pp. 33-34.

23 CARLASSARE, LORENZA, "Regolamento. Diritto Costituzionale", *op. cit.*, p. 611. En propósito, cabe citar aquí la postura defendida por la Procuraduría General de la República en dictamen de 1972: «En las constituciones rígidas, como la venezolana, los poderes toman su existencia y atribuciones sólo de la Constitución; sólo existen en virtud de ella, y en la medida y en las condiciones fijadas por ella. Resulta entonces *implícito*, pero necesariamente *prohibido*, que uno de los poderes pueda ser descargado de su función en otro. Esto sería sustituir la Constitución existente por una nueva Constitución» (*20 Años de doctrina de la Procuraduría General de la República*, Tomo I, Caracas, 1984, p. 8).

24 En sentido coincidente se pronuncia Villacorta Mancebo, para quien «... el objetivo de la reserva de Ley es oponerse a toda delegación» (VILLACORTA MANCEBO, LUIS, *Reserva de Ley y Constitución, op. cit.*, p. 33).

§5. La reserva de Ley y el principio constitucional de completitud

El *principio de completitud* también constituye óbice para la delegación a la Administración –y sus reglamentos– de las materias que la Constitución reserva a la Ley. En términos llanos el principio constitucional de completitud exige que las materias que la Constitución reserva a la Ley sean disciplinadas por la Ley de manera cumplida o acabada[25]. Las disposiciones de la Ley deben ser lo *suficientemente precisas* como para permitir que su texto produzca efectos directos sin necesidad de desarrollos subsecuentes, porque la Ley debe contener las normas necesarias para asegurar su eficacia[26]. En palabras de nuestro más alto Tribunal, «la infraestructura básica del ordenamiento pertenece a la Ley, dada su fuente de legitimidad y su función creadora irresistible...» y, por consiguiente, es la Ley la llamada a definir «...las situaciones básicas de los sujetos, sus deberes, obligaciones y derechos»[27].

La precisión normativa que el principio demanda es esencial para poder delimitar el alcance de la potestad reglamentaria que la Administración puede ejercer. Una Ley cuyas disposiciones son vagas, ambiguas, inconcretas o indeterminadas, es una Ley que impide contrastar las normas reglamentarias con la certeza que ha de brindar el texto de la Ley, y con el espíritu, propósito y razón que la anima. Es, además, una Ley que impide el control de legalidad que el juez contencioso-administrativo ha de adelantar en aplicación del artículo 259 de la Constitución.

---

25 *Vid.* Capítulo IV, Sección IV, §3., E.

26 Frier, Pierre-Laurent y Petit, Jacques, *Droit Administratif*, *op. cit.*, p. 83. Corte Suprema de Justicia en Pleno, Sentencia s/n, del 17 de noviembre de 1986, asunto *Arturo Luis Torres* (*Revista de Derecho Público* N° 28, octubre-diciembre 1986, Editorial Jurídica Venezolana, Caracas, 1986, pp. 85-86).

27 Corte Suprema de Justicia en Pleno, Sentencia s/n, del 17 de noviembre de 1986, asunto *Arturo Luis Torres* (*Revista de Derecho Público* N° 28, octubre-diciembre 1986, Editorial Jurídica Venezolana, Caracas, 1986, pp. 85-86).

A las observaciones, sustantivas o de fondo, formuladas en las páginas que preceden, referidas a la inexistencia de una norma constitucional que autorice la delegación y a las limitaciones que se derivan del principio de completitud, se agregan en el plano adjetivo las innegables objeciones al procedimiento reglamentario para la aprobación de los reglamentos previsto en la Ley Orgánica de la Administración Pública, por las *menores garantías* que este ofrece para la regulación de las materias que integran la reserva de Ley.

§6. La reserva de Ley absoluta y la reserva de Ley relativa

La Constitución define las materias reservadas a la Ley de manera dispar. En oportunidades la Constitución afirma que una determinada materia debe ser regulada mediante Ley. Así lo hace el artículo 105 *eiusdem*, de conformidad con el cual corresponde a la Ley determinar las profesiones que requieren título y las condiciones que deben cumplirse para ejercerlas[28]. En otras ocasiones la Constitución opta por negar que una determinada materia pueda ser regulada a través de un instrumento distinto a la Ley. Es este el caso de los artículos 49 (numeral 6°) y 315 *eiusdem*, que establecen, respectivamente, que ninguna persona puede ser sancionada por actos u omisiones que no fueren previstos como delito, faltas o infracciones en Ley preexistente, y que no puede cobrarse impuesto, tasa, ni contribución alguna que no estén establecidos en la Ley[29].

---

[28] El artículo 105 establece textualmente lo siguiente: «La ley determinará las profesiones que requieren título y las condiciones que deben cumplirse para ejercerlas, incluyendo la colegiación».

[29] Las normas constitucionales citadas establecen (i) que el debido proceso debe garantizarse en todas las actuaciones judiciales y administrativas y, en consecuencia, «ninguna persona podrá ser sancionada por actos u omisiones que no fueren previstos como delito, faltas o infracciones en leyes preexistentes», y (ii) que «no podrá cobrarse impuesto, tasa, ni contribución alguna que no estén establecidos en la ley, ni concederse exenciones y rebajas, ni otras formas de incentivos fiscales, sino en los casos previstos por las leyes».

La dispar redacción de las normas constitucionales que disciplinan la reserva de Ley ha dado pie a la segmentación de esta garantía. Para un sector de la doctrina nacional la reserva de Ley o «...monopolio de la ley formal sobre determinadas materias...», puede ser clasificada en reserva de Ley *absoluta* y reserva de Ley *relativa*. La primera categoría (reserva de Ley absoluta) *excluye por completo* el ejercicio de la potestad reglamentaria, porque media norma constitucional que le exige de manera expresa al Legislador la regulación de la materia, o porque la naturaleza misma de la materia es contraria a la regulación mediante reglamento. La segunda (reserva de Ley relativa), por el contrario, se refiere a materia que si bien ha de ser regulada por Ley formal, *admite reglamentos* de ejecución, dictados en virtud de una exhortación expresa que el Legislador le dirige a la Administración, o con base en la norma constitucional que autoriza a la Administración para el ejercicio de la potestad reglamentaria[30].

Para distinguir la reserva de Ley absoluta de reserva de Ley relativa la doctrina emplea diversos criterios. Hay quien propone que se identifique uno y otro tipo de reserva de Ley a partir de la letra de la Constitución. La reserva de Ley debería entenderse como una reserva absoluta cuando el Constituyente emplea frases como «la ley regulará...», «la ley establecerá...», «la ley dictará...», «la ley determinará...» o «...la ley limitará...»[31]. Todas esas frases tienen un denominador común: el tiempo verbal (futuro indicativo) de la acción encomendada al Legislador es empleado como *equivalente* del modo *imperativo*, y por ello expresa, en todos y cada uno de los casos, una orden, un mandato que se debe obedecer. Otro tanto cabría afirmar respecto de otras normas constitucionales, que también emplean el modo *imperativo* («...sin más limitaciones que las previstas en esta Constitución y las que establezcan las leyes», o «...las contribuciones, restricciones y obligaciones que establezca

---

30 Rondón de Sansó, Hildegard, *Teoría General de la Actividad Administrativa, op. cit.*, p. 181.

31 Villacorta Mancebo, Luis, *Reserva de Ley y Constitución, op. cit.*, p. 36.

la ley...»). Por el contrario, debería entenderse que la reserva de Ley es relativa cuando la Constitución recurre a otras frases, como «de acuerdo con la ley...», «con arreglo a la Ley...», «...de conformidad con la ley...» o «...mediante ley...»[32]. También hay quien sugiere un enfoque distinto, de carácter *conceptual*: mientras la reserva de Ley relativa constituye la regla general, constituyen excepción a dicha regla, y, por ende, forman parte integrante de la reserva absoluta, todas las materias directamente relacionadas con las libertades fundamentales[33].

En el pasado nuestro más alto Tribunal ha recurrido a la sola letra de la Constitución para afirmar la existencia de los dos tipos de reserva de Ley[34]. Según la Corte Suprema de Justicia, «cuando el Constituyente quiere que alguna materia sea de la *exclusiva reserva legal*, lo dice expresamente y en forma que no deje dudas ni ofrezca o permita alternativa...», como lo hizo en el artículo 212 de la Constitución de 1961, a tenor del cual «la Corte Suprema de Justicia funcionará en Salas, cuya integración y competencia *serán determinadas por* la ley». Tras contrastar la letra de ese precepto con la del artículo 207 *eiusdem*, según el cual «la ley proveerá lo conducente para el establecimiento de la carrera judicial y para asegurar la idoneidad, estabilidad e independencia de los jueces y *establecerá las normas relativas a la competencia, organización y*

---

32 *Ibid.*

33 Mortati, Costantino, citado por Carlassare, Lorenza, "Regolamento (Diritto Costituzionale)", *op. cit.*, p. 623.
Para Rondón de Sansó «la reserva legal absoluta se encuentra en los casos en los cuales hay una exhortación expresa de la norma de mayor rango al legislador, o la naturaleza misma de la materia es contraria a la regulación del Poder Ejecutivo» (Rondón de Sansó, Hildegard, *Teoría General de la Actividad Administrativa*, *op. cit.*, p. 181).

34 Corte Suprema de Justicia en Pleno, Sentencia s/n, del 18 de octubre de 1988, asunto *Arturo Luis Torres Rivero.* Sobre el particular puede también consultarse Peña Solís, José, *Manual de Derecho Administrativo* (Adaptado a la Constitución de 1999), Volumen Primero, Colección de Estudios Jurídicos del Tribunal Supremo de Justicia, Caracas, 2004, pp. 604-607.

funcionamiento de los Tribunales en cuanto no esté previsto en la Constitución», la Corte concluyó que puesto que este último artículo solo confiaba a la Ley las «..."normas relativas"...» a la competencia, organización y funcionamiento de los Tribunales, y no «...todo lo concerniente a la competencia, organización y funcionamiento de los Tribunales...», debía entenderse que en tales materias la reserva legal era relativa. En el caso *subiudice*, la conclusión de la Corte Suprema de Justicia en materia relacionada con la competencia, organización y funcionamiento de órganos del Poder Público, respondió al empleo de lo que la Corte calificó como una «...expresión flexible y elástica (establecerá "las normas relativas a")...».

La letra de la Constitución puede conducir, sin embargo, a resultados contradictorios. Lo acredita el Tribunal Constitucional español, que con base en una misma y única expresión –«en virtud de ley»– concluyó primero que la reserva en materia de beneficios fiscales era de «...legalidad estricta...», para luego afirmar, tan solo unos meses después, que dicha materia no regía «...de manera absoluta el principio de legalidad en todo lo atinente a la materia tributaria...»[35]. Las decisiones de nuestros tribunales de justicia basadas en la letra de la Constitución también distan mucho de ser consistentes. Dos sentencias bastan para comprobar nuestra afirmación. En la primera de ellas nuestro más alto Tribunal dejó sentado que los artículos 136, numeral 24, y 139 de la Constitución de 1961 servían para reconocerle al *Poder Legislativo* un área de acción de su *exclusiva competencia*[36]. De acuerdo al fallo judicial

---

[35] Lasarte, Javier, Ramírez, Salvador y Aguallo, Ángel, *Jurisprudencia del Tribunal Constitucional en materia financiera y tributaria (1981-1989)*, *op. cit.*, p. 35. En contra del criterio literal se ha pronunciado Carlassare, Lorenza, "Regolamento (Diritto Costituzionale)", *op. cit.*, p. 623.

[36] Corte Suprema de Justicia en Pleno, Sentencia s/n, del 27 de mayo de 1980, asunto *Ricardo Palacios Galindo et al.* Los artículos 136 (numeral 24) y 139 de la Constitución de 1961 establecían respectivamente lo siguiente: (i) «*Es de la competencia del Poder Nacional*:... 24° La legislación reglamentaria de las garantías que otorga esta Constitución; *la legislación civil, mercantil,*

invocado, la frase, incluida en el numeral 24 del artículo 136, que atribuye al Poder Nacional la sanción de «...la legislación civil, mercantil, penal, penitenciaria y de procedimiento...», en realidad le atribuye al Poder Nacional «*...todo lo relativo a...*» la legislación civil, mercantil, penal y de procedimientos...», pues esa norma ha de ser leída conjuntamente con el artículo 139 *eiusdem*, que atribuye «...al Congreso Nacional la potestad exclusiva de legislar sobre dicha materia, o sea, que conforme a su contenido normativo ningún Poder de la República que no sea el Nacional, ningún órgano de este que no sea el Congreso, puede sancionar este tipo de normas». Interpretada en esos términos, las materias mencionadas por la Corte pertenecían a la reserva de Ley absoluta. En segunda decisión el Tribunal Supremo de Justicia interpretó, *inter alia*, el artículo 156, numeral 32, y 187, numeral 1°, de la Constitución actualmente en vigor[37], que, en esencia, reproducen los artículos 136, numeral

penal, penitenciaria y de procedimiento; la de elecciones; la de expropiación por causa de utilidad pública o social; la de crédito público; la de propiedad intelectual, artística e industrial; la legislación agraria; la de inmigración y colonización; la de turismo; la del trabajo, previsión y seguridad sociales; la de sanidad animal y vegetal; la de notarías y registro público; la de bancos y demás instituciones de crédito; la de loterías, hipódromos y apuestas en general y la relativa a todas las materias de la competencia nacional»; y, (ii) «*Corresponde al Congreso legislar sobre las materias de la competencia nacional* y sobre el funcionamiento de las distintas ramas del Poder Nacional».

[37] El artículo 156, numeral 32 de la Constitución (Título IV, Del Poder Público, Capítulo II, De la Competencia del Poder Público Nacional) establece que «es de la competencia del Poder Público Nacional:... 32. La legislación en materia de derechos, deberes y garantías constitucionales; la civil, mercantil, penal, penitenciaria, de procedimientos y de derecho internacional privado; la de elecciones; la de expropiación por causa de utilidad pública o social; la de crédito público; la de propiedad intelectual, artística e industrial; la del patrimonio cultural y arqueológico; la agraria; la de inmigración y poblamiento; la de pueblos indígenas y territorios ocupados por ellos; la del trabajo, previsión y seguridad sociales; la de sanidad animal y vegetal; la de notarías y registro público; la de bancos y la de seguros; la de loterías, hipódromos y apuestas en general; la de organización y funcionamiento de los órganos del Poder Público Nacional y demás órganos e instituciones nacionales del

24, y 139 de la Constitución de 1961. En esta oportunidad nuestro más alto Tribunal afirmó, sin que mediaran razones jurídicas serias y atendibles, que la reserva legal establecida en el precitado numeral 32 se halla reducida, particularmente en lo tocante a la materia económica, a una «...*normativa mínima* sobre la materia...»[38].

A modo de síntesis, nuestros tribunales admiten la existencia de una reserva legal absoluta y una reserva legal relativa. Mientras la primera (reserva legal absoluta) es materia que debe ser regulada *exhaustivamente* por la ley formal y, por tanto, materia en la que el reglamentista tiene prohibido incidir, la segunda (reserva legal relativa) es materia en la que la Ley debe regular «...los *principios básicos* de la materia...», razón por la cual se admite «...la colaboración del reglamento a los fines del desarrollo y ejecución de esos principios, de tal manera que la reserva se configura en un marco normativo formado por la ley y el reglamento»[39].

Estado; y la relativa a todas las materias de la competencia nacional». Por su parte, el artículo 187 (numeral 1°) *eiusdem* (Título V, De la Organización del Poder Público Nacional, Capítulo I, Del Poder Legislativo Nacional, Sección Primera, Disposiciones Generales) dispone que «corresponde a la Asamblea Nacional: 1. Legislar en las materias de la competencia nacional y sobre el funcionamiento de las distintas ramas del Poder Nacional...».

38 Sala Constitucional del Tribunal Supremo de Justicia, sentencia N° 1.613, del 17 de agosto de 2004, asunto *Henry Pereira Gorrín et al.*

39 Corte Segunda de lo Contencioso-Administrativo, Sentencia del 13 de agosto de 2009, asunto *Multinacional de Seguros, C.A. et al.* El Fallo precisa ulteriomente (i) que «...en materia penal encuentra plena concreción esta modalidad de reserva legal, pues dentro de este ámbito se exige que la actividad del legislador abarque tanto la tipificación de los delitos como de las penas», y (ii) que en las materias pertenecientes a la reserva legal relativa se «...requiere la sanción de una ley contentiva de la normativa básica sobre la materia, la cual va a ser desarrollada por los instrumentos de rango sublegal, por supuesto, atendiendo a los parámetros contenidos en la remisión, sin poder el reglamentista intentar crear dispositivos normativos contrarios, o sencillamente diferentes, a los elementos básicos contenidos en la ley, pues cualquier reglamento que contenga una normación independiente del correspondiente texto legal, estará viciado de nulidad absoluta».

Habida consideración de las dificultades que supone trazar una línea clara o nítida que permita al intérprete distinguir las materias que integran una y otra modalidad de reserva de Ley, un sector de la doctrina argumenta, a nuestro entender con acierto, que la distinción entre reserva legal absoluta y reserva legal relativa es *incorrecta* e *induce a confusión*[40]. La reserva de Ley es una sola y, dependiendo de la materia, lo que varía es su extensión. Basta que la Constitución le encomiende una determinada materia al Legislador, para su regulación por Ley, para que esa materia deba ser regulada cumplidamente mediante Ley. Así, por lo que se refiere a la bandera e himno nacionales y al escudo de la República, la reserva legal se limita a las *características*, los *significados* y los *usos* de tales símbolos (artículo 8° de la Constitución)[41]; en materia de libertad económica la Constitución le reconoce a todas las personas el derecho a dedicarse libremente a la actividad económica de su preferencia, agregando de seguida que las *limitaciones* a ese derecho por razones de desarrollo humano, seguridad, sanidad, protección del ambiente u otras de interés social, deben ser establecidas por Ley (artículo 112)[42]; en materia de propiedad privada la Constitución garantiza a toda persona el derecho al uso, goce, disfrute y disposición

---

40 De Otto, Ignacio, *Derecho Constitucional* (Sistema de Fuentes), *op. cit.*, p. 232.

41 El artículo 8° reza así: «La bandera nacional con los colores amarillo, azul y rojo, el himno nacional gloria al bravo pueblo y el escudo de armas de la República son los símbolos de la patria. La ley regulará sus características, significados y usos».

42 El artículo 112 establece: «Todas las personas pueden dedicarse libremente a la actividad económica de su preferencia, sin más limitaciones que las previstas en esta Constitución y las que establezcan las leyes, por razones de desarrollo humano, seguridad, sanidad, protección del ambiente u otras de interés social. El Estado promoverá la iniciativa privada, garantizando la creación y justa distribución de la riqueza, así como la producción de bienes y servicios que satisfagan las necesidades de la población, la libertad de trabajo, empresa, comercio, industria, sin perjuicio de su facultad para dictar medidas para planificar, racionalizar y regular la economía, e impulsar el desarrollo integral del país».

de sus bienes, y, acto seguido, dispone que las *contribuciones*, las *restricciones* y las *obligaciones* a la propiedad son materia reservada a la Ley (artículo 115)[43]; según la Constitución, la *creación* de los institutos autónomos solo puede producirse en virtud de Ley (artículo 142)[44]; y, por solo citar un ejemplo adicional, por lo que respecta al Consejo de Estado, la reserva de Ley se circunscribe a sus *funciones* y *atribuciones* (artículo 251 *eiusdem*)[45].

Todas y cada una de las materias señaladas en el párrafo anterior cuenta con una norma constitucional que encomienda la regulación de tales asuntos por el Legislador. Y si bien es cierto que la materia de que se trate puede tener mayor o menor extensión, no es menos cierto que la parcela de la realidad que *por imperativo constitucional* ha de ser regulada mediante Ley pertenece toda ella, *independientemente de su extensión*, a la reserva de Ley, porque así lo dispone la Constitución. Es más, ninguna de esas materias, no obstante su *dispar objeto* (signos patrios, libertades y derechos constitucionales y organización de los Poderes Públicos), pueden ser disciplinadas por reglamento, porque su regulación ha sido encomendada a la Ley. Vistas esas notables diferencias, no es evidente cuál es esa singular

---

43 El artículo 115 reza como sigue: «Se garantiza el derecho de propiedad. Toda persona tiene derecho al uso, goce, disfrute y disposición de sus bienes. La propiedad estará sometida a las contribuciones, restricciones y obligaciones que establezca la ley con fines de utilidad pública o de interés general. Sólo por causa de utilidad pública o interés social, mediante sentencia firme y pago oportuno de justa indemnización, podrá ser declarada la expropiación de cualquier clase de bienes».

44 El artículo 142 de la Constitución dispone textualmente: «Los institutos autónomos sólo podrán crearse por ley. Tales instituciones, así como los intereses públicos en corporaciones o entidades de cualquier naturaleza, estarán sujetos al control del Estado, en la forma que la ley establezca».

45 El artículo 215 establece: «El Consejo de Estado es el órgano superior de consulta del Gobierno y la Administración Pública Nacional. Será de su competencia recomendar políticas de interés nacional, en aquellos asuntos a los que el Presidente de la República reconozca de especial trascendencia y requiera su opinión. La ley respectiva determinará sus funciones y atribuciones».

virtud, esa especial *calidad* o *propiedad* a la cual alude la doctrina comparada, que permite afirmar que una determinada materia –*ex rerum natura*– solo puede ser regulada mediante Ley. Lo que sí queda claro es que cada una de esas materias debe ser regulada cumplidamente por el Legislador.

§7. El alcance de la reserva de Ley en materias sancionadora y tributaria según lo dicho del propio Legislador

En oportunidades es el propio Legislador quien ha sancionado normas de Ley con el objeto de precisar cuál es el radio de acción de la reserva legal establecida por la Constitución.

En materia sancionadora, por ejemplo, el artículo 89 de la Ley Orgánica de la Administración Pública establece que sin perjuicio de su función de desarrollo o colaboración con respecto a la ley, los reglamentos *no pueden* ni tipificar delitos, faltas o infracciones administrativas, ni tampoco establecer penas o sanciones[46]. La

[46] La *tajante prohibición* del artículo 89 contrasta con la prohibición relativa del artículo 10 *in fine* de la Ley Orgánica de Procedimientos Administrativos (*Gaceta Oficial de la República* N° 2.818 Extraordinario, de 1° de julio de 1981), que autorizaba la creación de sanciones y contribuciones de Derecho Público en virtud de norma reglamentaria en aquellos casos en los que la ley lo permitiese. El artículo 10 de la Ley Orgánica de Procedimientos Administrativos establecía que «ningún acto administrativo podrá crear sanciones, ni modificar las que hubieran sido establecidas en las leyes, crear impuestos u otras contribuciones de derecho público, *salvo dentro de los limites determinados por la ley*». Habida consideración de los *mandatos incompatibles* que las dos normas le dispensan al mismo tema, no cabe duda que el artículo 89 de la Ley Orgánica de la Administración Pública *derogó* tácitamente –esto es, de manera virtual o implícita– el artículo 10 *in fine* de la Ley Orgánica de Procedimientos Administrativos (*lex posteriori derogat priori*). No solo eso, la reforma introducida por la Ley Orgánica de la Administración Pública obliga a revisar criterio judicial de acuerdo con el cual pueden establecerse sanciones de carácter administrativo «...tanto en una ley como en un reglamento...» (Sala Político-Administrativa de la Corte Suprema de Justicia, Sentencia N° 95, del 5 de junio de 1986, asunto *Difedemer, C.A.*, en *Revista de Derecho Público*, N° 27, julio-septiembre 1986, Editorial Jurídica Venezolana, Caracas, 1986, pp. 88-89).

norma legal precisa el alcance del numeral 6° del artículo 49 de la Constitución, a tenor del cual ninguna persona puede ser sancionada por actos u omisiones que no hubieren sido calificados como delitos, faltas o infracciones en leyes preexistentes.

En materia tributaria, el artículo 89 de la Ley Orgánica de la Administración Pública establece que los reglamentos no pueden establecer tributos, cánones u otras cargas o prestaciones personales o patrimoniales de carácter público[47]. La norma invocada con anterioridad debe ser concatenada con el artículo 3° del Código

---

[47] La *tajante prohibición* de la norma contrasta, una vez más, con la más laxa redacción del artículo 10 de la Ley Orgánica de Procedimientos Administrativos, según el cual ningún acto administrativo podía crear impuestos u otras contribuciones de Derecho Público, «*...salvo dentro de los límites determinados por la ley*».
En torno al principio de legalidad en materia tributaria, *vid.* Sala Político-Administrativa de la Corte Suprema de Justicia, Sentencia N° 100, del 7 de mayo de 1970, asunto *Síndico Procurador Municipal del Distrito Federal*, en Brewer-Carías, Allan Randolph, *Jurisprudencia de la Corte Suprema de Justicia 1930-74 y Estudios de Derecho Administrativo*, Tomo I *op. cit.*, p. 55. En el pasado nuestra justicia afirmó que la Ley –en el caso *sub iudice*, la Ley de Tránsito Terrestre– podía *delegar* a un órgano del Ejecutivo Nacional la determinación concreta del monto de las tasas pagaderas y de las diversas actividades que las causan, dentro del límite máximo fijado en la Ley (Corte Suprema de Justicia en Pleno, Sentencia del 25 de septiembre de 1990, asunto *Arturo Luis Torres*, en *Revista de Derecho Público*, N° 44, Editorial Jurídica venezolana, Caracas, 1995, pp. 117-118, ratificando, sin cuestionarlo, el criterio que había sido establecido por la Sala Político-Administrativa de la Corte Suprema de Justicia mediante sentencia, del 23 de enero de 1969, pronunciada *antes de* que entrase en vigor el Código Orgánico Tributario). Más recientemente, el más alto Tribunal ha considerado violatorio de la Constitución y del Código Orgánico Tributario que la Ley que crea el Instituto Nacional de Puertos no definiese el hecho imponible, fijase la alícuota y la base de su cálculo, ni identificase los sujetos pasivos de las obligaciones tributarias que deben serle saldadas a ese Instituto por los servicios que este presta en los puertos venezolanos (Sala Político-Administrativa de la Corte Suprema de Justicia, Sentencia N° 243, del 8 de mayo de 1997, asunto *Petroquímica de Venezuela*, S.A., en *Revista de Derecho Público*, N° 69-70, Editorial Jurídica venezolana, Caracas, 1997, pp. 209-214).

Orgánico Tributario según el cual solo a las leyes corresponde crear, modificar o suprimir tributos; definir el hecho imponible; fijar la alícuota del tributo, la base de su cálculo e indicar los sujetos pasivos del mismo; otorgar exenciones y rebajas de impuesto, y, autorizar al Poder Ejecutivo para conceder exoneraciones y otros beneficios o incentivos fiscales[48]. El artículo 3° del Código Orgánico Tributario agrega en seguida que «*en ningún caso se podrá delegar* la definición y fijación de los elementos integradores del tributo así como las demás materias señaladas como de *reserva legal* por este

---

[48] *Gaceta Oficial de la República* N° 6.152 Extraordinario del 18 de noviembre de 2014. Copiado a la letra el artículo 3° establece: «Sólo a las leyes corresponde regular con sujeción a las normas generales de este Código las siguientes materias: 1. Crear, modificar o suprimir tributos; definir el hecho imponible; fijar la alícuota del tributo, la base de su cálculo e indicar los sujetos pasivos del mismo. 2. Otorgar exenciones y rebajas de impuesto. 3. Autorizar al Poder Ejecutivo para conceder exoneraciones y otros beneficios o incentivos fiscales. 4. Las demás materias que les sean remitidas por este Código. Parágrafo Primero: Los órganos legislativos nacional, estadales y municipales, al sancionar las leyes que establezcan exenciones, beneficios, rebajas y demás incentivos fiscales o autoricen al Poder Ejecutivo para conceder exoneraciones, requerirán la previa opinión de la Administración Tributaria respectiva, la cual evaluará el impacto económico y señalará las medidas necesarias para su efectivo control fiscal. Asimismo, los órganos legislativos correspondientes requerirán las opiniones de las oficinas de asesoría con las que cuenten. Parágrafo Segundo. En ningún caso se podrá delegar la definición y fijación de los elementos integradores del tributo, así como las demás materias señaladas como de reserva legal por este artículo, sin perjuicio de las disposiciones contenidas en el Parágrafo Tercero de este artículo. No obstante, la ley creadora del tributo correspondiente, podrá autorizar al Ejecutivo Nacional para que proceda a modificar la alícuota del impuesto, en los límites que ella establezca. Parágrafo Tercero. Por su carácter de determinación objetiva y de simple aplicación aritmética, la Administración Tributaria Nacional reajustará el valor de la Unidad Tributaria de acuerdo con lo dispuesto en este Código. En los casos de tributos que se liquiden por períodos anuales, la unidad tributaria aplicable será la que esté vigente durante por lo menos ciento ochenta y tres (183) días continuos del período respectivo. Para los tributos que se liquiden por periodos distintos al anual, la unidad tributaria aplicable será la que esté vigente para el inicio del período».

artículo...». Las normas legales citadas anteriormente precisan el alcance de los artículos 133 y 317 de la Constitución, que disponen, respectivamente, que todos tienen el deber de coadyuvar a los gastos públicos mediante el pago de impuestos, tasas y contribuciones que establezca la Ley; y, que no podrá cobrarse impuestos, tasas, ni contribuciones que no estén establecidos en la Ley, ni concederse exenciones o rebajas, ni otras formas de incentivos fiscales, sino en los casos previstos por las Leyes.

§8. La reserva de Ley según la jurisprudencia venezolana

Para determinar el alcance de la reserva de Ley en el Derecho venezolano debe consultarse también la jurisprudencia que nuestros tribunales de justicia han venido dictando sobre el particular. Para abordar el asunto desde esta perspectiva, pasaremos revista a una serie de sentencias, dictadas a lo largo de las últimas décadas, en las que nuestros tribunales han emitido juicio sobre esta cuestión.

A) La legislación civil, mercantil, penal y de procedimientos y el fallo *Ricardo Palacios Galindo et al*[49].

1. Las normas objeto de análisis

La Sentencia se pronuncia sobre el alcance de los artículos 136 (numeral 24) y 139 de la Constitución de 1961, que reservaban al Congreso de la República la competencia para legislar en torno a los *procedimientos*[50].

Para comprender el preciso alcance de lo decidido por la Corte Suprema de Justicia en Sala Plena debe tenerse presente que la decisión judicial puso fin a una controversia que giraba en torno a la constitucionalidad de una norma del Reglamento de la Ley de Abogados según la cual, los pleitos entre los abogados y sus clientes relacionados con los honorarios profesionales pactados en contrato

---

49 Corte Suprema de Justicia en Pleno, Sentencia s/n, del 27 de mayo de 1980, asunto *Ricardo Palacios Galindo et al.*

50 *Ut supra*, Capítulo VII, nota a pie de página N° 36.

previo, debían tramitarse siguiendo el juicio ordinario regulado por el Código de Procedimiento Civil, a pesar de que la Ley de Abogados (artículo 22) y el propio Código de Procedimiento Civil (artículo 63) establecían procedimientos especiales con el objeto de facilitarle a los abogados su gestión de cobro[51].

2. La decisión de la Corte Suprema de Justicia y sus fundamentos

En criterio de nuestro más alto Tribunal, los artículos 136 (numeral 24) y 139 de la Constitución de 1961 le reconocían al Poder Legislativo Nacional un área de acción de su *exclusiva competencia*.

a. El alcance de la reserva de Ley contemplada por el numeral 24 del artículo 136 de la Constitución de 1961

De acuerdo al fallo judicial invocado, la frase, incluida en el numeral 24 del artículo 136, que asigna al Poder Nacional la sanción de la legislación civil, mercantil, penal, penitenciaria

[51] El artículo 22 del Reglamento de la Ley de Abogados (*Gaceta Oficial de la República* N° 28.430, del 13 de septiembre de 1967) establecía textualmente lo siguiente: «Se resolverán por la vía del juicio ordinario todas las cuestiones que se susciten entre el abogado y su cliente sobre honorarios judiciales o extrajudiciales, cuando éstos hayan sido previamente estipulados mediante contrato». Por su parte, los artículos 22 de la Ley de Abogados (*Gaceta Oficial de la República* N° 1.081 Extraordinario, del 23 de enero de 1967) y 63 Código de Procedimiento Civil de 1916, vigente *ratione temporis*, disponían, respectivamente, (i) que «el ejercicio de la profesión da derecho al abogado a percibir honorarios por los trabajos judiciales y extrajudiciales que realice, salvo en los casos previstos en las Leyes. Cuando exista inconformidad entre el abogado y su cliente en cuanto al monto de honorarios por servicios profesionales extrajudiciales, la controversia se resolverá por la vía del juicio breve y ante el Tribunal Civil competente por la cuantía. La parte demandada podrá acogerse al derecho de retasa en el acto de la contestación de la demanda. La reclamación que surja en juicio contencioso acerca del derecho a cobrar honorarios por parte del abogado, será sustanciada y decidida de conformidad con lo establecido en el Artículo 386 del Código de Procedimiento Civil y, la relación de la incidencia, si surgiere, no excederá de diez audiencias»; y, (ii) que «en cualquier estado del juicio, el apoderado y el abogado o procurador podrán estimar sus honorarios y exigir ejecutivamente su pago, salvo el derecho de retasa».

y de procedimiento, en realidad le atribuía al Poder Nacional competencia para disciplinar «...*todo lo relativo a*...» la legislación civil, mercantil, penal y de procedimientos, pues esa norma debía ser leída conjuntamente con el artículo 139 *eiusdem*, que atribuía «...al Congreso Nacional la potestad exclusiva de legislar sobre dicha materia, o sea, que conforme a su contenido normativo ningún Poder de la República que no sea el Nacional, ningún órgano de éste que no sea el Congreso, puede sancionar este tipo de normas»[52]. Interpretada en esos términos, las materias mencionadas por la Corte pertenecían a la reserva de Ley absoluta.

b. El carácter complementario de la regulación reglamentaria

Tras haber dejado sentado que las normas de procedimientos formaban parte integrante de la reserva de Ley, la Corte agregó que en esta materia los reglamentos ejecutivos

> «...*deben tener carácter complementario*, en el sentido de que la Administración está limitada por los dispositivos establecidos en la Ley de cuya reglamentación se trata, aunque pudiendo, dentro de esos límites, regular la situación con entera libertad, o sea, que *no tiene forzosamente que atenerse a una sola hipótesis, sino que, por el contrario, puede adoptar las soluciones más diversas, pero siempre respondiendo a los fines de la mejor aplicación, ejecución o realización de la Ley*, de modo que las normas que se adopten sean de exclusivo carácter complementario, sin alterar, por supuesto, su espíritu, propósito o razón».

c. El empleo de actos administrativos de efectos generales para regular materias ajenas a la Administración y al Derecho Administrativo

La Corte Suprema de Justicia concluyó que el Poder Ejecutivo carecía de potestad para dictar preceptos reglamentarios«...de carácter procesal judicial...», pues esa competencia solo corres-

---

[52] *Ut supra*, Capítulo VII, nota a pie de página N° 36.

pondía al Congreso Nacional[53]. La Corte concluyó también que un acto dictado por uno cualquiera de los otros Poderes con el objeto de disciplinar tales materias constituiría una *invasión de la competencia* atribuida al Poder Legislativo, y acarrearía «...su nulidad por constituir la *usurpación de atribuciones* prevista en el artículo 119 de la Constitución»[54].

A las razones invocadas por nuestra Corte Suprema de Justicia habría que agregar una adicional: los procedimientos judiciales que tienen por objeto una reclamación dineraria, derivada del contrato celebrado entre un abogado y su cliente es materia totalmente ajena a la Administración y al Derecho Administrativo, pues es a los tribunales, he aquí la regla general, a quienes corresponde interpretar y aplicar las leyes procesales. La ajenidad de la Administración –y del Derecho Administrativo– con las normas legales que disciplinan los procesos adelantados por los tribunales, le niega a aquella poder para reglamentar estas.

B) Las normas relativas a la competencia, organización y funcionamiento de los tribunales de justicia y el fallo *Arturo Luis Torres*[55].

1. Las normas objeto de análisis

El fallo judicial se pronuncia sobre la constitucionalidad de los artículos 147, numeral 1°, de la Ley Orgánica del Poder Judicial, que

---

53 Antes de la entrada en vigor del Código de Procedimiento Civil de 1986 la Corte Suprema de Justicia también había dictaminado que el reglamento no era instrumento idóneo para *crear medios de prueba*, porque la legislación reglamentaria de estos, así como de los procedimientos judiciales, corresponde privativamente al Poder Legislativo Nacional (Sala de Casación Civil de la Corte Suprema de Justicia, Sentencia s/n, del 8 de abril de 1976, que le niega la condición de *documento público* al Diario de Navegación llevado por el capitán de una nave, en *Jurisprudencia Venezolana Ramírez y Garay*, Tomo LII, Ramírez y Garay S.A. Caracas, 1976, pp. 422-423).

54 El artículo 119 de la Constitución de 1961 estatuía que «toda autoridad usurpada es ineficaz, y sus actos son nulos».

55 Corte Suprema de Justicia Sala Plena, Sentencia s/n, del 18 de octubre de 1988, asunto *Arturo Luis Torres*.

habilitaba al Ejecutivo Nacional para «crear, suprimir y modificar las circunscripciones judiciales de los Tribunales ordinarios y de los Especiales de Hacienda, del Trabajo, de Menores u otros...»[56], y los artículos 880 y 945 del Código de Procedimiento Civil, que facultaban al Ejecutivo Nacional, oída la opinión de la Corte Suprema de Justicia y del Consejo de la Judicatura, para modificar la cuantía con base en la cual se delimitaba la competencia de los tribunales de justicia[57].

---

[56] *Gaceta Oficial de la República* N° 1.692 Extraordinario, del 4 de octubre de 1974. El artículo 147 establecía: «Cuando las necesidades de la administración de justicia así lo requieran, queda facultado el Ejecutivo Nacional en Consejo de Ministros, para tomar las siguientes medidas: 1°. Crear, suprimir y modificar las circunscripciones judiciales de los Tribunales ordinarios y de los Especiales de Hacienda, del Trabajo, de Menores, u otros, establecidos o que se establecieren, con excepción de los Militares, que se regirán por sus respectivas leyes; y fijar los límites de ellas, aún con entera independencia de los de la División Político-Territorial de la República; y fijar y cambiar las sedes de los mismos Tribunales. 2°. Crear y dotar nuevos Tribunales Ordinarios y de Hacienda, del Trabajo y de Menores, y suprimir los existentes, especializando o no su competencia, pudiendo hacer unipersonales a los Colegiados y viceversa. 3°. Especializar la competencia de los Tribunales existentes y modificar la competencia de todos o algunos Tribunales de Parroquia, Municipales, de Distrito o de Departamento, por razón de la cuantía. 4°. Crear, dotar, reglamentar y fijar la jurisdicción de oficinas especiales para el servicio de autenticación de documentos, registro de poderes, evacuación de justificaciones para perpetua memoria, registro de comercio y otras actuaciones de carácter no contencioso, caso en el cual los Jueces de la respectiva jurisdicción cesarán en el desempeño de las funciones que se atribuyan a las oficinas así creadas».

[57] *Gaceta Oficial de la República* N° 4.209 Extraordinario, del 18 de septiembre de 1990. Los artículos 880 y 945 del Código de Procedimiento Civil disponían, respectivamente, (i) que «el Ejecutivo Nacional queda autorizado para determinar mediante Resolución tomada en Consejo de Ministros, las Circunscripciones Judiciales y los Tribunales de éstas en que entrarán en vigencia las disposiciones del procedimiento oral contenidas en el presente Título y la fecha de su vigencia», y (ii) que «el Ejecutivo Nacional, oída la opinión de la Corte Suprema de Justicia y del Consejo de la Judicatura, podrá modificar las cuantías establecidas en este Código, salvo aquellas que se

En la demanda de nulidad que dio lugar al inicio de la controversia se afirmaba que de acuerdo con la Constitución de 1961 la creación, organización y competencia de los tribunales de justicia era materia de reserva legal, y, por consiguiente, materia cuya regulación no podía ser delegada al Ejecutivo Nacional. Al efecto se invocaron los artículos 204, 205, 207, 208, 136 –numeral 24– y 139 de la Constitución[58].

2. La decisión de la Corte Suprema de Justicia y sus fundamentos

El fallo centró su análisis en el artículo 207 de la Constitución; más precisamente, centró su análisis en la regla de acuerdo con la cual correspondía a la Ley establecer «*...las normas relativas a...*» la competencia, organización y funcionamiento de los Tribunales de justicia. Con base en ese análisis nuestro más alto Tribunal concluyó que el precepto constitucional mencionado no prohibía al Ejecutivo Nacional intervenir, en virtud de atribución expresamente conferida al efecto por el Legislador, en la organización, funcionamiento y competencia de los Tribunales de Justicia.

La Corte Suprema de Justicia fundó su conclusión en las razones que se mencionan a continuación:

---

refieran a multas, indemnizaciones o resarcimientos de cualquiera especie. El Decreto respectivo será dictado por el Presidente de la República en Consejo de Ministros y entrará en vigencia noventa (90) días después de su publicación».

58 Los artículos 204, 205, 207 y 208 de la Constitución establecían, respectivamente, (i) que «el Poder Judicial se ejerce por la Corte Suprema de Justicia y por los demás Tribunales que determine la ley orgánica»; que (ii) «en el ejercicio de sus funciones los jueces son autónomos e independientes de los órganos del Poder Público»; que (iii) «la ley proveerá lo conducente para el establecimiento de la carrera judicial y para asegurar la idoneidad, estabilidad e independencia de los jueces, y establecerá las normas relativas a la competencia, organización y funcionamiento de los Tribunales en cuanto no esté previsto en esta Constitución»; y, que (iv) «los jueces no podrán ser removidos ni suspendidos en el ejercicio de sus funciones sino en los casos y mediante el procedimiento que determine la ley». El texto de los artículos 136 (numeral 24) y 139 de la Constitución de 1961 puede ser consultado en la nota a pie de página N° 36 del presente Capítulo.

a. El alcance de la reserva de Ley

Según el Fallo, «cuando el constituyente quiere que alguna materia sea de la exclusiva reserva legal, lo dice expresamente y en forma [tal] que no deje a dudas ni ofrezca o permita alternativa...». Para vigorizar su aseveración, la Corte invocó los artículos 230, 212 y 217 de la Constitución, que establecían, respectivamente, que «las leyes sólo se derogan por otras leyes...»; que «sólo por ley, y en conformidad con la ley orgánica respectiva, podrán crearse institutos autónomos»; que la Corte Suprema de Justicia funcionará en Salas «...cuya integración y competencia será determinada por la ley...»; y, que «...la ley orgánica respectiva creará el Consejo de la Judicatura, cuya organización y atribuciones fijará...».

Hecha esa precisión inicial nuestro más alto Tribunal destacó que a diferencia del *mandato categórico* empleado por el artículo 212 al referirse a la Corte Suprema de Justicia, para los demás tribunales de justicia la Constitución «...usa una expresión más flexible y elástica (establecerá "las normas relativas")...». El artículo 207 «...no dice... que "la ley establecerá todo lo concerniente a competencia, organización..." o "la competencia, organización y funcionamiento... será establecida por la ley"»; «...no indica, de manera tajante, expresa y precisa, que sólo por ley se puede establecer lo relativo a la competencia, organización y funcionamiento de los tribunales». Por el contrario, del artículo 297 solo le encomienda a la Ley el establecimiento de las *normas relativas* a la competencia, organización y funcionamiento de los tribunales.

Lo único claro, añade la Corte, es que el Ejecutivo Nacional «...no puede, sin mandato o autorización legal...» previa, intervenir en lo relativo a la competencia, organización y funcionamiento de los tribunales de justicia.

b. Las normas constitucionales no pueden ser interpretadas de manera aislada

Si bien es cierto que el artículo 204 de la Constitución establece que el Poder Judicial se ejerce por la Corte Suprema de Justicia y por los demás Tribunales que determine la ley orgánica, no es menos cierto que esa norma «...no puede interpretarse aisladamente...». Al contrario, debe interpretarse conjuntamente con el artículo 207 *eiusdem*, a tenor del cual para dar cumplimiento al deber impuesto por la reserva legal «...bastaba que la ley "contenga normas relativas" a [organización, atribuciones y competencia]..., pero sin que sean inflexibles e invariables».

c. No se ejercen funciones legislativas al modificar una circunscripción judicial o la cuantía que define la competencia de los tribunales

En virtud de la facultad concedida al Poder Ejecutivo para tomar medidas en materia de competencia, organización y funcionamiento de los tribunales de justicia, excluida la Corte Suprema de Justicia, aquel

> «...no *ejerce funciones legislativas*, no suplanta al Congreso ni por ello deroga alguna disposición que creó u organizó tribunales, sino que ejerce una atribución que le dio el Soberano Congreso, pero no es de carácter legislativo, porque no está derogando leyes, sino interviniendo en cuanto a la competencia, funcionamiento y organización externa de los Tribunales, que *no en cuanto a la actuación del Juez* como funcionario autónomo e independiente».

d. La autonomía e independencia del Poder Judicial

Los poderes concedidos al Ejecutivo Nacional en materia de organización, funcionamiento y competencia de los tribunales no atentan contra la autonomía e independencia de los jueces. En criterio de la Corte Suprema de Justicia, «...una cosa son los Tribunales existentes y sus actuaciones...», y otra muy distinta la «...autonomía e independencia de que gozan quienes actúan como Jueces de tales Tribunales». Para la Corte, cuando adopta medidas en materia relacionada con la competencia y organización de los tribunales de justicia, el Ejecutivo «...no se inmiscuye en la actividad independiente y autónoma de que gozan [los jueces] en el ejercicio de su cargo».

C) Las excepciones al principio de la gratuidad de la educación y el fallo *Iván José Sánchez et al*[59].

1. Las normas objeto de análisis

La decisión judicial gira en torno al artículo 78 de la Constitución de 1961, según la cual «todos tienen derecho a la educación». La norma constitucional citada agregaba que la educación impartida por los institutos oficiales sería gratuita en todos sus ciclos, sin perjuicio de las excepciones que «*...la ley...*» pudiese establecer «...respecto de la enseñanza superior y especial, cuando se trate de personas provistas de medios de fortuna»[60].

La decisión judicial también gira en torno al artículo 10 de la Ley de Universidades, que facultaba al Ejecutivo Nacional, oída la opinión del Consejo Nacional de Universidades, para crear Universidades Nacionales Experimentales, con el fin de ensayar nuevas orientaciones y estructuras de Educación Superior, agregando que estas Universidades gozarían de autonomía dentro de las condiciones especiales requerida por la experimentación educativa, y que su organización y funcionamiento debía establecerse por reglamento ejecutivo.

Con base en esas dos disposiciones, una de rango constitucional, la otra de rango legal, la Sala Político-Administrativa de la Corte Suprema de Justicia enjuició las normas aprobadas por el Consejo

---

[59] Sala Político-Administrativa de la Corte Suprema de Justicia, Sentencia N° 745, del 17 de junio de 1999, asunto *Iván José Sánchez et al.*

[60] Copiado a la letra, el artículo 78 disponía: «Todos tienen derecho a la educación. El Estado creará y sostendrá escuelas, instituciones y servicios suficientemente dotados para asegurar el acceso a la educación y a la cultura, sin más limitaciones que las derivadas de la vocación y de las aptitudes. La educación impartida por los institutos oficiales será gratuita en todos sus ciclos. Sin embargo, *la ley* podrá establecer excepciones respecto de la enseñanza superior y especial, cuando se trate de personas provistas de medios de fortuna».

Directivo de la Universidad Experimental Simón Bolívar, a través de las cuales esta había creado un Fondo de Desarrollo Estudiantil que tenía por objeto financiar los programas que la Universidad llevaba a cabo, y que, a tales efectos, se financiaba –en parte– con los aportes mensuales que los estudiantes de esa Universidad se hallaban en el deber de realizar[61].

2. La decisión de la Corte Suprema de Justicia y sus fundamentos

Según nuestro más alto Tribunal, las únicas excepciones admisibles a la regla general de la gratuidad de la enseñanza son aquellas establecidas mediante Ley formal. Por consiguiente, la obligación pecuniaria impuesta mediante acto reglamentario, dictado por el Consejo Directivo de la Universidad, infringía el derecho a la gratuidad de la educación.

La conclusión que antecede se fundamentó en las premisas que de seguida se mencionan:

---

[61] En el Fallo se deja constancia que las Cláusulas 4ª y 5ª de la Resolución del Consejo Directivo de la Universidad, de fecha 2 de julio de 1998, relativa al Fondo de Desarrollo Estudiantil, estatuían, respectivamente, (i) que «el patrimonio del Fondo está constituido de la siguiente manera: a) Por los aportes del presupuesto universitario; b) Por los aportes de los estudiantes de acuerdo a lo establecido en la presente Resolución; ...(*omissis*)... Parágrafo Primero: El aporte de los estudiantes al Fondo será igual para todos. Su monto será establecido una vez al año por el Consejo Directivo, a proposición del Directorio del Fondo, y entrará en vigencia en el mes de septiembre, al comienzo del año académico. La Universidad establecerá los procedimientos necesarios para llevar a cabo el cobro de los aportes. Parágrafo Segundo: Aquellos estudiantes que por su situación socioeconómica lo soliciten y justifiquen de acuerdo a los criterios técnicos establecidos por el programa de Desarrollo Estudiantil de la Universidad, serán exonerados total o parcialmente del pago del aporte. Parágrafo Tercero: Los recursos previstos en el presupuesto universitario para becas y subvenciones estudiantiles, administrados por el Fondo, serán dirigidos exclusivamente a tales fines»; y, (ii) que «el Fondo de Desarrollo Estudiantil tendrá una administración independiente de la administración de la Universidad, con un mandato claro de discrecionalidad de los recursos disponibles hacia el fortalecimiento del desarrollo estudiantil».

a. La reserva de Ley y la delegación legislativa

En las materias que forman parte integrante de la reserva de Ley, las normas de rango sublegal o infralegal tienen *vedada* o prohibida *toda iniciativa*, ya que el reglamento no puede, porque esa no es esa su función, sustituir a la Ley.

La regulación, a través de reglamento, de las materias que la Constitución ordena que se realice mediante Ley, se encuentra prohibida, porque la «...“delegación” de potestades legislativas solo [es] concebible en los específicos supuestos permitidos por la Constitución, como es el caso de los Decretos-leyes...», y porque en las materias sometidas a la reserva de Ley la “deslegalización” de las materias reservadas a la Ley se traduciría en una inadmisible «...*degradación*...» de los derechos garantizados por la Constitución.

b. El carácter subordinario y complementario del reglamento

Si bien es cierto que las materias que integran la reserva de Ley pueden ser desarrolladas o complementadas por normas de rango inferior, no es menos cierto que esa actividad reglamentaria es –siempre–actividad subordinada y complementaria a la Ley. El reglamento está llamado a cumplir la función de *colaborar* con la Ley en las tareas de definición de aquellos aspectos que ya han sido tratados por la Ley, pero que admiten ulterior desarrollo y definición.

c. El principio de completitud de la Ley reguladora de materias la Constitución reserva a la Ley

En materia de reserva legal solo son admisibles las remisiones al reglamento «...suficientemente clara[s] y específica[s]...», de manera que pueda afirmarse «...*sin reservas*...» que la Ley habilitó al Ejecutivo para reglamentar en las materias que forman parte de la reserva, por una parte; y por la otra, que el reglamento, no obstante la remisión, conserve su *esencia*, su carácter claramente subordinado y complementario a la regulación que la Ley, por mandato constitucional, debe contener –*essentialia negotii*– sobre la materia reservada a la Ley.

D) El principio de legalidad en materia sancionadora, la legislación en materia de régimen cambiario y el fallo *José Muci-Abraham et al*[62].

1. Las normas objeto de análisis

La decisión judicial se pronunció sobre la demanda de nulidad que había sido propuesta contra los artículos 2° y 6° de la Ley sobre Régimen Cambiario[63], que establecían, respectivamente, que el Presidente de la República en Consejo de Ministros podía establecer restricciones o controles a la libre convertibilidad de la moneda nacional, cuando la realidad económica y financiera del país demuestre que tales restricciones o controles son necesarios y urgentes; y, que quien exportase moneda metálica o cualquier otro medio de pago o instrumentos de giro o crédito cifrados en moneda extranjera, o negocie, comercie, venda o compre divisas en contravención a las normas –sublegales o infralegales– del sistema de Régimen Cambiario decretado de conformidad con el artículo 2° de esta Ley, sería sancionado con prisión y multa.

---

62 Sala Constitucional del Tribunal Supremo de Justicia, Sentencia N° 2.338, del 21 de noviembre de 2001, asunto *José Muci-Abraham et al.*

63 *Gaceta Oficial de la República* N° 4.897 Extraordinario, del 17 de mayo de 1995. Los artículos 2° y 6° de la Ley establecían, respectivamente, (i) que «el Presidente de la República en Consejo de Ministros, podrá establecer restricciones o controles a la libre convertibilidad de la moneda, cuando su necesidad y urgencia surja de la realidad económica y financiera del país. El Ejecutivo Nacional podrá crear o designar un organismo con el fin de coordinar la aplicación de esas restricciones o controles y los convenios cambiarios correspondientes»; y, (ii) que «quien exporte moneda metálica o cualquier otro medio de pago o instrumentos de giro o crédito cifrados en moneda extranjera, o negocie, comercie, venda o compre divisas en contravención a las normas del Sistema de Régimen Cambiario decretado de conformidad con el artículo 2° de esta Ley, será sancionado con prisión de uno (1) a cuatro (4) años y multa de uno (1) a tres (3) veces el equivalente en bolívares del monto de la respectiva operación cambiaria».

En la demanda de nulidad se sostenía que tales disposiciones vulneraban el principio de la legalidad y la reserva legal en materia sancionatoria, consagrados en los artículos 60 (ordinal 2°) y 136 (numeral 24) de la Constitución de 1961[64].

2. La decisión del Tribunal Supremo de Justicia y sus fundamentos

En el Fallo la Sala Constitucional del Tribunal Supremo de Justicia concluyó, primero y principal, que «...la legislación en materia de régimen cambiario constituye una competencia asignada al Poder Legislativo Nacional...», *ex*-artículos 136 (numeral 24) y 139 de la Constitución. Concluyó, adicionalmente, que el Poder Legislativo «...no puede delegar...» la precitada competencia al Ejecutivo Nacional, excepción hecha de la delegación de potestades normativas, mediante Ley Habilitante, prevista por el artículo 190 (numeral 8°) de la Constitución de 1961[65].

Con base en esas conclusiones, la decisión del Tribunal Supremo de Justicia declaró la nulidad de las normas legales impugnadas.

La decisión judicial que comentamos se fundamentó en las razones que de seguida se indican:

---

[64] El artículo 60, numeral 2°, de la Constitución establecía: «La libertad y seguridad personales son inviolables, y en consecuencia:... Nadie podrá ser privado de su libertad por obligaciones cuyo incumplimiento no haya sido definido por la ley como delito o falta». El texto de los artículos 136 (numeral 24) y 139 de la Constitución de 1961 puede ser consultado en la nota a pie de página N° 36 del presente Capítulo.

[65] Según las normas constitucionales citadas en el Fallo establecen, respectivamente, que son atribuciones y deberes del Presidente de la República «dictar medidas extraordinarias en materia económica o financiera cuando así lo requiera el interés público y haya sido autorizado para ellos por ley especial» (artículo 190, numeral 8°). La regla se corresponde, *mutatis mutandis*, con lo previsto en el artículo 236, numeral 8°, de la Constitución de 1999 vigente. El criterio asentado por este fallo judicial fue luego ratificado por la Sala Constitucional del Tribunal Supremo de Justicia, que se pronunció sobre la constitucionalidad de los artículos 9° (numeral 15) y 32 de la Ley de Mercado de Capitales (Sentencia 2.164, del 14 de septiembre de 2004, asunto *Alfredo Travieso Passios*).

a. La reserva legal

La reserva legal no es más que la consagración, a nivel constitucional, de determinadas materias que «...debido a la importancia jurídica y política que tienen asignadas, *solo pueden ser reguladas mediante ley*, desde el punto de vista formal, y ello excluye la posibilidad de que tales materias sean desarrolladas mediante reglamentos o cualquier otro instrumento normativo que no goce de dicho rango legal».

b. El reglamento y el desarrollo de los principios establecidos por la Ley

En virtud de lo previsto en el artículo 190 (numeral 10) de la Constitución de 1961, el Ejecutivo Nacional puede reglamentar las leyes que se dicten en materias que pertenezcan a la reserva legal. Puede hacerlo porque la precitada norma habilita al Ejecutivo para participar «...en el desarrollo de los principios contenidos en la Ley, siempre que no altere su espíritu, propósito y razón...», sin que ello pueda significar, en modo alguno, que se le otorga potestad para legislar en torno a las materias específicas que deben ser reguladas por la Ley.

c. El principio de completitud y el rol del reglamento

Por causa de la garantía de la reserva de Ley, el Poder Legislativo se halla en el deber de

> «...*regular en el texto de la Ley* de que se trate, *toda la materia relacionada con ésta*, de tal manera que, sólo puede *remitir al reglamentista* la posibilidad de establecer o fijar *los detalles de su ejecución*, esto es, explicar, desarrollar, complementar e interpretar a la Ley en aras de su mejor ejecución, estando prohibidas, por constituir una violación a la reserva legal, las remisiones "genéricas" que pudieran originar reglamentos independientes, o dar lugar a losreglamentos "delegados"»[66].

---

[66] En la sentencia se afirma que «...los reglamentos "delegados" –*figura normativa no prevista en el ordenamiento jurídico venezolano*, que implica una

Por tales circunstancias, insiste el Tribunal Supremo de Justicia, al Legislador no le está permitido «...hacer remisiones "genéricas" para que, mediante un reglamento se establezcan delitos o sanciones relacionados con la Ley de que se trate».

d. La seguridad jurídica

En aras de la seguridad jurídica que debe existir en todo Estado de Derecho, le corresponde a la Ley definir todas aquellas conductas que pudieran calificarse como delitos y que, por tanto, acarrean penas y sanciones[67].

---

ruptura al principio de la jerarquía de las normas– son el producto de un proceso denominado en el derecho comparado como "deslegalización", que en palabras de los autores E. García De Enterría y Tomás-Ramón Fernández, consiste en "(...) la operación que efectúa una Ley que, sin entrar en la regulación material de un tema, hasta entonces regulado por la Ley anterior, abre dicho tema a la disponibilidad de la potestad reglamentaria de la Administración (...) de modo que pueda ser modificada en adelante por simples reglamentos", por tanto, requiere de una previsión normativa preferiblemente constitucional que expresamente la contemple, dado las modificaciones que implica en la jerarquía normativa. (*Vid.* García de Enterría Eduardo y Fernández Tomás-Ramón. *Curso de Derecho Administrativo.* Tomo I. Editorial Civitas, S.A., Madrid, 1997, pág. 269)». Para ajustar la cita de la obra de los Profesores García de Enterría y Fernández al Derecho venezolano, resultaría necesario suprimir el adverbio "preferiblemente" y afirmar, sin condicionamientos, que la delegación al Ejecutivo de una materia propia de la reserva de Ley, para su regulación mediante reglamento, demanda una previsión normativa constitucional que expresamente la contemple, que expresamente la autorice.

67 En el pasado la Sala Político-Administrativa de la Corte Suprema de Justicia ha afirmado «...que las sanciones de carácter administrativo...», esto es, sanciones que no comporten limitaciones a la libertad individual, pueden establecerse, «...según la intención y voluntad del legislador... tanto en una ley como en un reglamento, pero, en este segundo caso, es indispensable que la propia ley establezca que, por vía reglamentaria, se determinarán las sanciones» (Sala Político-Administrativa de la Corte Suprema de Justicia, Sentencia N° 95, del 5 de junio de 1986, asunto *Difedemer, C.A.*, en *Revista de Derecho Público* N° 27, julio-septiembre 1986, Editorial Jurídica Venezolana, Caracas, 1986, pp. 88-89). Ese criterio se fundamentó en el artículo 60,

E) La legislación en materia de procedimientos y el fallo *Santiago Mercado Díaz et al*[68].

1. Las normas objeto de análisis

La Sentencia se pronunció sobre la demanda de nulidad, por razones de inconstitucionalidad, propuesta contra el artículo 945 del Código de Procedimiento Civil, que habilitaba al Ejecutivo Nacional, oída la opinión de la Corte Suprema de Justicia y del Consejo de la Judicatura, para *modificar* las *cuantías* establecidas en dicho Código, salvo aquellas referidas a multas, indemnizaciones o resarcimientos de cualquiera especie[69], y contra el artículo 15, literal f), de la Ley Orgánica del Consejo la Judicatura, que facultaba al Consejo para establecer y modificar la competencia de los Tribunales por razón de la cuantía y dar su opinión al Ejecutivo Nacional sobre la modificación de las cuantías previstas en el Código de Procedimiento Civil[70].

---

numeral 2°, de la Constitución de 1961 (*ut supra*, Capítulo VII, nota a pie de página N° 64). En sentido coincidente, Corte Primera de lo Contencioso-Administrativo, Sentencia N° 897, del 6 de julio de 2000, asunto C.A. *Sofimara Mercado de Capitales Casa de Bolsa*, en *Revista de Derecho Público* N° 83, julio-septiembre 2009, Editorial Jurídica Venezolana, Caracas, 2000, pp. 115-119. Ahora bien, en la Constitución de 1999 el principio de legalidad sancionadora no se circunscribe a las sanciones privativas de libertad única y exclusivamente, porque la norma constitucional en vigor establece que el debido proceso se aplicará a todas las actuaciones judiciales y administrativas y, en consecuencia, «ninguna persona podrá ser sancionada por actos u omisiones que no fueren previstos como delito, faltas o infracciones en leyes preexistentes» (artículo 49, numeral 9°). La nueva formulación de la regla constitucional y el artículo 89 de la Ley Orgánica de la Administración Pública (*ut supra*, Capítulo I, Sección II, §1), imponen la revisión de la tesis defendida por nuestra justicia durante la vigencia de la Constitución de 1961.

68 Sala Constitucional del Tribunal Supremo de Justicia, Sentencia N° 1.586, del 12 de junio de 2003, asunto *Santiago Mercado Díaz et al.*

69 *Ut supra*, Capítulo VII, nota a pie de página N° 36.

70 El Código de Procedimiento Civil establecía: «El Ejecutivo Nacional, oída la opinión de la Corte Suprema de Justicia y del Consejo de la Judicatura, podrá modificar las cuantías establecidas en este Código, salvo aquellas que se refieran a multas, indemnizaciones o resarcimientos de cualquiera espe-

Según los demandantes, las normas legales violaban los artículos 136 (numeral 24) y 139 de la Constitución de 1961, a tenor de los cuales correspondía al Poder Legislativo sancionar las leyes de procedimiento[71]. A su entender, la determinación de la cuantía para conocer ciertas demandas o tramitar procedimientos especiales, como el breve y el oral, son materias propias de la Ley que el Congreso debía dictar a los efectos de regular el procedimiento judicial, y, por consiguiente, materias que no podían ser disciplinadas mediante reglamento. Según los demandantes, el Legislador había desatendido ese mandato constitucional, pues le había encomendado al Ejecutivo la fijación, mediante norma de rango sublegal, de las cuantías con base en las cuales se determinaban tanto la competencia como el procedimiento que debía ser observado.

2. La decisión del Tribunal Supremo de Justicia y sus fundamentos

Según el Tribunal Supremo de Justicia, el artículo 945 del Código de Procedimiento Civil contempla una forma de delegación, pues permite al Ejecutivo regular una materia perteneciente a la reserva legal (la de procedimientos judiciales, en el caso de la especie). Según el Tribunal, esa forma de delegación normativa es válida porque

> «no se trata... de una delegación ilimitada, sino que se precisa que ella *sólo* podría servir para modificar las *cuantías* que prevé el referido Código [de Procedimiento Civil]... y siguiendo un procedimiento de consultas obligatorias y vinculantes».

---

cie. El Decreto respectivo será dictado por el Presidente de la República en Consejo de Ministros y entrará en vigencia noventa (90) días después de su publicación» (*Gaceta Oficial de la República* N° 4.209 Extraordinario, del 18 de septiembre de 1990). El artículo 15, literal f), de la Ley Orgánica del Consejo la Judicatura disponía textualmente: «Además de las atribuciones establecidas en esta Ley, en la Ley de la Carrera Judicial, en la Ley Orgánica del Poder Judicial y en otras, el Consejo de la Judicatura tendrá las siguientes:... f) Establecer y modificar la competencia de los Tribunales por razón de la cuantía y dar su opinión al Ejecutivo Nacional sobre la modificación de las cuantías establecidas en el Código de Procedimiento Civil» (*Gaceta Oficial de la República* N° 34.068, del 7 de octubre de 1988).

[71] *Ut supra*, Capítulo VII, nota a pie de página N° 36.

La decisión pronunciada por el Tribunal Supremo de Justicia se fundamentó en las premisas siguientes:

a. La reserva de Ley

Los artículos 136 (numeral 24) de la Constitución de 1961 y 156 (numeral 32) de la Constitución de 1999 contemplan un elenco o listado de las materias reservadas al Legislador Nacional. En adición a esa primera reserva de Ley (reserva de Ley nacional)[72] «... existe otro tipo de reserva legal, pero que se diferencia por no ser exclusiva del Poder Nacional...». A causa de esta segunda reserva legal, las normas restrictivas de derechos y libertades deben estar contenidas en «...actos emanados de los órganos deliberantes [competentes] de la entidad territorial de que se trate». Según el Tribunal Supremo de Justicia, las materias que integran esta segunda reserva de Ley no se hallan previstas en una única disposición, sino que están repartidos por todo el texto constitucional.

b. La reserva legal en materia de procedimientos judiciales

La cuantía, entendida como parámetro para determinar cuál es el órgano judicial llamado a conocer ciertos recursos o para tramitar procedimientos especiales ya disciplinados por la Ley, como pueden ser el breve y el oral, es un asunto que queda encuadrado en la previsión del artículo 136 (numeral 24) de la Constitución de 1961, razón por la cual no cabe duda de que se trata de materia propia de la reserva legal.

---

[72] Los reglamentos aprobados por el Ejecutivo Nacional, no obstante la obviedad de la afirmación, solo pueden versar sobre materias propias de la competencia nacional. En propósito, nuestra Corte Suprema de Justicia ha afirmado que la aprobación por el Ejecutivo Nacional de reglamentos sobre materia asignada a los Municipios es contraria a la Constitución, porque quebranta el principio de autonomía municipal (Sala Político-Administrativa de la Corte Suprema de Justicia, Sentencia N° 100, del 7 de mayo de 1970, asunto *Síndico Procurador Municipal del Distrito Federal*, en Brewer-Carías, Allan Randolph, *Jurisprudencia de la Corte Suprema de Justicia 1930-74 y Estudios de Derecho Administrativo*, Tomo II [Ordenamiento Orgánico y Tributario del Estado], Instituto de Derecho Público, Universidad Central de Venezuela, 1976, pp. 225 y ss.).

c. La "delegación legislativa"

Es al Poder Legislativo al que incumbe el ejercicio de la función legislativa, entendida como especie (*species*) de la función estatal normativa (*genus*). No obstante, el ordenamiento constitucional admite la intervención del Poder Ejecutivo a través de dos modalidades de *delegación legislativa*.

La primera es la prevista por el artículo 203 de la Constitución de 1999, que habilita al Ejecutivo Nacional para dictar Decretos con rango de Ley fundados en una Ley habilitante. Según el dicho del Tribunal Supremo de Justicia, la segunda modalidad de delegación podría resumirse así:

> «...la posibilidad de que el órgano parlamentario indique al Ejecutivo la manera en que ejercerá su potestad reglamentaria en el caso en que se desarrollen leyes en materias reservadas al Poder Legislativo Nacional, lo que constituye una suerte de instrucción *cercana* a la delegación».

Siempre según el dicho del Tribunal Supremo de Justicia, el Legislador puede autorizar al Ejecutivo Nacional para dictar normas, de rango sublegal, que modifiquen la letra de la Ley y que, por tanto, no se limitan a servir como complemento de aquella. Por el contrario, las normas reglamentarias dictadas con base en la técnica de la remisión, pueden, «...por mandato expreso del legislador delegante...», reformar válidamente la Ley.

3. Las críticas, en Derecho, que cabe formularle a la argumentación sobre la cual descansa el Fallo

A la decisión dictada por nuestro más alto Tribunal cabe formularle dos críticas, a saber:

a. La ausencia de fundamentos jurídicos

Si bien es cierto que la Constitución admite la primera de las delegaciones (legislativas) mencionadas en el fallo dictado por el Tribunal Supremo de Justicia, no es menos cierto que nuestra Constitución *no contiene norma alguna* que habilite a la Asamblea Nacional para disponer de su competencia legislativa y asignar dicha competencia –en todo o en parte– al Ejecutivo Nacional, para que sea este, mediante reglamento, quien regule las materias que, según el dicho del propio Tribunal, solo pueden ser disciplinadas por la Asamblea Nacional mediante norma de Ley.

b. El Estado de Derecho y el ejercicio del Poder Público de acuerdo a lo previsto por la Constitución

Ya hemos anotado que no existe norma constitucional alguna que autorice la segunda de las modalidades de delegación legislativa mencionadas por el más alto Tribunal. Por ello, luce pertinente destacar que en fallo judicial anterior, la Corte Suprema de Justicia había dejado asentado, con la mayor claridad, que la «..."delegación" de potestades legislativas... sólo [es] concebible en los específicos supuestos permitidos por la Constitución...»[73], por una parte, y por la otra, que la delegación legislativa dictada con el objeto de habilitar a la Administración para expedir reglamentos que sustituyan o reemplacen la regulación que solo correspondía hacer a la Ley no es uno de tales supuestos.

---

[73] Sala Político-Administrativa de la Corte Suprema de Justicia, Sentencia N° 745, del 17 de junio de 1999, asunto *Iván José Sánchez et al.* La decisión judicial cuestionada por nosotros también desdice el criterio que había dejado asentado la Corte Primera de lo Contencioso-Administrativo al afirmar que «...la potestad reglamentaria que tiene el Ejecutivo Nacional se encuentra limitada, entre otros motivos, por la reserva que la Constitución Nacional establece a favor del Poder Legislativo respecto de determinada materia. Así sucede por ejemplo con la materia reservada a los procedimientos... En consecuencia, constituye una *usurpación* de la *función legislativa* el que el Ejecutivo por vía reglamentaria, en uso de la facultad que le otorga el ordinal 10° del artículo 190 de la Constitución, establezca procedimientos judiciales no contemplados en las leyes...» regule materias que, según la Constitución, deben ser disciplinadas en virtud de norma de Ley (Sentencia s/n, del 26 de marzo de 1984, en Balasso Tejera, Caterina, *op. cit.*, p. 364). En el caso sometido a la consideración de la Corte Primera de lo Contencioso-Administrativo, ésta desestimó la solicitud de nulidad contra el reglamento impugnado porque entendió que el Ejecutivo Nacional se había limitado a interpretar una norma de la Ley Primaria objeto de reglamentación.

A la luz de estos datos y, complementariamente, de las previsiones de los artículos 2° y 136 de la Constitución, que establecen, respectivamente, que el nuestro es un Estado de Derecho, y que, por ello, las actividades que realicen los órganos que ejercen el Poder Público deben sujetarse a lo previsto por la Constitución, no podemos compartir la tesis sostenida –mas no razonada– por el más alto Tribunal.

En síntesis, el Fallo carece de argumentos capaces para persuadir o convencer, tanto al ciudadano común como al estudioso del Derecho, acerca de la justicia de lo decidido.

F) Las limitaciones o restricciones a la libre convertibilidad de la moneda nacional y el fallo *Henry Pereira Gorrín et al*[74].

1. Las normas objeto de análisis

El Fallo se pronunció sobre la demanda de nulidad, por razones de inconstitucionalidad propuesta contra del artículo 112 de la Ley del Banco Central de Venezuela[75], que establecía que todo lo correspondiente al sistema cambiario del país debía ser regulado por los convenios cambiarios que celebren al efecto el Ejecutivo Nacional y el Banco Central de Venezuela, y que en tales convenios podían establecerse limitaciones o restricciones a la libre convertibilidad de la moneda nacional cuando se considere que ello resulta necesario para su estabilidad, para asegurar la continuidad de los pagos internacionales del país o para contrarrestar movimientos inconvenientes de capital.

---

[74] Sala Constitucional del Tribunal Supremo de Justicia, sentencia N° 1.613, del 17 de agosto de 2004, asunto *Henry Pereira Gorrín*. Los criterios sobre los cuales descansa este Fallo también sirvieron de base a la Sentencia dictada por la Sala Constitución del Tribunal Supremo de Justicia N° 2.164, del 14 de septiembre 2004, asunto *Alfredo Travieso Passios*.

[75] *Gaceta Oficial de la República* N° 5.606 Extraordinaria, del 18 de octubre de 2002.

En el Fallo el Tribunal Supremo de Justicia interpretó los artículos 156 (numeral 32) y 187 (numeral 1°) de la Constitución en vigor, que en esencia reproducen los artículos 136 (numeral 24) y 139 de la Constitución de 1961[76]. En su sentencia, el Tribunal Supremo de Justicia también interpretó el numeral 11 del artículo 156 *eiusdem*, conforme al cual corresponde a la Asamblea Nacional dictar «...la regulación de la banca central, del sistema monetario, de la moneda extranjera, del sistema financiero y del mercado de capitales; la emisión y acuñación de moneda».

2. La decisión del Tribunal Supremo de Justicia y sus fundamentos

Tras invocar el criterio sostenido en el fallo que había decidido el asunto *Muci-Abraham et al.*, (*ut supra*, Capítulo VII, Sección I, §7., D), el Tribunal afirmó:

a. La razón de ser de la reserva de Ley

La razón de ser de la garantía de la reserva legal, creada originalmente para asegurar el consentimiento de la representación popular al momento de regular las materias que afectaban los derechos y garantías de los ciudadanos, ha mutado a lo largo del tiempo, porque el monarca, carente de legitimación democrática del Estado liberal, ha sido sustituido por un *Poder Ejecutivo* «... *elegido en sufragios universales y directos* o en el seno del propio Parlamento...». Ese cambio, según el más alto Tribunal, habría modificado los presupuestos sobre los cuales descansa la garantía representada por la reserva de Ley.

b. La regulación de mínimos por la Ley

La reserva legal no impide al Legislador apelar a la colaboración de normas sublegales para regular la materia reservada, y esta

[76] El texto de los artículos 156, numeral 32 (Título IV, Del Poder Público, Capítulo II, De la Competencia del Poder Público Nacional) y 187, numeral 1° (Título V, De la Organización del Poder Público Nacional, Capítulo I, Del Poder Legislativo Nacional, Sección Primera, Disposiciones Generales) de la Constitución de 1999 puede ser consultado en la nota a pie de página N° 37 del presente Capítulo.

colaboración no deja de ser una técnica de normación legítima, siempre y cuando la Ley establezca los parámetros que el reglamento ha de observar y el reglamento se mantenga dentro de los límites que impone la propia Ley.

Según el Tribunal Supremo de Justicia, en el ámbito económico la reserva de ley queda *reducida* a una «*...normativa mínima* sobre la materia [en cuestión], que es indisponible para el propio legislador, pero [que] al mismo tiempo permite que se recurra a normas de rango inferior para colaborar en la producción normativa más allá de ese contenido obligado». Según el dicho del Tribunal, la garantía de reserva legal no excluye, pues, la posibilidad de que las leyes contengan remisiones a normas sublegales, siempre que tales remisiones contengan directrices y objetivos claramente definidos, que garanticen que la regulación reglamentaria se halle «...claramente subordinada a la ley...». La remisión normativa prohibida es la genérica, que permite «... una regulación independiente...», porque una cláusula general de remisión se traduce en una deslegalización prohibida.

Siempre según el Tribunal, la intensidad de la disciplina legal «...deberá ser mayor cuanto más directamente la regulación de la materia afecte a los derechos fundamentales», en el entendido que la antedicha intensidad «...decrece en aquellos casos en los cuales el ejercicio de los derechos individuales se cruza con aspectos que involucran la función social o el interés general».

c. La complejidad de las materias y la racionalidad material y la perspectiva pragmática defendida por el Tribunal

En palabras del Tribunal, desde una «*...perspectiva pragmática*, es preciso reconocer que el legislador no puede regular con igual intensidad la totalidad de las materias que competen al Poder Público Nacional, en especial aquellas que, dada la dinámica de su substrato material, se muestran técnicamente complejas»; que, por ello, «...existen materias en las cuales el Poder Legislativo puede regular íntegramente el asunto con todos los detalles y pormenores que juzgue conveniente», «mientras que en otras, tal regulación resulta materialmente imposible dada su complejidad, la falta de especialización técnica del legislador y lo cambiante de las condiciones fácticas que justifican la regulación como instrumento de política pública».

En definitivas cuentas, para determinar «...los niveles apropiados de [la] intensidad...» de la regulación, «...por instrumento de rango legal...», de las materias, atribuidas al Poder Público Nacional, «...es necesario apelar a una racionalidad material que supere los límites que impone la mera lógica formal».

Con base en tales afirmaciones la Sala Constitucional del Tribunal Supremo de Justicia concluyó que la remisión a los *convenios cambiarios*, hecha por el Legislador en la Ley del Banco Central de Venezuela, para que fuese por intermedio de estos que el Ejecutivo Nacional y el Banco Central de Venezuela regulasen todo lo atinente al comercio de divisas, a las transferencias o traslados de fondos desde o hacia el exterior y a los convenios internacionales de pago, no permitía una *regulación independiente* del régimen cambiario, porque tales convenios se encuentran claramente subordinados a dicha Ley. Concluyó, en síntesis, que la *remisión global* a los convenios cambiarios, para la *disciplina integral* del sistema cambiario, no constituía un caso de "deslegalización" prohibida, violatoria de la garantía de reserva legal en materia cambiaria[77].

---

[77] La "remisión legal" que el Tribunal declaró constitucional derivaba de los artículos 7° (numeral 6°), 33, 110 y 112 de la Ley del Banco Central de Venezuela vigente *ratione temporis*, que establecían, respectivamente, (i) que «para el adecuado cumplimiento de su objetivo, el Banco Central de Venezuela tendrá a su cargo las siguientes funciones:... 6. Participar en el mercado de divisas y ejercer la vigilancia y regulación del mismo, *en los términos en que convenga* con el Ejecutivo Nacional...»; (ii) que «el diseño del régimen cambiario será regulado por medio de los correspondientes convenios cambiarios que acuerden el Ejecutivo Nacional, a través del Ministro o Ministra encargado(a) de las Finanzas y el Banco Central de Venezuela, por interme-

3. Los votos salvados al Fallo

El Fallo que comentamos contó con dos votos salvados.

Conforme al primero de los votos salvados, la sola habilitación, sin ulteriores precisiones sustanciales, concedida a la Administración mediante norma de Ley, para que regulase el régimen cambiario, no podía ser conciliada con la Constitución, porque constituye una «...*auténtica cláusula en blanco*...» que "deslegaliza" una materia que forma parte integrante la reserva legal. De acuerdo a este primer

---

dio de su Presidente o Presidenta»; (iii) que «el Banco Central de Venezuela regulará, en los términos que convenga con el Ejecutivo Nacional, la negociación y el comercio de divisas en el país; la transferencias o traslados de fondos, tanto en moneda nacional como en divisas, del país hacia el exterior o desde el exterior hacia el país, así como los convenios internacionales de pago. En la regulación que dicte al efecto, el Banco Central de Venezuela podrá establecer requisitos, condiciones y procedimientos en relación con las materias a que se refiere el presente artículo. El Banco Central de Venezuela deberá estar representado en las comisiones especiales que el Ejecutivo Nacional creare para conocer y decidir aquellos asuntos que determinen los convenios cambiarios»; y, (iv) que «los convenios cambiarios que celebran el Ejecutivo Nacional y el Banco Central de Venezuela regularán todo lo correspondiente al sistema cambiario del país. Estos podrán establecer limitaciones o restricciones a la libre convertibilidad de la moneda nacional cuando se considere necesario para su estabilidad, así como para la continuidad de los pagos internacionales del país o para contrarrestar movimientos inconvenientes de capital». Una simple lectura de las precitadas normas de la Ley del Banco Central de Venezuela permite hacer dos precisiones importantes, a saber: primero, revela que las mismas *no* le imponían *límite sustantivo* alguno al ejercicio del poder de regulación concedido al Instituto Emisor y al Ejecutivo. Revela, por consiguiente, que la Ley contenía *remisiones genéricas* análogas a las que habían sido censuradas años atrás en el Fallo *José Muci-Abraham et al.*, (*ut supra*, Capítulo VII, Sección I, §7., D); y, segundo, pone en evidencia la *patente incongruencia* de una decisión en la que se afirma que la garantía de reserva legal no excluye la posibilidad de que las leyes contengan *remisiones* a normas infralegales, siempre que tales remisiones contengan directrices y objetivos claramente definidos, que garanticen que la regulación reglamentaria se halle claramente subordinada a la ley, por una parte, y por la otra, se permite la pervivencia de normas reglamentarias dictadas al amparo de una remisión sin directrices ni objetivos.

voto, por su incidencia sobre la libertad económica y el derecho de propiedad, garantizados por los artículos 112 y 115 de la Constitución, la regulación cambiaria es materia que, desde un punto de vista sustantivo, debe ser regulada acabadamente por la Ley[78].

Conforme al segundo de los votos salvados, el Legislador no puede sancionar «*...normas [habilitantes] en blanco...*», esto es, normas contentivas de remisiones vagas, genéricas o imprecisas, que, por carecer de contenido material, puedan ser complementadas mediante reglamentos independientes.

4. Las críticas, en Derecho, que cabe formularle a la argumentación sobre la cual descansa el Fallo

Teniendo presentes los argumentos sobre los cuales descansa el fallo judicial objeto de análisis, resulta menester formular las consideraciones que de seguida se indican:

a. La lectura "des-integrada" de la Constitución

La conclusión a la cual arribó el Tribunal Supremo de Justicia se funda en una lectura *literal* –sí, literal– de tan solo dos normas constitucionales; únicamente en eso[79]. Aludimos a los artículos

[78] Esta afirmación de principios se corresponde con lo que la Sala Constitucional del Tribunal Supremo de Justicia afirmó en el asunto *Festejos Mar, C.A.* (Sentencia N° 1.798, del 19 de julio de 2005). En efecto, en la decisión judicial invocada el más alto Tribunal afirmó (i) que la libertad económica garantizada por la Constitución es un «...derecho...»; (ii) que el artículo 112 le reconoce una «...libertad ...general...» a todas las personas; (iii) que si bien es cierto que esa libertad puede ser sometida a limitaciones, «tales restricciones se confinan, por imperativo del Texto Fundamental, a las previstas en el mismo y a las que establezcan las leyes, en atención, y con fundamento exclusivo, en determinadas razones de interés general...»; (iv) que tales limitaciones «...operan como excepciones expresas a la regla general...» y «...sólo pueden ser establecidas mediante ley, es decir, excluyendo en forma absoluta la posibilidad de formular tales limitaciones por medio de actos concretos o de disposiciones sublegales».

[79] Sobre la lectura "des-integrada" de la Constitución, *vid.* Muci Borjas, José Antonio, "Las leyes habilitantes y los decretos-leyes dictados con base en aquéllas", *Revista de Derecho Público*, N° 140, *op. cit.*, p. 63.

156 (numerales 11 y 32) y 187 (numeral 1°) de la Constitución política en vigor.

Esa interpretación literal, sin embargo, contradice abierta o frontalmente la forma en la que, según el más alto Tribunal de la República, deben ser interpretadas las normas jurídicas.

La Corte Suprema de Justicia ha dejado asentado que el alcance e inteligencia de las normas constitucionales no puede determinarse sobre la base de la lectura aislada y, por tanto, descontextualizada, de una única norma jurídica. Al contrario, más allá del texto literal de la norma, el sentido de esta debe ser precisado tomando en consideración los *principios y valores constitucionales*[80], incluidos, hoy por hoy, la *libertad*, la *democracia* y la *preeminencia de los derechos humanos*[81]. En sentido análogo, la Sala Constitucional del Tribunal Supremo de Justicia ha dejado sentado que para determinar el significado de una norma, esta no puede ser leída e interpretada «...aislada de su contexto normativo...»; su recto sentido, por el contrario, solo puede precisarse teniendo presente que la Constitución constituye un conjunto «...armónico y sistematizado...» de normas[82].

Parafraseando a Tribe y Dorf, lo que la Sala Constitucional ha propuesto al momento de interpretar las normas de la Constitu-

---

[80] Sala Político-Administrativa de la Corte Suprema de Justicia, Sentencia N° 17, del 19 de enero de 1999, asunto *Fundación para los Derechos Humanos (Fundahumanos)*, ratificada mediante sentencia de la Sala Electoral del Tribunal Supremo de Justicia N° 179, del 16 de octubre de 2003, asunto *Frente Cívico Democrático*.

[81] El artículo 2° de la Constitución en vigor dispone que «Venezuela se constituye en un Estado Democrático y Social de Derecho y de Justicia, que propugna como *valores superiores* de su ordenamiento jurídico y de su actuación, la vida, *la libertad*, la justicia, la igualdad, la solidaridad, *la democracia*, la responsabilidad social y en general, l*a preeminencia de los derechos humanos*, la ética y el pluralismo político».

[82] Sala Constitucional del Tribunal Supremo de Justicia, Sentencia N° 24, del 22 de enero de 2003, asunto *Elba Paredes Yéspica et al.*

ción de 1999 en las que fundó el Fallo objeto de nuestras críticas, es una interpretación "*des-integrada*" de la Constitución, porque ha tomado con pinzas dos normas; ha fijado su mirada solo en ellas, y atendiendo a su sola letra ha procedido a interpretarlas de la manera más amplia, es decir, de la manera que más favorecía al Poder, sin tener en cuenta que esa normas forman parte integrante de un todo más grande[83]. Es, insistimos en la idea, una interpretación "*des-integrada*", porque únicamente toma en cuenta dos normas, aisladamente consideradas, pero ignora el espíritu de la Constitución; ignora, esto es, los principios y valores que le insuflan vida y aliento[84]. En sentido coincidente, nuestro más alto Tribunal había dictaminado años atrás que

> «...la exégesis fundada aisladamente en una sola norma de derecho, cuando la institución jurídica requiere una interpretación de conjunto por estar sistematizada en esa y otras normas, no llena las exigencias de la hermenéutica jurídica...»[85].

Es más, la lectura "*des-integrada*" de la Constitución propuesta por la Sala Constitucional del Tribunal Supremo de Justicia contradice criterio previo sentado por la prenombrada Sala[86]. De conformidad con el criterio al cual aludimos, para asegurar la vigencia de la Constitución, «...la interpretación de todo el *ordenamiento* jurídico...», incluidas, como es obvio, por el

---

83 TRIBE, LAWRENCE H. y DORF, MICHAEL C., *On Reading the Constitution*, Harvard University Press, Cambridge Massachusetts and London, England, 1991, p. 23.

84 LINARES QUINTANA, SEGUNDO V., *Tratado de Interpretación Constitucional*, Abeledo Perrot, Buenos Aires, 1998, p. 289.

85 Corte Suprema de Justicia en Pleno, Sentencia s/n, del 29 de abril de 1965, asunto *Tito Gutiérrez Alfaro*.

86 Consúltese, *mutatis mutandis*, Sala Constitucional del Tribunal Supremo de Justicia, Sentencia N° 1.309, del 19 de julio de 2001, asunto *Hermánn Escarrá*. Más recientemente, Sala Constitucional del Tribunal Supremo de Justicia, Sentencia N° 378, del 31 de mayo de 2017, asunto *Leopoldo Pita Martínez*.

carácter omnicomprensivo del adjetivo («...todo...»), las normas de la propia Constitución, el intérprete ha de adelantar la interpretación teniendo siempre presentes las condiciones formales (*inter alia*, el principio de división del Poder Público y la garantía de la reserva de Ley) y las condiciones axiológicas (*inter alia*, la preeminencia de los derechos fundamentales), sobre las cuales debe descansar dicha interpretación. Unas y otras condiciones repudian o rechazan la lectura aislada de los artículos 156 (numerales 11 y 32) y 187 (numeral 1°) de la Constitución de 1999

Ciertamente, la Sala Constitucional del Tribunal Supremo de Justicia desconoció que los artículos 187 (numeral 1°) y 156 (numerales 11 y 32) de la Constitución, –a tenor de los cuales es a la Asamblea Nacional a la que le corresponde legislar en las materias de la competencia nacional y sobre el funcionamiento de las distintas ramas del Poder Nacional, y es de la competencia nacional la legislación en materia de derechos, deberes y garantías constitucionales–, deben ser leídos e interpretados a la luz de los artículos 19, 20, 22 y 23 *eiusdem*, pues en estos se afirma que es a las leyes a las que corresponde desarrollar los derechos humanos; que todos tienen derecho al libre desenvolvimiento de su personalidad; que sin perjuicio de lo dispuesto por instrumentos de Derecho Internacional, son las leyes las que deben establecer las normas relativas al goce y ejercicio de los derechos humanos; y, que es a la ley a la que le corresponde reglamentar los derechos humanos (innominados) que no figuren expresamente en la Constitución[87]. De acuerdo a estas últimas normas, la disciplina-

---

[87] Los artículos 19, 23 y 22 de la Constitución establecen, respectivamente, que «el Estado garantiza a toda persona, conforme al principio de progresividad y sin discriminación alguna, el goce y ejercicio irrenunciable, indivisible e interdependiente de los *derechos humanos*. Su respeto y garantía es obligatorio para los órganos del Poder Público de conformidad con la Constitución, los tratados sobre derechos humanos suscritos y ratificados por la República y *las leyes que los desarrollen*»; que «todos tienen derecho al libre desenvolvimiento de su personalidad, sin más limitaciones que las que derivan del

de los *derechos constitucionales*, incluidos la propiedad privada y la libertad económica, y las limitaciones a tales derechos, son materia reservada a la Ley. Así lo corrobora el texto de los artículos 112 y 115 *eiusdem*, que establecen, respectivamente, que «todas las personas pueden dedicarse libremente a la actividad económica de su preferencia, *sin más limitaciones que las previstas en esta Constitución y las que* establezcan las leyes...», y que «la propiedad [solo] estará sometida a las contribuciones, restricciones y obligaciones que establezca la ley...».

Por ello, las *restricciones* del derecho a convertir la moneda de curso legal en divisas, impuestas mediante actos distintos a la Ley, que no están claramente subordinados a esta, porque la Ley *nada sustantivo dispone*, no pueden ser conciliadas con la Constitución.

b. La legitimación política del Poder Ejecutivo

La Constitución le atribuye potestad reglamentaria general al Presidente de la República en Consejo de Ministros (artículo 236, numeral 10). La potestad es asignada a un órgano, *solo a un órgano* del Ejecutivo Nacional, atendiendo, sin duda alguna, a la *legitimidad democrática* del Presidente de la República, producto de su elección mediante sufragio. La norma constitucional citada no le reconoce la potestad reglamentaria ni al Poder Ejecutivo, ni a la Administración Pública Nacional; se lo

---

derecho de los demás y del orden público y social»; que «los tratados, pactos y convenciones relativos a *derechos humanos*, suscritos y ratificados por Venezuela, tienen jerarquía constitucional y prevalecen en el orden interno, en la medida en que contengan normas sobre su *goce y ejercicio* más favorables a las establecidas por esta Constitución y *las leyes* de la República, y son de aplicación inmediata y directa por los tribunales y demás órganos del Poder Público»; y, que «la enunciación de los derechos y garantías contenidos en esta Constitución y en los instrumentos internacionales sobre derechos humanos no debe entenderse como negación de otros que, siendo inherentes a la persona, no figuren expresamente en ellos. La falta de *ley reglamentaria* de estos *derechos* no menoscaba el ejercicio de los mismos».

reconoce al Presidente de la República en Consejo de Ministros única y exclusivamente. Por esto, yerra el Tribunal al afirmar que nuestro Poder Ejecutivo –en bloque– es «...elegido en sufragios universales y directos...» y que esa circunstancia modifica los presupuestos sobre los cuales descansa la reserva de Ley[88].

c. La regulación de "mínimos"

La Sala Constitucional sugiere que la Ley puede limitarse a establecer regulaciones mínimas y, por ende, *incompletas*, siempre y cuando establezca «...los parámetros y fundamentos...» que han de servir de marco para el ulterior ejercicio de la potestad reglamentaria por parte del Poder Ejecutivo en «...la materia reservada...». Afirma, además, que esa regulación de mínimos no violenta la norma, de rango constitucional, que le encomienda al Poder Legislativo la disciplina de la materia reservada.

El fallo judicial se inscribe, por ende, en la corriente de "deslegalización" (*delegificazione,* según la doctrina italiana)[89], que postula que en las materias que no formen parte de la reserva absoluta de Ley, basta que la Ley contenga la normativa básica o esencial sobre dicha materia, y que en tales materias puede emplearse el reglamento para colmar los vacíos no disciplinados por la regulación de mínimos contenidas en la Ley[90].

---

88 *Vid.*, Strauss Peter L., "An Introduction to Administrative Justice in the United States", Wade, William, Ragnemalm, Hans, Strauss Peter L., *Administrative Law. The Problem of Justice*, Volume I°, *op. cit.*, p. 679.

89 Giannini, Massimo Severo, "Regolamento (Problematica Generale)", *Enciclopedia del Diritto*, *op. cit.*, p. 603.

90 El Poder Electoral es la única rama del Poder Público a la que la Constitución, como función propia, le reconoce poder expreso para reglamentar las leyes electorales, resolver las dudas y *colmar los vacíos* que tales leyes susciten o contengan (artículo 293, numeral 1°). Los límites de esa potestad los demarcan los artículos 156 (numeral 32) y 187 *eiusdem*, según los cuales es a la Asamblea Nacional a quien corresponde legislar en materia de derechos constitucionales –incluidos, por tanto, los derechos políticos–.

Empero, el Fallo soslaya lo difícil que resulta precisar cuáles son las materias que, por su *esencialidad*, no pueden ser disciplinadas –jamás ni nunca– mediante reglamentos; soslaya, además, que por causa de esas dificultades el Tribunal Supremo de Justicia termina sustituyendo el juicio del Legislador por el suyo propio, sin anclaje –claro y directo– en el Texto Fundamental[91].

Por añadidura, la propia letra de la Constitución desdice las afirmaciones que sirven de fundamento al Fallo judicial. Efectivamente, cuando la Constitución venezolana ha querido que la Ley se ocupe solo de los *principios* de una determinada materia, esto es, que la Ley únicamente contenga las *normas fundamentales* que han de regir en un determinado ámbito, así lo ha precisado. A propósito de nuestra afirmación, el numeral 20 del artículo 236 constitucional dispone, *e.g.*, que el Poder Legislativo debe establecer, mediante ley orgánica, «...los principios y lineamientos...» que han de guiar la conducta del Presidente de la República, en Consejo de Ministros, cuando de lo que se trata es de fijar el número, organización y competencia de los ministerios y otros organismos de la Administración Pública Nacional, y de regular la organización y funcionamiento del Consejo de Ministros. En ausencia de una norma equivalente, que acote la materia de reserva legal a principios y lineamientos, única y exclusivamente, y que, por vía de consecuencia, conceda holgados poderes de regulación al reglamento, el "silencio" del Constituyente tiene que ser interpretado de manera tal que garantice plenamente los derechos y libertades fundamentales. Es más, cuando el Constituyente ha estimado permisible que el Poder Ejecutivo regule materias propias de la reserva legal sobre la base de *directrices*, el enunciado de *propósitos* o el trazado de un *marco de actuación*, el Constituyente ha exigido que la actuación del Poder Ejecutivo

---

91 Baño León, José María, *Los límites constitucionales de la potestad reglamentaria* (Remisión normativa y reglamento independiente en la Constitución de 1978), Editorial Civitas, S.A., Madrid, 1991, pp. 58-60.

descanse sobre una Ley habilitante, sancionada mediante mayoría calificada (las tres quintas partes de los integrantes de la Asamblea Nacional). En estos *casos extraordinarios*, el Poder Ejecutivo puede, durante un plazo limitado, regular las materias propias de la reserva de Ley solo mediante Decretos-Leyes. La Ley, sea esta orgánica u ordinaria, no puede habilitar al Poder Ejecutivo, en este caso, *sine die*, a los efectos de que regule materias propias de la reserva legal mediante reglamento, sobre la base de meras directrices o de objetivos que el Legislador se limita a enunciar, porque no hay norma que contemple o autorice una delegación legislativa de este tipo.

d. La intensidad de la regulación y el interés general

Según lo dicho del Tribunal Supremo de Justicia, la intensidad de la regulación legal de los derechos y libertades constitucionales «...decrece...» cuando el derecho o garantía se enfrenta al interés general. De acuerdo con esta postura, cuando media interés general el Legislador puede delegarle a la Administración la regulación de los derechos y libertades ciudadanos.

La tesis del Tribunal es inadmisible en Derecho. Es inadmisible, primero, porque la desdice la letra de la propia Constitución. Lo hace el artículo 112 de la Constitución, que establece en términos meridianos que las limitaciones a la libertad económica por razones de interés general («...por razones de desarrollo humano, seguridad, sanidad, protección del ambiente u otras de interés social...», reza la norma) son solo «...las que establezcan las leyes...»[92]. Lo hace también el artículo 115 *eiusdem*, que establece que las limitaciones a la propiedad privada por razones de función social (de «...utilidad pública o de interés general...», reza la norma) son las «...que establezca la ley...»[93]. Es inadmisible, además, porque la mejor y más calificada doctrina ha dejado

---

[92] *Ut supra*, Capítulo VII, nota a pie de página N° 42.

[93] *Ut supra*, Capítulo VII, nota a pie de página N° 43.

asentado que cuando el interés general se contrapone a un derecho constitucional o antagoniza con una garantía fundamental, no cabe invocar el interés general a los efectos de desconocer el derecho o garantía constitucionalmente previsto[94].

En síntesis, en nuestra Constitución no hay norma alguna en la cual quepa anclar la infundada afirmación hecha por el Tribunal.

e. El pragmatismo como base para la interpretación constitucional

Con base en el *enfoque pragmático* defendido por el Tribunal Supremo de Justicia, las decisiones judiciales terminan siendo adoptadas atendiendo a los efectos que lo decidido puede llegar a producir, y *no* en función del *texto de la norma constitucional* cuya aplicación ha sido solicitada[95]. El pragmatismo, en otras palabras, se contrapone a la rigurosa observancia de la letra y espíritu de la Constitución.

En el caso de la especie, ese pragmatismo supuso *desechar* principios fundamentales como la división del Poder Público, la inderogabilidad de las normas constitucionales atributivas de competencia legislativa y la reserva de Ley como garantía de libertad, para sustituirlos por las *apreciaciones personales*– y, por tanto, subjetivas– del juez, sobre las posibles consecuencias de su decisión (en el caso de la especie, la imposibilidad de regular las materias complejas, de manera íntegra, mediante norma de Ley)[96].

En el Derecho norteamericano se justifica el enfoque pragmático, entre otras circunstancias, por la vetustez de su Constitución, aprobada en 1776, la poca extensión de su texto, y la necesidad

---

[94] Consúltese, *mutatis mutandis*, García De Enterría, Eduardo, "Los ciudadanos y la Administración: Nuevas tendencias en el Derecho español", *Revista Española de Derecho Administrativo* N° 59, Civitas, S.A., Madrid, 1998, p. 332.

[95] Posner, Richard A., *How Judges Think*, Harvard University Press, Cambridge, Massachusetts-London, England, 2008, p. 40.

[96] Posner, Richard A., *How Judges Think*, *op. cit.*, p. 232.

de regular circunstancias que no pudieron ser previstas por sus redactores a finales del siglo XVIII[97]; también porque se trata de un sistema de *common law*, en el que el Derecho es el resultado, en buena medida, de decisiones judiciales. En Venezuela, por el contrario, la Constitución en vigor, amén de extensa o detallada, fue aprobada hace poco menos de dieciocho años. A ello se añade que la implementación de un control de cambios no podría ser calificada como una circunstancia, imprevista por el Constituyente, que demandase una interpretación pragmática del texto constitucional, porque en Venezuela se habían impuesto controles pocos años antes (1983 y 1994). Nuestro ordenamiento, finalmente, deriva del Derecho europeo continental (*civil law*). Y no obstante estar ausentes todas y cada una de las circunstancias que se invocan en otros sistemas para justificar un enfoque pragmático al momento de interpretar una determinada norma, lo cierto es que el Tribunal Supremo de Justicia promovió ese enfoque sin exponer cuáles eran las razones, ajenas o extrañas a nuestro ordenamiento, que podían servir para justificar una decisión como esa. El desprecio de los cánones escritos y su sustitución por las intuiciones o temores del juez, termina desdibujando la reserva de Ley y los derechos y libertades que justificaron su consagración, o sea, termina "anulando" la garantía representada por la norma constitucional atributiva de competencia legislativa sobre las materias de reserva.

A las razones mencionadas con anterioridad se suma una adicional: El pragmatismo no puede contradecir un mandato constitucional, porque la interpretación que sirve de fundamento a la decisión judicial no puede –jamás ni nunca– producir resultados *contra legem*; tampoco vaciar de contenido una garantía constitucional (reserva de Ley), de forma tal que ésta nada garantice, porque la interpretación que sirve de basamento a un fallo

---

97 Tribe, Lawrence H. y Dorf, Michael, *On Reading the Constitution*, *op. cit.*, p. 9.

judicial no puede –jamás ni nunca– producir resultados *contra natura* (*contra natura*, decimos, porque en palabras de Linares Quintana «la norma constitucional [siempre] se interpreta con una finalidad ulterior específica: la de defenderla», es decir, la de asegurar su vigencia y eficacia)[98].

f. La complejidad técnica de las materias objeto de reserva

Para el Tribunal Supremo de Justicia, la complejidad técnica de una determinada materia constituye justificación suficiente para desconocer la norma constitucional atributiva de competencia, en virtud de la cual es a la Asamblea Nacional a quien le corresponde legislar en materia cambiaria. La argumentación sobre la cual descansa el fallo es inconsistente. Su complejidad técnica no puede justificar por sí sola la legislación de extensos ámbitos de la realidad, que forman parte de la reserva de Ley, por parte de *burócratas* que no representan a la sociedad en su conjunto, ya que, a diferencia de la Asamblea Nacional, los burócratas no fueron electos a través del voto popular. La selección o escogencia de cada una de las materias que integran la reserva de Ley representa *una decisión consciente* del Constituyente que ni las mayorías circunstanciales en el Poder Legislativo, ni tampoco la Administración Pública, pueden luego desconocer válidamente.

No hay duda de que la regulación legal de una determinada materia puede resultar difícil por múltiples circunstancias: su complejidad, la falta de recursos humanos especializados en el Poder Legislativo, o la mutabilidad de las condiciones fácticas tomadas en consideración al momento de legislar. Pero ese solo argumento no puede excusar la degradación de la reserva de ley. No puede justificarlo, decíamos, porque en 1999, año de aprobación de la Constitución actualmente en vigor, era conocida la complejidad de la materia cambiaria. También era conocido por el Constituyente que el Poder Legislativo no suele contar

98 Linares Quintana, Segundo V., *Tratado de Interpretación Constitucional*, *op. cit.*, p. 342.

con recursos humanos especializados en esa materia, y que tales recursos suelen hallarse en el seno de la Administración Pública. Parece razonable afirmar, finalmente, que el Constituyente conocía que la regulación legal de la materia tendría que ser revisada periódicamente. Y no obstante todo ello, la Constitución establece que la materia forma parte integrante de la reserva de Ley y, por consiguiente, que «la regulación de la banca central, del sistema monetario, del régimen cambiario, del sistema financiero y del mercado de capitales...» corresponde al Legislador y a la Ley, *ex*-artículos 156 (numeral 11) y 187 (numeral 1°) de la Constitución.

El remedio frente a la complejidad de las materias, la carencia de recursos humanos calificados y la mutabilidad de las circunstancias es otro: la iniciativa legislativa que la Constitución le reconoce al Poder Ejecutivo en el numeral 1° del artículo 204 de la Constitución, y el principio de colaboración previsto por el artículo 137 *eiusdem*[99].

Si de lo que se trata realmente es de la complejidad técnica de la materia, nada impediría afirmar, so pretexto de las dificultades que su regulación comporta, que, amén de la materia cambiaria, también son complejas, y, por lo tanto, pueden ser disciplinadas de manera *integral* o *cuasi-integral*, mediante instrumentos sublegales o infralegales, un sinnúmero de materias que incluyen, entre otras, el medio ambiente, la protección al consumidor, la

---

99 De conformidad con lo previsto en el artículo 204 de la Constitución, «la iniciativa de las leyes corresponde: 1. Al Ejecutivo Nacional. 2. A la Comisión Delegada y a las Comisiones Permanentes. 3. A los miembros de la Asamblea Nacional, en número no menor de tres. 4. Al Tribunal Supremo de Justicia, cuando se trate de leyes relativas a la organización y procedimientos judiciales. 5. Al Poder Ciudadano, cuando se trate de leyes relativas a los órganos que lo integran. 6. Al Poder Electoral, cuando se trate de leyes relativas a la materia electoral. 7. A los electores en un número no menor del cero coma uno por ciento de los inscritos en el registro electoral permanente. 8. Al Consejo Legislativo estadal, cuando se trate de leyes relativas a los Estados».

competencia, la banca, los seguros, el mercado de capitales y la ciencia y la tecnología, y, por los efectos directos e indirectos de la regulación de tales materias, también la libertad económica y el derecho de propiedad, garantizados por los artículos 112 y 115 de la Constitución[100]. Resulta contrario tanto a la letra como al espíritu de la Constitución que se degrade la garantía constitucional representada por la reserva de Ley, so pretexto de la complejidad de la materia.

La reserva de Ley exige o demanda que el Poder Legislativo discuta y sancione una regulación *–completa o acabada–* de las materias objeto de reserva, capaz de garantizar la eficacia de los derechos y libertades fundamentales. Nada obsta para que esa regulación mediante Ley, por mandato de la Constitución, sea luego desarrollada mediante reglamento de ejecución, en los términos previstos, *e.g.*, en los artículos 236, numeral 10, y 293, numeral 1°, de la Constitución. Con lo que está reñida la reserva de Ley es con una regulación legal *vaga o imprecisa*, o, más propiamente, con una *regulación insustancial* de la materia confiada al Legislador y reservada a su producto típico: la Ley.

g. La racionalidad material y la lógica formal

A los efectos de determinar la intensidad de la regulación legal y, por vía de consecuencia, los ámbitos que la Administración puede regular mediante reglamentos, el Tribunal Supremo de Justicia apela a una "racionalidad material" que supere los límites que impone la mera lógica formal. Lo que el Tribunal Supremo de Justicia realmente propone es que *el alcance* de la garantía representada por la reserva de Ley *no* sea determinado sobre la base del *Derecho estatuido*, sobre la base de la letra y espíritu de la norma constitucional atributiva de competencia; propone, por el contrario, que dicho alcance sea determinado en función de criterios extrajurídicos.

---

[100] *Ut supra*, Capítulo VII, notas a pie de página N° 42 y N° 43.

Esa postura, empero, choca contra el artículo 7° de la Constitución, que estatuye que «la Constitución es la norma suprema y el fundamento del ordenamiento jurídico», y que «todas las personas y los órganos que ejercen el Poder Público están sujetos a esta Constitución». Choca igualmente contra el artículo 25 *eiusdem*, en virtud del cual «todo acto dictado en ejercicio del Poder Público que viole o menoscabe los derechos garantizados por esta Constitución y las leyes es nulo, y los funcionarios y empleados públicos que lo ordenen o ejecuten incurren en responsabilidad penal, civil y administrativa según los casos, sin que les sirvan de excusa órdenes superiores».

Por tales razones la postura defendida por el Tribunal Supremo de Justicia debe ser repudiada.

5. Las gravosas consecuencias del Fallo

El Tribunal Supremo de Justicia erró gravemente en su análisis.

Erró porque no comprendió que en un Estado como el nuestro, en el que la riqueza petrolera y las divisas que esta genera son percibidas y administradas por el Estado, un Estado en el que, dicho en otras palabras, no existe división entre el poder político y el poder económico, y en el que, por tanto, la inmensa mayoría de las divisas que circulan en la economía tiene origen estatal, la *libertad económica* puede llegar a ser *vaciada* de todo *contenido* si la madeja de normativa reglamentaria en materia cambiaria, aprobada por el Ejecutivo y el Banco Central de Venezuela:

a. Primero, por lo que respecta a los mercados oficiales de divisas, le *niega* a los particulares el *derecho* a adquirir las divisas sin las cuales estos no pueden procurarse los bienes de capital o la materia prima que su industria o comercio demanda, en uno cualquiera de los mercados cambiarios creados, regulados o controlados por la autoridad, en los que el Estado dispone de esas divisas.

b. Segundo, le *niega* a los particulares el *derecho* a adquirir tales divisas en otros mercados cambiarios, distintos a los mercados oficiales de divisas(mercados, esto es, en los que las divisas podrían ser negociadas por los particulares libremente, sin intervención estatal); o, permitiéndolo, les desconoce el derecho a reflejar en su contabilidad el mayor valor de las divisas adquiridas en estos otros mercados, a los efectos de la determinación, *e.g.*, de sus costos y utilidades y del subsecuente cumplimiento del porcentaje máximo de ganancias permitido por la Ley Orgánica de Precios Justos[101], porque ese desconocimiento, distorsionador de los costos de producción que sirven de base para la determinación de las ganancias legalmente permisibles, los obliga a vender a pérdida[102].

No comprendió tampoco que la propiedad privada constitucionalmente protegida comporta, *inter alia*, el derecho a repatriar libremente los haberes invertidos en el país[103], y que en el marco de

---

[101] *Gaceta Oficial de la República* N° 40.787, del 12 de noviembre de 2015.

[102] Sin los atributos mencionados *ut supra* la libertad económica pierde su *contenido esencial*. Lo pierde porque desaparecen las cualidades o propiedades que le conceden identidad a la libertad garantizada por la Constitución –*i.e.*, los atributos que le conceden fisonomía propia a un derecho conforme a los juristas y especialistas del Derecho– (criterio de la naturaleza jurídica o del modo de concebir los derechos); y, por consiguiente, porque deja de ser útil para satisfacer los intereses medulares que dan vida al derecho y que, como tales, justificaron su reconocimiento constitucional (criterio de los intereses jurídicamente protegidos). Desde una cualquiera de estas dos perspectivas, cabe afirmar que un derecho pierde su contenido esencial si es sometido a limitaciones que lo hacen impracticable, lo dificultan más allá de lo razonable o lo despojan de la necesaria protección (consúltese, *mutatis mutandis*, Tribunal Constitucional español, Sentencia 11/1981, del 8 de abril, en López Guerra, Luis, *Las sentencias básicas del Tribunal Constitucional*, 3ª edición, Centro de Estudios Políticos y Constitucionales, Madrid, 2008, pp. 108-112). Sobre el contenido esencial de los derechos constitucionales, *vid.* Sala Constitucional del Tribunal Supremo de Justicia, Sentencia N° 462, del 6 de abril de 2001, asunto *Manuel Quevedo Fernández*; y, Sala Constitucional del Tribunal Supremo de Justicia, Sentencia N° 1.798, del 19 de julio de 2005, asunto *Festejos Mar, C.A.*

[103] Decreto N° 356, con rango y fuerza de Ley que establece el Régimen de Promoción y Protección de Inversiones (*Gaceta Oficial de la República* N° 5.390 Extraordinario, del 22 de octubre de 1999), vigente *ratione temporis* para el momento de la publicación del Fallo.

un rígido control de cambio como el existente en el país, la negativa del Estado a vender divisas para los efectos de dicha repatriación, aunada a la devaluación de nuestra moneda frente a las divisas, podía llegar a anular –por completo– el valor de la moneda objeto de repatriación, como en efecto ocurrió entre 2008 y 2017.

No comprendió, en suma, que la reserva de Ley constitucionalmente prevista representa un límite para el ejercicio de la potestad reglamentaria y, al propio tiempo, constituye una garantía para el ciudadano frente al ejercicio arbitrario de esa potestad por parte de la Administración[104].

En virtud del principio de completitud (*ut supra*, Capítulo VI, Sección II, §5), la Ley debe regular de manera acabada los derechos constitucionales, así como las materias íntimamente relacionadas con la eficacia de tales derechos, como ocurre, precisamente, con la normativa cambiaria. Desde otra perspectiva, de lo que se trata es de asegurar que la Ley contenga la regulación que resulte "esencial" para asegurar la existencia –real y efectiva– de los derechos constitucionales[105].

Sección III. Los límites impuestos por la letra y el espíritu, propósito y razón de la Ley

El artículo 236, numeral 10, de la Constitución, desempeña un doble propósito. El primero, reconocer que el Presidente de la República en Consejo de Ministros cuenta con poder para reglamentar las leyes. El segundo, precisar que los reglamentos tienen como límite sustantivo las normas de la Ley que aquellos están llamados a ejecutar. A tales efectos, la norma constitucional invocada sujeta

---

[104] Requena López, Tomás, *Sobre la función, los medios y los límites de la interpretación de la Constitución*, Editorial Comares, S.L., Granada, 2001, p. 2112.

[105] Baño León, José María, *Los límites constitucionales de la potestad reglamentaria, op. cit.*, p. 56.
El errado criterio judicial asentado en el fallo *Henry Pereira Gorrín* fue luego ratificado por la Sala Constitucional del Tribunal Supremo mediante Sentencia N° 2.164, del 14 de septiembre de 2004, asunto *Alfredo Travieso Passios*.

el ejercicio de la potestad reglamentaria al respeto del espíritu, propósito y razón de la Ley primaria[106].

Pero antes de referirnos a cada uno de los límites que el numeral 10 del artículo 236 de la Constitución le impone al ejercicio de la potestad reglamentaria del Presidente de la República en Consejo de Ministros, y, por vía de la analogía, a las restantes autoridades administrativas con competencia reglamentaria, luce pertinente subrayar que tales límites le imponen a la Administración el deber de desentrañar el verdadero sentido de la Ley objeto de reglamentación. Para hacerlo, la Administración debe observar un proceso intelectual que, *por los resultados a los cuales va dirigido*, no coincide en un todo con el regulado por el artículo 4° del Código Civil. No coincide, decíamos, porque:

a. El artículo 4° del Código Civil y la aplicación de la Ley

Las reglas de interpretación previstas por el artículo 4°del Código Civil están diseñadas para la aplicación de la ley a *casos concretos*[107], porque de lo que se ocupan esas reglas es de determinar el significado de un texto legal a la luz de la *específica situación de hecho* sometida a la consideración de la autoridad que está llamada a aplicar la Ley. Según la Sala Político-Administrativa de la Corte Federal,

---

[106] Lares Martínez, Eloy, *Manual de Derecho Administrativo*, *op. cit.*, p. 85.

[107] *Los cánones generales de interpretación* que han de ser observados al momento de *aplicar* la ley son los establecidos por el artículo 4° del Código Civil, que establece: «A la Ley debe atribuírsele el sentido que aparece evidente del significado propio de las palabras, según la conexión de ellas entre sí y la intención del legislador. Cuando no hubiere disposición precisa de la Ley, se tendrán en consideración las disposiciones que regulan casos semejantes o materias análogas; y, si hubiere todavía dudas, se aplicarán los principios generales del derecho». Según nuestra justicia, esas reglas de interpretación también resultan aplicables a los Decretos reglamentarios del Presidente de la República (Sala Político-Administrativa de la Corte Suprema de Justicia, Sentencia N° 120, del 2 de abril de 1987, asunto *Burgos Romero*, en Brewer-Carías, Allan Randolph y Ortíz Álvarez, Luis A., *Las grandes decisiones de la Jurisprudencia Contencioso-Administrativa [1961-1996]*, Editorial Jurídica Venezolana, Caracas, 1996, p. 34).

«la interpretación de la ley se verifica en virtud de la facultad que para ello confiere a *los jueces* el artículo 4° del Código Civil, obligados como están a decidir en todo caso so pena de incurrir en denegación de justicia. Pero desde luego, no pueden hacerlo sino mediante la observancia de los principios que le traza el susodicho artículo 4° y a propósito de *un caso concreto* que necesariamente tengan que decidir en *una controversia* que se les haya sometido. Sólo entonces les es permitido a los jueces interpretar la ley si el caso es dudoso...»[108].

En estos casos el análisis e interpretación de los hechos –concretos, específicos– constituye un *prius*, porque para la autoridad decisora, conocedora, como es, del Derecho, los hechos representan el punto de partida para el juicio ulterior que versa sobre el sentido y alcance de la norma aplicable a esos hechos[109].

En este primer tipo de interpretación los hechos y el Derecho se hallan atados de manera indisoluble. Precisamente por ello, en el plano de la teoría solo cabe reconocer como exacta *una única interpretación* de la norma aplicable, y solo cabe reconocer como justa *una única solución* a la controversia[110].

b. La interpretación que sirve de antecedente a la aprobación de un reglamento

La interpretación que la Administración debe adelantar al momento de reglamentar las leyes obedece a necesidades distintas, como son las resultantes de diseñar o concebir reglas llamadas

---

[108] Sentencia s/n, del 15 de mayo de 1942 y Acuerdo del 2 de marzo de 1959, en *Código Civil de Venezuela. Artículo 1o. al 18*, *op. cit*., pp. 237-238. La Sala Político-Administrativa de la Corte Federal agrega ulteriormente que esa «...interpretación se hará a propósito de [los] *casos concretos*, esto es, *particulares*, que puedan presentarse».

[109] Paresce, Enrico, "Interpretazione (filosofia)", *Enciclopedia del Diritto*, Volume, XXII, Dott. A. Giuffrè Editore, Varese, 1972, pp. 203 y 208-209.

[110] Betti, Emilio, *Interpretazione della legge e degli atti giuridici* (Teoria generale e dogmatica), Dott. A. Giuffrè Editore, Milano, 1949, p. 67.

a regular *supuestos de hecho hipotéticos*. Al reglamentar, ciertamente, la Administración no determina el significado de un texto legal a los efectos de concluir si ese significado previamente determinado se corresponde con el caso concreto sometido a su consideración. Su determinación sirve, por el contrario, como presupuesto que sirve de base para diseñar las normas reglamentarias que regularán situaciones de hecho –generales y abstractas– que no han ocurrido para el momento de la aprobación de tales normas; su determinación sirve, en otros términos, para *integrar el Derecho*, esto es, para "legislar" ulteriormente[111].

El ejercicio de la potestad reglamentaria se encuentra precedido de una interpretación sobre el espíritu, propósito y razón de la Ley, pero a esa interpretación sigue una valoración ulterior, que descansa sobre criterios de *oportunidad* y *conveniencia* por lo que respecta a los intereses en juego y las distintas conductas, alternativas entre sí, que la Administración podría seguir para solucionar los conflictos de intereses existentes[112]. Esta segunda modalidad de interpretación constituye, pues, el antecedente lógico y necesario para la *ponderación de intereses* de cara al ejercicio de la discrecionalidad reglamentaria.

Sentado cuanto antecede, debemos precisar ahora que el significado que se deriva de la sola lectura de las normas de la Ley primaria (interpretación gramatical) objeto de reglamentación, debe ser

---

111 En Italia, Giannini subrayaba que el vocablo "interpretación" se emplea para designar instituciones y materias muy diferentes (GIANNINI, MASSIMO SEVERO, *L'interpretazione dell'atto Amministrativo e la teoria generale dell'interpretazione giuridica*, Milano, 1993, pp. 4 y ss., citado por PARESCE, ENRICO, "Interpretazione [filosofia]", *op. cit.*, p. 214).

112 Consúltese, *mutatis mutandis*, BETTI, EMILIO, *Interpretazione della legge e degli atti giuridici* (Teoria generale e dogmatica), Dott. A. Giuffrè Editore, Milano, 1949, pp. 57 y 62-63. Según Betti, al apreciar la racionalidad teleológica de la norma legal, la autoridad administrativa llamada a ejercer potestades discrecionales se coloca "en el mismo plano" que el Legislador a los solos efectos de determinar qué es lo que demanda el interés público.

complementado atendiendo al espíritu, propósito y razón de dicha Ley, *ex*-artículo 236, numeral 10, de la Constitución (interpretación lógica)[113],y a los valores superiores enunciados por el artículo 2° *eiusdem*. De acuerdo con esta última norma constitucional, la libertad, la justicia, la igualdad y el respeto preeminente de los derechos humanos constituyen, todos ellos, valores superiores del ordenamiento jurídico venezolano, y como tales representan a un mismo tiempo el fundamento y fin del ordenamiento jurídico[114], o dicho de otra forma, *esencia de todo sistema normativo*[115]. Según la mejor doctrina, el rol o función de esos "valores superiores" es esencialmente interpretativo, no normativo[116]. Por consiguiente, la *libertad* y el *respeto preeminente de los derechos fundamentales*, entendidos como valores que impregnan el ordenamiento jurídico venezolano, deben presidir la labor de interpretación de las normas que gobiernan y condicionan la actividad de la Administración.

La labor de interpretación que la Administración debe adelantar al momento de reglamentar *trasciende* la Ley primaria, porque

---

113 Si bien es cierto que el numeral 1° del artículo 293 de la Constitución –por sólo citar una norma– no le impone expresamente al Poder Electoral el deber de reglamentar las leyes electorales, y resolver las dudas y vacíos que estas susciten o contengan, respetando el espíritu, propósito y razón de la Ley, entendemos que la potestad reglamentaria reconocida a esa –y cualquier otra– autoridad administrativa se encuentra sometida, por la naturaleza de las cosas, a los límites que expresa el artículo 236, numeral 10, *eiusdem*. La Constitución no aporta elementos que permitan afirmar lo contrario.

114 Parejo Alfonso, Luciano, "Constitución y valores del ordenamiento", publicado en *Estudios sobre la Constitución Española, Homenaje al Profesor Eduardo García de Enterría*, Tomo I, Editorial Civitas, S.A., Madrid, 1991, p. 131.

115 Madariaga Gutiérrez, M., *Seguridad Jurídica y Administración Pública en el Siglo XXI*, 2ª edición, Editorial Jurídica de Chile, 1993, pp. 18-19.

116 Hernández González, J.I., "Código de Comercio y libertad de empresa. Un ensayo sobre las bases constitucionales de la autonomía privada", *Bicentenario del Código de Comercio Francés*, Morles Hernández, A. y De Valera, I., Academia de Ciencias Políticas y Sociales, Caracas, 2008, pp. 244-245.

para la Administración esos valores superiores del ordenamiento representan a un mismo tiempo el punto de partida y el norte de la interpretación (interpretación sistemática) con base en la cual esta debe elaborar los reglamentos[117]. La interpretación que se haga de la Constitución, según Requena López, ha de ser eficaz, en el sentido de «...posibilitar la realización continua de los valores constitucionales»[118].

§1. La letra de la Ley

La Ley primaria impone un primer límite que, por su obviedad, no figura en el texto del numeral 10 del artículo 236 de la Constitución: la letra de la Ley.

Nuestro más alto Tribunal ha dejado asentado que si la norma que faculta al Presidente de la República en Consejo de Ministros

---

[117] ALEXY, R., *Teoría de los Derechos Fundamentales*, Centro de Estudios Constitucionales, Madrid, 1993, p. 147. PARESCE, ENRICO, "Interpretazione (filosofia)", *op. cit.*, p. 227.
En Venezuela consúltese HERNÁNDEZ GONZÁLEZ, JOSÉ IGNACIO, "Código de Comercio y libertad de empresa. Un ensayo sobre las bases constitucionales de la autonomía privada", en *Bicentenario del Código de Comercio Francés*, MORLES HERNÁNDEZ, A. y DE VALERA, I., Academia de Ciencias Políticas y Sociales, Caracas, 2008, pp. 244-245. También, Sala Constitucional del Tribunal Supremo de Justicia, Sentencia N° 1.798, del 19 de julio de 2005, asunto *Festejos Mar, C.A.* De acuerdo con este fallo judicial, al interpretar dos o más o normas de dispar jerarquía la actividad del intérprete «...no se puede limitar a una simple comparación gramatical de su texto...»; al contrario, la actividad del intérprete «...debe comportar igualmente, una *apreciación de orden conceptual*, de sentido lógico, que incida, precisamente, en el valor de integración al sistema que deben observar las diversas disposiciones jurídicas que conforman el ordenamiento jurídico positivo, mediante su subordinación a las pautas dictadas por la Norma Fundamental...».

[118] REQUENA LÓPEZ, TOMÁS, *Sobre la función, los medios y los límites de la interpretación de la Constitución, op. cit.*, p. 29.
En sentido coincidente, ARAUJO JUÁREZ, JOSÉ, *Derecho Administrativo Constitucional*, coedición de la Editorial Jurídica Venezolana y el Centro para la Integración y el Derecho Público, Caracas, 2017, pp. 65-67.

para reglamentar una Ley exige que se respete su espíritu, propósito y razón, *con mayor razón aún* debe la Administración atenerse a la letra de la Ley, esto es, al texto de la Ley[119]. Consecuentemente, las palabras empleadas por el Legislador, consideradas individualmente y en su conjunto, condicionan el ejercicio de la potestad reglamentaria del Presidente de la República en Consejo de Ministros, así como de las demás autoridades que cuentan con ese tipo de potestad pública.

La interpretación que descansa sobre las palabras empleadas por el Legislador conduce a la así denominada interpretación gramatical de la ley.

Esta primera regla o canon de interpretación encuentra su justificación en el deber de fidelidad a la letra de la Ley[120]. El punto de partida de esa interpretación –y, por consiguiente, el primer límite al ejercicio de la potestad reglamentaria– está representado por el significado convencional que se le reconoce a las palabras y las oraciones empleadas por el Legislador[121]. Se parte de la premisa que el significado que se deriva de la letra de la Ley es –o acostumbra ser– claro, obvio, evidente, porque la letra no suele demandar

---

119 Sala Constitucional del Tribunal Supremo de Justicia, Sentencia N° 1.447, del 3 de junio de 2003, asunto *Rafael Badell Madrid et al.*; y, Sala Político-Administrativa de la Corte Suprema de Justicia, Sentencia N° 76, de 24 de abril de 1980, asunto *Fiscal General de la República*, en *Jurisprudencia de la Corte Suprema de Justicia*, número 4, abril 1980, Dr. Oscar Pierre Tapia, Caracas, pp. 59-71. Según este último fallo, por el texto del ordinal 10 del artículo 190 de la Constitución de 1961, «...resulta claro que el reglamento ejecutivo en forma alguna puede entrar en contradicción *con la norma legal* que pretende completar, ni tampoco alterar el espíritu, propósito o razón de la misma, esto es, la *ratio iuris* que la inspira o informa, pues tal adecuación supedita su validez jurídica».

120 López Medina, Diego Eduardo, *La letra y el espíritu de la Ley*, coedición de la Universidad de los Andes y Editorial Temis, Bogotá, 2008, p. 166.

121 *Vid.* Coviello, Nicolás, *Doctrina General del Derecho Civil*, Unión Tipográfica Editorial Hispano-Americana, México, 1949, p. 105; y, López Medina, Diego Eduardo, *La letra y el espíritu de la Ley, op. cit.*, p. 62.

una reflexión crítica por parte del intérprete[122]. A pesar de esto, la experiencia demuestra que un mismo texto puede terminar siendo claro o dudoso según los contextos concretos del caso específico al cual ese texto debe ser aplicado[123].

La doctrina clásica venezolana ha afirmado que al interpretar la letra de la ley deben tenerse en cuenta, *inter alia*, las reglas básicas que a continuación se indican:

a. El Legislador, he aquí la premisa sobre la cual ha de descansar toda interpretación normativa, siempre se expresa con propiedad[124]. Por ello, a las voces siempre debe dárseles su significación propia[125].

b. A los términos técnicos se les debe reconocer el sentido que les dan la ciencia o arte respectiva, salvo que conste que el Legislador quiso darles otro distinto[126].

c. Salvo que existan muy poderosas razones para desatender el significado que las palabras tenían para el momento de la sanción de la ley, el intérprete debe acogerse al uso que la lengua le reconocía a aquellas para ese entonces (*usus est just et norma loquendi*).

---

[122] Por lo que se refiere a las normas de ley que emplean términos ambiguos, consúltese *Código Civil de Venezuela. Artículo 1o. al 18*, *op. cit.*, pp. 221-222.

[123] Wróblewsky, Jerzy, *Constitución y teoría general de la interpretación*, primera edición, Editorial Civitas, S.A., Madrid, 1985, p. 24.

[124] Coviello, Nicolás, *Doctrina General del Derecho Civil*, *op. cit.*, p. 78.

[125] El artículo 28 del Código Civil colombiano formula la regla en los siguientes términos: «Las palabras de la ley se entenderán en su sentido natural y obvio, según el uso general de las mismas palabras; pero cuando el legislador las haya definido expresamente para ciertas materias, se les dará en éstas su significado legal».

[126] Sanojo, Luis, en *Código Civil de Venezuela. Artículo 1o. al 18*, *op. cit.*, pp. 221-222.

El artículo 29 del Código Civil colombiano formula la regla así: «Las palabras técnicas de toda ciencia o arte se tomarán en el sentido que les den los que profesan la misma ciencia o arte; a menos que aparezca claramente que se han formado en sentido diverso».

§2. El espíritu de la Ley

A la interpretación gramatical se contrapone la *interpretación lógica* que procura desentrañar el recurso al espíritu de la ley[127].

Del espíritu de la Ley se dice que no es reconocible a primera vista. Se afirma, además, que ese espíritu normalmente no puede ser definido en términos precisos[128].

En nuestro país Moles Caubet afirmaba que, en términos jurídicos, espíritu equivale a mente, a *mens legis*, y que esa mente «...representa lo inteligible, es decir, el significado y la comprensión de la ley, el *cómo debe entenderse*, por qué (*sic.*) en la ley hay más de inteligencia que de escritura...».[129]

---

[127] *Código Civil de Venezuela. Artículo 1o. al 18, op. cit.*, pp. 220-221.

[128] Frosini, Vittorio, *La lettera e lo spirito della legge*, Dott. Giuffrè Editore, S.p.a, Milano, 1994, pp. 139-140.

[129] Moles Caubet, Antonio, "La Potestad Reglamentaria y sus Modalidades", en *Estudios sobre la Constitución* (Libro-Homenaje a Rafael Caldera), Tomo IV, *op. cit.*, p. 2.090. Citando a Moles Caubet, la Corte Primera de lo Contencioso-Administrativo ha afirmado que «...los términos jurídicos analizados (espíritu, propósito y razón) se refieren, desde diversas ópticas, a la finalidad de la ley, finalidad no sólo de la ley en su conjunto, sino de cada una de sus normas»; que, «sin embargo, el término "espíritu de la ley" se refiere a *la ley en su conjunto...*»; y que, por consiguiente, «...este "espíritu" infunde e ilumina el sentido de cada norma en particular» (Sentencia s/n, del 2 de marzo de 1994, en *Revista de Derecho Público*, N° 57-58, Editorial Jurídica venezolana, Caracas, 1994, pp. 218-219). Por su parte, la Sala Político-Administrativa de la Corte Suprema de Justicia ha sostenido que al establecer la Constitución del Estado Bolívar que la potestad reglamentaria del Ejecutivo estadal no puede alterar el espíritu, propósito y razón de la ley que reglamenta, dicha Constitución afirma que el reglamento no puede traicionar ni «...la mente (espíritu), ni la finalidad (propósito) por ella perseguida, ni el fundamento (razón) en el cual la ley reglamentada reposa» (Sentencia N° 208, del 20 de octubre de 1983, asunto *Afraín Poriett et al.*, en *Revista de Derecho Público*, N° 16, Editorial Jurídica Venezolana, Caracas, 1980, pp. 144-145). En sentido coincidente, Frosini afirmaba que por espíritu de la Ley ha de entenderse la intención, la voluntad o *mens* del Legislador (Frosini, Vittorio, *La lettera e lo spirito della legge, op. cit.*, pp. 139-140).

Allende de nuestras fronteras López Medina sostiene que el espíritu de la Ley es descrito usualmente como su contexto, su *propósito*, su intención[130]. Salta a la vista que para definir la expresión espíritu de la Ley, empleada por el numeral 10 del artículo 236 de nuestra Constitución, este último autor emplea otra expresión (propósito de la Ley) a la cual nuestra Constitución, según Moles Caubet, asigna un significado distinto.

Lo cierto es que al permitir que se contrasten el texto de un reglamento, por una parte, y el espíritu de la Ley que aquel ejecuta, por la otra, nuestra Constitución autoriza una confrontación que va más allá de la letra inerte de la Ley; una interpretación que trasciende las palabras del Legislador, porque el reglamento ha de ser analizado tomando en consideración *la manera en que la Ley debe ser leída*, es decir, la forma en que la ley ha de ser entendida[131]; en suma, una interpretación que no permite disociar el texto de la intención, para reglamentar sobre la base del primero única y exclusivamente[132].

Y más allá de la dificultad que pueda presentar la delimitación de las dos expresiones citadas con anterioridad (espíritu de la Ley

---

[130] López Medina, Diego Eduardo, *La letra y el espíritu de la Ley, op. cit.*, p. 108. López Medina agrega que con esta aproximación a lo dispuesto por la Ley lo que se procura es que la interpretación jurídica arroje resultados equitativos y racionales. A propósito de lo dicho, luce pertinente subrayar que en el Derecho comparado se tiene establecido que «cuando el sentido de la ley sea claro, no se desatenderá su tenor literal a pretexto de consultar su espíritu. Pero bien se puede, para interpretar una expresión oscura de la ley, recurrir a su intención o espíritu, claramente manifestados en ella misma o en la historia fidedigna de su establecimiento» (artículo 27 del Código Civil colombiano).

[131] Frosini, Vittorio, *La lettera e lo spirito della legge, op. cit.*, p. 4; y, Muci Borjas, José Antonio, *La "excepción de ilegalidad" en el Derecho Administrativo, op. cit.*, p. 137. El espíritu de la ley, según Frosini, no está en las palabras empleadas por el Legislador; está, por el contrario, en las palabras del intérprete, pues es éste el llamado a determinar ese espíritu (Frosini, Vittorio, *La lettera e lo spirito della legge, op. cit.*, pp. 139-140).

[132] López Medina, Diego Eduardo, *La letra y el espíritu de la Ley, op. cit.*, p. 108.

y propósito de la Ley), porque sus contornos lucen, cuando menos, difusos, borrosos o imprecisos, los tribunales venezolanos han dejado sentado:

a. Primero, que se altera el espíritu de la Ley cuando el reglamento contiene excepciones o sanciones no previstas por la Ley, o disposiciones contrarias a los fines perseguidos por el Legislador[133].

   Por causa de la interpretación restrictiva de las normas de Ley excepcionales o sancionadoras, estas no han de aplicarse a casos distintos a los comprendidos en el texto de la Ley, pues así lo exige el espíritu de la disposición y la intención del legislador[134].

   Nuestra justicia ha dejado sentado, *e.g.*, que el ejercicio del derecho a la tutela judicial no puede condicionarse mediante norma reglamentaria –en el caso de la especie el artículo 36 del Reglamento sobre Coordinación, Administración y Control de los institutos Autónomos– que demandaba el previo agotamiento de un procedimiento administrativo similar al contemplado por la Ley Orgánica de la Procuraduría General de la República para

---

133 Corte Suprema de Justicia en Pleno, Sentencia s/n, del 4 de junio de 1952, en Brewer-Carías, Allan Randolph, *Jurisprudencia de la Corte Suprema de Justicia 1930-74 y Estudios de Derecho Administrativo*, Tomo III, *op. cit.*, pp. 127-128; y, Sala Político-Administrativa del Tribunal Supremo de Justicia, Sentencia N° 1.131, 28 de julio de 2009, asunto *Hugo Medina et al.*; y, Corte Primera de lo Contencioso-Administrativo, Sentencia s/n, del 2 de marzo de 1994, en *Revista de Derecho Público*, N° 57-58, Editorial Jurídica venezolana, Caracas, 1994, pp. 218-219. En idéntico sentido, Moles Caubet, Antonio, *El Principio de Legalidad y sus Implicaciones*, *op. cit.*, p. 52. En sentido análogo, Corte Primera de lo Contencioso-Administrativo, Sentencia s/n, del 27 de enero de 1983, en *Revista de Derecho Público* número 13, Editorial Jurídica Venezolana, Caracas, 1983, pp. 104 y 105. En este último fallo judicial se declaró la nulidad de una Circular (*i.e.*, de un reglamento administrativo) creadora de prohibiciones no previstas en el texto de Ley. En sentido análogo, Comadira, Julio Rodolfo, Escola, Héctor Jorge y Comadira, Julio Pablo, *Curso de Derecho Administrativo*, Tomo I, *op. cit.*, p. 43.

134 Sanabria, Edgar, en *Código Civil de Venezuela. Artículo 1o. al 18*, *op. cit.*, p. 214.

las reclamaciones contra la República[135]. Ha dejado sentado, asimismo, que el Reglamento sobre el retiro y pago de prestaciones sociales a los funcionarios públicos de carrera alteraba el espíritu, propósito y razón de la Ley de Carrera Administrativa, porque condicionaba el disfrute de ciertos derechos a la prestación ininterrumpida de sus servicios a la Administración Pública Nacional, a pesar de que la Ley no supeditaba esos derechos a los extremos reglamentariamente previstos[136].

b. Segundo, que la reglamentación fundada en una interpretación errada o equivocada de una norma de la Ley puede alterar el espíritu y propósito de dicha ley[137].

---

[135] Corte Superior Primera Corte Superior Primera en lo Civil y Mercantil de la Circunscripción Judicial del Distrito Federal y Estado Miranda, Sentencia del 21 de noviembre de 1974, en *Jurisprudencia Venezolana Ramírez y Garay*, Tomo XLV, Caracas, 1974, Cuarto Trimestre, pp. 41-43. Según la Corte, «la posibilidad de que sea suficiente la vía administrativa e innecesaria la judicial con su secuela favorable a los intereses de la Nación, está también abierta a los institutos autónomos, pero *sin que se obligue* a los particulares a utilizar previa y necesariamente la vía administrativa y sin que se le impida, por lo mismo, ocurrir directamente a los Tribunales de Justicia. Los artículos 34, 35 y 36 norman el procedimiento interno adecuado para la tramitación de una reclamación, que se introduzca, lo que supone la posibilidad pero no la inevitabilidad de que así ocurra. Voluntariamente pueden los terceros reclamantes optar por la vía que el Reglamento plantea, pero *sin que sus disposiciones, en ningún momento, tengan carácter obligatorio* que imponga la utilización de esa vía, ni impida el acceso a la judicial, directamente y sin condiciones».

[136] Sala Político-Administrativa de la Corte Suprema de Justicia, Sentencia N° 76, de 24 de abril de 1980, asunto *Fiscal General de la República*, en *Jurisprudencia de la Corte Suprema de Justicia*, número 4, abril 1980, Dr. Oscar Pierre Tapia, Caracas, pp. 59-71.

[137] Corte Suprema de Justicia en Pleno, Sentencia s/n, del 27 de mayo de 1980, asunto *Ricardo Palacios Galindo et al.* Por su parte la Corte Primera de lo Contencioso-Administrativo ha afirmado (i) que «...tanto el supuesto de hecho como la consecuencia jurídica de cada norma son *para* un fin u objeto específico, que a su vez está ordenado a la finalidad general de la ley»; (ii) que «...una norma consagra un determinado supuesto y una determinada

§3. El propósito de la Ley

La doctrina venezolana identifica el propósito de la Ley con su finalidad[138]. Para Feo el elemento principal para la recta inteligencia de la Ley es el fin que el Legislador se ha propuesto conseguir con ella. Conocido este fin, el significado de las previsiones legales puede extenderse o restringirse en el sentido más propio para alcanzarlo[139].

---

consecuencia, y no otros, en virtud de la finalidad, del espíritu de la ley en su conjunto»; y, (iii) que «de allí que como afirma la máxima jurídica "donde la ley no distingue, el intérprete no debe distinguir"...», porque «...al distinguir [el reglamento] lo que la ley no distingue, se altera el espíritu de la misma» (Sentencia s/n, del 2 de marzo de 1994, en *Revista de Derecho Público* N° 57-58, Editorial Jurídica Venezolana, Caracas, 1994, pp. 218-219).

138 Moles Caubet, Antonio, "La Potestad Reglamentaria y sus Modalidades", en *Estudios sobre la Constitución* (Libro-Homenaje a Rafael Caldera), Tomo IV, *op. cit.*, pp. 2.090-2.091. Sala Político-Administrativa la Corte Suprema de Justicia, Sentencia N° 208, del 20 de octubre de 1983, asunto *Afraín Poriett et al.*, en *Revista de Derecho Público*, N° 16, Editorial Jurídica Venezolana, Caracas, 1980, pp. 144-145. Nuestra Corte Suprema de Justicia ha dejado asentado que el reglamento que no se adecúa a la finalidad que la Ley Primaria persigue «...estará viciado de nulidad por [la] fractura del nexo de congruencia que debe existir entre el ordenamiento primario y secundario» (Corte Suprema de Justicia en Pleno, Sentencia N° 4, del 13 de febrero de 1985, asunto *José M. Sanabria Rojas*, en Balasso Tejera, Caterina, *op. cit.*, pp. 367-368).

139 Según Feo, cabe la ampliación del principio sancionado por un precepto legal, cuando casos no indicados expresamente en él se hallan virtualmente comprendidos en su espíritu. Esa interpretación extensiva se fundamenta en el principio "*ubi eadem est ratio legis, eadem est eius dispositio*". Y para aplicarlo es menester averiguar si hay fundamento para pensar que el Legislador ha tenido en mira disponer respecto de un caso que él no ha expresado, lo mismo que respecto de aquel sobre el cual no ha estatuido formalmente. Para ello deben tenerse presentes las siguientes reglas: a. Ha lugar a la interpretación extensiva cuando las disposiciones de la ley quedarían ilusorias y no producirían ningún efecto si no se las extendiese más allá de los que expresa el sentido literal de sus términos; b. Toda ley debe extenderse a lo que es esencial al objeto que ella tiene en mira y a todo lo que es consecuencia necesaria de sus disposiciones; c. En las cosas correlativas se puede extender la disposición de la ley favorable, y decidir que el Legislador no ha hablado expresamente de una sino por vía de ejemplo; d. Lo que el Derecho considera como de una misma naturaleza debe decidirse por los mismos principios, y

Sanojo emplea un muy ilustrativo ejemplo para explicar cómo ha de interpretarse la Ley atendiendo a su propósito:

> «...supóngase que se prohíbe la exportación de[l cereal de] trigo, ¿debería extenderse la prohibición a la harina del mismo cereal? Si el fin que el legislador se ha propuesto es evitar que falte pan en el país no cabe duda que la prohibición debe hacerse extensiva a la harina. Si ha sido dar alimento a los molinos del país, la extensión [de la prohibición de exportación a la harina] no se hace lugar»[140].

Con base en ese sencillo ejemplo Sanojo afirma que aunque la regla de interpretación es fácil de enunciar, su observancia comporta una gran dificultad, porque no siempre se tiene conocimiento cierto e indubitable del objetivo que se ha propuesto alcanzar el Legislador[141].

§4. La razón de la Ley

Según la doctrina nacional, la razón de la Ley es sinónimo de fundamento, tanto jurídico como fáctico. Por tanto, la razón alude a las causas o motivos que condujeron a la sanción de la Ley[142].

Puesto que la Administración, llegado el momento de interpretar la Ley, se halla en el deber de tomar en consideración las circunstancias que justificaron que el Legislador concibiese y sancionase la Ley en los términos en que lo hizo, la razón de la Ley debe determinarse

---

se puede entonces extender la ley de un caso a otro. En todo caso, al aplicar esas reglas no se puede tratar de suplir arbitrariamente la ley (Feo, Ramón, *Código Civil de Venezuela. Artículo 1o. al 18*, *op. cit.*, p. 214).

140 Sanojo, Luis, *Código Civil de Venezuela. Artículo 1o. al 18*, *op. cit.*, p. 225.

141 Sanojo, Luis, *Código Civil de Venezuela. Artículo 1o. al 18*, *op. cit.*, p. 225.

142 Moles Caubet, Antonio, "La Potestad Reglamentaria y sus Modalidades", en *Estudios sobre la Constitución* (Libro-Homenaje a Rafael Caldera), Tomo IV, *op. cit.*, p. 2.090. Sala Político-Administrativa la Corte Suprema de Justicia, Sentencia N° 208, del 20 de octubre de 1983, asunto *Afraín Poriett et al.*, en *Revista de Derecho Público*, N° 16, Editorial Jurídica Venezolana, Caracas, 1980, pp. 144-145.

con base en los trabajos preparatorios de la ley, incluidas la exposición de motivos, las discusiones sostenidas por las personas que intervinieron en su elaboración, las observaciones de quienes fueron consultados, así como cualquier otro documento que hubiere sido elaborado a los fines de la discusión y ulterior aprobación de la ley[143].

Desde esta perspectiva, la interpretación lógica fundada en la razón de la Ley tiene como punto de partida los orígenes de la Ley, las causas existentes al momento de su sanción, para con base en ellas descubrir y determinar la intención del Legislador por el nexo lógico entre la idea contenida en la Ley y los motivos que sirvieron de fundamento al momento de su adopción[144].

Lo cierto es que la interpretación de la Ley atendiendo a su razón –y otro tanto cabe afirmar por lo que respecta a la interpretación de la Ley atendiendo a su espíritu o propósito– sirve para:

a. Desatender la interpretación fundada en la sola letra de la Ley, cuando esta última conduce a un absurdo o un sin sentido[145].

---

143 SANABRIA, EDGAR, *Código Civil de Venezuela. Artículo 1o. al 18*, *op. cit.*, p. 225. También Sala Político-Administrativa de la Corte Suprema de Justicia, Sentencia N° 201, del 10 de agosto de 1978, asunto *Luis Fernando Sandoval Ramírez*, Voto Salvado concurrente de los Magistrados Julio Ramírez Borges y Miguel Ángel Landáez, de conformidad con el cual los propósitos y objetivos perseguidos por el Legislador al sancionar una Ley pueden determinarse con base en su exposición de motivos y su propio texto (*Jurisprudencia de la Corte Suprema de Justicia*, N° 8-9, Dr. Oscar Pierre Tapia, Caracas, agosto-septiembre 1978, pp. 60-78).
Así como cada Constitución debe ser interpretada a la luz de su propia historia (LINARES QUINTANA, SEGUNDO V., *Tratado de interpretación constitucional*, *op. cit.*, p. 252), las leyes también deben ser interpretadas –*mutatis mutandis*– a la luz de sus antecedentes.

144 FEO, RAMÓN, *Código Civil de Venezuela. Artículo 1o. al 18*, *op. cit.*, p. 223. En el pasado, la jurisprudencia nacional ha afirmado que la razón de la ley (*ratio legis*) y el fin propio de la ley son una misma y única cosa (*Código Civil de Venezuela. Artículo 1o. al 18*, *op. cit.*, p. 256).

145 LÓPEZ MEDINA, DIEGO EDUARDO, *La letra y el espíritu de la Ley*, *op. cit.*, p. 149.

b. Producir una interpretación –una interpretación razonable– que permita que se alcancen o logren los objetivos que justificaron su aprobación de la Ley.

Sección IV. Otros límites derivados del principio de jerarquía de las fuentes

Los reglamentos que versan, en todo o en parte, sobre una misma materia, se encuentran sometidos a otro límite sustantivo adicional: el principio de jerarquía de fuentes[146].

Aludimos al límite establecido por los artículos 13, 14, 15, 16 y 17 de la Ley Orgánica de Procedimientos Administrativos, que establecen, respectivamente, las reglas siguientes: (i) ningún acto administrativo puede violar lo establecido en otro de superior jerarquía; (ii) los actos administrativos se organizan jerárquicamente en decretos, resoluciones, órdenes, providencias y otras decisiones; (iii) es al Presidente, en Consejo de Ministros o fuera de él, a quien corresponde dictar decretos; (iv) las resoluciones son decisiones adoptadas por los ministros por disposición del Presidente de la República o por disposición específica de la ley; y, (v) las decisiones administrativas, cuando no les corresponda la forma de decreto o resolución, tendrán la denominación de orden o providencia administrativa, y, en su caso, también podrán adoptar las formas de instrucciones o circulares.

Conforme a esas normas legales citadas, jerarquizadoras de las distintas normas reglamentarias que la Administración puede llegar a aprobar, ningún acto administrativo normativo puede contradecir los preceptos de un acto administrativo normativo al cual la Ley reconozca superior jerarquía[147]. La vulneración de la jerarquía

---

[146] *Vid.* Giannini, Massimo Severo, "Regolamento (Problematica Generale)", *Enciclopedia del Diritto, op. cit.*, p. 602.

[147] Consúltese, Corte Suprema de Justicia en Pleno, Sentencia s/n, del 24 de noviembre de 1999, asunto *Comité Interprofessionnel du Vin de Champagne*, que declara la ilegalidad de un reglamento ministerial por la infracción del

comporta inevitablemente la nulidad del acto, por su contrariedad con el Derecho[148].

Sección V. Los principios generales del Derecho

Los principios generales del Derecho forman parte integrante del bloque de la legalidad del Derecho Administrativo y, en esa condición, limitan el ejercicio de la potestad reglamentaria de la Administración[149].

Por mor de brevedad, en las páginas que siguen solo nos ocuparemos de algunos de tales principios.

§1. El principio constitucional *favor libertatis* como punto de partida para la interpretación y ulterior ejecución de la Ley

Ya hemos observado antes, que el artículo 2° de la Constitución

principio de jerarquía de los actos administrativos; y, Sala Político-Administrativa del Tribunal Supremo de Justicia, Sentencia N° 518, del 10 de abril de 2007, *asunto Procurador General del Estado Bolívar*.
Giannini, Massimo Severo, "Regolamento (Problematica Generale)", *Enciclopedia del Diritto*, *op. cit.*, p. 604.

148 González Pérez, Jesús, *Comentarios a la Ley de Procedimiento Administrativo*, Editorial Civitas, S.A., Madrid, 1991, p. 1.177.

149 Fernández Salmerón, Manuel, *El control jurisdiccional de los reglamentos*, *op. cit.*, p. 208; y, Cassagne, Juan Carlos, *El principio de legalidad y el control judicial de la discrecionalidad administrativa*, Marcial Pons Argentina, S.A., Buenos Aires, 2009, p. 40.
En idéntico sentido, Corte Suprema de Justicia en Pleno, Voto Salvado del Magistrado José Gabriel Sarmiento Núñez a la Sentencia s/n, del 29 de abril de 1965, asunto *Tito Gutiérrez Alfaro*; y, Sala Político-Administrativa de la Corte Suprema de Justicia, Sentencia N° 148, de 17 de julio de 1980, asunto *Lilia Zabala*, *Jurisprudencia de la Corte Suprema de Justicia*, Dr. Oscar Pierre Tapia, número 7, julio 1980, Caracas, pp. 56-67. En el segundo de los fallos judiciales citados la Corte aseveró que en su condición de acto administrativo, el reglamento –en el caso *sub iudice*, el Reglamento Interno dictado por el Congreso– «...se desenvuelve obligatoriamente bajo reglas de jerarquía superior: la Constitución y la Ley. De allí que toda contravención a éstas, *o de los principios que las informan*, pueden acarrear su invalidez, como consecuencia del límite formalmente insuperable que el Reglamento encuentra en la Ley».

establece que Venezuela es un Estado de Derecho y que la *libertad*, la justicia, la igualdad y el *respeto preeminente de los derechos humanos*, constituyen valores superiores del ordenamiento jurídico venezolano (*ut supra*, Capítulo VII, Sección III). Esa norma constitucional, merece la pena destacarlo, debe ser adminiculada con el artículo 20 *eiusdem*, conforme al cual toda persona tiene *derecho al libre desenvolvimiento de su personalidad*, sin más limitaciones que las que derivan del derecho de las demás y del orden público y social.

De los valores superiores del ordenamiento, enunciados por el artículo 2° de la Constitución, se deriva el principio *favor libertatis*, de conformidad con el cual las normas que se refieren a los derechos, libertades y garantías ciudadanas deben ser interpretadas extensivamente, y las normas que se refieren a las *potestades* asignadas a los órganos estatales, incluidas, porque no podría ser de otro modo, las que reconocen potestades normativas deben ser objeto, por el contrario, de una *interpretación restrictiva*[150].

Por consecuencia, al momento de reglamentar la Administración se halla en el deber de interpretar las normas de la Ley primaria en un todo conforme con el principio *favor libertatis*. Expresado de otra manera, las normas de Ley que comporten limitaciones al ejercicio de los derechos fundamentales han de ser

> «...interpretadas y aplicadas de tal modo que [tales limitaciones] *no sean más intensas que las estrictamente necesarias* para

---

[150] SANTAMARÍA PASTOR, JUAN ALFONSO, *Principios de Derecho Administrativo, Volumen I, op. cit.*, p. 323.
La Sala de Casación Penal del Tribunal Supremo de Justicia ha sostenido que «es bien conocido que disposiciones que reconocen derechos constitucionales [por obra del principio] *favor libertatis*, son de interpretación extensiva, como restrictivas aquellas que se refieren a la excepción de esta regla» (citado por la Sala Constitucional del Tribunal Supremo de Justicia, Sentencia N° 303, del 8 de marzo de 2004, asunto *Alfredo Rafael Romero Oliveros*, que decidió el Recurso de Revisión propuesto contra la Sentencia N° 375, dictada por la Sala de Casación Penal del Tribunal Supremo de Justicia, del 23 de octubre de 2003).

la preservación de ese otro bien jurídico constitucionalmente relevante con el que se enfrenta»[151].

Nuestra justicia ha dejado sentado que el principio *favor libertatis* se encuentra íntimamente relacionado con el principio constitucional de racionalidad[152]. Según la Corte Primera de lo Contencioso-Administrativo, en virtud del principio *favor libertatis* (i) las normas que consagran o disciplinan derechos fundamentales «...deben interpretarse de la manera más amplia para que su contenido pueda ser realmente efectivo...», y, por consiguiente, la Administración debe adelantar toda su actividad teniendo presente «...la primacía fundamental...» de tales derechos[153]; (ii) al momento de adoptar medidas en ejercicio de potestades discrecionales, la Administración debe cerciorarse de que los supuestos que sirven de fundamento a aquellas «...estén plenamente comprobados y motivados...», y de ese deber se deriva «...una necesidad aún mayor de exponer las razones sustentadoras de la decisión administrativa...», a los efectos de evitar que el ejercicio de la potestad discrecional degenere en arbitrariedad[154], y complementariamente, la medida que la Administración adopte debe ser idónea para alcanzar su finalidad, y debe, además, causar «...el menor costo posible...» a los particulares[155].

Esos deberes imponen la obligación, rigurosa por lo demás, de documentar adecuadamente el ejercicio de la discrecionalidad

---

[151] Tribunal Constitucional español, Sentencia 251/2005, del 10 de octubre, citada por Fernández Valverde, Rafael, "El principio *favor libertatis*", en Santamaría Pastor, Juan Alfonso (Director), *Los principios jurídicos del Derecho Administrativo*, La Ley, Madrid, 2010, p. 815.

[152] Corte Primera de lo Contencioso-Administrativo, Sentencia N° 992, del 8 de mayo de 2002, asunto C.A. *Cervecería Nacional (Brahma)*.

[153] Corte Primera de lo Contencioso-Administrativo, Sentencia N° 1.835, del 20 de diciembre de 2000.

[154] *Ibid.*

[155] Corte Primera de lo Contencioso-Administrativo, Sentencia N° 992, del 8 de mayo de 2002, asunto C.A. *Cervecería Nacional (Brahma)*.

reglamentaria, particularmente en lo tocante a la escogencia de la alternativa de regulación por la cual se decide la Administración.

§2. El principio constitucional de racionalidad como límite al ejercicio de la discrecionalidad reglamentaria

Las autoridades administrativas, he aquí una obviedad, se hallan en el deber de ejercer sus potestades discrecionales[156], incluidas aquellas que las facultan para expedir actos reglamentarios, de manera apropiada o adecuada. Así lo exige el *principio constitucional de racionalidad* en el ejercicio del Poder Público, también conocido como *principio constitucional de razonabilidad*[157]. En el Derecho comparado la doctrina alemana y el Consejo Constitucional francés arriban a la misma conclusión, a idéntico resultado, recurriendo al principio constitucional de proporcionalidad[158].

Al momento de enjuiciar la corrección en el ejercicio del Poder Público en función del *principio de racionalidad*, la medida estatal de que se trate debe ser sometida a tres análisis sucesivos, porque la autoridad que ejerce potestades discrecionales se halla en el deber de ponderar:

---

156 Sala Constitucional del Tribunal Supremo de Justicia, Sentencia N° 2.164, del 14 de septiembre de 2004, asunto Alfredo Travieso Passios. Según el más alto Tribunal, cuando la ley no predetermina ni la conducta de la Administración, ni tampoco el contenido de las providencias que la Administración pueda dictar en ejecución de aquella, dejando al «...órgano administrativo un amplio margen de apreciación para decidir el momento, la conveniencia, oportunidad, forma y contenido del acto...», el ejercicio de la «...potestad discrecional se encuentra condicionada por la finalidad y por la racionalidad y razonabilidad establecida en la propia norma...» de Ley.

157 Muci Borjas, José Antonio, "El principio de racionalidad, el derecho a la libre concurrencia y los límites del poder reglamentario", op. cit., p. 297.

158 Muci Borjas, José Antonio, "El principio de racionalidad, el derecho a la libre concurrencia y los límites sustantivos del poder reglamentario", op. cit., pp. 296-297; y, González Pérez, Jesús, El principio general de la buena fe en el Derecho Administrativo, op. cit., pp. 49-50.

a. Primero, si la medida administrativa resulta adecuada para alcanzar el fin propuesto (juicio de adecuación).

   Según Hailbronner, siempre debe mediar una «...relación "*ragionevole, adeguata* o *non sproporzionata*" entre el fin perseguido por la acción estatal y los instrumentos empleados para conseguirlo...»[159].

b. Segundo, si existían medidas alternativas que irrogaran menores perjuicios a los derechos de los particulares (juicio de necesidad).

   ParaHailbronner, entre los distintos medios adecuados «...debe elegirse el menos restrictivo», pues en un Estado de Derecho el fin no puede justificar los medios (no puede justificar, *i.e.*, cualquier medio)[160]. Las consecuencias que se derivan del principio de *intervención mínima* son simples de enunciar, pues lo que se pretende subrayar, según Agirreazkuenza, es que «...entre múltiples y posibles medios o medidas, considerados previsiblemente adecuados para conseguir el resultado adecuado, [siempre] hay que optar por los que causen el menor daño o molesten lo menos posible...» a los destinatarios de las medidas[161]. El principio de la elección del medio más suave o de la intervención más favorable a la pervivencia de los mayores márgenes de libertad posible cuando existen medios o medidas igualmente congruentes, no es sino un trasunto del principio *favor libertatis* que impregna todo el ordenamiento jurídico[162].

c. Finalmente, si la Administración ponderó adecuadamente los intereses públicos y privados en juego (juicio de proporcionalidad en sentido estricto)[163].

---

[159] Citado por Agirreazkuenza, Iñaki, *op. cit.*, p. 378.

[160] *Ibid.*

[161] *Ibidem.*

[162] *Ibidem.*

[163] Sarmiento Ramírez-Escudero, Daniel, *El principio de proporcionalidad en el Derecho Administrativo* (Un estudio desde el Derecho español), *op. cit.*, pp. 166-221.

De acuerdo a este último examen, cuanto mayor sea el grado de perjuicio a los derechos y libertades del ciudadano, mayor ha de ser la importancia del fin público legalmente tasado[164]. A fin de cuentas, este examen supone un *análisis objetivo* de los costes y de los beneficios que comportará la medida administrativa.

En sentido coincidente, Sala Constitucional del Tribunal Supremo de Justicia, Sentencia N° 379, del 7 de marzo de 2007, asunto *Representaciones Piel Dorio, C.A.*, y Sala Constitucional del Tribunal Supremo de Justicia, Sentencia N° 1.277, del 13 de agosto de 2008, asunto *Misión Padamo De Venezuela et al.* De acuerdo al criterio asentado en tales decisiones, (i) el principio constitucional de proporcionalidad «...no constituye un canon de constitucionalidad autónomo, sino un criterio de interpretación que permite enjuiciar posibles vulneraciones de normas constitucionales concretas y, en especial, de derechos fundamentales; (ii) «...la desproporción entre el fin perseguido y los medios empleados para conseguirlo puede dar lugar a un enjuiciamiento desde la perspectiva constitucional cuando esa falta de proporción implique un sacrificio excesivo o innecesario de los derechos que la Constitución garantiza»; y, (iii) el aludido principio «...no se circunscribe a un análisis subjetivo de la norma sino que responde a unos criterios de análisis (idoneidad, necesidad y proporcionalidad en sentido estricto) que obedecen de una manera tuitiva al resguardo de los derechos constitucionales en su justa medida y proporción...». Según la Corte Primera de lo Contencioso-Administrativo (Sentencia N° 690, de fecha 23 de abril de 2013, asunto *Marcos Tulio Cabrera Coronel*), para determinar si la Administración ha observado los límites que le impone el principio de racionalidad ha de adelantarse un doble test. De acuerdo al primero, el juez debe comprobar (i) si la realidad ha sido respetada o falseada; (ii) si la Administración tomó en consideración todos los factores jurídicamente relevantes o resolvió ponderar algún otro factor que no lo fuera; (iii) si se ha tenido en cuenta el mayor peso o mayor valor que el ordenamiento jurídico pudiera reconocerle a alguno de los factores jurídicamente relevantes; y, (iv) de tener todos los factores de obligada consideración el mismo valor jurídico, si el razonamiento empleado al momento de seleccionar uno de tales factores adolece de errores lógicos, o, en fin, resulta inconsistente con la realidad de los hechos. De acuerdo al segundo test, el de razonabilidad, debe evaluarse la proporcionalidad de la medida adoptada.

164 SARMIENTO RAMÍREZ-ESCUDERO, DANIEL, *El principio de proporcionalidad en el Derecho Administrativo* (Un estudio desde el Derecho español), op. cit., p. 215.

Las pruebas o exámenes *–sucesivos–* mencionados con anterioridad, acreditativos de que la discrecionalidad reglamentaria no comporta libertad de elección[165], deben adelantarse sobre la base de las actas del procedimiento administrativo, diseñado o concebido por el Legislador para que quede constancia documental de las razones o motivos que justificaron el ejercicio de la potestad reglamentaria (*ut supra*, Capítulo VI, Secciones I y II), y para evidenciar, por consiguiente, la justicia de las normas reglamentarias aprobadas por la Administración.

En resumen, a partir del principio de racionalidad puede adelantarse un control sustantivo del ejercicio de la potestad reglamentaria; un control que sirve para asegurar que los actos de la Administración, amén de *formalmente correctos*, sean también *esencialmente justos*[166].

§3. El principio de irretroactividad

Nuestro más alto Tribunal ha dejado asentado, acertadamente, que el principio de irretroactividad de la ley consagrado en nuestra Constitución también resulta aplicable a los reglamentos[167]. Ha

---

[165] SCHMIDT-ASSMAN, EBERHARD, *La Teoría General del Derecho Administrativo como Sistema, op. cit.*, p. 221; SANDULLI, ALDO, *Manuale di Diritto Amministrativo*, Volume I, *op. cit.*, p. 54; y, GARCÍA DE ENTERRÍA, EDUARDO y FERNÁNDEZ, TOMÁS RAMÓN, *Curso de Derecho Administrativo*, Tomo I, op. cit., pp. 458-462.

[166] MUCI BORJAS, JOSÉ ANTONIO, "Los Poderes del Juez Administrativo. Tutela judicial efectiva y control integral de la actividad administrativa", *op. cit.*, p. 2.220.

[167] Sala Político-Administrativa de la Corte Suprema de Justicia, Sentencia N° 87, del 22 de junio de 1971, asunto *Instituto Agrario Nacional*, en BREWER-CARÍAS, ALLAN RANDOLPH, *Jurisprudencia de la Corte Suprema de Justicia 1930-74 y Estudios de Derecho Administrativo*, Tomo I, *op. cit.*, p. 255; Sala Político-Administrativa de la Corte Suprema de Justicia, Sentencia N° 121, del 9 de abril de 1987, asunto *Protinal, C.A.*, en *Revista de Derecho Público*, N° 30, Editorial Jurídica venezolana, Caracas, 1987, pp. 100-111; y, Sala Político-Administrativa de la Corte Suprema de Justicia, Sentencia del

afirmado que el susodicho principio resulta aplicable a los reglamentos porque estos contienen previsiones generales y abstractas (*disposiciones legislativas* según los términos empleados por la Constitución), y, por consiguiente, porque los reglamentos califican, sin duda alguna, como leyes en sentido material.

En virtud del principio constitucional de irretroactividad, por razones de seguridad jurídica las normas legales tienen prohibido:

a. Valorar los supuestos de hecho acaecidos durante la vigencia de normas previas. No pueden, por tanto, afectar la existencia, validez o licitud de los hechos, actos y negocios jurídicos ocurridos antes de su entrada en vigor.

b. Disciplinar las consecuencias pasadas de los supuestos de hecho que se verificaron durante la vigencia de normas previas; o,

c. Regular las consecuencias futuras de hechos pasados, porque no pueden afectar los efectos jurídicos producidos después de su entrada en vigencia si tales efectos son consecuencia de un hecho anterior. Quedan a salvo de esta última regla las normas –de rango legal– en las que esté interesado el orden público y que, por consiguiente, no puedan ser renunciadas ni relajadas por convenios entre particulares[168].

---

3 de julio de 1996, Revista de Derecho Público, N° 67-68, Editorial Jurídica venezolana, Caracas, 1996, pp. 128-129. El artículo 44 de la Constitución vigente para el momento de la decisión establecía que «ninguna disposición legislativa tendrá efecto retroactivo, excepto cuando imponga menor pena. Las leyes de procedimiento se aplicarán desde el momento mismo de entrar en vigencia, aun en los procesos que se hallaren en curso, pero en los procesos penales las pruebas ya evacuadas se estimarán, en cuanto beneficien al reo, conforme a la ley vigente para la fecha en que se promovieron». El artículo 24 de la Constitución en vigor reproduce el artículo 44 transcrito anteriormente. En sentido coincidente, BETTI, EMILIO, Interpretazione della legge e degli atti giuridici (Teoria generale e dogmatica), *op. cit.*, p. 67.

168 SÁNCHEZ COVISA, JOAQUÍN, "La Vigencia Temporal de la Ley en el Ordenamiento Jurídico Venezolano", en *Obra Jurídica de Joaquín Sánchez Covisa*, Ediciones de la Contraloría General de la República, Caracas, 1976, pp. 77-326.

La última de las reglas enunciadas ha de matizarse por lo que a las normas reglamentarias respecta, porque el reglamento no tiene la eficacia superior, la fuerza irresistible, que el Ordenamiento solo reconoce a la Ley; y, en consecuencia, porque el reglamento no es instrumento estatal idóneo para limitar la libertad contractual que el Derecho reconoce a los particulares (principio de la autonomía de la voluntad de las partes), ni para imponer a los particulares deberes u obligaciones distintos a los establecidos por el Poder Legislativo mediante Ley formal.

Sección VI. Los condicionamientos sustantivos derivados de otros ordenamientos, con particular referencia al Derecho Administrativo Global

La potestad reglamentaria de la Administración también se halla sujeta a reglas y cánones que se originan allende de las fronteras del Estado venezolano, porque a lo largo de las últimas décadas el Derecho Administrativo ha ido perdiendo, paulatina y progresivamente, el vínculo que lo ligaba de forma exclusiva con un Estado en particular[169].

En los parágrafos que siguen haremos referencia a algunas limitaciones, de dispar naturaleza, derivadas de (i) acuerdos internacionales suscritos por la República, (ii) decisiones adoptadas por Administraciones Internacionales ("Administraciones sin Estado", según Battini)[170], y (iii) decisiones arbitrales pronunciadas por tribunales internacionales; a limitaciones, por tanto, que integran

---

En el Derecho Comparado se afirma que una norma es retroactiva «...cuando incide sobre relaciones consagradas y afecta situaciones agotadas...» (Gui Mori, Tomás, *Jurisprudencia Constitucional Íntegra 1981-2001* [Síntesis práctica, texto completo y actualización de todas las sentencias del TC], Tomo III, *op. cit.*, p. 428).

169 Cassese, Sabino, *Derecho Administrativo: Historia y Futuro*, *op. cit.*, p. 374. También, Alí Aranguren, Juan-Cruz, *Derecho Administrativo y Globalización*, Civitas Ediciones S.L., Madrid, 2004, p. 256.

170 Battini, Stefano, *Amministrazioni senza Stato* (Profili di Diritto Amministrativo Internazionale), Dott. A. Giuffrè Editore, Milano, 2003, pp. 197-220.

un ordenamiento jurídico, el internacional, que coexiste con nuestro Derecho interno y que, junto con nuestro Derecho interno, se halla simultáneamente vigente en el espacio.

§1. La Carta Iberoamericana de los Derechos y Deberes del Ciudadano en relación con la Administración Pública

Las normas de la Carta Iberoamericana de los Derechos y Deberes del Ciudadano en Relación con la Administración Pública, adoptada con el objeto de acercar o aproximar los sistemas jurídicos nacionales de los distintos países de la región[171], se ocupan del ejercicio del Poder por las Administraciones del Estado y de las garantías jurídicas mínimas que deben rodear el ejercicio de ese Poder. Sus normas, dicho en otros términos, tienen por objeto limitar o condicionar la actividad de las Administraciones de los distintos Estados[172]. Pero más allá de esos datos, a la Carta Iberoamericana la distingue una singularidad: en su texto se afirma que la misma –he aquí la novedad– es fuente de *Derecho Administrativo Global*[173].

[171] Sobre este tipo de *convergencias* entre los distintos Derechos Administrativos nacionales *vid.* CASSESE, SABINO, *Derecho Administrativo: Historia y Futuro, op. cit.*, p. 377.

[172] Con la aprobación de la Carta Iberoamericana Venezuela incorporó a su Derecho un novísimo derecho fundamental frente al ejercicio del Poder Público, en términos análogos o similares a los previstos por la Carta de Derechos Fundamentales de la Unión Europea (artículo 41, "Derecho a una buena administración"). La Carta de Derechos Fundamentales de la Unión Europea, dicho sea de paso, fue aprobada por los Estados Miembros de la Unión para reafirmar y reforzar, a nivel de la Unión, los derechos fundamentales de los ciudadanos europeos, dotándolos de un *régimen uniforme*, respetuoso de los *valores comunes* a los pueblos de Europa. Un objetivo parecido al indicado anteriormente anima o preside, *mutatis mutandis*, las disposiciones de la Carta Iberoamericana, pues estas, como fuente de Derecho Administrativo Global, dotan a los países signatarios de un *régimen de derechos fundamentales uniforme* frente a las Administraciones Públicas de los distintos Estados Iberoamericanos y el ejercicio del Poder Público por parte de estas últimas.

[173] MUCI BORJAS, JOSÉ ANTONIO, "El Derecho Fundamental a una Buena Administración y la Carta Iberoamericana de los Derechos y Deberes del Ciudadano en relación con la Administración Pública" (El reconocimiento, por el

Según el Preámbulo de la Carta Iberoamericana, la *buena administración* es, a un mismo tiempo (i) un *principio general* que informa al Derecho Administrativo y condiciona la actuación de las Administraciones Públicas estatales; (ii) una *obligación* de todas las Administraciones Públicas. Esa obligación, siempre según la Carta, se deriva de la definición del Estado Social y Democrático de Derecho, y muy particularmente de la *tarea promocional* que la cláusula del Estado Social le impone a los Poderes Públicos, a saber: *crear las condiciones* necesarias para que la *libertad* y la *igualdad* de las personas sean *reales* y *efectivas*, removiendo, al efecto, los obstáculos que impidan esa meta o propósito; (iii) finalmente, desde la perspectiva de los particulares, se trata de un *genuino y auténtico derecho fundamental* a una buena Administración Pública, del que se derivan, como reconoce la Carta Iberoamericana, una serie de atributos (una serie de derechos más concretos o específicos) que definen el régimen jurídico aplicable a los particulares en sus relaciones con las Administraciones Públicas.

La trascendencia de la Carta Iberoamericana se hace evidente al constatar, *e.g.*, que su artículo 26 exige la motivación de las actuaciones públicas (de todas las actuaciones públicas, sin excepciones), y no solo de los actos administrativos, como hace la Ley Orgánica de Procedimientos Administrativos[174]. En virtud del derecho a la motivación, la Carta Iberoamericana precisa o determina que la Administración Pública debe soportar sus actuaciones, incluidas las adoptadas en ejercicio de la potestad reglamentaria, en razonamientos inteligibles para todo ciudadano, pues su deber es acreditar la objetividad que preside su entero y completo quehacer[175]. Por ende, en

---

derecho administrativo global, del derecho fundamental a una buena administración pública), en *Libro Homenaje a la Academia de Ciencias Políticas y Sociales en el centenario de su fundación 1915-2015*, Tomo II, Academias de Ciencias Políticas y Sociales, Caracas, 2015, pp. 911-925.

[174] *Gaceta Oficial de la República* N° 2.818 Ext., del 1 de julio de 1981.

[175] La justicia española ha concluido que la transgresión del principio de objetividad al momento de ejercer potestades reglamentarias puede viciar de

los actos administrativos de efectos particulares tales razonamientos deben serle comunicados a los interesados, mientras que en los actos administrativos de efectos generales deben hallarse a la disposición de la ciudadanía en el expediente administrativo cuya apertura y sustanciación precedió la aprobación de normas reglamentarias.

El derecho reconocido por el artículo 26 de la Carta procura garantizar dos objetivos claves en un mundo cada vez más globalizado, a saber: la previsibilidad de la conducta estatal y la seguridad jurídica de las contrapartes de la Administración[176]. Siempre según la Carta, el derecho a la motivación de las actuaciones públicas se encuentra estrecha o íntimamente relacionado con el principio de racionalidad, que se extiende, así reza la Carta, «...a la motivación y argumentación que debe caracterizar todas las actuaciones administrativas, especialmente en el marco del ejercicio de las potestades discrecionales» (artículo 4 *eiusdem*).

Como bien lo destaca el Preámbulo de la Carta, la motivación de las actuaciones administrativas y, en general, «...de todas las decisiones de los poderes del Estado...», sirve para exigirle a las autoridades cabal rendición de cuentas del Poder Público por ellas ejercido[177].

---

nulidad el acto resultante, por *desviación de poder* (CHINCHILLA DE MARÍN, CARMEN, *La desviación de poder, op. cit.*, p. 101). Siempre en materia de *desviación de poder*, la justicia venezolana ha dejado asentado que cuando alega que un reglamento es nulo, por desviación de poder, resulta necesario indicar de manera precisa cuál es la ley cuyo espíritu, propósito o razón han sido alterados por las normas reglamentarias (Sala Político-Administrativa de la Corte Suprema de Justicia, Sentencia del 28 de octubre de 1982, en *Revista de Derecho Público*, N° 12, octubre-diciembre 1982, Editorial Jurídica Venezolana, Caracas, 1982, p. 136).

[176] Según la jurisprudencia venezolana, el principio general de la seguridad jurídica es de rango constitucional. Sobre ello, consúltese Sala Político-Administrativa de la Corte Suprema, Sentencia N° 686, del 30 de octubre de 1997, asunto *Luis Enrique Pagés*.

[177] Según el artículo 141 de la Constitución venezolana, «la Administración Pública está al servicio de los ciudadanos y se fundamenta en los principios de honestidad, participación, celeridad, eficacia, eficiencia, transparencia, *ren-*

§2. Los estándares internacionales en materia aeronáutica

La actuación de la Administración Pública venezolana también se encuentra limitada por normas dictadas por organizaciones internacionales, de diversa índole o naturaleza, que conforman el "gobierno global" *lato et improprio sensu*[178].

En este orden de ideas, según la Ley del Instituto Nacional de Aeronáutica Civiles a ese Instituto Autónomo, en su condición de máxima autoridad de aeronáutica civil de la República, a quien compete dictar las *regulaciones aeronáuticas* venezolanas (artículo 7°, numeral 5°). Ese dato normativo de Derecho interno es, empero, incompleto si se desatiende la parte final de la norma legal citada con precedencia, a tenor de la cual dichas regulaciones han de ser dictadas «...con base a los *estándares internacionales*» en materia aeronáutica.

Los estándares internacionales que *condicionan* la actividad regulatoria del Instituto Nacional de Aeronáutica Civil son los aprobados por la Organización de Aviación Civil Internacional (*International Civil Aviation Organization*), organismo especializado de la Organización de las Naciones Unidas (ONU), creado en 1944 para ejercer la administración y velar por la aplicación del Convenio sobre Aviación Civil Internacional (Convenio de Chicago). A esa Administración global, disciplinada por el Derecho Administrativo Global, le corresponde promover reglamentos y normas *uniformes* en una materia, la aeronáutica, que trasciende las fronteras estatales y que, por ellos, demanda una disciplina uniforme.

De las regulaciones dictadas por el Instituto Nacional de Aeronáutica Civil, con base en los estándares internacionales establecidos por la Organización de Aviación Civil Internacional, ex-artículo

---

dición de cuentas y responsabilidad en el ejercicio de la función pública, con sometimiento pleno a la ley y al derecho».

178 Muci Borjas, José Antonio, *El Derecho Administrativo Global y los Tratados Bilaterales de Inversión (BITs), op. cit.*, p. 46.

7°, numeral 5°, de la Ley del Instituto Nacional de Aeronáutica Civil,cabe citar aquí, a título de ejemplo:

a. La Regulación Aeronáutica Venezolana 11 (RAV 11), a través de la cual se establecieron los Procedimientos para la elaboración de las regulaciones aeronáuticas venezolanas[179]. De acuerdo a la Regulación, «la elaboración de las RAV se desarrolla principalmente *en base a* las Normas y Métodos recomendados emanados de la Organización de Aviación Civil *Internacional* (OACI), de los Anexos del Convenio sobre Aviación Civil Internacional, sus enmiendas, la Ley de Aeronáutica Civil de la República... y el ordenamiento jurídico venezolano conducente» (Sección 11.5, Elaboración de las RAV); para la redacción de las RAV debe tenerse en cuenta el «...lenguaje y léxico empleado en los Anexos al Convenio sobre Aviación Civil Internacional y documentos técnicos de la OACI, en la versión en español»[180] (Sección 11.6, Redacción); las definiciones que toda RAV ha de contener «...*deben estar de acuerdo con* su utilización en los Anexos de la OACI...» (Sección 11.7, Uso de Definiciones); y, las eventuales enmiendas a las RAV deben «...incluir las enmiendas a los Anexos al Convenio sobre Aviación Civil Internacional» (Sección 11.12, Enmienda a las RAV).

b. La Regulación Aeronáutica Venezolana 14 (RAV 14), contentiva de las Normas y métodos internacionales recomendados en materia de diseño y operaciones de Aeródromos y Helipuertos. Según el encabezamiento de la Regulación, la misma fue dictada «...*en observancia* al contenido de las Cartas de Estado N° AN 4/1.2.23-09/30 y AN 4/16.6-09/31, ambas de fecha 9 de abril de

---

[179] Providencia administrativa N° PRE-CJU-073-08, del 3 de julio de 2008 (*Gaceta Oficial de la República* N° 39.002, del 26 de agosto de 2008).

[180] López Medina afirma que por causa de la globalización ha surgido «...la necesidad de construir un sistema jurídico que *converse*, en su propio idioma...» con los distintos destinatarios de las normas, independientemente de su ubicación y de las tradiciones jurídicas de los distintos países (López Medina, Diego Eduardo, *La letra y el espíritu de la Ley*, *op. cit.*, p. 83).

2009, emanadas del Consejo de la Organización de Aviación Civil Internacional... de las que se desprenden la *exigencia* de orientar la adecuación de la legislación aeronáutica al cumplimiento de las normas y métodos recomendados emanados de la Organización de Aviación Civil Internacional...»[181].

Las normas legales y reglamentarias invocadas con precedencia ponen en evidencia que el ejercicio de la potestad reglamentaria que la Ley del Instituto Nacional de Aeronáutica Civil le reconoce al Instituto, se halla limitada por reglas de carácter internacional y alcance global, que rigen sin consideración de fronteras, porque sus efectos rebasan o desbordan los confines del Estado, y, además, que tales reglas representan límites –de carácter sustantivo– al ejercicio del poder normativo de la Administración[182].

§3. El estándar de trato justo y equitativo y los arbitrajes de inversión

El ejercicio de la potestad reglamentaria también se encuentra sujeto a otros límites extraños o ajenos al Derecho interno.

En propósito, cabría invocar aquí el estándar de trato justo y equitativo (*fair and equitable treatment*), concepto jurídico inde-

---

181 Providencia administrativa N° PRE-CJU-342-09, del 30 de octubre de 2009 (*Gaceta Oficial de la República* N° 5.962 Extraordinario, del 19 de febrero de 2010).

182 En palabras de Cassese, «sería un error creer que el Derecho Administrativo global sólo se compone de la esfera (o nivel) de normas y organismos superiores a los Estados. La esfera global interacciona con la esfera (o el nivel) inferior, influye en ella, o la deja libre, aunque en algunos casos puntuales establezca imposiciones específicas. Actúa como el Señor en la teoría escolástica de las "causas segundas": aun siendo causa primera de todo, se abstiene de actuar en cada caso particular y entrega una parte de su contenido a otras leyes, salvo intervenciones extraordinarias» (Cassese, Sabino, *Derecho Administrativo: Historia y Futuro, op. cit.*, p. 375).

terminado[183] garantizado, bajo diversas fórmulas o redacciones[184], en los distintos Tratados Bilaterales de Promoción y Protección de Inversiones (BIT's) suscritos y ratificados por el Estado venezolano a lo largo de los últimos años.

Por causa del derecho a un trato justo y equitativo, desde un punto de vista sustantivo las medidas adoptadas por un Estado deben respetar u observar, entre otros, los extremos, complementarios entre sí, que de seguida se mencionan:

a. Primero, el Estado se halla en el deber de elaborar *normas claras e inteligibles* en las materias relacionadas con las inversiones extranjeras[185].

[183] En sentido coincidente, en la decisión *Enron Corporation and Ponderosa Assets, L.P v. Argentine Republic* se afirmó que «...[the] fair and equitable treatment is a standard none too clear and precise» (ICSID Case N° ARB/01/3, May 22nd, 2007, § 256).
Sobre el particular consúltese también Muci Borjas, José Antonio, *El Derecho Administrativo Global y los Tratados Bilaterales de Inversión (BITs), op. cit.*, pp. 152-163; y, García de Enterría, Eduardo, y Fernández, Tomás Ramón, *Curso de Derecho Administrativo*, Tomo I, *op. cit.*, pp. 463-469.

[184] El Acuerdo (BIT) Venezuela-Francia se dispone, *e.g.*, que «cada una de las Partes Contratantes se compromete a conceder, en su territorio y en su zona marítima, un *trato justo y equitativo*, conforme a las *reglas y principios del Derecho Internacional*, a las inversiones de los nacionales y sociedades de la otra Parte Contratante y a garantizar que el ejercicio del derecho así adquirido no sea obstaculizado, de hecho ni de derecho» (Artículo 3.1, *Gaceta Oficial de la República* N° 37.896, del 11 de marzo de 2004). Por su parte, el Acuerdo (BIT) Venezuela-Suecia establece que a «las inversiones de inversores de una Parte Contratante se les *otorgará en toda ocasión* un *trato justo y equitativo* de acuerdo con las *reglas internacionales del Derecho Internacional*. Ninguna Parte Contratante obstaculizará mediante medidas arbitrarias o discriminatorias la administración, mantenimiento, uso, disfrute o enajenación de tales inversiones así como la adquisición de bienes y servicios y la venta de su producción» (Artículo 2.2, *Gaceta Oficial de la República* N° 5.192 Extraordinario, del 18 de diciembre de 1997).

[185] Consúltese, *mutatis mutandis*, el fallo que decidió el asunto *Commission v. Italy*, en Muci Borjas, José Antonio, *El Derecho Administrativo Global y los Tratados Bilaterales de Inversión (BITs), op. cit.*, pp. 156-158. En senti-

b. Segundo, los cambios que se le introduzcan a la reglamentación no deben ser súbitos o bruscos, pues la *estabilidad* del marco normativo y la *previsibilidad* de sus eventuales modificaciones constituyen valores protegidos por el precitado estándar[186]. La previsibilidad de los cambios normativos demanda la tramitación del procedimiento administrativo que tiene por objeto la aprobación de reglamentos al momento de elaborar el reglamento (inicial) de una Ley, así como al proceder a su reforma o derogación.

c. Tercero, la Administración debe acreditar que las normas que aprueba se fundamentan en hechos y en argumentos jurídicos convincentes. Las referencias vagas o imprecisas al interés general son insuficientes para justificar la introducción de cambios al ordenamiento jurídico[187].

---

do coincidente, (i) la Sección 11.6 de la Regulación Aeronáutica Venezolana 11 dispone que al momento de redactar una RAV debe tenerse en cuenta que ha de emplearse «...un estilo de redacción claro, sencillo, conciso y de fácil entendimiento para el lector evitando toda ambigüedad»; (ii) el artículo 15 de la Carta Iberoamericana de los Derechos y Deberes del Ciudadano en Relación con la Administración Pública establece la Administración debe «... usar en la elaboración de las normas y actos de su competencia un lenguaje y una técnica jurídica que tienda, sin perder el rigor, a hacerse entender por los ciudadanos»; y, (iii) habida consideración de la *redacción ambigua y defectuosa de la norma* reglamentaria que servía de fundamento a una multa, porque no aparecía claramente tipificada la infracción administrativa, la Sala Político-Administrativa de la Corte Suprema de Justicia procedió a anular la aludida sanción (Sentencia N° 180, del 5 de junio de 1975, asunto *Empresa Mercantil C.A. de Corretaje de Seguros*, en *Jurisprudencia de la Corte Suprema de Justicia*, Dr. Oscar Pierre Tapia, número 6, Caracas, junio 1975, pp. 28-29).

186 Consúltese, *inter alia*, el laudo *Joseph Lemire v. Ukraine*. En esa decisión el Tribunal afirmó que el estándar le impone al Estado el deber de *ofrecer un marco jurídico estable y previsible* (ICSID Case No. ARB/06/18, January 21st, 2010, Paragraph §284).

187 Véase ADC *Affiliate Ltd. and* ADC *&* AMC *Management Limited v. The Republic of Hungary* (ICSID Case No. ARB/03/16, October 2nd, 2006, Paragraphs §430-432).

d. El Estado debe obrar con objetividad. La reforma de su ordenamiento interno debe adelantarse de buena fe, quedando prohibida la aprobación de reglas arbitrarias o discriminatorias[188].

En síntesis, la inclusión de estándar de trato justo y equitativo en los Tratados Bilaterales de Promoción y Protección de Inversiones (BIT's) permite enjuiciar el ejercicio de la potestad reglamentaria por parte de las Administraciones Públicas estatales, con base en reglas, como las que ha venido creando la jurisprudencia arbitral internacional, que no son de Derecho interno.

SECCIÓN VII. LA REGLAMENTACIÓN DE LAS MATERIAS DE LEY NO GOBERNADAS O SOMETIDAS A LA DISCIPLINA DEL DERECHO ADMINISTRATIVO

Si bien es cierto que el Poder Ejecutivo está llamado a ejecutar las leyes (las leyes, en general), y que para satisfacer ese deber constitucional cumplir y hacer cumplir las leyes tiene que reglamentarlas en su ámbito de competencia, no es menos cierto que existen *leyes* que –en principio– *no admiten reglamentación*. No admiten reglamentación, decíamos, porque esas leyes se encuentran fuera del radio de acción del Derecho Administrativo.

Efectivamente, no todas las leyes son susceptibles de ser reglamentadas. En propósito, la doctrina nacional ha afirmado:

a. Que leyes como el Código de Procedimiento Civil o el Código Orgánico Procesal Penal no pueden ser reglamentadas, porque se trata de leyes cuya *aplicación* le ha sido encomendada a los órganos que integran el *Poder Judicial*, o, dicho de otra manera, porque no son fuente de Derecho Administrativo.

---

[188] TUDOR IOANA, *The Fair and Equitable Treatment Standard in the International Law of Foreign Investment*, Oxford University Press, Oxford, 2008, pp. 173-175 y 177-180.

Según el Tribunal Supremo de Justicia, constituye *excepción* a esta regla general la norma, incluida en el Código de Procedimiento Civil, que habilita a la Administración para que, en ejercicio de la potestad reglamentaria, modifique la cuantía que (i) define la competencia de los tribunales o (ii) determina el procedimiento judicial aplicable, con base en la pérdida del valor de la moneda por causa de la inflación, porque esa norma *sui generis* tiene como *destinatario* al Poder Ejecutivo y no al Poder Judicial[189].

b. Que las normas del Código Civil o del Código de Comercio, *reguladoras de conductas entre particulares*, tampoco son susceptibles de reglamentación[190].

La regla que antecede ha sido reconocida de manera virtual o implícita por el Tribunal Supremo de Justicia en el ámbito de la responsabilidad extracontractual, al afirmar que «...desde hace algún tiempo se ha venido insistiendo en que no es propio acudir

---

[189] Sala Constitucional del Tribunal Supremo de Justicia, Sentencia N° 1.586, del 12 de junio de 2003, asunto *Santiago Mercado Díaz et al.*
Los razonamientos que anteceden resultan aplicables, *mutatis mutandis*, a la Ley sobre el Régimen para la Comparecencia de Funcionarios y Funcionarias Públicos y los o las Particulares ante la Asamblea Nacional o sus Comisiones (*Gaceta Oficial de la República* N° 37.252, del 2 de agosto de 2001), por lo que respecta a los poderes de control de la Asamblea Nacional, no solo porque esas normas tienen como destinataria al Poder Legislativo, sino porque contradicen el principio constitucional de autonomía (*ut supra*, Capítulo IV, Sección II, §2), (Hernández, Jesús María, *Asamblea Nacional: Conquista Democrática vs. Demolición Autoritaria* [Elementos de la argumentación y práctica judicial autoritaria de la Sala Constitucional del Tribunal Supremo], Universidad Católica Andrés Bello, 1ª edición, Caracas, 2017, pp. 52-53). Sobre este particular consúltese también Sala Constitucional del Tribunal Supremo de Justicia, Sentencia N° 9, del 1° de marzo de 2016, asunto *Gabriela Flores Ynserny et al.*

[190] En torno a la posibilidad de "reglamentar" normas del Código Civil, consúltese también Lares Martínez, Eloy, *Manual de Derecho Administrativo*, *op. cit.*, p. 79; y Garrido Falla, Fernando, *Tratado de Derecho Administrativo*, Volumen I, *op. cit.*, p. 301.

a las fuentes de las obligaciones que rigen en materia civil, para declarar la responsabilidad de la Administración por su actividad, especialmente por lo respecta a su actividad extra-contractual», porque «...la responsabilidad civil [regulada por el Código Civil] atiende a *un sistema jurídico de relaciones intersubjetivas entre particulares...*», ajenas a la Administración y a su producto normativo, el reglamento, «...cuyas reglas no pueden ser aplicadas exactamente a los sujetos de derecho público que, además de gozar de potestades públicas, gozan de determinados privilegios por ser los tutores del interés general»[191].

En sentido coincidente, cabe invocar aquí la Circular sobre el Código Civil, del 3 de septiembre de 1942, a través de la cual el Ministerio de Relaciones Interiores informaba al Presidente del Estado Anzoátegui acerca de la reciente aprobación del precitado Código y, tras compartir las innovaciones que el mismo contenía, pedía el cabal cumplimiento de aquellas normas que contemplaban *la intervención de la Administración* en alguno de los negocios

---

[191] Sala Político-Administrativa del Tribunal Supremo de Justicia, Sentencia N° 2.130, del 9 de octubre de 2001, asunto *Hugo Eunices Betancourt Zerpa*. En el fallo judicial citado el más alto Tribunal agregó cuanto sigue: «El *principio de igualdad o equilibrio ante las cargas públicas*, previsto en los artículos 21, 133 y 316 de la Constitución [y no el Código Civil]... constituye el fundamento principal de la responsabilidad extra-contractual de la Administración, y su justificación se encuentra en que la Administración persigue la satisfacción y tutela de los intereses colectivos; por lo que si en ejercicio de sus potestades –por órgano de autoridad legítima– causa un daño a un particular, éste no puede sufrir individualmente las cargas de la actividad dañosa de la Administración. En consecuencia, no debe en función del colectivo someterse a un ciudadano a una situación más gravosa que la que soportan la generalidad de los administrados y, de ocurrir, el desequilibrio debe restablecerse mediante la indemnización correspondiente. Así, independientemente de que la actividad de la Administración fuese lícita o ilícita, con o sin culpa, si ésta ha causado un daño a un administrado, se debe responder patrimonialmente».

jurídicos –*inter alia*, el matrimonio o la elaboración de partidas de defunción–que el Código Civil regula[192].

---

[192] *Compilación Legislativa de Venezuela*, Anuario 1942, Editorial Andrés Bello, Caracas, pp. 1.283-1.296. La Circular se fundaba en el artículo 15, numeral 4°, de la Constitución de 1936, que reservaba al Poder Federal la legislación en materia civil, y el artículo 16 *eiusdem*, que obligaba a los Estados a cumplir y hacer cumplir y a ejecutar la Constitución y las leyes de la Unión (Brewer-Carías, Allan Randolph, *Las Constituciones de Venezuela, op. cit.*, p. 804). Aunque el Ejecutivo, *ex rerum natura*, no se halla habilitado para reglamentar las normas del Código Civil reguladoras de las conductas de los particulares, porque tales normas *no constituyen fuente de Derecho Administrativo* (*mutatis mutandis*, *Arrêt Blanco*, Long, M., Weil, P., Braibant, G., Devolvé, P. y Genevois, B., *Les grandes arrêts de la jurisprudence administrative, op. cit.*, pp. 1-7), no podemos dejar de mencionar aquí dos singulares reglamentos, adoptados en Venezuela a finales del siglo XIX, en cuya motivación se invocan *las normas* del precitado Código: (i) la Resolución del Ministro de Fomento, de 23 de diciembre de 1896, por la cual se reglamenta la caza de garzas. Según la escueta motivación de la Resolución, «el Presidente de la República, *en vista de las disposiciones del Código Civil*, y considerando que por no estar sujeta á ningún reglamento la industria de la caza de aves, especialmente la de garzas en que abunda el territorio nacional, queda por tales motivos expuesta a su total extinción esta fuente de riqueza nacional, á fin de regularizar su explotación, dispone...» (*Leyes y Decretos de Venezuela 1896*, Tomo 19, *op. cit.*, pp. 227-229); y, (ii) La Resolución del Ministro de Fomento de 22 de marzo de 1897, por la cual se reglamenta la industria de la pesca de perlas. El reglamento encontró su fundamento en las circunstancias siguientes: «El Presidente de la República *en vista de las disposiciones del Código Civil*, y considerando que por no estar sujeta á ningún reglamento la industria de la pesca de perlas, riqueza natural que abunda en el litoral venezolano, especialmente en las costas de Cumaná, de la Península de Paraguaná y de la Isla de Margarita queda por tales motivos expuesta á su total extinción, á fin de regularizar su explotación, dispone...» (*Leyes y Decretos de Venezuela 1897*, Tomo 20, Biblioteca de la Academia de Ciencias Políticas y Sociales, Serie República de Venezuela, Caracas, 1992, pp. 47-49).

Capítulo VIII

La reserva reglamentaria en el Derecho venezolano: el artículo 236, numeral 20, de la Constitución de 1999

SECCIÓN I. LA RESERVA REGLAMENTARIA: INTRODUCCIÓN

En la Constitución francesa de 1958 el Constituyente incorporó un conjunto de reglas atributivas de competencia de carácter novedoso, mediante las cuales delimitó los ámbitos de la Ley y del reglamento[1].

Según el artículo 34 de la Constitución francesa hay ciertas materias cuya regulación corresponde a la Ley *en exclusiva*. Ese primer elenco de materias incluye las reglas concernientes a los derechos cívicos y las garantías fundamentales concedidas a los ciudadanos para el ejercicio de las libertades públicas; la libertad, el pluralismo y la independencia de los medios de comunicación; las prestaciones impuestas por la defensa nacional a los ciudadanos en cuanto a sus personas y sus bienes; la nacionalidad, estado y capacidad de las personas, los regímenes matrimoniales, las sucesiones y donaciones; la tipificación de los delitos, así como de las penas aplicables, el procedimiento penal, la amnistía, la creación de nuevas clases de jurisdicción y el estatuto de los magistrados y fiscales; y, la base, tipo y modalidades de recaudación de los impuestos de toda clase y el régimen de emisión de la moneda. Hay otras, según el artículo 34 de la Constitución francesa, en las que la Ley debe circunscribirse a establecer los *principios fundamentales* que disciplinan o informan la materia. A esta segunda categoría de asuntos pertenecen la enseñanza; la preservación del medio ambiente; el régimen de la propiedad, de los derechos reales y de las obligaciones civiles y comerciales; y, el derecho laboral, el derecho sindical y el de la seguridad social.

---

[1] Sobre el dominio reservado a la Ley y el dominio reservado al Reglamento en el Derecho comparado, *vid.* GAUDEMENT, YVES, *Droit Administratif,* 20e édition, Lextenso éditions LGDJ, Paris, 2012, pp. 313-314; y, WALINE, JEAN, *Droit administratif, op. cit.*, pp. 302-309.

Las reglas que anteceden son complementadas por el artículo 37 de la Constitución francesa, según el cual ostentan *carácter reglamentario* y, por tanto, deben ser disciplinadas mediante reglamento, todas las materias distintas a las reservadas al ámbito –propio o exclusivo– de la Ley. Según la doctrina, esta segunda norma constitucional reconoce la existencia de un poder reglamentario novedoso, no solo por su *autonomía*, sino por su *libertad de acción extrema*, porque, al igual que la Ley, solo se encuentra sometido a la Constitución[2].

La distribución o repartición de competencias consagrada en la Constitución francesa pudiera ser epitomada en los siguientes términos: mientras a la Ley sancionada por el Parlamento corresponde *crear* (*mise en cause*) las disposiciones reguladoras de las materias reservadas a la Ley, en tales materias el reglamento aprobado por la Administración debe limitarse a *implementar* (*mise en œuvre*) las reglas necesarias para que pueda llevarse a cabo la regulación que la Ley debe contener[3].

Sección II. La reserva legal en materia de organización de los órganos del Poder Público Nacional en el Derecho venezolano

En Venezuela la organización de los órganos del Poder Público Nacional se halla disciplinada por el artículo 156, numeral 32, de la Constitución en vigor, a tenor del cual la *organización* y funcionamiento de los órganos del Poder Público Nacional y demás órganos e instituciones nacionales del Estado es materia de la competencia del Poder Público Nacional, y, como tal, materia sobre la cual debe *legislar* la Asamblea Nacional *ex*-artículo 187 *eiusdem*.

Lo previsto por las dos normas constitucionales citadas con anterioridad es luego reiterado, *inter alia*, por el artículo 247 *eiusdem*, a

2 Frier, Pierre-Laurent y Petit, Jacques, *Droit Administratif*, *op. cit.*, pp. 85-86.

3 Waline, Jean, *Droit administratif*, *op. cit.*, pp. 306-307.

tenor del cual la organización, competencia y funcionamiento de la Procuraduría General de la República es materia reservada a la Ley orgánica que regule esa Administración; el artículo 292 *eiusdem*, que encomienda a la Ley orgánica la organización y el funcionamiento del Poder Electoral, integrado por el Consejo Nacional Electoral, la Junta Electoral Nacional, la Comisión de Registro Civil y Electoral y la Comisión de Participación Política y Financiamiento; el artículo 262 *eiusdem*, según el cual la integración y competencias de las Salas que integran el Tribunal Supremo de Justicia es materia reservada a la Ley orgánica que ha de dictarse al efecto; el artículo 273 *eiusdem*, que encomienda a la Ley orgánica la organización y funcionamiento del Poder Ciudadano; el artículo 283 *eiusdem*, de conformidad con el cual corresponde a la Ley determinar la organización y funcionamiento de la Defensoría del Pueblo; y, el artículo 290 *eiusdem*, que le encomienda a la Ley la organización y funcionamiento de la Contraloría General de la República.

Sección III. El Poder Ejecutivo y la reserva reglamentaria en materia de organización administrativa

La Constitución venezolana contempla una *excepción* a la regla general enunciada en la Sección que antecede al establecer que compete al Presidente de la República en Consejo de Ministros, «fijar el número, organización y competencia de los ministerios y otros organismos de la Administración Pública Nacional, así como también la organización y funcionamiento del Consejo de Ministros...», precisando de inmediato que esa competencia ha de ejercerse «...dentro de los *principios y lineamientos* señalados por la correspondiente ley orgánica...» (236, numeral 20°). Dicho de otro modo, en esta materia la Constitución distribuye las atribuciones normativas del Legislativo y del Ejecutivo como se indica a continuación:

a. La reserva de Ley en materia de principios y lineamientos

Por lo que se refiere a la organización de la Administración Pública Nacional y a la organización y funcionamiento del Consejo de

Ministros, la Constitución reserva a la Ley *únicamente* la fijación de «...principios y lineamientos...». En consecuencia, al Poder Legislativo solo incumbe determinar las normas que han de servir de marco al ejercicio de la potestad reglamentaria atribuida al Ejecutivo Nacional en materia de organización administrativa[4]; y,

b. La reserva al reglamento de la ejecución de la organización de la Administración Pública Nacional

En virtud de mandato constitucional expreso, la determinación del número, la organización y las competencias de los ministerios y demás órganos de la Administración Pública Nacional es, por el contrario, materia encomendada *en exclusiva* al Presidente de la República en Consejo de Ministros, y, por consiguiente, materia cuya regulación ha de hacerse mediante Reglamento. Enunciado en otros términos, esta es materia *reservada al reglamento*. Asimismo, la organización y el funcionamiento del Consejo de Ministros es también materia cuya regulación ha de hacerse mediante Reglamento, es decir, materia *reservada al reglamento*[5].

De conformidad con el artículo 236 de la Constitución, el alcance de la Ley reguladora de la Administración Pública Nacional contrasta

---

4 *Vid.* Berti, Giorgio, *Manuale di interpretazione costituzionale*, 3ª edizione, Casa Editrice Dott. Antonio Milani, Padova, 1994, p. 211.

5 Este régimen contrasta con el existente durante la vigencia de la Constitución de 1961. En efecto, era en virtud del artículo 39 (Título III, De los Ministros y Ministerios, Capítulo II, Del Número, Denominación y Competencias de cada Ministerio) de la Ley Orgánica de la Administración Central (*Gaceta Oficial de la República* N° 36.850, del 14 de diciembre de 1999) que se determinaban los Ministerios. Copiado a la letra, el artículo 39 disponía: «Los Ministerios serán los siguientes: Del Interior y Justicia. De Relaciones Exteriores. De Finanzas. De la Defensa. De la Producción y el Comercio. De Educación, Cultura y Deportes. De Salud y Desarrollo Social. Del Trabajo. De Infraestructura. De Energía y Minas. Del Ambiente y de los Recursos Naturales. De Planificación y Desarrollo. De Ciencia y Tecnología. De la Secretaría de la Presidencia».

abiertamente con el que tenía la Ley Orgánica de la Administración Central dictada al amparo de la Constitución de 1961, pues era esta última Ley la que fijaba el número de Ministerios, asignaba a cada uno de ellos su denominación y determinaba sus competencias[6].

Sección IV. La relación entre la Ley y el reglamento en las materias reservadas a este último

El reglamento, ya hemos tenido oportunidad de destacarlo, se encuentra subordinado a la Ley, porque las previsiones de ésta tienen un rango o jerarquía superior a las de aquel, y por causa de esa primacía, el reglamento debe limitarse a desarrollar o complementar los preceptos de la Ley (*ut supra*, Capítulo II, Sección II).

Empero, en las materias propias de la *reserva reglamentaria* el principio de primacía de la Ley debe matizarse, pues en estas materias la relación que se establece entre la Ley y el reglamento está gobernada no solo por el *principio de primacía*, producto de la superioridad jerárquica de las normas de Ley en materia de principios y lineamientos, sino también por el *principio de competencia*, porque la Ley, a pesar de su superioridad formal y material, no puede invadir y regular las materias que la Constitución reservó al Poder Ejecutivo y a sus reglamentos. La reserva reglamentaria se presenta, así, como una *limitación a la potestad legislativa* que la Constitución le encomienda a la Asamblea Nacional, y a su producto normativo típico: la Ley.

En estas contadas materias, es la conjunción de los principios de primacía y competencia la que explica las relaciones que median entre la Ley y el reglamento, y, por ello, cualquier eventual antinomia entre normas legales y reglamentarias ha de ser resuelta tomando en cuenta ambos factores.

---

[6] *Vid.* artículo 39 de la Ley Orgánica de la Administración Central (*Gaceta Oficial* N° 36.850, del 14 de diciembre de 1999).

Capítulo IX

El control legislativo, administrativo y judicial de los reglamentos

SECCIÓN I. EL CONTROL LEGISLATIVO DE LOS REGLAMENTOS

Según el Tribunal Supremo de Justicia, en nuestro ordenamiento la potestad reglamentaria del Poder Ejecutivo no constituye un poder «...ilimitable...»[1]. Por el contrario, si la norma que faculta al Presidente de la República en Consejo de Ministros para reglamentar una Ley le impone a la Administración el deber de respetar su espíritu, propósito y razón, la Administración, con mayor razón aun, debe atenerse a la letra de la Ley, particularmente a las normas expresas de las Ley que prevean «...un control parlamentario»[2].

Aunque un control de ese tipo es inusual o infrecuente, el más alto Tribunal ha afirmado que «el que la norma legal –la reglamentada– emane del órgano parlamentario permite que este tenga interés en controlar la norma ejecutiva que pretende ser desarrollo de aquélla», y que, por consiguiente, el Poder Legislativo puede «... imponer al Ejecutivo Nacional la obligación de presentar al órgano parlamentario los Decretos contentivos de reglamentos, dictados con base en la potestad constitucional contenida en el numeral 10 del artículo 236» constitucional, a los efectos de su control por el Poder Legislativo[3].

---

1 Sala Constitucional del Tribunal Supremo de Justicia, Sentencia N° 1.447, del 3 de junio de 2003, asunto *Rafael Badell Madrid et al.*

2 *Ibid.*

3 *Ibidem.* A título de complemento, en el pasado el Poder Legislativo ya le había impuesto al Poder Ejecutivo los términos y condiciones en que este debía ejercer su poder reglamentario, y el deber de rendir cuentas del ejercicio de dicho poder. En propósito cabe invocar aquí el Decreto Ejecutivo de 6 de agosto de 1869, que reglamenta la Ley de 19 de mayo de 1869 sobre vías de comunicación (Leyes y Decretos de Venezuela 1861-1870, Tomo 4,

El fallo judicial invocado en este sección se pronunció sobre la constitucionalidad del artículo 22 de la Ley Orgánica del Trabajo vigente *rationae temporis*, que establecía que los Decretos que el Ejecutivo Nacional dictara a los efectos de reglamentar la ley, de

---

op. cit., pp. 923-926). La Ley objeto de desarrollo concedía la habilitación normativa en los siguientes términos: «En el término de dos meses después de la publicación de esta ley, el Ejecutivo Nacional dictará los reglamentos necesarios para su ejecución, *sujetándose a las bases siguientes:* 1ª Las Juntas de fomento [de los caminos nacionales en cada Estado]...tienen el deber de administrar los fondos é inspeccionar por sí, ó por sus agentes nombrados por éllas en los departamentos, las obras que se hagan en los caminos nacionales comprendidos en su respectiva jurisdicción, y de cumplir las disposiciones y ejercer las atribuciones que les confiere esta ley y los reglamentos del Ejecutivo Nacional. 2ª El servicio de los miembros de las Juntas de fomento no será remunerado. Se asignará una suma que no exceda de cuarenta pesos mensuales para gastos de escritorio y sueldo de un secretario de cada una. 3ª Los fondos destinados por esta ley á la construcción de vías nacionales y los que se recaudaren para su conservación y mejora, no podrán distraerse por ningún motivo, de su aplicación; y deberán invertirse, los que se asignen y recauden en cada Estado, en la apertura, mejora y conservación de las vías nacionales comprendidas dentro de sus límites respectivos. El Ministro del Despacho Ejecutivo ó cualquiera de los miembros de las Juntas de fomento que ordene ó consienta la infracción de lo que dispone este artículo, será personalmente responsable como defraudador de las rentas públicas, y obligado a reintegrar la suma distraída. 4ª Caso que convenga rematar algún peaje, las Juntas de fomento intervendrán en el remate, pero esto no se llevará á efecto sin la aprobación del Ejecutivo Nacional. 5ª Ningún contrato para la recaudación de peajes excederá de un año, y el rematador dará fianza á satisfacción del Ejecutivo ó de la Junta de fomento respectiva, caso que aquel la autorice para ello. 6ª Ningún contratista ó empresario de los trabajos de los caminos, ni los miembros de las Juntas, podrán ser administradores ó rematadores de los peajes. 7ª Las Juntas de Fomento pasarán mensualmente la Ejecutivo Nacional la cuenta detallada de los ingresos, erogaciones y existencias que hayan ocurrido en el mes, informando del estado las obras en que se hubieren invertido los fondos que manejan. Para los efectos de este artículo, las Juntas depositarán en las oficinas respectivas de correos el pliego certificado que contenga las cuentas y el informe mencionado. 8ª Las Juntas de fomento publicarán por la prensa la relación á que se refiere la base anterior, sin perjuicio de fijarla en lugar público. 9ª El Administrador de Correos de cada Estado

establecer cláusulas (contractuales) irrenunciables en beneficio de los trabajadores y de la economía nacional, y de decretar aumentos de salarios o fijar salarios mínimos, debían someterse a la consideración de las Cámaras en sesión conjunta o de la Comisión Delegada, a los efectos de su ratificación o suspensión.

Sección II. El control administrativo de los Reglamentos

La regla general es que la Administración puede revisar sus actos normativos en cualquier momento, y que puede hacerlo invocando razones de oportunidad o conveniencia y de legalidad *lato et improprio sensu*. Puede hacerlo porque las situaciones jurídicas objetivas, generales o impersonales, creadas a través de leyes o reglamentos igualmente generales, impersonales y objetivos, pueden –en principio– ser sustituidas o reemplazadas por otras nuevas situaciones jurídicas generales y objetivas[4].

Aunque las leyes venezolanas no contemplan recursos administrativos contra los reglamentos, pues tales recursos solo pueden ser propuestos contra los actos administrativos de efectos particulares[5],

---

practicará el tanteo mensual de la caja de la Junta respectiva y participará al Ejecutivo Nacional el estado en que se encuentren. 10ª Las Juntas de fomento transmitirán al Ejecutivo las proposiciones que se les hagan para la apertura, mejora y conservación de caminos nacionales que estén a su cargo, y aquel invitará inmediatamente licitadores por la prensa ó contratistas para la obra de que se trate, señalando un plazo que no baje de treinta días para recibir proposiciones, y vencido el término, aceptará las más favorables y celebrará el contrato correspondiente, *dando cuenta al Congreso*, si estuviere reunido, ó en sus inmediatas sesiones».

4 García de Enterría, Eduardo, "El principio de protección de la confianza legítima como supuesto título justificativo de la responsabilidad patrimonial del Estado Legislador", en *Revista de Administración Pública* Nº 159 (septiembre-diciembre 2002), Madrid, pp. 173 y ss.

5 Muci Borjas, José Antonio, *La "excepción de ilegalidad" en el Derecho Administrativo, op. cit.*, p. 40. Los artículos 85 y 94 de la Ley Orgánica de Procedimientos Administrativos disponen, respectivamente, que «Los interesados podrán interponer los recursos a que se refiere este Capítulo contra

nada impide que cualquier particular interesado solicite la revisión de un reglamento, invocando al efecto la previsión del artículo 83 de la Ley Orgánica de Procedimientos Administrativos, que autoriza a los particulares para solicitarle a la Administración, en cualquier momento, que reconozca la nulidad absoluta de los actos dictados por ella[6]. Para proponer una solicitud como esta, fundada en razones de Derecho, u otra fundada, alternativamente, en motivos de oportunidad o conveniencia (mérito), que encuentra su fundamento último en el artículo 51 de la Constitución, que consagra el derecho de petición y oportuna y adecuada respuesta[7], basta un interés simple[8].

En uno u otro caso, la decisión adoptada por la Administración ha de ser publicada para que produzca los efectos –*erga omnes*– propios de una declaración como esa.

---

todo acto administrativo que ponga fin a un procedimiento, imposibilite su continuación, cause indefensión o lo prejuzgue como definitivo, cuando dicho acto lesione sus derechos subjetivos o intereses legítimos, personales y directos», y que «El recurso de reconsideración procederá contra todo acto administrativo de carácter particular y deberá ser interpuesto dentro de los quince (15) días siguientes a la notificación del acto que se impugna, por ante el funcionario que lo dictó. Si el acto no pone fin a la vía administrativa, el órgano ante el cual se interpone este recurso, decidirá dentro de los quince (15) días siguientes al recibo del mismo. Contra esta decisión no puede interponerse de nuevo dicho recurso».

6 El artículo 83 forma parte integrante del Título IV (De la Revisión de los Actos en Vía Administrativa), Capítulo I (De la Revisión de Oficio), de la Ley Orgánica de Procedimientos Administrativos.

7 Según el artículo 51, «todos tienen el derecho de representar o dirigir peticiones ante cualquier autoridad o funcionario público sobre los asuntos que sean de competencia de éstos, y a obtener oportuna y adecuada respuesta. La autoridad o funcionario público que viole este derecho será sancionado conforme a la ley, pudiendo ser destituido del cargo respectivo».

8 Consúltese, *mutatis mutandis*, Sala Político-Administrativa de la Corte Suprema de Justicia, Sentencia s/n, del 17 de marzo de 1980 (en *Jurisprudencia de la Corte Suprema de Justicia*, N° 3, Dr. Oscar Pierre Tapia, Caracas, marzo 1980, pp. 30-38).

Sección III. El control judicial de los Reglamentos

§1. La acción de nulidad contra normas reglamentarias

A) La legitimación para demandar la nulidad de un reglamento

La justicia venezolana había sostenido tradicionalmente que la acción de nulidad contra un acto administrativo normativo, *ex*-artículo 112 de la Ley Orgánica de la Corte Suprema de Justicia, podía ser propuesta por cualquier persona[9]. Había sostenido, por tanto, que se trataba de una acción popular[10]. La justicia venezolana ha agregado

---

[9] *Gaceta Oficial de la República* N° 1.893 Extraordinario, del 30 de julio de 1976. La norma legal citada establecía: «Toda persona natural o jurídica plenamente capaz, que sea afectada en sus derechos o intereses por ley, reglamento, ordenanza u otro acto de efectos generales emanado de alguno de los cuerpos deliberantes nacionales, estadales o municipales o del Poder Ejecutivo Nacional, puede demandar la nulidad del mismo, ante la Corte, por razones de inconstitucionalidad o de ilegalidad, salvo lo previsto en las Disposiciones Transitorias de esta Ley».

[10] Corte Suprema de Justicia en Pleno, Sentencia s/n, del 24 de noviembre de 1999, asunto *Comité Interprofessionnel du Vin de Champagne et al.* Según la Corte, «...en un todo de acuerdo con su naturaleza popular y objetiva, la acción de nulidad contra actos administrativos de efectos generales no puede ser declarada inadmisible por "falta de cualidad o interés del accionante"...». Pérez Luciani, Gonzalo, "Los recursos contencioso-administrativos en la Ley Orgánica de la Corte Suprema de Justicia", en *El control jurisdiccional de los Poderes Públicos en Venezuela*, Instituto de Derecho Público de la Facultad de Ciencias Jurídicas y Políticas de la Universidad Central de Venezuela, Caracas, 1979, pp. 143-144. Según Pérez Luciani, la jurisprudencia y doctrina venezolanas sostenían que la acción de nulidad que cabe proponer contra estos actos es una acción popular, esto es, la acción que ejerce un ciudadano «...que no defiende su patrimonio propio, sino que actúa *ubi civis*, en cuanto ejercita un derecho que pertenece a todos los ciudadanos y que puede ser ejercido singularmente por cada uno de ellos». En sentido coincidente, Brewer-Carías afirmaba que «en el caso de un recurso de anulación, si el acto que se impugna es un acto administrativo general, por ejemplo, un *reglamento*, la legitimación activa exigida es la de un simple interés, o sea, el interés de cualquier ciudadano por la legalidad de la actuación administrativa», en Brewer-Carías, Allan Randolph, *Jurisprudencia de la Corte*

que esa muy amplia *legitimatio ad causam*, propia y característica de las demandas de nulidad contra actos normativos, encuentra su justificación en la generalidad y abstracción de sus preceptos, y en su idoneidad para afectar o llegar a afectar al demandante[11].

Suprema de Justicia 1930-74 y Estudios de Derecho Administrativo, Tomo V (La jurisdicción contencioso-administrativa), Volumen I (Los órganos y el recurso de anulación), Instituto de Derecho Público, Universidad Central de Venezuela, 1978, p. 30. Para Andueza, por el contrario, el interés simple exigido por la Ley Orgánica de la Corte Suprema de Justicia restringía la titularidad de la acción, porque el recurrente debía demostrar «...el perjuicio que para él se deriva del acto [normativo] ilegal o inconstitucional que está impugnando» (ANDUEZA, JOSÉ GUILLERMO, "El control de la constitucionalidad y el contencioso administrativo", en MOLES-CAUBET, ANTONIO, PÉREZ LUCIANI, GONZALO, ANDUEZA, JOSÉ GUILLERMO, RONDÓN DE SANSÓ, HILDEGARD y BREWER-CARÍAS, ALLAN RANDOLPH, *Contencioso-Administrativo en Venezuela*, Editorial Jurídica Venezolana, Caracas, 1981, pp. 71-72).

11 Sala Constitucional del Tribunal Supremo de Justicia, Sentencia N° 163, del 5 de febrero de 2002, asunto *Germán Macero Beltrán et al.* Según el Fallo, (i) cuando la demanda de nulidad tiene por objeto un acto normativo, la ley, «...más que prescindir de la exigencia de un interés, lo que se hace es presumir que él está presente en toda persona y que es inútil, por ello, obligar a demostrarlo», porque cualquiera persona puede llegar a «...entrar en el ámbito de aplicación de las normas impugnadas»; y, (ii) «no debe abrigarse ninguna duda entonces, que la *acción popular* está consagrada en nuestro ordenamiento, pero en las anotadas condiciones, esto es: amplia cuando deba ser amplia, para la impugnación de la validez de los actos del Poder Público que, por tener carácter normativo y general obra *erga omnes* y, por tanto, su vigencia afecta e interesa a todos por igual». Consúltense también Corte Suprema de Justicia en Pleno, Sentencia s/n, del 30 de junio de 1982, asunto *Gregorio Ramón Pigna*, y Sentencia s/n, 14 de junio de 1979, asunto *Luis Daniel Ortiz* (LARES MARTÍNEZ, ELOY, "La legitimación activa en el recurso contencioso administrativo de anulación", en *Tendencias de la jurisprudencia venezolana en materia contencioso-administrativa*, 8ª Jornadas Dr. J.M. Domínguez Escobar, coedición de la Universidad Central de Venezuela, la Corte Suprema de Justicia y el Colegio de Abogados del Estado Lara, 1983, pp. 79-80); y, Sala Político-Administrativa de la Corte Suprema de Justicia, Sentencia del 3 de octubre de 1985, asunto *Iván Pulido Mora* (MUCI BORJAS, JOSÉ ANTONIO, "La legitimación en el contencioso-administrativo. Paráfrasis del artículo 121 de la Ley Orgánica de la Corte Suprema de Justicia", en

Hoy en día, la legitimación para demandar la nulidad de actos administrativos normativos ha de determinarse sobre la base del artículo 29 de la Ley Orgánica de la Jurisdicción Contencioso-Administrativa[12], que exige un «...interés jurídico actual» para actuar en esa jurisdicción. Esa exigencia legal supone, según reciente decisión de nuestro más alto Tribunal, que el particular pueda derivar una *ventaja* u obtener un *beneficio*, así sea potencial, del fallo judicial que eventualmente declare procedente su demanda[13].

B) La inexistencia de lapsos de caducidad para demandar la nulidad de un reglamento

De conformidad con lo dispuesto por el artículo 32 de la Ley Orgánica de la Jurisdicción Contencioso-Administrativa, la demanda de nulidad contra un acto administrativo normativo puede ser propuesta en cualquier momento[14]. La regla legal reconoce que este tipo

Revista de Derecho Público, N° 45, Editorial Jurídica Venezolana, Caracas, 1991, pp. 40-41).

12 *Gaceta Oficial de la República* N° 39.451, del 22 de junio de 2010.

13 Sala Constitucional del Tribunal Supremo de Justicia, Sentencia N° 2.996, del 4 de noviembre de 2003, asunto *Rufo Alberto Guédez Falcón;* También, *mutatis mutandis*, Muci Borjas, José Antonio, "La legitimación en el contencioso-administrativo. Paráfrasis del artículo 121 de la Ley Orgánica de la Corte Suprema de Justicia", en *Revista de Derecho Público*, N° 45, Editorial Jurídica Venezolana, Caracas, 1991, pp. 50-52.

14 El artículo 32 (Caducidad) de la Ley establece textualmente lo siguiente: «Las acciones de nulidad caducarán conforme a las reglas siguientes: 1. En los casos de actos administrativos de efectos particulares, en el término de ciento ochenta días continuos, contados a partir de su notificación al interesado, o cuando la administración no haya decidido el correspondiente recurso administrativo en el lapso de noventa días hábiles, contados a partir de la fecha de su interposición. La ilegalidad del acto administrativo de efectos particulares podrá oponerse siempre por vía de excepción, salvo disposiciones especiales. 2. Cuando el acto impugnado sea de efectos temporales, el lapso será de treinta días continuos. 3. En los casos de vías de hecho y recurso por abstención, en el lapso de ciento ochenta días continuos, contados a partir de la materialización de aquéllas o desde el momento en el cual la administración incurrió en la abstención, según sea el caso. Las acciones de nulidad

de actos forman parte integrante del ordenamiento jurídico, que sus previsiones, caracterizadas por la generalidad y abstracción, pueden desplegar sus efectos –e irrogar perjuicios– en cualquier momento, y que, por ello, debe permitirse su impugnación en cualquier tiempo.

C) La sentencia que declara la nulidad de un reglamento

De conformidad con lo dispuesto por el artículo 259 de la Constitución, es a los jueces contencioso-administrativos a quienes corresponde declarar la nulidad de los reglamentos y demás actos administrativos, generales o individuales, contrarios a derecho, incluso por desviación de poder. La declaratoria judicial de nulidad puede encontrar su justificación en la infracción de normas constitucionales o legales[15], así como en la violación de otras normas de rango sublegal (infracción de ley, *lato et improprio sensu*)[16].

---

contra los actos de efectos generales dictados por el Poder Público podrán intentarse en cualquier tiempo. Las leyes especiales podrán establecer otros lapsos de caducidad».

15 Sala Político-Administrativa del Tribunal Supremo de Justicia, Sentencia N° 1.095, del 10 de agosto de 2011, asunto *Roxana Orihuela Gonzatti et al.* Según el Fallo, un reglamento (en el caso *sub iudice* el Reglamento del Personal Docente y de Investigación de la Universidad Central de Venezuela, aprobado por el Consejo Universitario en sesión del 6 de enero de 1999 y publicado en la Gaceta de la Universidad Central de Venezuela, Edición Especial del 20 de mayo de 1999) puede violar tanto la Constitución como la Ley (de Universidades), y, por tanto, contra aquel pueden invocarse vicios de inconstitucionalidad e ilegalidad. En sentido coincidente, el artículo 5°, numeral 30, de la Ley Orgánica del Tribunal Supremo de Justicia de 2004 (*Gaceta Oficial de la República* N° 37.942, de fecha 20 de mayo de 2004) le reconocía al Tribunal Supremo de Justicia competencia para «declarar la nulidad total o parcial de los reglamentos y demás actos administrativos generales o individuales del Poder Ejecutivo Nacional, por razones de inconstitucionalidad e ilegalidad».

16 *Vid.*, Corte Suprema de Justicia en Pleno, Sentencia s/n, del 24 de noviembre de 1999, asunto *Comité Interprofessionnel du Vin de Champagne*, que declara la ilegalidad de un reglamento ministerial por la infracción del principio de jerarquía de los actos administrativos; y, Sala Político-Administrativa del Tribunal Supremo de Justicia, Sentencia N°518, del 11 de abril de 2007, asunto *Procurador General del Estado Bolívar.*

En propósito, nuestra justicia ha afirmado que para determinar «...si las disposiciones reglamentarias que se impugnan son o no contrarias [a la letra o] al espíritu, propósito o razón de la Ley primaria que les dio nacimiento», y para declarar, con base en dicha determinación, la nulidad del reglamento, debe contrastarse «... cada norma del Reglamento... con las correspondientes [normas] de la Ley»[17].

Más allá de ese contraste –una a una– de las normas reglamentarias y las normas de la Ley Primaria, la licitud de las previsiones del reglamento debe también enjuiciarse a la luz del *principio constitucional de racionalidad* y demás *principios generales* del Derecho Administrativo que informan el quehacer de la Administración (*ut supra*, Capítulo III, Sección IV). Efectivamente, como quiera que la Constitución establece que la tutela jurídica que el juez contencioso-administrativo debe brindarle al particular debe ser efectiva– es decir tutela real, verdadera–, al juez de la Administración debe reconocérsele poder suficiente para ejercer un *control íntegro* de la legalidad de los actos administrativos, incluidos los de carácter normativo; poder suficiente para enjuiciar tanto la *forma* como la *sustancia* de los reglamentos; poder suficiente, en síntesis, para pronunciarse sobre la bondad de las normas, sublegales o infralegales, aprobadas por la Administración[18].

Como ocurre con todos los actos jurídicos, la validez de los reglamentos ha de enjuiciarse a la luz de las circunstancias de hecho y de Derecho existentes para el momento de su aprobación[19], y por

---

[17] BREWER-CARÍAS, ALLAN RANDOLPH, *Jurisprudencia de la Corte Suprema de Justicia 1930-74 y Estudios de Derecho Administrativo*, Tomo III, *op. cit.*, p. 119.

[18] MUCI BORJAS, JOSÉ ANTONIO, *La "excepción de ilegalidad" en el Derecho Administrativo, op. cit.*, pp. 29-32; y, MUCI BORJAS, JOSÉ ANTONIO, "Los Poderes del Juez Administrativo. Tutela judicial efectiva y control integral de la actividad administrativa", *op. cit.*, pp. 2.219-2.227.

[19] SANDULLI, ALDO, *Manuale di Diritto Amministrativo*, Volume I, *op. cit.*, pp. 669-670.

consiguiente, los cambios en el ordenamiento jurídico producto de la sobrevenida entrada en vigor –*inter alia*– de normas legales, solo puede comportar la ineficacia –sobrevenida o superviniente– de las normas reglamentarias contrarias a las precitadas normas legales.

Declarada la nulidad del reglamento, nuestros tribunales pueden condenar a la Administración a la reparación de los daños y perjuicios resultantes y disponer lo necesario para el restablecimiento de las situaciones jurídicas subjetivas lesionadas por la actividad de la Administración, *ex*-artículo 259 de la Constitución.

D) La declaratoria de nulidad y sus efectos en el tiempo

La declaratoria de nulidad de un reglamento puede obedecer a razones de constitucionalidad o de ilegalidad, incluyendo en esta última categoría las infracciones de normas reglamentarias supraordenadas al reglamento impugnado.

Por lo que se refiere a los *reglamentos autónomos*, la Corte Suprema de Justicia ha afirmado que estos pueden ser anulados por razones de *inconstitucionalidad*, si sus preceptos «...incurren en violación directa de la Constitución... [porque] sus normas se contraponen a los principios de ésta...»[20].

Por lo que respecta a los *reglamentos ejecutivos*, la Corte Suprema de Justicia ha afirmado que para que pueda declararse la nulidad, por razones de *inconstitucionalidad*, de una norma reglamentaria, la contradicción entre la norma reglamentaria impugnada y la Constitución ha de ser directa e inmediata, y que no cabe declarar la inconstitucionalidad de un precepto reglamentario cuando este solo contraría la letra o el espíritu, propósito o razón de una norma legal, porque en estos casos el vicio es de ilegalidad[21]. Sin

---

[20] Corte Suprema de Justicia en Pleno, Sentencia N° 4, del 13 de febrero de 1985, asunto *José M. Sanabria Rojas*, en Balasso Tejera, Caterina, *op. cit.*, p. 366.

[21] Corte Suprema de Justicia, Sala Político-Administrativa, Auto s/n, del 1° de octubre de 1979 (*Jurisprudencia de la Corte Suprema de Justicia*, Dr. Oscar

embargo, la Corte Suprema de Justicia también ha afirmado que si un reglamento contraría el espíritu, propósito y razón de la Ley «... por ese sólo hecho, incurre también en infracción directa del ordinal 10° del artículo 190 del texto fundamental, por extralimitación de la competencia específica que allí se otorga al Poder Ejecutivo», y, consecuentemente, en estos casos «...no puede hablarse propiamente de violación de ley...», porque «...todo reglamento Ejecutivo que sea contrario al espíritu, propósito y razón de la ley, viola directamente la Constitución de la República»[22].

Pierre Tapia, número 10, Caracas, octubre 1979, pp. 15-16); y, Corte Suprema de Justicia en Pleno, Sentencia s/n, del 17 de noviembre de 1986, asunto *Arturo L. Torres* (*Revista de Derecho Público* N° 28, octubre-diciembre 1986, Editorial Jurídica Venezolana, Caracas, 1986, pp. 85-86).
Sobre la ilegalidad de los reglamentos, consúltese (i) Corte Suprema de Justicia en Pleno, Sentencia s/n, del 17 de noviembre de 1986, asunto *Arturo Luis Torres* (*Revista de Derecho Público* N° 28, octubre-diciembre 1986, Editorial Jurídica Venezolana, Caracas, 1986, pp. 85-86); (ii) Corte Suprema de Justicia en Pleno, Sentencia s/n, del 24 de noviembre de 1999, asunto *Comité Interprofessionnel du Vin de Champagne*, que declara la ilegalidad de un reglamento ministerial por la infracción del principio de jerarquía de los actos administrativos; (iii) Sala Político-Administrativa del Tribunal Supremo de Justicia, Sentencia N°518, del 11 de abril de 2007, asunto *Procurador General del Estado Bolívar*; y, (iv) Sala Político-Administrativa del Tribunal Supremo de Justicia, Sentencia N° 1.095, del 10 de agosto de 2011, asunto *Roxana Orihuela Gonzatti et al.* En sentido coincidente el artículo 5, numerales 30 y 31, de la Ley Orgánica del Tribunal Supremo de Justicia (*Gaceta Oficial de la República* N° 37.942, de fecha 20 de mayo de 2004), establecía: «Es de la competencia del Tribunal Supremo de Justicia como más alto Tribunal de la República:...30. Declarar la nulidad total o parcial de los *reglamentos* y demás actos administrativos generales o individuales del Poder Ejecutivo Nacional, por razones de inconstitucionalidad e *ilegalidad*. 31. Declarar la nulidad, cuando sea procedente por razones de inconstitucionalidad o de *ilegalidad*, de los *actos administrativos generales* o individuales de los órganos que ejerzan el Poder Público de rango Nacional».

22 Corte Suprema de Justicia en Pleno, Sentencia N° 4, del 13 de febrero de 1985, asunto *José M. Sanabria Rojas*, en Balasso Tejera, Caterina, *op. cit.*, p. 366.

Si, como ha afirmado la Corte Suprema de Justicia en el último de los fallos citados, la nulidad de los reglamentos es –siempre– el resultado de una infracción constitucional, entonces los vicios o defectos que aquejen a los reglamentos *siempre* comportarán su *nulidad absoluta*, pues «...la jurisprudencia patria ha calificado el acto administrativo como nulo cuando el vicio es de inconstitucionalidad...», agregando a renglón seguido que

> «..."el acto nulo por violación de la Constitución, virtualmente no existe; sobre él nada útil puede levantarse. Ni este alto Tribunal, con toda la extraordinaria facultad que le reconoce la Constitución, puede dar validez alguna al acto ejecutado con violación de algún precepto constitucional"»[23].

Si la nulidad de los reglamentos puede responder, como también ha dicho la Corte Suprema de Justicia, a vicios de ilegalidad, esto es, a la violación de normas jurídicas subordinadas a la Constitución, resulta menester determinar si la infracción de ley comporta la nulidad absoluta o la nulidad relativa del reglamento. Veamos.

En materia de nulidad absoluta y de anulabilidad de los actos administrativos la Ley Orgánica de Procedimientos Administrativos contempla una *disciplina uniforme*, aplicable a todos esos actos, *independientemente de los efectos*, generales o particulares, que el acto esté llamado a producir[24].

---

[23] Corte Primera de lo Contencioso-Administrativo, Sentencia s/n, del 26 de junio de 1980, en *Revista de Derecho Público* N° 3, julio-septiembre 1980, Editorial Jurídica Venezolana, Caracas, 1980, p. 133.

[24] Los artículos 19 y 20 de la Ley Orgánica de Procedimientos Administrativos establecen, respectivamente, (i) que «*los actos de la administración* serán absolutamente nulos en los siguientes casos: 1. Cuando así esté expresamente determinado por una norma constitucional o legal. 2. Cuando resuelvan un caso precedentemente decidido con carácter definitivo y que haya creado derechos particulares, salvo autorización expresa de la ley. 3. Cuando su contenido sea de imposible o ilegal ejecución. 4. Cuando hubieren sido dictados por autoridades manifiestamente incompetentes, o con prescindencia total y absoluta del procedimiento legalmente establecido»; y, (ii) que «los vicios de

A la luz del artículo 19, numeral 1°, de la Ley Orgánica de Procedimientos Administrativos, y de la remisión normativa que en él se hace al artículo 141 de la Ley Orgánica de la Administración Pública, no cabe duda alguna que la infracción del procedimiento de consulta previsto en la última de las dos disposiciones invocadas comporta la nulidad absoluta del reglamento. Esa nulidad responde, primero y principal, a la necesidad de asegurar el cumplimiento del debido proceso, entendido como cauce (necesario) para el ejercicio racional del Poder. Como el deber de proceder racionalmente demanda la observación del procedimiento debido, la inobservancia del procedimiento constituye, al propio tiempo, infracción de los principios de racionalidad y buena administración, porque en el Derecho el comportamiento racional se halla atado de manera indisoluble al respeto del procedimiento legalmente establecido[25]. Un procedimiento administrativo efectivo, en cuyo decurso la Administración haya adelantado un análisis verdadero de las circunstancias y de las alternativas de regulación, lo cual supone un estudio completo y

los actos administrativos que no llegaren a producir la nulidad de conformidad con el artículo anterior, los harán anulables». Como las susodichas normas no contemplan *disparidad de trato*, atendiendo al contenido de los actos administrativos, una primera lectura pareciera sugerir que los reglamentos pueden estar viciados de nulidad relativa.

El problema sobre el cual discurrimos no se plantea en un ordenamiento como el español, pues de conformidad con lo dispuesto por el artículo 62 (Nulidad de pleno derecho), ordinal 2°, de la Ley de Régimen Jurídico de las Administraciones Públicas y del Procedimiento Administrativo Común, «...serán *nulas de pleno derecho* las *disposiciones administrativas* que vulneren la Constitución, las leyes u otras disposiciones administrativas de rango superior, las que regulen materias reservadas a la Ley, y las que establezcan la retroactividad de disposiciones sancionadoras no favorables o restrictivas de derechos individuales». En propósito, Parada, Ramón, *Régimen jurídico de las Administraciones Públicas y procedimiento administrativo común* (Estudio, comentarios y texto de la Ley 30/1992, de 26 de noviembre), Marcial Pons Ediciones Jurídicas, S.A., Madrid, 1993, pp. 269-270.

25 Ponce Solé, Julio, *Deber de buena administración y derecho al procedimiento administrativo debido* (Las bases constitucionales del procedimiento administrativo y del ejercicio de la discrecionalidad), *op. cit.*, pp. 228 y 236.

objetivo de unas y otras[26]. En el caso analizado la nulidad responde, además, a la infracción del derecho a la participación consagrado por el artículo 62 de la Constitución, particularmente en lo tocante a la fase de consulta previa prevista por la Ley Orgánica de la Administración Pública.

Pero más allá de la letra de los artículos 19 y 20 de la Ley Orgánica de Procedimientos Administrativos[27], a nuestro entender la

---

[26] Ponce Solé, Julio, *Deber de buena administración y derecho al procedimiento administrativo debido* (Las bases constitucionales del procedimiento administrativo y del ejercicio de la discrecionalidad), *op. cit.*, pp. 263-264.

[27] En el pasado, la justicia venezolana ha trascendido la letra de los artículos 19 y 20 de la Ley Orgánica de Procedimientos Administrativos para afirmar, *inter alia*, (i) que el *falso supuesto* «...es un vicio que por afectar la causa del acto administrativo [y] acarrea la *nulidad absoluta*...» del mismo (Sala Político-Administrativa del Tribunal Supremo de Justicia, Sentencia N° 465, del 27 de marzo de 2001, asunto *Luis Alberto Villasmil*); y, (ii) que «la falta de motivación *hace nulo de toda nulidad*, el acto administrativo así dictado» (Sala Político-Administrativa de la Corte Suprema de Justicia, Sentencia N° 176, del 13 de junio de 1985, caso *Desarrollos Prebo 800 C.A.*, en la que se revalida el criterio asentado por esa misma Corte en sentencia del 2 de abril de 1984). Esos pronunciamientos encuentran su sustento en fallo judicial, anterior a la Ley Orgánica de Procedimientos Administrativo, en el que se había dejado asentado que «con prudencia y cautela recomendables, especialmente cuando se trata de establecer principios y crear doctrina en materias con escasa legislación general, como era el derecho administrativo, la Corte asumió la posición de determinar caso por caso si procedía o no declarar la nulidad absoluta o radical, de acuerdo a la *gravedad y trascendencia de la irregularidad* que afectara el acto administrativo examinado», agregando que a tales efectos se habían empleado diversos «...criterios elaborados por la doctrina del derecho administrativo para identificar los supuestos de ilegalidad merecedores de la calificación de nulidad absoluta, como son la violación directa de la Constitución, la falta de elementos esenciales del acto, infracción grosera de la Ley, la incompetencia manifiesta del funcionario, la transgresión de normas legales establecedoras de conductas prohibidas, la vulneración del orden público y otros criterios de semejante naturaleza. En otras palabras, se buscó establecer una *proporción entre la gravedad de la nulidad como sanción jurídica y la de los vicios que afectaban al acto administrativo*» (Sala Político-Administrativa de la Corte Suprema de Justicia,

ilegalidad –*lato et improprio sensu*– de los reglamentos comporta su *nulidad absoluta* en todos los casos. La consecuencia jurídica indicada (nulidad absoluta) obedece a las razones que de seguida exponemos:

a. Los vicios de los actos administrativos producen, según la gravedad de los mismos, su nulidad absoluta o su anulabilidad o nulidad relativa[28].

b. Los reglamentos, ya lo hemos destacado antes, se caracterizan por la generalidad y abstracción de sus normas. Por causa de su contenido normativo típico, la ilegalidad de un reglamento reviste una gravedad mucho mayor que la que puede afectar a un acto administrativo de efectos particulares, pues los preceptos de aquel pueden potencialmente llegar a irrogarle perjuicios a toda la colectividad[29]. En palabras de nuestro más alto Tribunal, habida consideración que

> «virtudes esenciales del Reglamento son las de crear poderes administrativos donde antes no existían, extenderse potencialmente a todos los habitantes del país y, finalmente, ver repetida su efectividad a través de aplicaciones continuas; por ello *un* vicio original en su texto reglamentario *multiplicará sus efectos injustos* en el tiempo, incomparablemente superior al que pueda derivar de la ilegalidad de un único acto»[30].

Sentencia N° 210, del 26 de julio de 1984, asunto *Despachos Los Teques, C.A.*, en Balasso Tejera, Caterina, *op. cit.*, p. 856).

[28] Corte Primera de lo Contencioso-Administrativo, Sentencia s/n, del 2 de octubre de 1986, asunto *Belkis Lares*, en Balasso Tejera, Caterina, *op. cit.*, p. 798.

[29] Parada, Ramón, *Régimen jurídico de las Administraciones Públicas y procedimiento administrativo común* (Estudio, comentarios y texto de la Ley 30/1992, de 26 de noviembre), *op. cit.*, pp. 269-270.

[30] Corte Suprema de Justicia en Pleno, Sentencia s/n, del 17 de noviembre de 1986, asunto *Arturo L. Torres* (*Revista de Derecho Público* N° 28, octubre-diciembre 1986, Editorial Jurídica Venezolana, Caracas, 1986, pp. 85-86).

c. Las reglas *que disciplinan la creación ordenada* de las distintas normas de Derecho que integran nuestro ordenamiento, incluidos los reglamentos, son, todas ellas, reglas que interesan al *orden público*. Por consiguiente, su infracción es materia que interesa al *orden público*; materia que trasciende la esfera jurídica de la persona que demande su nulidad[31].

d. En el Derecho venezolano, los reglamentos y demás actos de efectos generales pueden ser impugnados en cualquier momento[32]. Dicho en otras palabras, su impugnación no se halla sujeta a lapso de caducidad alguno. Esta regla encuentra su justificación en la singular trascendencia que tiene, para la comunidad toda, la existencia de una norma producida al margen de las reglas que el ordenamiento jurídico ha establecido a los efectos de la creación y ejecución de las normas de Derecho[33].

e. La nulidad absoluta se produce incluso cuando el vicio que afecta al reglamento es el de la *desviación de poder*, que solo comporta la nulidad relativa cuando el acto administrativo viciado de nulidad es de efectos particulares[34].

En síntesis, los vicios que aquejen a los actos administrativos de efectos generales comportan su nulidad absoluta y radical y, por ello,

---

[31] MEIER, HENRIQUE, *Teoría de las Nulidades en el Derecho Administrativo*, Editorial Jurídica Alva, S.R.L., Caracas, 1991, p. 171; y, *mutatis mutandis*, RAMÍREZ, FLORENCIO, "Anotaciones de Derecho Civil", citado en *Código Civil de Venezuela. Artículos 1°. al 18, op. cit.*, p. 307.

[32] Artículo 32 de la Ley Orgánica de la Jurisdicción Contencioso-Administrativa.

[33] MEIER, HENRIQUE, *Teoría de las Nulidades en el Derecho Administrativo, op. cit.*, p. 171.

[34] CHINCHILLA MARÍN, Carmen, *La desviación de poder, op. cit.*, p. 103. Según García de Enterría, la infracción de la Ley comporta la ineficacia absoluta y perpetua del Reglamento, operante de pleno derecho (GARCÍA DE ENTERRÍA, EDUARDO, *Legislación delegada, potestad reglamentaria y control judicial, op. cit.*, pp. 12-13).

de los preceptos de un reglamento contrario a Derecho no puede derivarse derecho subjetivo alguno[35].

Independientemente de la naturaleza de los vicios –inconstitucionalidad o ilegalidad– que aquejen al reglamento, deben subrayarse un conjunto de circunstancias adicionales, relacionadas con los efectos de la decisión judicial. Primero, en virtud de la declaratoria de nulidad, los preceptos reglamentarios impugnados dejan de existir para el ordenamiento jurídico vigente; por ello, la decisión anulatoria produce efectos *erga omnes*, y debe ser publicada en la Gaceta Oficial a los fines de su conocimiento por la colectividad[36]. Segundo, dado que la declaratoria judicial responde a vicios que, por su gravedad, comportan la nulidad absoluta de los preceptos reglamentarios, desde una perspectiva temporal la decisión judicial ha de surtir efectos *ex nunc* (*i.e.*, desde ahora o hacia el futuro) y también *ex tunc* (*i.e.*, desde siempre o hacia el pasado)[37]. Tercero, una vez anulada una norma reglamentaria esta pierde su fuerza derogatoria y, a causa de ello, resucita la norma reglamentaria que había sido privada de efectos por la norma reglamentaria posterior cuya nulidad fue declarada[38].

---

[35] Corte Suprema de Justicia en Pleno, Sentencia, s/n, del 12 de junio de 1951, en Brewer-Carías, Allan Randolph, *Jurisprudencia de la Corte Suprema de Justicia 1930-74 y Estudios de Derecho Administrativo*, Tomo III, *op. cit.*, p. 60; y, Sala Político-Administrativa de la Corte Suprema de Justicia, Sentencia N° 210, del 26 de julio de 1984, asunto *Despachos Los Teques, C.A.*, en Balasso Tejera, Caterina, *op. cit.*, p. 856.

[36] Sala Político Administrativa Tribunal Supremo de Justicia, Sentencia N° 952, del 27 de abril de 2000, asunto *Asociación de Trabajadores del Banco de Venezuela et al.*

[37] Corte Primera de lo Contencioso-Administrativo, Sentencia s/n, del 22 de abril de 1985, asunto *Bethzaida C. Velásquez*, en Balasso Tejera, Caterina, *op. cit.*, pp. 796-797. En contra, Sala Político-Administrativa del Tribunal Supremo de Justicia, Sentencia N° 1.095, del 10 de agosto de 2011, asunto *Roxana Orihuela Gonzatti et al.* De acuerdo a este último fallo, la declaratoria de ilegalidad de un reglamento únicamente surte efectos *ex nunc*.

[38] A este fenómeno se lo denomina *reviviscencia de la norma derogada* (Estepa Moreno, Manuel, *Los Reglamentos del Gobierno*, Tomo I, *op. cit.*, p. 274).

E) La nulidad del reglamento y sus consecuencias sobre los actos de aplicación de aquel

Para la doctrina, la validez de los actos estatales dictados al amparo de un reglamento cuya nulidad ha sido previamente declarada debe enjuiciarse como si este nunca hubiera sido dictado. En otras palabras, una vez eliminada la norma reglamentaria que les brindaba cobertura, la legalidad de tales actos de aplicación ha de ser juzgada a la luz del ordenamiento en vigor para el momento de su expedición. Los actos de aplicación del reglamento nulo superarán el examen de legalidad si –y solo si– encuentran fundamento en otra norma del ordenamiento jurídico o en un principio general que justifique su conservación[39].

§2. La desaplicación judicial de normas reglamentarias: el control difuso de la constitucionalidad y la excepción de ilegalidad

De la desaplicación de normas reglamentarias contrarias a las previsiones constitucionales y legales se ocupan los artículos 334 de la Constitución y 20 del Código de Procedimiento Civil[40]. De conformidad con lo dispuesto por el artículo 334 de la Constitución, «todos los jueces o juezas de la República, en el ámbito de sus competencias y conforme a lo previsto en esta Constitución y en la ley, están en la obligación de asegurar la integridad de la Constitución», y, por ello, «en caso de incompatibilidad entre esta Constitución y una ley u otra norma jurídica, se aplicarán las disposiciones constitucionales, correspondiendo a los tribunales en cualquier causa, aun de oficio, decidir lo conducente». Por su parte, el artículo 20 del Código de

---

[39] En propósito, Fernández Salmerón, Manuel, *El control jurisdiccional de los reglamentos*, *op. cit.*, p. 400.

[40] En torno a la desaplicación de normas reglamentarias por razones de (i) inconstitucionalidad o (ii) ilegalidad, consúltese Muci Borjas, José Antonio, *La "excepción de ilegalidad" en el Derecho Administrativo*, *op. cit.*, pp. 51-63 y 67-89.

Procedimiento Civil establece que «cuando la ley vigente, cuya aplicación se pida, colidiere con alguna disposición constitucional, los jueces aplicarán ésta con preferencia».

Con base en el artículo 20 del Código, los jueces han desaplicado leyes –es decir, normas estatales de rango secundario, sancionadas en ejecución directa e inmediata de la Constitución– y también reglamentos –o sea, actos administrativos contentivos de normas de rango terciario, dictadas en ejecución indirecta y mediata de la Constitución[41]. Precisamente por ello la justicia venezolana ha afirmado que el juez se halla siempre en el deber

---

[41] Sala Político-Administrativa de la Corte Suprema de Justicia, Sentencia N° 255, del 11 de agosto de 1977, asunto *Rangel Quintero Castañeda*.
Sobre este particular destacaba Kelsen: «*La constitucionalidad de las leyes* (entendiendo este término en el sentido más amplio y comprendiendo [por tanto] *los reglamentos*) puede ser garantizada mediante... la desaplicación de tal norma... La *desaplicación* de la norma inconstitucional se realizaba [en Austria] a través del poder conferido a los órganos llamados a aplicar las leyes para *constatar la constitucionalidad de la norma en el caso concreto* y de no darle aplicación cuando la considerasen inconstitucional. Lo mismo ocurre, en líneas generales, también en los Estados Unidos. El hecho de que el órgano llamado a aplicar las leyes declare inconstitucional una norma general y no la aplique a un caso determinado significa que aquél tiene poder para invalidar la norma en el caso concreto: pero, justamente, sólo en el caso concreto, ya que la norma general como tal –ley, *reglamento*– sigue siendo válida y puede ser por tanto aplicada en otros casos concretos. El inconveniente de esta solución está en que varios órganos pueden tener opiniones diferentes respecto de la constitucionalidad de una ley y que por tanto un órgano pueda aplicarla porque la considera constitucional y otro pueda desaplicarla porque tiene un criterio contrario. La falta de decisión uniforme sobre la constitucionalidad de una ley, esto es, sobre si ha sido violada la Constitución, representa un grave peligro para la autoridad de la constitución...» (KELSEN, HANS, *La Giustizia costituzionale*, Giuffrè Editore, Milán, 1981, pp. 296-297). En sentido coincidente consúltense Sala Político-Administrativa de la Corte Suprema de Justicia, Sentencia N° 550, del 24 de octubre de 1990, asunto *Scholl Venezolana* C.A.; y, Tribunal Superior Noveno de lo Contencioso-Tributario, Sentencia del 31 de mayo de 2001, posteriormente ratificada por la Sala Político-Administrativa del Tribunal Supremo de Justicia, Sentencia N° 641,

> «...de enjuiciar la validez de las normas contenidas en los reglamentos antes de aplicarlas, pues una norma reglamentaria puede contradecir a una Ley, como lo que su aplicación equivaldría a la inaplicación de la Ley en pleno vigor, en concreto de la Ley transgredida por dicho reglamento»[42].

Ha afirmado, además, que una vez que se ha constatado que una norma reglamentaria contradice lo dispuesto por otro norma supra-ordenada,

> «...el juez debe ordenarse directamente a la Ley y aplicar ésta con carácter preferente sobre la disposición reglamentaria que contraría previsiones de jerarquía normativa superior...»[43].

---

del 6 de mayo de 2003 asunto *Consolidada de Ferrys C.A.*; y el artículo 25, numeral 12, de la Ley Orgánica del Tribunal Supremo de Justicia (*Gaceta Oficial de la República* número 5.991 Extraordinario, del 29 de julio de 2010), que autoriza a la Sala Constitucional de dicho Tribunal para revisar las sentencias definitivamente firmes a través de las cuales se hubiere ejercido el control difuso de la constitucionalidad «...de las leyes u otras normas jurídicas...».

[42] Corte Primera de lo Contencioso-Administrativo, Sentencia s/n, del 20 de marzo de 1980, en *Revista de Derecho Público número* 2, Editorial Jurídica Venezolana, Caracas, 1980, pp. 109-110.

[43] Corte Primera de lo Contencioso-Administrativo, Sentencia s/n, del 29 de enero de 1980, en *Revista de Derecho Público número 1*, Editorial Jurídica Venezolana, Caracas, 1980, pp. 122-123. En sentido coincidente, la Sala Político Administrativa de la Corte Suprema de Justicia ha dictaminado que toda disposición reglamentaria que viole la Constitución o las leyes es susceptible de (i) anulación o de (ii) desaplicación en los casos concretos (Sentencia N° 539, del 5 de noviembre de 1992, asunto *Aníbal Segundo Argüello et al.*, en *Revista de Derecho Público,* N° 52, Editorial Jurídica venezolana, Caracas, 1992, pp. 111-112, ratificatoria de la Sentencia pronunciada por esa misma Sala Político-Administrativa de la Corte Suprema de Justicia, Sentencia N° 24, del 10 de mayo de 1965, asunto *Juan J. Gabaldón;* y, Corte Primera de lo Contencioso-Administrativo, Sentencia s/n, del 28 de septiembre de 1993, asunto *Celestino Luna Figueroa*, en *Revista de Derecho Público* N° 55-56, Editorial Jurídica venezolana, Caracas, 1993, pp. 196-197).

En palabras de Quadra-Salcedo, esta modalidad de control de legalidad, que asegura que el juez dicte una *decisión fundada en Derecho*, forma parte del ejercicio habitual de la función judicial[44]. Por ello puede ser decretada tanto por el juez contencioso-administrativo, como por el juez ordinario[45].

---

44 Quadra-Salcedo, Tomás, "La delegación legislativa en la Constitución", *Estudios sobre la Constitución Española* (Homenaje al Profesor Eduardo García de Enterría), Tomo I, *op. cit.*, p. 343. Según Quadra-Salcedo, «esa eventual inaplicación del reglamento por ser contrario a una disposición de rango de ley, no resultaba muy diferente a la inaplicación de una ley anterior contraria a otra posterior, era un simple y común problema de prevalencia; la única diferencia radicaba en que en un caso (el reglamento ilegal) la prevalencia se fundaba en la voluntad más fuerte del órgano superior del que emanaba la ley, y en otro (la ley posterior) la prevalencia se fundaba en la voluntad más fuerte, por ser la última, del mismo órgano del que emanaban ambas normas».

45 *Vid.*, Carlassare, Lorenza, "Regolamento (Diritto Costituzionale)", *op. cit.*, p. 633; y, Muci Borjas, José Antonio, *La "excepción de ilegalidad" en el Derecho Administrativo, op. cit.*, pp. 113-136.

Capítulo X

La derogatoria de los reglamentos

Sección I. La derogación y reforma de los reglamentos

§1. La derogación

El artículo 218 de la Constitución establece que las leyes se derogan por otras leyes. Dicho de otra forma, para derogar una ley hace falta un acto, posterior en fecha, que como mínimo tenga el mismo rango o jerarquía de la Ley objeto de derogatoria.

Por mandato del artículo 1° del Código Civil, esa Ley posterior derogatoria de la anterior solo es obligatoria y despliega sus efectos desde su publicación en la Gaceta Oficial[1] o, alternativamente,

[1] La Sala Político-Administrativa de la Corte Suprema de Justicia venezolana ha dejado asentado que la *seguridad jurídica*, es decir, al *derecho fundamental al Derecho*, tiene rango o jerarquía constitucional (Sentencia N° 686, del 30 de octubre de 1997, asunto *Luis Enrique Pagés*). En fallo anterior el más alto Tribunal había dejado asentado que la publicación en Gaceta Oficial sirve para darle «...*autenticidad* y *vigor*...» a los mandatos contenidos en las leyes, decretos y soluciones (Sala de Casación de la Corte Federal y de Casación, Sentencia s/n, del 1° de diciembre de 1926, en *Código Civil de Venezuela. Artículo 1o. al 18*, *op. cit.*, p. 83). Contrariando esas posturas, la Sala Político-Administrativa del Tribunal Supremo de Justicia afirmó que en el caso del Reglamento de Castigos Disciplinarios N° 6, cuyos preceptos van dirigidos a los miembros de la Fuerza Armada Nacional, «...el fin de la publicación [en Gaceta] se había cumplido...» porque dicho reglamento formaba parte «... de los planes de estudio de los centros académicos de Formación de la Fuerza Armada Nacional...», y sentada esa premisa concluyó *–contra legem–* que sus normas producían efectos no obstante su *omitida publicación* en Gaceta Oficial y, consecuentemente, su *falta de autenticidad* (Sentencia N° 467, del 27 de marzo de 2001, asunto *Adalberto Rivas et al.*). Ese *odioso pronunciamiento* –odioso porque atenta contra el principio de seguridad jurídica– fue reiterado meses más tarde al analizar las consecuencias que se

desde la fecha posterior que ella misma indique, y si por errores tipográficos ha sido necesario reproducir normas de la Ley en una Gaceta Oficial ulterior, tales normas legales se entenderán publicadas en la fecha en la que fue publicada la Gaceta en la que los errores fueron subsanados[2].

Las reglas que anteceden también gobiernan, aunque con matices, la derogatoria de los reglamentos[3]. Habida consideración de su condición de *ley material*:

a. Los reglamentos pueden ser derogados por actos posteriores de igual o superior jerarquía. Sus preceptos, por tanto, pueden ser privados de efectos mediante ley; también mediante un acto administrativo aprobado por la misma autoridad que dictó el reglamento anterior o por otra autoridad, siempre y cuando esta última se encuentre jerárquicamente supraordenada a la que aprobó el reglamento que se deroga.

   Pero en virtud del *principio de inderogabilidad singular de los reglamentos*, la derogatoria solo puede ser el resultado de la aprobación de un acto administrativo dictado en ejercicio de *función normativa*, porque el artículo 13 de la Ley Orgánica de Procedimientos Administrativos prohíbe –y lo hace en términos concluyentes– que los actos de carácter particular vulneren lo establecido en una disposición administrativa de carácter general.

---

derivaban de la falta de publicación del Reglamento de Régimen Disciplinario del Cuerpo Técnico del Policía Judicial (Sala Político-Administrativa del Tribunal Supremo de Justicia, Sentencia N° 1.216, del 26 de junio de 2001, asunto *Porfirio Ruiz Leandres et al.*, en *Revista de Derecho Público*, N° 85-86/87-88, Editorial Jurídica venezolana, Caracas, 2001, pp. 241-249).

2 Dominici, Aníbal, en *Código Civil de Venezuela. Artículo 1o. al 18, op. cit.*, p. 75.

3 Sala Político-Administrativa del Tribunal Supremo de Justicia, Sentencia N° 1.216, del 26 de junio de 2001, asunto *Porfirio Ruiz Leandres et al.*

b. Los preceptos derogatorios de normas reglamentarias previas solo obligan desde su publicación en la Gaceta Oficial o, alternativamente, desde la fecha posterior que ella misma indique[4].

La derogación puede ser expresa o tácita. En el primero de los casos, el acto normativo indica cuáles son las previsiones –legales o reglamentarias– que dejan de producir efectos en virtud de la publicación del acto derogatorio. En el segundo caso, la derogación es el producto o resultado de la contradicción existente entre dos previsiones, reguladoras de un mismo supuesto de hecho pero con consecuencias jurídicas incompatibles, que entraron en vigor en momentos distintos[5].

Por la naturaleza de las cosas, la derogación de leyes y reglamentos obra siempre hacia el futuro, dejando en pie los actos ejecutados en aplicación de la ley derogada[6].

§2. La reforma de los reglamentos

La reforma de una Ley puede entrañar la derogación de algunos de sus preceptos. Por ello, la Ley que sea objeto de reforma parcial debe publicarse en un solo texto que incorpore las modificaciones

---

4 Sala Político-Administrativa del Tribunal Supremo de Justicia, Sentencia N° 1.028, del 9 de mayo de 2000, asunto *Poncio Mogollón et al.*

5 Sánchez Covisa, Joaquín, "La Vigencia Temporal de la Ley en el Ordenamiento Jurídico Venezolano", en *Obra Jurídica*, Ediciones de la Contraloría General de la República, Caracas, 1976, 165-175. La derogatoria tácita, fundada en el principio *lex posterior derogat priori* (Alta Corte Federal, Sentencia s/n, del 20 de agosto de 1870, en *Código Civil de Venezuela. Artículo 1o. al 18, op. cit.*, pp. 376-377), se contrapone al principio constitucional de *seguridad jurídica* y, por consiguiente, al derecho a la *claridad* y *certeza* de las normas que en un determinado momento regulan la conducta de la Administración y de los particulares (Artículo 15 de la Carta Iberoamericana de los Derechos y Deberes del Ciudadano en Relación con la Administración Pública).

6 Sala Federal de la Corte Federal y de Casación, Sentencia s/n, del 13 de enero de 1940, en *Código Civil de Venezuela. Artículo 1o. al 18, op. cit.*, p. 374.

aprobadas (artículo 218 de la Constitución). Esa regla, garantizadora de la *claridad* y *certeza* entorno a las normas que disciplinan la actuación de la Administración y de los particulares[7], constitucionaliza –en parte– el artículo 5° de la Ley de Publicaciones Oficiales, del 22 de julio de 1941, según el cual la ley que sufra una reforma parcial deberá publicarse íntegramente con las modificaciones que hubiere sufrido, las cuales se insertarán en su texto suprimiendo los artículos reformados de manera de conservar su unidad, agregando en seguida que esa publicación deberá estar precedida por la de la ley que hace la reforma.

Las reglas que anteceden también resultan aplicables *–mutatis mutandis–* al *reglamento*, habida consideración de su condición de *ley material*.

§3. Las reglas adjetivas que gobiernan la derogatoria y reforma de los reglamentos

La aprobación de normas reglamentarias con el objeto de derogar o reformar normas reglamentarias previas, debe estar precedida del procedimiento administrativo normativo disciplinado por la Ley Orgánica de la Administración Pública.

---

7 Artículo 15 de la Carta Iberoamericana de los Derechos y Deberes del Ciudadano en Relación con la Administración Pública. La justicia comparada ha afirmado que «los principios de seguridad jurídica y de interdicción de la arbitrariedad de los poderes públicos exigen que la norma [jurídica] sea clara para que los ciudadanos sepan a qué atenerse ante la misma», y que «una legislación confusa, oscura e incompleta, dificulta su aplicación y además de socavar la certeza del Derecho y la confianza de los ciudadanos el mismo, puede terminar por empañar el valor de la justicia» (Gui Mori, Tomás, *Jurisprudencia Constitucional Íntegra 1981-2001* [Síntesis práctica, texto completo y actualización de todas las sentencias del TC], Tomo III, *op. cit.*, p. 425).
Sobre el principio de seguridad jurídica consúltese Sala Político-Administrativa de la Corte Suprema de Justicia, Sentencia N° 686, del 30 de octubre de 1997, asunto *Luis Enrique Pagés*.

La afirmación que antecede encuentra su fundamento en el principio del debido proceso, aplicable por mandato del artículo 49 de la Constitución a toda la actividad administrativa, el derecho constitucional a la participación en los asuntos públicos (artículo 62 *eiusdem*), el principio de transparencia que informa la actividad de la Administración (artículo 141 *eiusdem*), y el principio de seguridad jurídica, que proscribe la modificación arbitraria de las normas jurídicas[8].

§4. La derogatoria de la Ley Primaria y sus efectos sobre el reglamento dictado para asegurar su cumplimiento

Los reglamentos no pierden su validez por la sola modificación de la Ley que sirve de fundamento, porque su legalidad solo puede enjuiciarse a la luz de las circunstancias existentes para el momento de su aprobación[9]. Los cambios en el ordenamiento jurídico producto de la sobrevenida entrada en vigor de normas legales o de superior rango o jerarquía solo pueden comportar la ineficacia de las normas reglamentarias contrarias a las precitadas normas legales.

Para un sector de la doctrina, el reglamento puede llegar a perder su eficacia si la Ley que modificó la que servía de fundamento al reglamento ya no le presta cobertura a este último[10]. En otras palabras, la derogatoria de la Ley sobre la cual descansa el reglamento no comporta la desaparición –y consecuente ineficacia, *ipso facto*– del reglamento dictado para ejecutarla. El Tribunal Supremo de Justicia

---

8 Artículos 15 y 32 de la Carta Iberoamericana de los Derechos y Deberes del Ciudadano en Relación con la Administración Pública. Establece el artículo 32 de dicha Carta, que «los ciudadanos tendrán *derecho a participar*, a tenor de lo dispuesto en la Carta Iberoamericana de Participación Ciudadana en la Gestión Pública, en *los procedimientos de elaboración de disposiciones de carácter general*, de acuerdo con lo dispuesto en el ordenamiento jurídico correspondiente».

9 Sandulli, Aldo, *Manuale di Diritto Amministrativo*, Volume I, *op. cit.*, pp. 669-670.

10 Maurer, Harmut, *Derecho Administrativo* (Parte General), *op. cit.*, p. 361.

pareciera suscribir esta tesis. Sin mayor justificación, porque el fallo no razona la postura asumida, el más alto Tribunal de la República ha afirmado que

> «...los reglamentos, en general, son o constituyen declaraciones escritas unilaterales de la administración, creadoras de reglas de derecho de aplicación general, que tienen contenido normativo y están en un rango inferior a la ley; una vez dictados, son de obligatorio cumplimiento, inclusive para el órgano que lo dictó. En tal virtud, la extinción del reglamento solo se verificará si las normas reglamentarias son incompatibles con una ley que regule la misma materia»[11].

En contra de esta postura se han pronunciado múltiples autores[12]. En palabras de Hogan y Morgan, a quienes citamos por lo gráfica que nos resulta la expresión por ellos utilizada, «...la rama [siempre] cae con el árbol...» («*...the branch falls with the tree...*»), salvo que la Ley superviniente, derogatoria de la Ley previa que sirvió de fundamento al reglamento, disponga lo contrario[13]. Y es que derogada la Ley sobre la que se cimienta el reglamento, este no puede sino seguir la suerte de aquella y colapsar por la desaparición de sus fundaciones. Esta segunda postura encuentra su fundamento en las razones que de seguida se mencionan:

---

11 Sala Político-Administrativa del Tribunal Supremo de Justicia, Sentencia N° 1.216, del 26 de junio de 2001, asunto *Porfirio Ruiz Leandres et al.*
En sentido coincidente, COMADIRA, JULIO RODOLFO, ESCOLA, HÉCTOR JORGE y COMADIRA, JULIO PABLO, *Curso de Derecho Administrativo*, Tomo I, *op. cit.*, p. 43.

12 Según Piccini García, en este sentido se han pronunciado Guicciardi y Romano en Italia; y Jéze y de Laubadère en Francia (PICCINI GARCÍA, DORIS, *Teoría del decaimiento de los actos administrativos*, Editorial Jurídica de Chile, Santiago de Chile, 1968, p. 54).

13 HOGAN, GERARD y MORGAN, DAVID, *Administrative Law in Ireland*, second edition, Sweet & Maxwell, London, 1991, p. 30. El cambio de una ley por otra produce, según Piccini García, la muerte del decreto que la reglamenta (PICCINI GARCÍA, DORIS, *Teoría del decaimiento de los actos administrativos*, *op. cit.*, pp. 54 y 86).

a. Una vez derogada la Ley que sirve de fundamento a un reglamento ejecutivo, este último pierde su fuerza obligatoria por la supresión de la causa –de la *causa eficiente* en el plano normativo– del acto reglamentario que en su momento fue aprobado para asegurar el cumplimiento de las previsiones de una Ley que ha dejado de ser o existir (*cessante causa, cessat effectus*).

b. Desde un punto de vista lógico, no tiene sentido que el acto normativo dictado para asegurar el cumplimiento de una Ley –dictado, esto es, para ejecutarla– continúe produciendo efectos si la Ley, cuyo cumplimiento justificó la aprobación del reglamento, dejó de ser o existir. La derogatoria de la Ley Primaria hace que desaparezca la *necesidad* de la regulación reglamentaria que, en su momento, justificó el ejercicio de la potestad reglamentaria; que justificó, insistimos, la aprobación y ulterior vigencia del reglamento.

c. Una vez derogada la Ley que sirve de sostén, los reglamentos ejecutivos que versan sobre materias propias de la *reserva de Ley* pierden el acto estatal–de segundo grado–dictado en ejecución directa e inmediata de la Constitución, que le servía de *presupuesto y sustento normativo*. Por causa de dicha derogatoria, los preceptos reglamentarios no pueden continuar incidiendo –de manera "independiente", tras la desaparición de la Ley– sobre asuntos en los que el reglamento *únicamente* puede actuar como *desarrollo o complemento de la Ley.* En estos casos la pervivencia de los reglamentos resulta contraria a la reserva legal consagrada en la Constitución, que exige o demanda que la regulación de ciertas materias sea el resultado de normas de Ley, por una parte, y que, por otra parte, prohíbe la existencia de normas reglamentarias ejecutivas sin una Ley –vigente, se entiende– reguladora de la materia reservada, porque «...la ley y el reglamento» conforman «...un marco normativo...» unitario o indivisible[14].

---

[14] Corte Segunda de lo Contencioso-Administrativo, Sentencia del 13 de agosto de 2009, asunto *Multinacional de Seguros, C.A. et al.*

Sección II. La derogación de normas y los derechos adquiridos

Los reglamentos pueden ser derogados o modificados por la Administración en cualquier momento[15], previo el cumplimiento, claro está, del procedimiento normativo legalmente establecido. Por ello, se afirma que el Reglamento puede ser derogado *ad nutum*, pues para su derogación basta que la autoridad haga uso de la potestad reglamentaria con fines contrarios u opuestos a aquellos perseguidos al momento de expedir el acto que es objeto de derogatoria.

Las situaciones jurídico-subjetivas generales, impersonales y objetivas que las normas reglamentarias pudieran reconocer a los particulares, no constituyen óbice para la derogación de tales normas. Nuestro más alto Tribunal ha afirmado, *inter alia*, que «... el [nuevo] Reglamento del Hospital Vargas es un acto de autoridad del ejecutivo Federal, y por lo tanto, no pueden aducirse contra él derechos adquiridos»[16]. Ha afirmado también que «...las facultades y derechos concedidos sólo por la Ley... no constituyen derechos adquiridos irrevocablemente por los ciudadanos, sino cuando éstos han hecho uso del derecho de que se trata...»[17].

---

[15] Lares Martínez, Eloy, *Manual de Derecho Administrativo, op. cit.*, p. 72. En idéntico sentido, Estepa Moreno, Manuel, *Los Reglamentos del Gobierno*, Tomo I, *op. cit.*, p. 71. También, *mutatis mutandis*, Maurer, citado por García de Enterría, Eduardo, *La responsabilidad patrimonial del Estado legislador en el Derecho Español*, Editorial Aranzadi, Madrid, 2005, pp. 34-35.

[16] Sala Político-Administrativa de la Corte Federal y de Casación, Sentencia s/n, del 25 de abril de 1941, y Corte Federal y de Casación en Sala Federal, Sentencia s/n, del 7 de diciembre de 1943, en Brewer-Carías, Allan Randolph, *Jurisprudencia de la Corte Suprema de Justicia 1930-74 y Estudios de Derecho Administrativo*, Tomo III, *op. cit.*, pp. 137 y 301-303, respectivamente.

[17] En sentido coincidente, Sala Federal Accidental de la Corte Federal y de Casación, Sentencia s/n, del 18 de enero de 1937, en Brewer-Carías, Allan Randolph, *Jurisprudencia de la Corte Suprema de Justicia 1930-74 y Estudios de Derecho Administrativo*, Tomo I, *op. cit.*, p. 247.

Ahora bien, por lo que respecta a las situaciones jurídicas individuales, la justicia venezolana ha dejado sentado que los reglamentos no pueden desconocer los d*erechos adquiridos* –*i.e.*, las situaciones jurídicas individuales preexistentes[18]–, porque a ello se opone el derecho constitucional a la igualdad[19]. Desde otra perspectiva, la doctrina comparada afirma que las situaciones jurídicas individuales operan como límite frente a la pretendida aplicación (retroactiva) de sus normas[20]. Esto es así porque el procedimiento administrativo previo que ha de sustanciarse para la aprobación de normas no está diseñado para tutelar el derecho a la defensa de los particulares, ni para adelantar las determinaciones y hacer las valoraciones que supone la adopción de una medida ablativa. El procedimiento legalmente previsto para este tipo de medidas es otro, y el acto estatal idóneo para adoptarlas también es otro, distinto al reglamento.

Caracas, 27 de noviembre de 2017.

---

[18] Para Sánchez Covisa, «...derecho adquirido significa literalmente un derecho subjetivo que, por un hecho adquisitivo cualquiera, se encuentra en el patrimonio de una persona...» (Sánchez Covisa, Joaquín, "La Vigencia Temporal de la Ley en el Ordenamiento Jurídico Venezolano", en *Obra Jurídica de Joaquín Sánchez Covisa, op. cit.*, p. 317).

[19] Sala Político-Administrativa, de la Corte Suprema de Justicia, Sentencia s/n, del 19 de noviembre de 1985, *Revista de Derecho Público* N° 25, Editorial Jurídica Venezolana, Caracas, 1985, pp. 101-102.

[20] García de Enterría, Eduardo, *Legislación delegada, potestad reglamentaria y control judicial, op. cit.*, p. 243.
Sobre (i) la aplicación del principio de irretroactividad a los reglamentos, consúltese Sala Político-Administrativa de la Corte Suprema de Justicia, Sentencia N° 87, del 22 de junio de 1971, asunto *Instituto Agrario Nacional*, y (ii) los derechos individuales surgidos al amparo de normas derogadas y el principio de irretroactividad, como límite a la aplicación de los preceptos resultantes del cambio normativo, véase Sala Político-Administrativa de la Corte Federal y de Casación, Sentencia s/n, del 19 de diciembre de 1941 (Brewer-Carías, Allan Randolph, *Jurisprudencia de la Corte Suprema de Justicia 1930-74 y Estudios de Derecho Administrativo*, Tomo III, *op. cit.*, pp. 136 y 311, respectivamente).

JURISPRUDENCIA[1]

Alta Corte Federal

Sentencia s/n, del 20 de agosto de 1870.

Corte Federal y de Casación

Sala Federal
Sentencia s/n, del 18 de enero de 1937.
Sentencia s/n, del 23 de marzo de 1939.
Sentencia s/n, del 13 de enero de 1940.
Sentencia s/n, del 7 de diciembre de 1943.
Sala político Administrativa
Sentencia s/n, del 18 de marzo de 1937.

---

[1] La ficha de algunas de las decisiones judiciales citadas, particularmente las más antiguas, menciona el Tribunal que las pronunció y la fecha en la que las mismas fueron publicadas, porque era así como las sentencias solían ser citadas por los compendios de jurisprudencia en los que las mismas fueron consultadas (Ramírez & Garay y Revista de Derecho Público, *inter alia*). A esos datos agregamos los caracteres s/n, para dejar constancia que no contamos con un número que permita identificar el Fallo. En la medida en que pudimos examinar el texto íntegro de las decisiones judiciales en los Libros Copiadores de Sentencias que conservan el Tribunal Supremo de Justicia y los demás tribunales cuyos fallos citamos, o, para las más recientes, la página *web* del más alto Tribunal (*www.tsj.gob.ve*), la ficha de las decisiones judiciales incluye, además, el número con el cual el Tribunal identificó su decisión y el nombre de la parte actora, pues es esta la forma en la que las sentencias suelen ser citadas hoy en día en la academia y en el foro venezolano. Mi sentido agradecimiento a la abogada Jackelyn Sosa por su valiosa colaboración en la compilación de buena parte de esta información.

Sentencia s/n, del 16 de abril de 1937.
Sentencia s/n, del 3 de diciembre de 1940.
Sentencia s/n, del 20 de diciembre de 1940.
Sentencia s/n, del 25 de abril de 1941.
Sentencia s/n, el 19 de diciembre de 1941.
Sentencia s/n, del 15 de mayo de 1942.
Sala de Casación
Sentencia s/n, del 1° de diciembre de 1926.

Corte Federal

Sentencia s/n, del 17 de julio de 1953.
Sentencia s/n, del 9 de octubre de 1953.
Sentencia s/n, del 16 de marzo de 1954.
Sentencia s/n, del 9 de agosto de 1957.
Sentencia s/n, del 24 de septiembre de 1958.

Corte Suprema de Justicia

Sala Plena
Sentencia s/n, del 4 de abril de 1951.
Sentencia s/n, del 12 de junio de 1951.
Sentencia s/n, del 4 de junio de 1952.
Sentencia s/n, del 24 de septiembre de 1952.
Sentencia s/n, del 15 de marzo de 1962.
Sentencia s/n, del 29 de abril de 1965, asunto *Tito Gutiérrez Alfaro*.
Sentencia s/n, del 14 de junio de 1979, asunto *Luis Daniel Ortiz*.
Sentencia s/n, del 27 de mayo de 1980, asunto *Ricardo Palacios Galindo et al.*
Sentencia s/n, del 30 de junio de 1982, asunto *Gregorio Ramón Pigna Rodríguez*.
Sentencia N° 4, del 13 de febrero de 1985, asunto *José M. Sanabria Rojas*.
Sentencia N° 6, del 26 de febrero de 1985, asunto *Álvaro Gene Sojo*.

Sentencia s/n, del 17 de noviembre de 1986, asunto *Arturo Luis Torres*.

Sentencia s/n, del 14 de marzo de 1988.

Sentencia s/n, del 18 de octubre de 1988, asunto *Arturo Luis Torres*.

Sentencia s/n, del 13 de noviembre de 1989, asunto *Herberto Contreras Cuenca*.

Sentencia s/n, del 25 de septiembre de 1990, asunto *Arturo Luis Torres*.

Sentencia s/n, del 16 de marzo de 1993, asunto *Hernán Gruber Odremán et al.*

Sentencia s/n, del 16 de febrero de 1994, asunto *Julio Herrera Velutini*.

Sentencia s/n, del 28 de noviembre de 1995, asunto *Blastani José González et al.*

Sentencia s/n, del 24 de noviembre de 1999, asunto *Comité Interprofessionnel du Vin Champagne*.

SALA POLÍTICO ADMINISTRATIVA

Sentencia s/n, del 18 de julio de 1963, asunto *José L. Negrón et al.*

Sentencia N° 24, del 10 de mayo de 1965, asunto *Juan J. Gabaldón*.

Sentencia N° 109, del 13 de junio de 1967, asunto *Compañía Nacional Anónima de Seguros La Previsora*.

Sentencia N° 165, del 2 de noviembre de 1967, asunto *Joaquín Mármol Luzardo et al.*

Sentencia N° 51, del 27 de mayo de 1968, asunto C.A. *Biofar*.

Sentencia N° 100, del 7 de mayo de 1970, asunto *Síndico Procurador Municipal del Distrito Federal*.

Sentencia N° 8, del 27 de enero de 1971, asunto *Lino Jesús Díaz et al.*

Sentencia N° 87, del 22 de junio de 1971, asunto *Instituto Agrario Nacional*.

Sentencia N° 180, del 5 de junio de 1975, asunto *Empresa mercantil C.A. de Correjate Seguros*.

Sentencia s/n, del 13 de enero de 1976.

Sentencia N° 88, del 5 de mayo de 1976, asunto *Luis Mauri C.*

Sentencia N° 261, del 30 de noviembre de 1976, asunto *Nicolás Romero*.

Sentencia N° 212, del 7 de julio de 1977, asunto *César Mendoza Leonelli*.

Sentencia N° 255, del 11 de agosto de 1977, asunto *Rangel Quintero Castañeda*.

Sentencia s/n, del 1° de diciembre de 1977.

Sentencia N° 176, del 19 de julio de 1978, asunto *Hernán Antonio Cardozo*.

Sentencia N° 201, del 10 de agosto de 1978, asunto *Luis Fernando Sandoval Ramírez*.

Sentencia s/n, del 17 de octubre de 1978.

Auto s/n, del 1° de octubre de 1979.

Sentencia N° 68, del 25 de abril de 1979, asunto *Cristóbal Mendoza*.

Sentencia N° 3, del 10 de enero de 1980, asunto *Miranda Entidad de Ahorro y Préstamo*.

Sentencia N° 51, del 10 de marzo de 1980, asunto *María Germania Astudillo*.

Sentencia s/n, del 17 de marzo de 1980.

Sentencia N° 76, del 24 de abril de 1980, asunto *Fiscal General de la República*.

Sentencia N° 109, del 27 de mayo de 1980, asunto *Manuel Talavera*.

Sentencia N° 142, del 8 de julio 1980, asunto *Ramón Sabino Pérez Meléndez*.

Sentencia N° 155, del 28 de julio de 1980, asunto *Sociedad mercantil norteamericana E.Y. Du Pont De Nemours and Company*.

Sentencia N° 148, del 17 de julio de 1980, asunto *Lilia Zabala*.

Sentencia N° 190, del 7 de octubre de 1980, asunto *Juan F. Malinich Malarin*.

Sentencia N° 237, del 27 de noviembre de 1980, asunto *Compañía Anónima Venezolana de Seguros*.

Sentencia N° 209, del 2 de noviembre de 1982, asunto *Depositaria Judicial, La R.C., C.A.*

Sentencia N° 15, del 10 de febrero de 1983, asunto *Industrias Lácteas de Perijá, C.A.*

Sentencia N° 90, del 16 de mayo de 1983, asunto *Horacio Morales Longart*.

Sentencia N° 208, del 20 de octubre de 1983, asunto *Afraín Poriett et al.*

Sentencia s/n, del 19 de noviembre de 1983.

Sentencia N° 210, del 26 de julio de 1984, asunto *Despachos Los Teques, C.A.*

Sentencia N° 5, del 24 de enero de 1985, asunto *Diario Panorama, C.A.*

Sentencia N° 101, del 28 de marzo de 1985, asunto *Francisco Ruiz Becerra*.

Sentencia N° 176, del 13 de junio de 1985, asunto *Desarrollos Prebo 800, C.A.*

Sentencia s/n, del 19 de octubre de 1985.

Sentencia N° 95, del 5 de junio de 1986, *Difedemer, C.A.*

Sentencia N° 121, del 9 de abril de 1987, asunto *Protinal, C.A.*

Sentencia N° 120, del 2 de abril de 1987, asunto *Ramón Burgos Romero*.

Sentencia N° 171, del 9 de mayo de 1990, asunto *Vengas de Caracas, C.A.*

Sala Político-Administrativa de la Corte Suprema de Justicia, Sentencia N° 341, del 11 de julio de 1990, asunto *Curaçao Gas, S.R.L.*

Sentencia N°483, del 14 de agosto de 1990, asunto *Corporación Cavides, C.A.*

Sentencia N° 550, del 24 de octubre de 1990, asunto *Scholl Venezolana, C.A.*

Sentencia N° 629, del 22 de noviembre de 1990, asunto *Enrique Fuentes Madriz et al.*

Sentencia N° 196, del 9 de mayo de 1991, asunto *Servicios Técnicos Sanitarios Municipales*.

Sentencia N° 116, del 14 de marzo de 1991, asunto *Agustín Antonio Bezara Castro et al.*

Sentencia N° 539, del 5 de noviembre de 1992, asunto *Aníbal Segundo Argüello et al.*

Sentencia s/n, del 2 de julio de 1996.

Sentencia N° 243, del 8 de mayo de 1997, asunto *Petroquímica de Venezuela, S.A.*

Sentencia N° 686, del 30 de octubre de 1997, asunto *Luis Enrique Pagés*.

Sentencia N° 484, del 22 de julio de 1998, asunto *Johnson & Johnson de Venezuela*.

Sentencia N° 17, del 19 de enero de 1999, asunto *Fundación para los Derechos Humanos (Fundahumanos)*.

Sentencia N° 745, del 17 de junio de 1999, asunto *Iván José Sánchez et al.*

SALA DE CASACIÓN CIVIL

Sentencia s/n, del 8 de abril de 1976.

Sentencia s/n, del 7 de julio de 1977.

Tribunal Supremo de Justicia

SALA CONSTITUCIONAL

Sentencia N° 271, del 25 de abril de 2000, asunto *José Gregorio Rossi García*.

Sentencia N° 462, del 6 de abril de 2001, asunto *Manuel Quevedo Fernández*.

Sentencia N° 2.338, del 21 de noviembre de 2001, asunto *José Muci-Abraham et al.*

Sentencia N° 1.309, del 19 de julio de 2001, asunto *Hermánn Escarrá*.

Sentencia N° 163, del 5 de febrero de 2002, asunto *Germán Marcero Beltrán et al.*

Sentencia N° 797, del 11 de abril de 2002, asunto *Contralor General de la República.*

Sentencia N° 1.447, del 3 de junio de 2003, asunto *Rafael Badell Madrid et al.*

Sentencia N° 1.586, del 12 de junio de 2003, asunto *Santiago Mercado Díaz et al.*

Sentencia N° 2.996, del 4 de noviembre de 2003, asunto *Rufo Alberto Guédez Falcón.*

Sentencia N° 303, del 8 de marzo de 2004, asunto *Alfredo Rafael Romero Oliveros.*

Sentencia N° 825, del 6 de mayo de 2004, asunto *Banco del Caribe, C.A.*

Sentencia N° 1.613, del 17 de agosto de 2004, asunto *Henry Pereira Gorrín et al.*

Sentencia N° 2.164, del 14 de septiembre de 2004, asunto *Alfredo Travieso Passios.*

Sentencia N° 1.798, del 19 de julio de 2005, asunto *Festejos Mar, C.A.*

Sentencia N° 379, del 7 de marzo de 2007, asunto *Representaciones Piel Dorio.*

Sentencia N° 1.277, del 13 de agosto de 2008, asunto *Misión Padamo de Venezuela et al.*

Sentencia N° 1.178, del 13 de agosto de 2009, asunto *Alfredo Travieso Passios.*

Sentencia N° 9, del 1° de marzo de 2016, asunto *Gabriela Flores Ynserny et al.*

Sentencia N° 378, del 31 de mayo de 2017, asunto *Leopoldo Pita Martínez.*

Sala Político Administrativa

Sentencia N° 952, del 27 de abril de 2000, asunto *Asociación de Trabajadores del Banco de Venezuela et al.*

Sentencia N° 1.028, del 9 de mayo de 2000, asunto *Poncio Mogollón et al.*

Sentencia N° 1.542, del 22 de junio de 2000, asunto *José Gregorio Pérez.*

Sentencia N° 1.722, del 20 de julio de 2000, asunto *José Macario Sánchez.*

Sentencia N° 465, del 27 de marzo de 2001, asunto *Luis Alberto Villasmil.*

Sentencia N° 467, del 27 de marzo de 2001, asunto *Adalberto Rivas Omaña et al.*

Sentencia N° 1.216, del 26 de junio de 2001, asunto *Porfirio Ruiz Leandres et al.*

Sentencia N° 2.130, del 9 de octubre de 2001, asunto *Hugo Eunices Betancourt Zerpa.*

Sentencia N° 367, del 27 de febrero de 2002, asunto *José León Rodríguez.*

Sentencia N° 641, del 6 de mayo de 2003, asunto *Consolidada de Ferrys, C.A.*

Sentencia N° 2.673, del 28 de noviembre de 2006, asunto *Sociedad Williams Enbridge & Compañía (Swec).*

Sentencia N° 518, del 10 de abril de 2007, asunto *Procurador General del Estado Bolívar.*

Sentencia N° 919, del 6 de junio de 2007, asunto *Ana María Dupuy Villanueva.*

Sentencia N° 950, del 13 de junio de 2007, asunto *Ana María Dupuy Villanueva.*

Sentencia N° 776, del 3 de junio de 2009, asunto *Jesús López Polanco.*

Sentencia N° 1.131, del 28 de julio de 2009, asunto *Hugo Medina et al.*

Sentencia N° 394, del 12 de mayo de 2010, asunto *Valores Unión,* C.A.

Sentencia N° 1.095, del 10 de agosto de 2011, asunto *Roxana Orihuela Gonzatti et al.*

Sala Electoral

Sentencia N° 179, del 21 de octubre de 2003, asunto *Frente Cívico Democrático.*

Sentencia N° 73, del 30 de marzo de 2006, asunto *Asociados Caja de Ahorros Sector Empleados Públicos CA-SEP.*

Sentencia N° 120, del 11 de agosto de 2010, asunto *Pedro Rosas et al.*

Corte Superior Primera en lo Civil y Mercantil de la Circunscripción Judicial del Distrito Federal y Estado Miranda

Sentencia del 21 de noviembre de 1974, asunto *Interpretación del artículo 36 del Reglamento sobre Coordinación, Administración y Control de los Institutos Autónomos.*

Corte Primera en lo Contencioso Administrativo

Sentencia s/n, del 29 de enero de 1980.

Sentencia s/n, del 20 de marzo de 1980.

Sentencia s/n, del 25 de marzo de 1980.

Sentencia s/n, del 26 de junio de 1980.

Sentencia s/n, del 17 de febrero de 1981.

Sentencia s/n, del 10 de junio de 1981.

Sentencia s/n, del 24 de marzo de 1982.

Sentencia s/n, del 1° de junio de 1982, asunto *Federación Médica Venezolana.*

Sentencia s/n, del 30 de septiembre de 1982.

Sentencia s/n, del 27 de enero de 1983.

Sentencia s/n, del 12 de julio de 1983.

Sentencia s/n, del 12 de diciembre de 1983.

Sentencia s/n, del 26 de marzo de 1984.

Sentencia s/n, del 22 de abril de 1985, asunto *Bethzaida C. Velázquez*

Sentencia s/n, del 17 de octubre de 1985, asunto *Melanio Trejo.*

Sentencia s/n, del 15 de mayo de 1986, asunto *Pedro A. Morales.*

Sentencia s/n, del 2 de octubre de 1986, asunto *Belkis Lares.*

Sentencia s/n, del 28 de septiembre de 1993.

Sentencia s/n, del 2 de marzo de 1994.

Sentencia s/n, del 9 de agosto de 1995, asunto *Socorro Peraza Tirado*.

Sentencia N° 897, del 6 de julio de 2000, asunto C.A. *Sofimara Mercado de Capitales Casa de Bolsa*.

Sentencia N° 1.835, del 20 de diciembre de 2000.

Sentencia N° 992, del 8 de mayo de 2002, asunto C.A. *Cervecería Nacional (Brahma)*.

Sentencia N° 2.158, del 7 de agosto de 2002, asunto *Seguros Orinoco, C.A. et al.*

Sentencia N° 1.979, del 26 de junio de 2002, asunto *José Jesús Varela Lobo*.

Sentencia N° 690, del 23 de abril de 2013, asunto *Marcos Tulio Cabrera Coronel*.

Corte Segunda en lo Contencioso Administrativo

Sentencia N° 1.473, del 13 de agosto de 2009, asunto *Multinacional de Seguros, C.A.*

Tribunal Superior Primero en lo Civil, Mercantil y Contencioso Administrativo de la Región Capital

Sentencia s/n, del 14 de mayo de 1990, asunto *Jesús Ochoa Fuenmayor*.

Sentencia s/n, del 6 de julio de 1990, asunto *Compañía Anónima Tabacalera Nacional*.

Tribunal Superior Noveno en lo Contencioso Tributario

Sentencia s/n, del 31 de mayo de 2001, asunto *Consolidada de Ferrys, C.A.*

Bibliografía

Agirreazkuenza, Iñaki, *La coacción Administrativa Directa*, Editorial Civitas, S.A., Madrid, 1990.

Aguilar Gorrondona, José Luis, *Derecho Civil. Personas*, Manuales de Derecho de la Universidad Católica Andrés Bello, 25ta edición, Caracas, 2013.

Alexy, R., *Teoría de los Derechos Fundamentales*, Centro de Estudios Constitucionales, Madrid, 1993.

Allí Aranguren, Juan-Cruz, *Derecho Administrativo y Globalización*, Civitas Ediciones S.L., Madrid, 2004.

Alonso Mas, María José, *La solución justa en las resoluciones administrativas*, Tirant lo Blanch-Universitat de València, Valencia, 1998.

Álvarez Vélez, Mª Isabela, y Alcón Yustas, Mª Fuencisla, *Las Constituciones de los Quince Estados de la Unión Europea*, Dykinson, S.L., Madrid, 1996.

Andueza, José Guillermo, "El control de la constitucionalidad y el contencioso administrativo", en Moles-Caubet, Antonio; Pérez Luciani, Gonzalo; Andueza, José Guillermo; Rondón de Sansó, Hildegard y Brewer-Carías, Allan Randolph, *Contencioso-Administrativo en Venezuela*, Editorial Jurídica Venezolana, Caracas, 1981.

Araujo Juárez, José, *Derecho Administrativo (Parte General)*, Ediciones Paredes, Caracas, 2007.

Araujo Juárez, José, *Derecho Administrativo Constitucional*, coedición de la Editorial Jurídica Venezolana y el Centro para la Integración y el Derecho Público, Caracas, 2017.

Balasso Tejera, Caterina, *Jurisprudencia sobre los Actos Administrativos (1980-1993)*, Editorial Jurídica Venezolana, Caracas, 1998.

Balduzzi, Renato y Sorrentino, Federico, "Riserva di legge", *Enciclopedia del Diritto*, Volume XL, Giuffré Editore, Milano, 1989.

Baño León, José María, "Los ámbitos del reglamento independiente", *Estudios sobre la Constitución Española (Homenaje al Profesor Eduardo García de Enterría)*, Tomo I, Editorial Civitas, S.A., Madrid, 1991.

Baño León, José María, *Los límites constitucionales de la potestad reglamentaria* (Remisión normativa y reglamento independiente en la Constitución de 1978), Editorial Civitas, S.A., Madrid, 1991.

Bassi, Franco, "Note sulla discrezionalità amministrativa", en *Le trasformazioni del Diritto Amministrativo* (Scritti degli allievi per gli ottanta anni di Massimo Severo Giannini), obra coordinada por Amorosino, Sandro, Dott. A. Giuffrè Editore, S.p.a., Milano, 1995.

Battini, Stefano, *Amministrazioni senza Stato* (Profili di Diritto Amministrativo Internazionale), Dott. A. Giuffrè Editore, Milano, 2003.

Berti, Giorgio, *Manuale di interpretazione costituzionale*, 3ª edizione, Casa Editrice Dott. Antonio Milani, Padova, 1994.

Betti, Emilio, *Interpretazione della legge e degli atti giuridici* (Teoria generale e dogmatica), Dott. A. Giuffrè Editore, Milano, 1949.

Brewer-Carías, Allan Randolph, *Las Constituciones de Venezuela*, coedición de la Universidad Católica del Táchira (San Cristóbal, Venezuela) y del Centro de Estudios de Administración Local y del Centro de Estudios Constitucionales (Madrid, España), 2005.

BREWER-CARÍAS, ALLAN RANDOLPH, *Jurisprudencia de la Corte Suprema de Justicia 1930-74 y Estudios de Derecho Administrativo*, Tomo I (Ordenamiento Constitucional y Funcional del Estado), Instituto de Derecho Público de la Universidad Central de Venezuela, Caracas, 1975.

BREWER-CARÍAS, ALLAN RANDOLPH, *Jurisprudencia de la Corte Suprema de Justicia 1930-74 y Estudios de Derecho Administrativo*, Tomo II (Ordenamiento Orgánico y Tributario del Estado), Instituto de Derecho Público, Facultad de Derecho, Universidad Central de Venezuela, 1976.

BREWER-CARÍAS, ALLAN RANDOLPH, *Jurisprudencia de la Corte Suprema de Justicia 1930-74 y Estudios de Derecho Administrativo*, Tomo III (La actividad administrativa), Volumen I (Reglamentos, Procedimientos y Actos Administrativos), Instituto de Derecho Público de la Universidad Central de Venezuela, Caracas, 1976.

BREWER-CARÍAS, ALLAN RANDOLPH, *Jurisprudencia de la Corte Suprema de Justicia 1930-74 y Estudios de Derecho Administrativo*, Tomo V (La jurisdicción contencioso-administrativa), Volumen I (Los órganos y el recurso de anulación), Instituto de Derecho Público, Universidad Central de Venezuela, 1978.

BREWER-CARÍAS, ALLAN RANDOLPH, *Instituciones Políticas y Constitucionales*, Tomo II, coedición de la Universidad Católica del Táchira y de la Editorial Jurídica Venezolana, Caracas-San Cristóbal, 1985.

BREWER- CARÍAS, ALLAN RANDOLPH, *Principios del régimen jurídico de la organización administrativa venezolana*, Editorial Jurídica Venezolana, Caracas, 1991.

BREWER-CARÍAS, ALLAN RANDOLPH, *Instituciones Políticas y Constitucionales*, Tomo III, Universidad Católica del Táchira-Editorial Jurídica Venezolana, 3ª Edición, Caracas-San Cristóbal, 1996.

BREWER-CARÍAS, ALLAN RANDOLPH, *Principios Fundamentales del Derecho Público*, Editorial Jurídica Venezolana, Caracas, 2005.

BREWER-CARÍAS, ALLAN RANDOLPH, *Fundamentos de la Administración Pública*, Tomo I, Editorial Jurídica Venezolana, Caracas, 1980.

BREWER-CARÍAS, ALLAN RANDOLPH, *Derecho Administrativo. Tomo I. Los Supuestos Fundamentales del Derecho Administrativo*, Publicaciones de la Facultad de Derecho, Universidad Central de Venezuela, Caracas, 1975.

BREWER CARÍAS, ALLAN RANDOLPH, "Los límites del poder discrecional de las autoridades administrativas", en *Revista de la Facultad de Derecho*, N° 2, año lectivo 1965-1966, Universidad Católica Andrés Bello, Caracas.

BREWER-CARÍAS, ALLAN RANDOLPH, *El Control de la Constitucionalidad de los Actos Estatales*, Editorial Jurídica Venezolana, Caracas, 1977, p. 38.

BREWER-CARÍAS, ALLAN RANDOLPH, *Las Instituciones Fundamentales del Derecho Administrativo y la Jurisprudencia Venezolana*, Publicaciones de la Facultad de Derecho, Universidad Central de Venezuela, Caracas, 1964.

BRICEÑO LEÓN, HUMBERTO, "Régimen Derogatorio entre los Acuerdos del Congreso, los Decretos-Leyes y las Leyes Orgánicas", *II Jornadas Internacionales de Derecho Administrativo "Allan Randolph Brewer-Carías"*, Fundación de Estudios de Derecho Administrativo, Caracas, 1996.

BULOW, ERICO, "La legislación", en *Manual de Derecho Constitucional*, obra coordinada por BENDA, MAIHOFER, VOGELY HESSE, HEYDE, Instituto Vasco de Administración Pública y Marcial Pons, Ediciones Jurídicas y Sociales, S.A., Madrid, 1996.

CABALLERO ORTIZ, JESÚS, "Algunas Consideraciones sobre la Distinción entre Actos Administrativos Generales y Actos Administrativos Individuales (con especial referencia a la Constitución de 1999)", en *Revista de Derecho Administrativo* número 7, septiembre-diciembre 1999, Editorial Sherwood, Caracas.

Carlassare, Lorenza, "Regolamento (Diritto Costituzionale)", *Enciclopedia del Diritto*, Volume XXXIX, Dott. A. Giuffrè Editore, Milano, 1988.

Carlón Ruiz, Matilde, "El principio de proporcionalidad", en *Los Principios Jurídicos del Derecho Administrativo*, obra dirigida por Santamaría Pastor, Juan Alfonso, La Ley, Madrid, 2010.

Carré de Malberg, Raymond, *La teoria gradualistica del diritto* (Confronto con le idee e le istituzioni del diritto positivo francese), Giuffrè Editore, Milano, 2003.

Carré de Malberg, Raymond, *La ley, expresión de la voluntad popular* (Estudio sobre el concepto de ley en la Constitución de 1875), Marcial Pons, Ediciones Jurídicas y Sociales, S.A., Madrid, 2011.

Carrillo Donaire, Juan Antonio, "Buena administración, ¿un principio, un mandato o un derecho subjetivo?", en Santamaría Pastor, Juan Alfonso (Director), *Los principios jurídicos del Derecho Administrativo*, La Ley, Madrid, 2010.

Casal, J.M., *Los Derechos Fundamentales y sus Restricciones*, Legislación Económica, Caracas, 2010.

Casal Hernández, Jesús María, *Asamblea Nacional: Conquista Democrática vs. Demolición Autoritaria* (Elementos de la argumentación y práctica judicial autoritaria de la Sala Constitucional del Tribunal Supremo), Universidad Católica Andrés Bello, 1ª edición, Caracas, 2017.

Cassagne, Juan Carlos, *El acto administrativo*, 2ª edición, Abeledo-Perrot, S.A., Buenos Aires, 1981.

Cassagne, Juan Carlos, "Sobre la reserva de Ley y los reglamentos de Necesidad y Urgencia en la reforma constitucional", *Revista de Derecho Administrativo*, Ed. Depalma, Buenos Aires, 1996.

CASSAGNE, JUAN CARLOS, *El principio de legalidad y el control judicial de la discrecionalidad administrativa*, Marcial Pons Argentina, S.A., Buenos Aires, 2009.

CASSESE, SABINO, *Las bases del Derecho Administrativo*, Instituto Nacional de Administración Pública, Madrid, 1994.

CASSESE, SABINO, *Derecho Administrativo: Historia y Futuro*, coedición del Instituto Nacional de Administración Pública y de Global Law Press-Editorial Derecho Global, Sevilla, 2014.

CHAVERO GAZDIK, RAFAEL J., "La Participación Ciudadana en la Elaboración de Actos Generales", *Revista de Derecho Público* número 59-60, julio-diciembre 1994, Editorial Jurídica Venezolana, Caracas, 1994.

CHIAPPETTI, ACHILE, "Polizia (Diritto Pubblico)", *Enciclopedia del Diritto*, Volume XXXIV, Dott. A. Giuffrè Editore Editore, Milano, 1985.

CHINCHILLA MARÍN, CARMEN, *La desviación de poder*, 2ª edición, Civitas Ediciones S.L., Madrid, 2004.

CHIOVENDA, GIUSEPPE, *Lezioni di Diritto Amministrativo*, Giuffrè Editore, Milano, 1991.

Código Civil de Venezuela, Artículo 1o. al 18 (Antecedentes, Comisiones Codificadoras, Debates Parlamentarios, Jurisprudencia, Doctrina, Concordancias), coedición del Instituto de Derecho Privado de la Facultad de Derecho de la Universidad Central de Venezuela y el Colegio de Abogados del Distrito Federal, Caracas, 1969.

Código Civil de Venezuela. Artículos 19 a 40 (Antecedentes, Comisiones Codificadoras, Debates Parlamentarios, Jurisprudencia, Doctrina, Concordancias), coedición del Instituto de Derecho Privado de la Facultad de Derecho de la Universidad Central de Venezuela y el Colegio de Abogados del Distrito Federal, Caracas, 1969.

Comadira, Julio Rodolfo; Escola, Héctor Jorge y Comadira, Julio Pablo, *Curso de Derecho Administrativo*, Tomo I, Abeledo Perrot, S.A., Buenos Aires, 2013.

Coviello, Nicolás, *Doctrina General del Derecho Civil*, Unión Tipográfica Editorial Hispano-Americana, México, 1949.

De Béchillon, Denys, *Hiérarchie des Normes et Hiérarchie des Fonctions Normatives de l'Etat*, Economica, Paris, 1996.

de la Cuétara, Juan Miguel, *Las potestades administrativas*, Editorial Tecnos, S.A., 1986, Madrid.

de la Vallina Velarde, Juan Luis, *La Motivación del Acto Administrativo*, Escuela Nacional de Administración Pública, Madrid, 1967.

de Otto, Ignacio, *Derecho Constitucional* (Sistema de Fuentes), Editorial Ariel, S.A., Barcelona, España, 2001.

Dolzer, Rudolph y Stevens, Margaret, *Bilateral Investment Treaties*, Martinus Nijhoff Publishers, Netherlands, 1995.

Dromi, José Roberto, *Manual de Derecho Administrativo*, Tomo I, Editorial Astrea, Buenos Aires, 1987.

Estepa Moreno, Manuel, *Los Reglamentos del Gobierno*, Tomo I (Régimen Jurídico de los Reales Decretos Reglamentarios), Universidad Complutense de Madrid, 2007.

Fernández Salmerón, Manuel, *El Control jurisdiccional de los reglamentos* (Procedimiento administrativo, proceso judicial y potestad reglamentaria), Atelier, Barcelona, España, 2002.

Fernández Valverde, Rafael, "El principio *favor libertatis*", en Santamaría Pastor, Juan Alfonso (Director), *Los principios jurídicos del Derecho Administrativo*, La Ley, Madrid, 2010.

Frier, Pierre-Laurent y Petit, Jacques, *Droit Administratif*, 9e édition, Lextenso Éditions LGDJ, Paris, 2014.

FOX JR., WILLIAM F., *Understanding Administrative Law,* Matthew Bender & Co., Inc., New York, 1986.

FROSINI, VITTORIO, *La lettera e lo spirito della legge,* Dott. Giuffrè Editore, S.p.a, Milano, 1994.

GARCÍA DE ENTERRÍA, EDUARDO, *Legislación delegada, potestad reglamentaria y control judicial*, Editorial Tecnos, S.A., Madrid, 1981.

GARCÍA DE ENTERRÍA, EDUARDO, *La lucha contra las inmunidades del poder,* Editorial Civitas, S.A., tercera edición, Madrid, 1983.

GARCÍA DE ENTERRÍA, EDUARDO, "Los ciudadanos y la Administración: Nuevas tendencias en el Derecho español", *Revista Española de Derecho Administrativo*, N° 59, Civitas, S.A., Madrid, 1998.

GARCÍA DE ENTERRÍA, EDUARDO, "El principio de protección de la confianza legítima como supuesto título justificativo de la responsabilidad patrimonial del Estado Legislador", en *Revista de Administración Pública* N° 159 (septiembre-diciembre 2002), Madrid.

GARCÍA DE ENTERRÍA, EDUARDO, *La responsabilidad patrimonial del Estado legislador en el Derecho Español*, Editorial Aranzadi, Madrid, 2005.

GARCÍA DE ENTERRÍA, EDUARDO y FERNÁNDEZ, TOMÁS RAMÓN, *Curso de Derecho Administrativo*, Tomo I, 13ª edición, Arazandi S.A., Cizur Menor (Navarra), Madrid, 2006.

GARRIDO FALLA, FERNANDO, *Tratado de Derecho Administrativo*, Volumen I (Parte General), Centro de Estudios Constitucionales, Madrid, 1982.

GARCÍA NOVOA, CÉSAR, *El principio de seguridad jurídica en materia tributaria*, Marcial Pones, Ediciones Jurídicas y Sociales, S.A., Madrid-Barcelona, 2000.

GASPARRI, PIETRO, "Competenza in materia amministrativa", *Enciclopedia del Diritto*, Volume VIII, Giuffré Editore, Milano, 1961.

GAUDEMENT, YVES, *Droit Administratif*, 20e édition, Lextenso éditions LGDJ, Paris, 2012.

GIANNINI, MASSIMO SEVERO, *Diritto Amministrativo*, Volume Primo, Dott. A. Giuffrè Editore, Milano, 1970.

GIANNINI, MASSIMO SEVERO, "Regolamento (Problematica Generale)", *Enciclopedia del Diritto*, Volume XXXIX, Dott. A. Giuffrè Editore, Milano, 1988.

GONZÁLEZ PÉREZ, JESÚS, *Comentarios a la Ley de Procedimiento Administrativo*, Editorial Civitas, S.A., Madrid, 1991.

GONZÁLEZ PÉREZ, JESÚS, *El principio general de buena fe en el Derecho Administrativo*, 2ª edición, Editorial Civitas, S.A., Madrid, 1989.

GONZÁLEZ RIVAS, JUAN JOSÉ, *La Interpretación de la Constitución por el Tribunal Constitucional* (Comentario sistemático de la Constitución), coedición Civitas-Thomson Reuters, Pamplona, 2011.

GRAU FORTOUL, GUSTAVO, "Normas Covenin, *Codex Alimentarius* y reglamentaciones técnicas (Reflexiones sobre su obligatoriedad, en el ámbito del régimen jurídico administrativo sanitario en materia de alimentos)", en Libro Homenaje a la Academia de Ciencias Políticas y Sociales en el Centenario de su Fundación, Tomo II, Academia de Ciencias Políticas y Sociales, Caracas, 2015.

GUI MORI, TOMÁS, *Jurisprudencia Constitucional Íntegra 1981-2001*, (Síntesis práctica, texto completo y actualización de todas las sentencias del TC), Tomo II, Editorial Bosch, S.A., Barcelona, España, 2002.

GUI MORI, TOMÁS, *Jurisprudencia Constitucional Íntegra 1981-2001* (Síntesis práctica, texto completo y actualización de todas las sentencias del TC), Tomo III, Editorial Bosch, S.A., Barcelona, España, 2002.

HERNÁNDEZ GONZÁLEZ, FRANCISCO, "La evolución de la potestad reglamentaria en el constitucionalismo francés. Mitos y realidades", en *Revista de la Administración Pública*, N° 163, enero-abril 2004, Centro de Estudios Políticos y Constitucionales.

HERNÁNDEZ GONZÁLEZ, JOSÉ IGNACIO, "Código de Comercio y libertad de empresa. Un ensayo sobre las bases constitucionales de la autonomía privada", *Bicentenario del Código de Comercio Francés*, MORLES HERNÁNDEZ, A. y DE VALERA, I., Academia de Ciencias Políticas y Sociales, Caracas, 2008.

HERNÁNDEZ RON, J.M., *Tratado Elemental de Derecho Administrativo*, Tomo I, 2ª edición, Editorial Las Novedades, C.A., Caracas, 1943.

HOGAN, GERARD y MORGAN, DAVID, *Administrative Law in Ireland*, second edition, Sweet & Maxwell, London, 1991.

JÈZE, GASTON, *Principios Generales del Derecho Administrativo*, Tomo I (La Técnica Jurídica del Derecho Público Francés), Editorial Depalma, Buenos Aires, 1948.

KELSEN, HANS, *La Giustizia costituzionale*, Giuffrè Editore, Milán, 1981.

KELSEN, HANS, *Teoria Generale del Diritto e dello Stato*, Etas Libri, Milano, 1984.

KINGSBURY, BENEDICT; KRISCH, NIKO y STEWART, RICHARD B., "The emergence of Global Administrative Law", *Law and Contemporary Problems* Vol. 68, Summer & Autumn 2005, Nos. 3 & 4, Duke University School of Law.

LARES MARTÍNEZ, ELOY, *Manual de Derecho Administrativo*, quinta edición, Facultad de Ciencias Jurídicas y Políticas de la Universidad Central de Venezuela, Caracas, 1980.

LARES MARTÍNEZ, ELOY, "La legitimación activa en el recurso contencioso administrativo de anulación", en *Tendencias de la jurisprudencia venezolana en materia contencioso- administra-*

tiva, 8ª Jornadas Dr. J.M. Domínguez Escobar, coedición de la Universidad Central de Venezuela, la Corte Suprema de Justicia y el Colegio de Abogados del estado Lara, 1983.

Lasarte, Javier; Ramírez, Salvador y Aguallo, Ángel, *Jurisprudencia del Tribunal Constitucional en materia financiera y tributaria (1981-1989)*, Editorial Tecnos, S.A., Madrid, 1990.

Linares Quintana, Segundo V., *Tratado de Interpretación Constitucional*, Abeledo Perrot, Buenos Aires, 1998.

Long, M.; Weil, P.; Braibant, G.; Devolvé, P. y Genevois, B., *Les grandes arrêts de la jurisprudence administrative*, 10e edition, Éditions Dalloz, Paris, 1993.

López Guerra, Luis, *Las sentencias básicas del Tribunal Constitucional*, 3ª edición, Centro de Estudios Políticos y Constitucionales, Madrid, 2008.

López Medina, Diego Eduardo, *La letra y el espíritu de la Ley*, coedición de la Universidad de los Andes y Editorial Temis, Bogotá, 2008.

Lucarelli, Alberto, *Potere Regolamentare* (Il regolamento indipendente tra modelli istituzionali e sistema delle fonti nell'evoluzione della dottrina pubblicistica), Casa Editrice Dott. Antonio Milani (Cedam), Padova, 1995.

Madariaga Gutiérrez, Mónica, *Seguridad Jurídica y Administración Pública en el Siglo XXI*, 2ª edición, Editorial Jurídica de Chile, 1993.

Maduro Luyando, Eloy, *Curso de Obligaciones* (Derecho Civil III), Fondo Editorial Luis Sanojo, Caracas, 1983.

Martínez Neira, Néstor Humberto, *Cátedra de Derecho Bancario*, 2ª edición, Legis Editores S.A., Bogotá, 2004.

Maurer, Harmut, *Derecho Administrativo* (Parte General), Marcial Pons Ediciones Jurídicas y Sociales, S.A., Madrid, 2011.

MEIER, HENRIQUE, *Teoría de las Nulidades en el Derecho Administrativo*, Editorial Jurídica Alva, S.R.L., Caracas, 1991.

MERKL, ADOLF, *Teoría General del Derecho Administrativo*, Editorial Revista de Derecho Privado, Madrid.

MOLES CAUBET, ANTONIO, "La Potestad Reglamentaria y sus Modalidades", en *Estudios sobre la Constitución. Libro-Homenaje a Rafael Caldera*, Tomo IV, Universidad Central de Venezuela, Facultad de Ciencias Jurídicas y Políticas, Caracas, 1979.

MOLES CAUBET, ANTONIO, *El Principio de Legalidad y sus Implicaciones*, N° 3, Universidad Central de Venezuela, Facultad de Ciencias Jurídicas y Políticas, Caracas, 1974.

MONTESQUIEU, CHARLES LOUIS, *El Espíritu de las Leyes*, Edicomunicación, S.A., Barcelona, España, 2003.

MORBIDELLI, GIUSEPPE, "La Dissaplicazione dei Regolamenti nella Giurisdizione Amministrativa", en *Diritto Processuale Amministrativo*, 4/1997, Giuffrè Editore, Milano.

MORLES HERNÁNDEZ, ALFREDO, *La Banca en el marco de la transición de sistemas económicos en Venezuela*, 2ª edición, coedición de la Universidad Católica Andrés Bello y la Universidad Monteávila, Caracas, 2016.

MUCI BORJAS, JOSÉ ANTONIO, "La ejecución, según el Derecho venezolano, de los fallos dictados por los jueces contencioso-administrativos", en *Primeras Jornadas Internacionales de Derecho Administrativo "Allan Randolph Brewer-Carías"*, coedición de la Fundación de Estudios de Derecho Administrativo y la Editorial Jurídica Venezolana, Caracas, 1995.

MUCI BORJAS, JOSÉ ANTONIO, "La actividad normativa de la Administración Pública", en *Segundas Jornadas Internacionales de Derecho Administrativo Allan Randolph Brewer-Carías* (Las formas de la actividad administrativa), Fundación de Estudios de Derecho Administrativo, Caracas, 1996.

MUCI BORJAS, JOSÉ ANTONIO, "El principio de racionalidad, el derecho a la libre concurrencia y los límites del poder reglamentario", *Revista de Derecho Administrativo* número 5, enero/abril 1999, Editorial Sherwood, Caracas, 1999.

MUCI BORJAS, JOSÉ ANTONIO, "Los Poderes del Juez Administrativo. Tutela judicial efectiva y control integral de la actividad administrativa", en *El Derecho Público a Comienzos del Siglo XXI* (Estudios Homenaje al Profesor Allan R. Brewer-Carías), Tomo II, Civitas Ediciones, S.L., Madrid, 2003.

MUCI BORJAS, JOSÉ ANTONIO, "El Ejercicio de Función Normativa por la Administración Pública Venezolana, *El Derecho Público a los 100 Números de la Revista de Derecho Público 1980-2005*, Editorial Jurídica Venezolana, Caracas, 2006.

MUCI BORJAS, JOSÉ ANTONIO, *El Derecho Administrativo Global y los Tratados Bilaterales de Inversión (BIT's)*, Editorial Jurídica Venezolana, Caracas, 2007.

MUCI BORJAS, JOSÉ ANTONIO, *"Procedimientos y Administración Pública", en Boletín de la Academia de Ciencias Políticas y Sociales*, N° 147, Enero-Diciembre 2009, Caracas, 2009.

MUCI BORJAS, JOSÉ ANTONIO, "Las carteras de crédito obligatorias: *Excursus* sobre la naturaleza y legitimidad de la obligación impuesta a la banca", *Temas actuales de Derecho Bancario* (Libro Homenaje a la Memoria de Oswaldo Padrón Amaré), Fundación de Estudios de Derecho Administrativo, Caracas, 2009.

MUCI BORJAS, JOSÉ ANTONIO, "La ley venezolana que reserva al Estado bienes y servicios conexos a las actividades primarias de hidrocarburos: un ilícito de Derecho Internacional. Análisis conforme a los Tratados Bilaterales de Inversión (Bit's)", en *Aida Opera Prima de Derecho Administrativo*, Opus. N° 6, julio-diciembre 2009, Universidad Autónoma de México y Asociación Internacional de Derecho Administrativo, México, 2009; y, *Revista de Derecho Público* N° 118, abril-junio 2009, Editorial Jurídica Venezolana, Caracas, 2009.

MUCI BORJAS, JOSÉ ANTONIO, *La "excepción de ilegalidad" en el Derecho Administrativo*, Editorial Jurídica Venezolana, Caracas, 2013.

MUCI BORJAS, JOSÉ ANTONIO, "Las leyes habilitantes y los decretos-leyes dictados con base en aquéllas", *Revista de Derecho Público número 140*, octubre-diciembre 2014, Editorial Jurídica Venezolana, Caracas, 2014.

MUCI BORJAS, JOSÉ ANTONIO, "Prólogo", en BREWER-CARÍAS, ALLAN RANDOLPH, *Procedimiento Administrativo Global ante Interpol*, Investigaciones Jurídicas, S.A., San José de Costa Rica, 2015.

ORTINO, FEDERICO, From 'non-discrimination' to 'reasonableness': a paradigm shift in international economic law?, Jean Monnet Working Paper 01/05, en *www.jeanmonnetprogram.org*.

ORTÍZ ORTÍZ, EDUARDO, "La Administración Pública y las Funciones del Estado", en VIDAL PERDOMO, JAIME; ORTÍZ ORTÍZ, EDUARDO; GORDILLO, AGUSTÍN y BREWER CARÍAS, ALLAN RANDOLPH, *La Función Administrativa y las Funciones del Estado*, Editorial Jurídica Venezolana, Caracas, 2014.

PARADA, RAMÓN, *Régimen jurídico de las Administraciones Públicas y procedimiento administrativo común* (Estudio, comentarios y texto de la Ley 30/1992, de 26 de noviembre), Marcial Pons Ediciones Jurídicas, S.A., Madrid, 1993.

PARESCE, ENRICO, "Interpretazione (filosofia)", *Enciclopedia del Diritto*, Volume, XXII, Dott. A. Giuffrè Editore, Varese, 1972.

PAREJO ALFONSO, LUCIANO, "Constitución y valores del ordenamiento", publicado en *Estudios sobre la Constitución Española, Homenaje al Profesor Eduardo García de Enterría*, Tomo I, Editorial Civitas, S.A., Madrid, 1991.

PEÑA SOLÍS, JOSÉ, *Manual de Derecho Administrativo* (Adaptado a la Constitución de 1999), Volumen Primero, Colección de Estudios Jurídicos del Tribunal Supremo de Justicia, Caracas, 2004.

PÉREZ FERNÁNDEZ, CARLOS, "Notas sobre la participación ciudadana en la elaboración de reglamentos", en *Revista de Derecho*, N° 10, Tribunal Supremo de Justicia, Caracas, 2004.

PÉREZ LUCIANI, GONZALO, "Los recursos contencioso-administrativos en la Ley Orgánica de la Corte Suprema de Justicia", en *El control jurisdiccional de los Poderes Públicos en Venezuela*, Instituto de Derecho Público de la Facultad de Ciencias Jurídicas y Políticas de la Universidad Central de Venezuela, Caracas, 1979.

PÉREZ LUCIANI, GONZALO, "La Actividad Normativa de la Administración", *Escritos del Doctor Gonzalo Pérez Luciani*, Fundación Bancaribe para la Ciencia y la Cultura, Caracas, 2013.

PICCINI GARCÍA, DORIS, *Teoría del decaimiento de los actos administrativos*, Editorial Jurídica de Chile, Santiago de Chile, 1968.

PONCE SOLÉ, JULIO, *Deber de buena administración y derecho al procedimiento administrativo debido* (Las bases constitucionales del procedimiento administrativo y del ejercicio de la discrecionalidad), Editorial Lex Nova, S.A., Valladolid, 2001.

POSNER, RICHARD A., *How Judges Think*, Harvard University Press, Cambridge, Massachusetts-London, England, 2008.

PREDIERI, ALBERTO, "El sistema de las fuentes del Derecho", en *La Constitución Española de 1978*, Estudios sistemáticos dirigido por los Profesores Alberto Predieri y Eduardo García de Enterría, segunda reimpresión, Editorial Civitas, S.A., Madrid, 1984.

QUADRA-SALCEDO, TOMÁS, "La delegación legislativa en la Constitución", *Estudios sobre la Constitución Española* (Homenaje al Profesor Eduardo García de Enterría), Tomo I, Editorial Civitas, S.A., Madrid, 1991.

REQUENA LÓPEZ, TOMÁS, *Sobre la función, los medios y los límites de la interpretación de la Constitución*, Editorial Comares, S.L., Granada, 2001.

RODRÍGUEZ DE SANTIAGO, JOSÉ MARÍA, *La ponderación de bienes e intereses en el Derecho Administrativo*, Marcial Pons Ediciones Jurídicas y Sociales, S.A., Madrid-Barcelona, 2000.

ROMANO, SANTI, "Osservazioni preliminari per una teoria sui limiti della funzione legislativa nel diritto italiano", *Scritti Minori*, Volume Primo, Diritto Costituzionale, Giuffrè Editore, Milano, 1990.

ROMANO TASSONE, A., "La normazione secondaria", en *Diritto Amministrativo*, obra coordinada por MAZZAROLI, L., PERICU, G., ROMANO, A., ROVERSI MONACO, F.A. y SCOCA, F.G., Volume I, Monduzi Editore S.p.a., Bologna, 1993.

ROMERO-MUCI, HUMBERTO, *Jurisprudencia Tributaria Municipal y la Autonomía Local (1936-1996)*, Tomo I, Editorial Jurídica Venezolana, Caracas, 1997.

RONDÓN DE SANSÓ, HILDEGARD, *Teoría General de la Actividad Administrativa*, Ediciones Liber, Caracas, 2000.

RUAN SANTOS, GABRIEL y LUPINI B., LUCIANO, "Consideraciones sobre las Condiciones Generales de Contratación para la Ejecución de Obras de la Administración Pública", en *Revista de Derecho Público* Nº 18, octubre-diciembre de 1982, Caracas, 1982.

RUBIO LLORENTE, FRANCISCO, *Derechos fundamentales y principios constitucionales (Doctrina jurisprudencial)*, Editorial Ariel, S.A., Barcelona, España, 1995.

SÁNCHEZ COVISA, JOAQUÍN, "La Vigencia Temporal de la Ley en el Ordenamiento Jurídico Venezolano", en *Obra Jurídica de Joaquín Sánchez Covisa*, Ediciones de la Contraloría General de la República, Caracas, 1976.

SÁNCHEZ MORÓN, MIGUEL, "Legalidad y sometimiento a la ley y al derecho", en *Los Principios Jurídicos del Derecho Administrativo,* obra coordinada por SANTAMARÍA PASTOR, JUAN ALFONSO, La Ley, Madrid, 2010.

SANDULLI, ALDO, *Manuale di Diritto Amministrativo,* Volume I, XIV edizione, Casa Editrice Dott. Eugenio Jovene, Napoli, 1984.

SANTAMARÍA PASTOR, JUAN ALFONSO, *Principios de Derecho Administrativo,* Volumen I, Editorial Centro de Estudios Ramón Areces, S.A., Madrid, 1998.

SARMIENTO RAMÍREZ-ESCUDERO, DANIEL, *El principio de proporcionalidad en el Derecho Administrativo* (Un estudio desde el Derecho español), Universidad Externado de Colombia, Bogotá, 2007.

SAYAGUÉS LAZO, ENRIQUE, *Tratado de Derecho Administrativo,* Tomo I, Montevideo, 1953.

SCHMIDT-ASSMAN, EBERHARD, *La Teoría General del Derecho Administrativo como Sistema,* coedición del Instituto Nacional de Administración Pública y de Marcial Pons, Ediciones Jurídicas y Sociales, S.A., Madrid-Barcelona, 2003.

SILVESTRI, GAETANO, "Poteri dello Stato", *Enciclopedia del Diritto,* Volume XXXIV, Giuffré Editore, Milano, 1985.

STONE, GEOFFREY R., SEIDMAN, LOUIS M., SUNSTEIN, CASS R. y TUSHNET, MARK V., *Constitutional Law,* second edition, Little Brown and Company, 1991, Boston.

STRAUSS PETER L., "An Introduction to Administrative Justice in the United States", WADE, WILLIAM; RAGNEMALM, HANS; STRAUSS, PETER L., *Administrative Law. The Problem of Justice,* Volume I°, Anglo-American and Nordic Systems, edited by PIRAS, ALDO, Dott. A. Giuffrè Editore, S.p.a., Milano, 1991.

STRAUSS, PETER L., "From expertise to politics: The transformation of American Rulemaking", *II Jornadas Internacionales de Derecho Administrativo "Allan Randolph Brewer-Carías"*, Fundación de Estudios de Derecho Administrativo, Caracas, 1996.

TRIBE, LAWRENCE H. y DORF, MICHAEL C., *On Reading the Constitution*, Harvard University Press, Cambridge Massachusetts and London, England, 1991.

TUDOR IOANA, *The Fair and Equitable Treatment Standard in the International Law of Foreign Investment*, Oxford University Press, Oxford, 2008.

UROSA MAGGI, DANIELA, "La Inactividad Reglamentaria de la Administración Económica", *VII Jornadas Internacionales de Derecho Administrativo "Allan Brewer-Carías"*, Tomo I, Fundación de Estudios de Derecho Administrativo, Caracas, 2004.

VENEZIA, JEAN-CLAUDE, *"Les mesures d'application", en Mélanges René Chapus, Droit administratif*, Montchrestien, Paris, 1992.

VILLACORTA MANCEBO, LUIS, *Reserva de Ley y Constitución*, Editorial Dykinson, Madrid, 1994.

VIPIANA, PIERA MARIA, *L'Autolimite della Pubblica Amministrazione* (L'attività amministrativa fra coerenza e flessibilità); Dott. A. Giuffrè Editore, Milano, 1990.

VIPIANA, PIERA MARIA, *Introduzione allo studio del principio di ragionevolezza nel Diritto Pubblico*, Casa Editrice Dott. Antonio Milani, Padova, 1993.

VIRGA, PIETRO, *Diritto Amministrativo* I (I principi), Giuffrè Editore, Milano, 1983.

WADE, WILLIAM, "Administrative Justice in Great Britain", WADE, WILLIAM, RAGNEMALM, HANS, STRAUSS PETER L., *Administrative Law. The Problem of Justice*, Volume I°, Anglo-American and Nordic Systems, edited by PIRAS, ALDO, DOTT. A. Giuffrè Editore, S.p.a., Milano, 1991.

WALINE, JEAN, *Droit administratif*, 25e edition, Éditions Dalloz, Paris, 2014.

WERHAN, KEITH, *Principles of Administrative Law*, second edition, West Academic Publishing, St. Paul, Minnesota, 2008.

ZANOBINI, GUIDO, *Corso di Diritto Amministrativo*, Volume Primo (Principî Generali), Dott. A. Giuffrè Editore, Milano, 1958.

20 Años de doctrina de la Procuraduría General de la República, Tomo I, Publicaciones de la Procuraduría General de la República, Caracas, 1984.

Publicaciones del Autor

Libros

1. *Potestad reglamentaria y reglamento* (Anotaciones sobre la potestad reglamentaria de las Administraciones Públicas y el reglamento como fuente de Derecho Administrativo), Editorial Jurídica Venezolana, Caracas, 2017. Trabajo de Incorporación a la Academia de Ciencias Políticas y Sociales.

2. *La excepción de ilegalidad*, Editorial Jurídica Venezolana, Caracas, 2013. Mención de Honor en el Concurso organizado por la Academia de Ciencias Políticas y Sociales 2013- 2014.

3. *El Derecho Administrativo Global y los Tratados Bilaterales de Inversión*, Editorial Jurídica Venezolana, Caracas, 2007.

4. *El abuso de la forma societaria* (El levantamiento del velo corporativo a la luz de la doctrina de la Administración Pública y de la jurisprudencia venezolanas en materias civil, mercantil, administrativa, tributaria, laboral y penal), Editorial Sherwood, Caracas, 2005.

5. *La retrocesión en la expropiación forzosa*, Editorial Jurídica Venezolana, Caracas, 1988.

Artículos en revistas o publicaciones especializadas

1. "El procedimiento que las Administraciones han de seguir para la aprobación de normas reglamentarias", *Boletín Electrónico de Derecho Administrativo (Beda)* N° 3, Caracas (en imprenta).

2. "Prólogo", *El Procedimiento Administrativo Global ante la Interpol*, en Brewer-Carías, Allan Randolph, serie Maestros del Derecho, Investigaciones Jurídicas, S.A., 2015.

3. "El Derecho Fundamental a una Buena Administración y la Carta Iberoamericana de los Derechos y Deberes del Ciudadano en relación con la Administración Pública" (El reconocimiento, por el Derecho Administrativo Global, del derecho fundamental a una buena administración pública), en *Libro Homenaje a la Academia de Ciencias Políticas y Sociales en el centenario de su fundación 1915-2015*, Tomo II, Academias de Ciencias Políticas y Sociales, Caracas, 2015, pp. 911-925.

4. "La expropiación forzosa de derechos contractuales", en *20 Años de Funeda. Propiedad Privada y Expropiación en Venezuela*, Volumen IV, Fundación de Estudios de Derecho Administrativo (FUNEDA), Caracas, 2015.

5. "Contratos administrativos y potestades exorbitantes", en *Libro Homenaje a las Instituciones del Derecho Administrativo y la Jurisprudencia Venezolana*, coordinado por HERNÁNDEZ, JOSÉ IGNACIO, Editorial Jurídica Venezolana, Caracas, 2015.

6. "Las leyes habilitantes y los decretos-leyes dictados con base en aquéllas", en *Revista de Derecho Público* N° 140, octubre-diciembre 2014, Editorial Jurídica Venezolana, Caracas, 2014.

7. "Los procesos y los jueces ante los cuales cabe proponer la «excepción de ilegalidad»", en *Avances Jurisprudenciales del Contencioso-Administrativo en Venezuela*, XXXVIII Jornadas J.M. Domínguez Escobar, Barquisimeto, 2013.

8. "Control Judicial y Arbitraje Internacional conforme al Derecho Administrativo Global" (Algunas reflexiones en torno al Laudo *Aucoven v. Venezuela*, al Derecho aplicable a los "Contratos Administrativos" en los que la contraparte de la Administración Pública es un inversionista extranjero, y la influencia de esa decisión jurisdiccional sobre el Derecho Administrativo nacional), Conferencia pronunciada en la Academia de Ciencias Políticas y Sociales el 25 de mayo de 2010 en el marco de la conmemoración del Trigésimo Aniversario de la *Revista de Derecho Público* N° 122, abril-junio 2010, Editorial Jurídica Venezolana, Caracas.

9. "La Ley General de Bancos y otras Instituciones Financieras de 2009 y el 'aporte' de la Banca al Fondo de Garantía de Depósitos y Protección Bancaria (FOGADE)", en *Boletín (electrónico) de Derecho Administrativo* N° 1, Universidad Católica Andrés Bello, Caracas, 2010; y *Revista de la Facultad de Derecho* N° 64, Universidad Católica Andrés Bello, Caracas, 2010.

10. "Procedimientos y Administración Pública" (Conferencia pronunciada en la Academia de Ciencias Políticas y Sociales el día 21 de mayo de 2009, en el marco de la conmemoración del Centenario de la creación, en Venezuela, de la Cátedra de Derecho Administrativo en la Universidad venezolana), en *Boletín de la Academia de Ciencias Políticas y Sociales* N° 147, Caracas, 2009.

11. "La Ley venezolana que reserva al Estado bienes y servicios conexos a las actividades primarias de hidrocarburos: Un ilícito de Derecho internacional. Análisis conforme a los Tratados Bilateral de Inversión (BIT's)", en *Revista AIDA de la Asociación Internacional de Derecho Administrativo Opus. No.* 6, julio-diciembre 2009, Universidad Autónoma de México, México, 2009, y en Revista de Derecho Público N° 118, abril-junio 2009, Editorial Jurídica Venezolana, Caracas.

12. "Reflexiones en torno a una ley confiscatoria. La Ley que reserva al Estado bienes y servicios conexos a las actividades primarias de hidrocarburos", en la página *web* de la Academia de Ciencias Políticas y Sociales (*http://www.acienpol.com/*A-*86.pdf*), 2009.

13. "Detalles de un procedimiento (administrativo) sustanciado y decidido por Interpol con base en el Derecho Administrativo Global: El asunto Allan Brewer Carías", en *Libro Homenaje a Josefina Calcaño de Temeltas*, Fundación de Estudios de Derecho Administrativo (FUNEDA), Caracas, 2009. Este ensayo fue presentado como Ponencia en el Tercer Congreso de Derecho Administrativo organizado por el Instituto de Investigaciones

Jurídicas de la Universidad Nacional Autónoma de México y la Facultad de Derecho y Criminología de la Universidad Autónoma de Nuevo León, con el apoyo de la *New York University*, de la *European Public Law Organization*, de la Asociación Internacional de Derecho Administrativo y de su Instituto Internacional "Agustín Gordillo", celebrada en Monterrey (Nuevo León, México) en abril de 2009.

14. "Las carteras de crédito obligatorias: *Excursus* sobre la naturaleza y legitimidad de la obligación impuesta a la banca", en *Libro Homenaje a Oswaldo Padrón Amaré*, Fundación de Estudios de Derecho Administrativo (Funeda), Caracas, 2009. Una versión revisada de ese ensayo fue luego publicada en *Estudos sobre Regulação e Crises dos Mercados Financieros*, obra coordinada por Linares Martínez, Aurilivi y Saddy, A., Editora Lumen Juris, Rio de Janeiro (Brasil), 2011.

15. "La base imponible del impuesto sobre la renta de las personas naturales y la Sentencia N° 301/2007 de la Sala Constitucional del Tribunal Supremo de Justicia, en *Revista de Derecho Público* N° 116, Editorial Jurídica Venezolana, Caracas, 2008.

16. "Los grupos de sociedades a la luz del fallo Transporte Saet, C.A.", en *Bicentenario del Código de Comercio Francés*, obra coordinada por Morles Hernández, Alfredo y De Valera, Irene, Academia de Ciencias Políticas y Sociales, Caracas, 2008.

17. "El Derecho Administrativo Global y las limitaciones, de Derecho interno, para la ejecución de un fallo de condena al pago de una suma de dinero dictado contra la República: Juicio crítico sobre los privilegios y prerrogativas procesales de la Nación a la luz de los Tratados Bilaterales de Inversión (Bit's)", en *Revista de Derecho* N° 127, Tribunal Supremo de Justicia, Caracas, 2008. El artículo forma parte integrante también de la colectiva intitulada obra *Direito Público Econômico Supranacional*, Editora Lumen Juris, Rio de Janeiro (Brasil), 2009.

18. "La suerte de la 'libertad económica' en el Proyecto de reforma de la Constitución de 2007", en *Revista de Derecho Público* N° 112, Estudios sobre la Reforma Constitucional (Coordinador), Editorial Jurídica Venezolana, Caracas, 2007.

19. "El trastocamiento de la Administración Pública en la Reforma Constitucional de 2007", en *Revista de Derecho Público* N° 112, Estudios sobre la Reforma Constitucional (Coordinador), Editorial Jurídica Venezolana, Caracas, 2007.

20. "Los Tratados Bilaterales para la Promoción y Protección de Inversiones (BIT's) y la 'regulación' del negocio bancario. Algunas reflexiones sobre la furtiva 'expropiación regulatoria' (*creepingexpropriation*) de la banca venezolana. ¿Una obra en marcha?", en *Revista de Derecho Público* N° 106, abril-junio 2006, Editorial Jurídica Venezolana, Caracas.

21. "El ejercicio de la función normativa por la Administración Pública venezolana", en *El Derecho Público a los 100 números de la Revista de Derecho Público 1980-2005*, Editorial Jurídica Venezolana, Caracas, 2006.

22. "'El Grupo de Sociedades' según la jurisprudencia y doctrina administrativa venezolanas", en *Derecho de Grupo de Sociedades*, coordinado por Morles Hernández, Alfredo y Valera, Irene, Academia de Ciencias Políticas y Sociales, Caracas, 2005.

23. "El abuso de la forma societaria", en *Centenario del Código de Comercio Venezolano de 1904, Tomo I*, Academia de Ciencias Políticas y Sociales, Caracas, 2004.

24. "Los Poderes del Juez Administrativo. Tutela judicial efectiva y control integral de la actividad administrativa", en *El Derecho Público a Comienzos del Siglo XXI, Estudios Homenaje al Profesor Allan R. Brewer-Carías, Tomo II*, Civitas Ediciones, S.L., Madrid, 2003, página 2.219 y ss. Una versión revisada y ampliada de este ensayo fue posteriormente publicada en la obra *Estudios de Derecho. Derecho Público y Procesal. Homenaje a*

la Facultad de Derecho de la Universidad Católica Andrés Bello en su 50 Aniversario, Tomo III, Universidad Católica Andrés Bello, Caracas, 2004.

25. "El principio de racionalidad, el derecho a la libre concurrencia y los límites sustantivos al poder reglamentario. Consideraciones en torno al Reglamento para Explotar el Sistema de Televisión por Suscripción, que prohíbe a las estaciones de televisión por suscripción por aire transmitir publicidad durante la difusión, al público en general, de programas de carácter informativo", en *Revista de Derecho Administrativo* N° 5, Editorial Sherwood, Caracas, 1999.

26. "Derecho fiscal y confidencialidad en Venezuela", en El Derecho venezolano a finales del siglo XX, Academia de Ciencias Políticas y Sociales, Caracas, 1998. Este trabajo de investigación fue presentado como ponencia venezolana en el XV Congreso Internacional de Derecho Comparado, que se celebró en la ciudad de Bristol, Inglaterra, durante el mes de agosto de 1998.

27. "La cosa juzgada administrativa en la jurisprudencia venezolana", en *III Jornadas Internacionales de Derecho Administrativo Allan Randolph Brewer-Carías* (1997), 2ª edición, Fundación de Estudios de Derecho Administrativo, Caracas, 2005.

28. "La Actividad Normativa de la Administración Pública", en *II Jornadas Internacionales de Derecho Administrativo Allan Randolph Brewer-Carías*, Fundación de Estudios de Derecho Administrativo, Caracas, 1996.

29. "La ejecución, según el Derecho venezolano, de los fallos dictados por los jueces contencioso-administrativos", en *I Jornadas Internacionales de Derecho Administrativo Allan Randolph Brewer-Carías*, Fundación de Estudios de Derecho Administrativo, Caracas, 1995.

30. Coautor, conjuntamente con Muci-Abraham, José, del ensayo "La 'certificación de la capacidad de pago' de las sociedades del

Estado exceptuadas del régimen previsto en la Ley Orgánica de Crédito Público", en *Revista de Derecho Público* N° 59-60, Editorial Jurídica Venezolana, Caracas, 1994.

31. "Las bolsas de valores como servicio público. Competencia de las bolsas de valores para expedir actos administrativos", en *Revista Tachirense de Derecho, número 1/1.992*, Universidad Católica del Táchira, San Cristóbal, 1992. También en *Liber Amicorum. Homenaje a la Obra Científica y Docente del Profesor José Muci-Abraham*, Editorial Jurídica Venezolana, Caracas, 1994.

32. Coautor, conjuntamente con Muci-Abraham, José y Pacheco, Verónica, de la 'Demanda de nulidad, y recurso de amparo constitucional, contra algunas disposiciones de la Ley de protección y de regulación de emergencias en instituciones financieras (...) y contra la Resolución (...de la Superintendencia de Bancos y otras Instituciones Financieras...) número 031-94, de 23 de marzo de 1994', en *Revista de la Facultad de Ciencias Jurídicas y Políticas* N° 92, Universidad Central de Venezuela, Caracas, 1994.

33. "La protección de los bienes culturales en el derecho venezolano", en *Revista de Derecho Público* N° 48, Editorial Jurídica Venezolana, Caracas, 1991. Este trabajo de investigación fue presentado como ponencia venezolana en el XIII Congreso Internacional de Derecho Comparado, que se celebró en la ciudad de Montreal, Canadá, durante el mes de agosto de 1990.

34. "La legitimación en el contencioso-administrativo. Paráfrasis del artículo 121 de la Ley Orgánica de la Corte Suprema de Justicia", en *Revista de Derecho Público* N° 45, Editorial Jurídica Venezolana, Caracas, 1991. También en *Revista de la Facultad de Derecho de la Universidad Católica Andrés Bello* N° 43, Caracas, 1991. Trabajo de ascenso presentado ante la Universidad Católica Andrés Bello.

35. "El derecho a la retrocesión en la expropiación forzosa y la sentencia dictada por la Corte Suprema de Justicia en fecha 8 de diciembre de 1988", en *Revista de Derecho Público* N° 37, Editorial Jurídica Venezolana, Caracas, 1989.

36. "El recurso jerárquico por motivos de mérito y la figura del silencio administrativo", en *Revista de Derecho Público* N° 30, abril-junio 1987, Editorial Jurídica Venezolana, Caracas. Tesis presentada en el *Corso di Perfezionamento in Scienze Amministrative* dirigido por Massimo Severo Giannini, *Universitá La Sapienza*, Roma.

37. Coautor, conjuntamente con ZALDÍVAR RUIZ, MIGUEL y GIUFFREDI, ANNA GRAZIA, de "Consideraciones acerca del régimen legal de la mujer casada que ejerce el comercio", en *Revista de la Facultad de Derecho de la Universidad Católica Andrés Bello* N° 35,Caracas, 1985-1986.

NOTAS

NOTAS

NOTAS

www.ingramcontent.com/pod-product-compliance
Lightning Source LLC
LaVergne TN
LVHW090216051026
849517LV00001B/86